Kohlhammer

BWL Bachelor Basics
herausgegeben von Horst Peters

Peter Kürble, Julia Naskrent, Julia Römhild

Strategisches Marketing

Eine kundenorientierte Perspektive

Verlag W. Kohlhammer

Dieses Werk einschließlich aller seiner Teile ist urheberrechtlich geschützt. Jede Verwendung außerhalb der engen Grenzen des Urheberrechts ist ohne Zustimmung des Verlags unzulässig und strafbar. Das gilt insbesondere für Vervielfältigungen, Übersetzungen, Mikroverfilmungen und für die Einspeicherung und Verarbeitung in elektronischen Systemen.

1. Auflage 2023

Alle Rechte vorbehalten
© W. Kohlhammer GmbH, Stuttgart
Gesamtherstellung: W. Kohlhammer GmbH, Stuttgart

Print:
ISBN 978-3-17-037404-1

E-Book-Formate:
pdf: ISBN 978-3-17-037405-8
epub: ISBN 978-3-17-037406-5

Für den Inhalt abgedruckter oder verlinkter Websites ist ausschließlich der jeweilige Betreiber verantwortlich. Die W. Kohlhammer GmbH hat keinen Einfluss auf die verknüpften Seiten und übernimmt hierfür keinerlei Haftung.

Inhaltsverzeichnis

	Geleitwort des Herausgebers			9
1	Einleitung			11
	Peter Kürble			
		Literatur		13
2	Strategisches Marketing – eine Einordnung sowie eine Abgrenzung von strategischem Management			14
	Julia Naskrent und Nicole Hücker			
	2.1	Einführung		14
	2.2	Abgrenzung		15
		2.2.1	Ausrichtung und Elemente des strategischen Managements	16
			2.2.1.1 Unternehmensorientierung	16
			2.2.1.2 Marktorientierung	18
		2.2.2	Überblick über Aufgaben des strategischen Managements vs. strategischen Marketings	19
		2.2.3	Abriss über die Entwicklung der Markt- und Ressourcen-Orientierung	21
	2.3	Strategische Analysen als Informationsgrundlage		24
		2.3.1	Unternehmensbezogene Analysen	25
			2.3.1.1 Resource-based View der Potenzial-Analyse	25
			2.3.1.1.1 Kernkompetenzanalyse	25
			2.3.1.1.2 Knowledge-based View	27
			2.3.1.2 Analysen zur Identifikation von Wettbewerbsvorteilen	29
			2.3.1.2.1 VRIO Rahmen	29
			2.3.1.2.2 Ressourcen- und Fähigkeiten-Portfolio	30
		2.3.2	Marktbezogene Analysen	32
			2.3.2.1 Strategische Umweltanalyse	33
			2.3.2.2 Branchen- und Marktanalyse	35
		2.3.3	SWOT als Perspektiven vereinende Analyse	37
	2.4	Strategische Entscheidungen		38

	2.4.1	Gestaltung des Geschäftsfeld-Portfolios	38
	2.4.2	Marktabdeckungsstrategien	42
	2.4.3	Entwicklungsoptionen	44
2.5	Nutzenorientierte Marktsegmentierung als Basis der marktorientierten Geschäftsfeldplanung		52
2.6	Praktisches Beispiel		56
2.7	Fazit		62
	Literatur		63

3 Kostenorientierte Präferenzstrategien: Discounting — 69
Peter Kürble

3.1	Hintergrund		69
3.2	Das Discounting-Modell – monetäre Kosten		71
	3.2.1	Grundlegende Einordnung	71
	3.2.2	Grundlagen des Discounting	73
	3.2.3	Der Kaufentscheidungsprozess	76
	3.2.4	Preisführerschaft und Leistungsvereinfachung als strategische Elemente	81
3.3	Das Discounting-Modell – nicht-monetäre Kosten		85
	3.3.1	Behavioral Pricing	85
	3.3.2	Wertorientierte Preispolitik	89
3.4	Fazit		96
	Literatur		96

4 Kostenorientierte Wertstrategien: Valuing — 99
Peter Kürble

4.1	Hintergrund		99
4.2	Voraussetzungen für und Ausprägungen von Wertstrategien		102
	4.2.1	Strategische Auswahlmöglichkeiten und ihre Einflussfaktoren	102
		4.2.1.1 Interpersonelle Bestimmungsfaktoren	104
		4.2.1.2 Intrapersonelle Bestimmungsfaktoren	106
		4.2.1.3 Kaufentscheidungsprozesse	113
4.3	Kosten		115
	4.3.1	Komparativer Kostenvorteil (KKV)	115
	4.3.2	Nicht-monetäre Kosten	117
	4.3.3	Kostenorientierte Wertstrategien	121
4.4	Praktisches Beispiel		123
4.5	Fazit		127
	Literatur		128

5	**Wertstrategien bei Dienstleistungen**	**132**
	Peter Kürble	
	5.1 Hintergrund	132
	5.2 Dienstleistungen	133
	5.2.1 Aktuelle wirtschaftliche Bedeutung	133
	5.2.2 Definition und Abgrenzung	133
	5.3 Wertstrategien	140
	5.3.1 Definition und Abgrenzung	140
	5.3.2 Präferenzen	143
	5.3.3 Werte	144
	5.3.4 Marken	149
	5.3.5 Wertstrategien	159
	5.4 Ausstattungspolitik	162
	5.4.1 Definition und Abgrenzung	162
	5.4.2 Ziel	163
	5.4.3 Dimensionen	163
	5.4.3.1 Das äußere Erscheinungsbild	164
	5.4.3.2 Das innere Erscheinungsbild	165
	5.4.4 Anwendung auf die Zielgruppe der LOHAS	167
	5.4.4.1 Definition und Abgrenzung	167
	5.4.4.2 Kaufverhalten	168
	5.4.4.3 Ausstattungselemente	169
	5.5 Fazit	171
	Literatur	172
6	**Designorientierte Wertstrategien**	**177**
	Julia Römhild	
	6.1 Hintergrund	177
	6.2 Konzeptionelle Grundlagen designorientierter Wertstrategien	179
	6.2.1 Strategische Einordnung	179
	6.2.2 Käuferverhalten	186
	6.2.3 Luxus- und Premiumprodukte	193
	6.3 Bausteine designorientierter Wertstrategien	197
	6.3.1 Produkt	197
	6.3.2 Marke	202
	6.3.3 Innovation	205
	6.3.4 Preis	207
	6.3.5 Kommunikation	209
	6.4 Fallbeispiel	212
	6.5 Fazit	217
	Literatur	217

Geleitwort des Herausgebers

Das vorliegende Lehrbuch ist Teil der Lehrbuchreihe BWL Bachelor Basics. Dieses Buch sowie alle anderen Werke der Reihe folgen einem Konzept, das auf die Leserschaft – nämlich Studierende der Wirtschaftswissenschaften – passgenau zugeschnitten ist.

Ziel der Lehrbuchreihe BWL Bachelor Basics ist es, die zu erwerbenden Kompetenzen in einem wirtschaftswissenschaftlichen Bachelor-Studiengang **wissenschaftlich anspruchsvoll**, jedoch zugleich **anwendungsorientiert** und **kompakt** abzubilden. Dies bedeutet:

- Ein hoher wissenschaftlicher Anspruch geht einher mit einem gehobenen Qualitätsanspruch an die Werke. Präzise Begriffsbildungen, klare Definitionen, Orientierung an dem aktuellen Stand der Wissenschaft seien hier nur beispielhaft erwähnt. Die Autoren sind ausgewiesene Wissenschaftler und Experten auf ihrem Gebiet. Die Reihe will sich damit bewusst abgrenzen von einschlägigen »Praktikerhandbüchern« zweifelhafter Qualität, die dem Leser vorgaukeln, Betriebswirtschaftslehre könnte man durch Abarbeiten von Checklisten erlernen.
- Zu einer guten Theorie gehört auch die Anwendung der wissenschaftlichen Erkenntnisse, denn Wissenschaft sollte kein intellektueller Selbstzweck sein. Deshalb steht stets auch die Anwendungsorientierung im Fokus. Schließlich verfolgt der Studierende das Ziel, einen berufsqualifizierenden Abschluss zu erwerben. Die Bücher haben diese Maxime im Blick, weshalb jedes Buch neben dem Lehrtext u. a. auch Praxisbeispiele, Übungsaufgaben mit Lösungen sowie weiterführende Literaturhinweise enthält.
- Zugleich tragen die Werke dem Wunsch des Studierenden Rechnung, die Lehr- und Lerninhalte kompakt darzustellen, Wichtiges zu betonen, weniger Wichtiges wegzulassen und sich dabei auch einer verständlichen Sprache zu bedienen. Der Seitenumfang und das Lesepensum werden dadurch überschaubar. So eignen sich die Bücher der Lehrbuchreihe Bachelor Basics auch hervorragend zum Selbststudium und werden ein wertvoller Begleiter der Lehrmodule sein.

Die Reihe umfasst die curricularen Inhalte eines wirtschaftswissenschaftlichen Bachelor-Studiums. Sie enthält zum einen die traditionellen volks- und betriebswirtschaftlichen Kernfächer, darüber hinaus jedoch auch Bücher aus angrenzenden Fächern sowie zu überfachlichen Kompetenzen. Um auf neue Themen und Entwicklungen reagieren zu können, wurde die Edition bewusst als offene Reihe konzipiert und die Zahl möglicher Bände nicht nach oben begrenzt.

Geleitwort des Herausgebers

Die Lehrbuchreihe Bachelor Basics richtet sich im Wesentlichen an Studierende der Wirtschaftswissenschaften an Hochschulen für angewandte Wissenschaften, an dualen Hochschulen, Verwaltungs- und Wirtschaftsakademien und anderen Einrichtungen, die den Anspruch haben, Wirtschaftswissenschaften anwendungsorientiert und zugleich wissenschaftlich anspruchsvoll zu vermitteln. Angesprochen werden aber auch Fach- und Führungskräfte, die im Sinne der beruflichen und wissenschaftlichen Weiterbildung ihr Wissen erweitern oder auffrischen wollen. Als Herausgeber der Lehrbuchreihe möchte ich mich bei allen Autorinnen und Autoren bedanken, die sich für diese Reihe engagieren und einen Beitrag hierzu geleistet haben.

Ich würde mich sehr freuen, wenn das ambitionierte Vorhaben, wissenschaftliche Qualität mit Anwendungsorientierung und einer kompakten, lesefreundlichen und didaktisch an die Bachelor-Studierenschaft abgestimmten Gestaltung zu kombinieren, dem Leser bei der Bewältigung des Bachelor-Lernstoffes hilfreich sein wird und es die Anerkennung und Beachtung erhält, die es meines Erachtens verdient.

Horst Peters

1 Einleitung

Peter Kürble

Ein grundlegendes Buch zum Marketing ist eigentlich nicht mehr nötig. Es gibt zu viele sehr renommierte Autoren und Autorinnen, die dazu herausragende Bücher verfasst haben und deren Aktualisierung durchaus reicht, um sich im Marketing orientieren zu können (hier seien beispielhaft Bruhn 2019, Kotler et al. 2019, Meffert et al. 2018 oder Homburg 2020 genannt).

Deutlich seltener lassen sich Spezialbücher zum *Strategischen Marketing* finden, beispielsweise hier: Benkenstein (2021), Backhaus und Schneider (2020). Dies hängt sicherlich zum einen damit zusammen, dass in der praktischen Wahrnehmung Marketing, sofern als eine eigene Abteilung in Unternehmen überhaupt existent, eher operativen und oft sogar nur werblichen Charakter hat und zum anderen, dass seine Abgrenzung zum Strategischen Management mitunter recht schwierig zu sein scheint (▶ Kap. 2). So finden sich sowohl im Strategischen Marketing als auch im Strategischen Management gleiche Analyseinstrumente wieder (z. B. die SWOT-Analyse) und mitunter sind die Strategien auch identisch (z. B. die Ansoff-Matrix) und schließlich werden beide Begriffe, also das Marketing wie das Management, so inflationär gebraucht, dass sich deren eigentliche Bedeutung in der Realität kaum noch identifizieren lässt, u. a. bei Begrifflichkeiten wie Neuro-Marketing: Der Begriff ist zwar griffig und wird in der Praxis gerne angewandt; er ist aber, bei der Berücksichtigung der eigentlichen Definitionen beider Teilbegriffe unsinnig. So wird Marketing als *marktorientierte Unternehmensführung* definiert, das Präfix *Neuro* bezeichnet in der Übersetzung letztlich nur den Begriff *Nerven*. Kenning bezeichnet solche Konstruktionen, ähnlich wie Guerilla-Marketing oder Ambush-Marketing, zu Recht als Misnomer (Kenning 2020, S. 24). Korrekterweise müsste das Neuro-Marketing deswegen Consumer Neuroscience heißen, als »die systematische Integration neurowissenschaftlicher Theorien, Methoden, Konzepte und Erkenntnisse in der Konsumentenverhaltensforschung« (ebenda).

Dass es sich bei Marketing und Management nicht um identische Begriffe handeln kann, sie sogar überschneidungsfrei sein müssen, zeigt sich letztendlich dadurch, dass Literatur zum Marketing-Management (siehe u. a. Voeth, Herbst 2013 oder Armstrong et al. 2019) existiert und Management letztlich als Planung, Durchführung und Kontrolle definiert werden kann und in dieser prozessualen Betrachtung das Marketing-Management die »Erarbeitung, Realisierung und Überprüfung von ganzheitlichen, konsistenten und detaillierten Marketing-Konzeptionen« (Becker 2019, S. 819) beschreibt.

Unstrittig scheint zu sein, dass Marketing auf den unterschiedlichsten Ebenen des Unternehmens als Strategisches Marketing angesiedelt werden kann (Becker 2019,

S. 143 f.; Backhaus, Schneider 2020, S. 44 f.), also sowohl auf Corporate-Ebene als auch auf Ebene einer einzelnen Geschäftseinheit oder einer betrieblichen Funktion. Bei der obigen Definition wäre aber auch klar, dass das Marketing einen Dominanzcharakter hat und damit Unternehmensstrategien in erster Linie Marketingstrategien (Becker 2019, S. 144) sein sollten.

Der Ansiedlung auf unterschiedlichen unternehmerischen Ebenen folgend, liegen die Foki dieses Buches zum Strategischen Marketing in den verschiedenen Beiträgen entsprechend unterschiedlich; allen Aufsätzen ist aber gemein, dass sie sich auf den Markt und noch konkreter auf den Kunden beziehen. Es handelt sich also im Meffert'schen Sinne um abnehmergerichtete Marketingstrategien (Meffert 1994, S. 126). Diese Orientierung am Kunden führt zwangsläufig zu der Frage, was aus Kundensicht relevante Entscheidungsfaktoren für den Kauf eines Produktes oder einer Dienstleistung sein können. In einer ersten Annäherung handelt ein Kunde im klassischen ökonomischen Verständnis immer im Sinne der Nutzenmaximierung, wobei der Nutzen als Ausmaß der Bedürfnisbefriedigung verstanden werden kann. Diesem Ansatz liegt die Annahme zugrunde, dass Menschen in ihrem Handeln von ihren Bedürfnissen geleitet werden. Dies bedeutet nicht automatisch, dass der Idee des rational handelnden Subjekts (homo oeconomicus) gefolgt werden soll, zumal die Erklärungskraft eines in seinen Grundzügen eher tautologischen Konzepts nicht wirklich hoch ist, sondern dass vielmehr davon ausgegangen wird, dass der Kunde als Organismus auf ein Mangelempfinden reagiert, welches ihm selbst mehr oder weniger bewusst ist. Neben dem Nutzen wird der Kunde schließlich versuchen, die mit dem Kauf und Konsum anfallenden Kosten zu antizipieren und beides zueinander ins Verhältnis zu setzen.

Der Unterteilung in Kosten und Nutzen folgend, wird in diesem Buch, nach einem einleitenden Aufsatz (Naskrent, Hücker: »Strategisches Marketing – eine Einordnung und Abgrenzung von strategischem Management«) eine fokussiertere Betrachtung der Kostenseite (Kürble: »Kostenorientierte Präferenzstrategie: Discounting« und Kürble: »Kostenorientierte Wertstrategien: Valuing«) und anschließend der Nutzenseite (Kürble: »Wertstrategien bei Dienstleistungen«, Römhild: »Designorientierte Wertstrategien«) erfolgen. Es wird sich zeigen, dass die Fokussierung interessante Aspekte insbesondere hinsichtlich der bisher in vielen Diskussionen eher vernachlässigten nicht-monetären Kosten deutlich macht. Es sind oft *nicht* die monetären Kosten, die für den Kunden kaufentscheidungsrelevant sein können, sondern insbesondere, gerade natürlich bei homogenen Gütern, die nicht-monetären Kosten; es ist eben auch entscheidend, wie viel Zeit der Einkauf in Anspruch nimmt (Opportunitätskosten) und die zunehmende Bedeutung des Online-Kaufs hat ihre Begründung nicht zuletzt in der Bequemlichkeit des Kaufentscheidungsprozesses (psychische und physische Kosten).

Schließlich wird hinsichtlich des Nutzenkonzepts beispielhaft bei Dienstleistungen die Bedeutung der Ausstattungspolitik herausgearbeitet und gezeigt, welche Auswirkung u. a. die Verkaufsraumgestaltung aber auch das lokale Umfeld auf die Nutzenempfindungen durch den Kunden haben (▶ Kap. 5). Die abschließende Schwerpunktsetzung auf das Design hat in einem Zeitalter der immer wichtiger werdenden ästhetischen Bedürfnisse, wie sie schon in der modifizierten Version der Maslow'schen Bedürfniseinteilung Erwähnung finden (Maslow 1971), eine besondere Bedeutung für die (Zusatz-)Nutzeninterpretation durch den Kunden (▶ Kap. 6). Es lassen sich eine Reihe von Wiederholungen und Ergänzungen zwischen den einzelnen Kapiteln finden, zum Beispiel hinsichtlich der Ausführungen zu den Kaufentscheidungsprozessen. Diese Überschneidungen sind aber gewollt, da es dem Leser ermöglicht werden soll, auch ohne die vorangegangenen Kapitel zu lesen, die jeweils betrachteten Zusammenhänge vollumfänglich erfassen zu können. Letztlich wissen die Autoren aus der eigenen Erfahrung, dass Lehrbücher eher im Känguruh-Verfahren gelesen werden, denn in chronologischer Abfolge.

Die in diesem Buch verfolgte Schreibweise nutzt das generische Maskulinum als einer im wahren Sinne geschlechter*neutralen* und wertfreien Verwendung maskuliner Substantive oder Pronomen.

Literatur

Armstrong, G.; Keller, K.; Goodman, M.; Brady, M.; Hansen, T.: Marketing Management, 4. Aufl., Pearson, Harlow 2019.
Backhaus, K.; Schneider, H.: Strategisches Marketing, Schäffer-Poeschel, Stuttgart 2020.
Becker, J.: Marketing-Konzeption, 11. Aufl., Vahlen, München 2019.
Benkenstein, M. Brock, C.: Strategisches Marketing: Ein wettbewerbsorientierter Ansatz, 4. Aufl., Kohlhammer, Stuttgart 2021.
Bruhn, M.: Marketing: Grundlagen für Studium und Praxis, 14. Aufl., Springer Gabler, Wiesbaden 2019.
Kotler, P.; Armstrong, G.; Harris, L. C.; Piercy, N.: Grundlagen des Marketing, 7. Aufl., Pearson, Harlow 2019.
Homburg, C.: Grundlagen des Marketingmanagements: Einführung in Strategie, Instrumente, Umsetzung und Unternehmensführung, 6. Aufl., Springer Gabler, Wiesbaden 2020.
Kenning, P.: Consumer Neuroscience, 2. Aufl., Kohlhammer, Stuttgart 2020.
Maslow, A. H.: The farther reaches of human nature, Viking Press, New York 1971.
Meffert, H.: Marketing-Management. Analyse – Strategie – Implementierung, Gabler, Wiesbaden 1994.
Meffert, H.; Burmann, C.; Kirchgeorg, M.; Einsenbeiß, M.: Marketing: Grundlagen marktorientierter Unternehmensführung, 13. Aufl., Springer Gabler, Wiesbaden 2018.
Voeth, M.; Herbst, U.: Marketing-Management: Grundlagen, Konzeption und Umsetzung, Schäffer-Poeschel, Stuttgart 2013.

2 Strategisches Marketing – eine Einordnung sowie eine Abgrenzung von strategischem Management

Julia Naskrent und Nicole Hücker

2.1 Einführung

Warum sind einige Unternehmen erfolgreich, während andere scheitern (Porter 1991, S. 95)? Die Antwort auf die Frage könnte lauten: Aufgrund ihrer Strategie. »Strategó« (Heerführer) ist die griechische Bedeutung des Wortes Strategie (Schroeter 2002, S. 41). Wie Militärführer damals kämpfen heute Unternehmen um Marktanteile und verteidigen diese erbittert, um die mühsam eroberte Marktposition zu verteidigen (Sobhani 2009, S. 117). Eine erfolgreiche Strategie zeichnet sich dadurch aus, dass sie mit keiner anderen vergleichbar ist, weil die Kombination aus Ressourcen und Kompetenzen einmalig ist (Schroeter 2002, S. 42).

Mit der strategischen Ausrichtung des Unternehmens befasst sich sowohl das Management als auch das Marketing. Übergeordnet ist dabei die Intention der Steigerung des Unternehmenswerts durch Unternehmenswachstum. Die strategiebasierte Unternehmensführung gewinnt zunehmend an Bedeutung, da viele Unternehmen mit einer steigenden Dynamik der Wettbewerbs- und Branchenbedingungen konfrontiert sind, aus welcher sich eine steigende Komplexität ihres Handelns ergibt. Das Ziel der Unternehmen ist es, ihren Erfolg langfristig zu sichern und ihre Strategie dem Wettbewerbswandel anzupassen (Schmid 2005, S. 1). Um einen dauerhaften Wettbewerbsvorteil generieren zu können, bedarf es einer Strategie, die klar festgelegt ist (Snyman, Kruger 2004, S. 1). Mit der Planung und Umsetzung der Unternehmensstrategie befasst sich das strategische Management, welches davon ausgeht, dass ein strategisch geführtes Unternehmen erfolgreicher ist (Welke et al. 2017, S. 5). Der Blick des strategischen Managements richtet sich in die Zukunft und beschäftigt sich mit der Frage, wie es den Unternehmen gelingt, den Erfolg der Unternehmung dauerhaft zu sichern (Welke et al. 2017, S. 7).

Das Marketing hat hierbei die Aufgabe, einen Nutzen für Kunden und andere Anspruchsgruppen durch die angebotene Leistung zu schaffen sowie Potenziale zu erkennen, welche in der Lage sind, den Wert für die Anspruchsgruppen zu steigern (Bruhn 2019, S. 15). Ab den 1980er Jahren wird der Begriff Marketing in der Literatur oftmals mit der Umschreibung »marktorientierte Unternehmensführung« gleichgesetzt (Homburg 2016, S. 8 f.). Marketing versteht sich hiernach als Unternehmensphilosophie und verlangt von allen Mitarbeitern und betrieblichen Funktionen eine Marktorientierung (Seebohn 2010, S. 139). Dies ist ein Indiz dafür, dass ein ganzheitliches Marketing für einen erfolgreichen Fortbestand eines Unternehmens unter den vorherrschenden Marktbedingungen einen hohen Stellenwert hat (Scharf et al. 2015, S. 15). Der Wandel des Begriffsverständnisses begründet sich durch die Erweiterung des Aufgabenfelds des Marketings aufgrund veränderter Rahmenbedingungen. Das aktuelle Begriffsverständnis ist gleichzusetzen mit einer strategischen Planung und Steuerung, die sich an den Erfordernissen von Markt und Gesellschaft ausrichtet (Tomczak et al. 2014, S. 20 f.). Frühere, engere Sichtweisen, welche das Marketing ausschließlich in eine einzelne Abteilung verbannten, in der absatzmarktbezogene Unternehmensaktivitäten (z. B. Werbung) geplant und durchführt werden, greifen mittlerweile viel zu kurz (Renker 2009, S. 26).[1]

In Anbetracht dieses Begriffsverständnisses liegt die Annahme nahe, dass das Marketing die Hoheit über sämtliche Entscheidungstatbestände der Marktbearbeitung eines Unternehmens hat und es damit gleichzusetzen ist mit dem strategischen Management (Lüers 2006, S. 70). Die synonyme Begriffsverwendung erweist sich allerdings sowohl in der Lehre, Forschung als auch Praxis als heikel. Es kommt zu Problemen der Kompetenzzuschreibung und Verwirrung bei Publikationsstrategien sowie Konzeption von Vorlesungsinhalten.

Folglich möchte dieses Kapitel zunächst (▶ Kap. 2.2) die Unterschiede zwischen strategischen Management und strategischen Marketing aufzeigen und darüber hinaus (▶ Kap. 2.3) darlegen, welche Erkenntnisse und Informationsgrundlagen, die aus Analysen im Rahmen des strategischen Management gewonnen werden, als Basis des strategischen Marketings dienen. Um den Erfolg des Unternehmens dauerhaft zu sichern, gilt es anschließend (▶ Kap. 2.4) Entscheidungen innerhalb des strategischen Managements zu treffen. Darauf aufbauend (▶ Kap. 2.5) werden Aufgaben des strategischen Marketings aufgezeigt, womit es dem Leser möglich ist, eine Abgrenzung von operativen Marketingmaßnahmen (im Sinne einer instrumentellen Sichtweise wie den 4Ps) vorzunehmen. Abschließend erfolgt die Anwendung der folgenden Ausführungen am praktischen Beispiel des Start-ups Horizn Studios.

2.2 Abgrenzung

Bei der Unterscheidung der Aufgabenbereiche des strategischen Managements und des strategischen Marketings sind grundsätzlich zwei Betrachtungsweisen relevant. Im strategischen Marketing dominiert wie bereits in Kapitel 2.1 dargelegt die Marktorientierung (Market-based View). Im strategischen Management hingegen ist sowohl eine Marktorientierung als auch eine Orientierung an den (Gründungs-)Zielen, den Kompetenzen und Fähigkeiten des Unternehmens (Resource-based View) vor-

---

1 Eine marktorientierte Unternehmensführung verlangt allerdings dennoch eine Marketing-Abteilung als gleichberechtigte Linieninstanz, welche die Planung, Koordination und Kontrolle aller auf die Absatzmärkte gerichteten Unternehmensaktivitäten beinhaltet. Diese Co-Existenz einer marktorientierten Unternehmensphilosophie einerseits und einer koordinierenden Marketing-Abteilung andererseits schlägt sich nieder in der Begrifflichkeit des *dualen Führungskonzepts* des Marketings.

herrschend (Buhmann 2006, S. 20). Diese Unterscheidung ist Gegenstand der nachfolgenden Abschnitte.

2.2.1 Ausrichtung und Elemente des strategischen Managements

2.2.1.1 Unternehmensorientierung

Um die Frage zu beantworten, wieso sich strategisches Management auch auf Unternehmensebene bezieht und nicht ausschließlich marktorientiert ist, hilft es, zunächst ein junges Unternehmen für ein innovatives Angebot zu betrachten. Angenommen, das Angebot ist so neuartig, dass eine Nachfrage dafür bisher nicht gegeben ist, dann lässt sich konstatieren, dass ein Absatzmarkt noch nicht vorhanden ist (Mischke 2007, S. 55). Folglich ist es für die Gründer des Unternehmens schwierig, von vornherein marktorientiert zu handeln, da sie diesen Markt zunächst erst erschließen müssen und den Weg, d. h. die nachfrageseitige Akzeptanz ihres Angebots, erst ebnen müssen (Geyer, Ephrosi 2005, S. 24). Dennoch haben die Gründer eine *Vision* und konkrete Wunschvorstellungen über den Mehrwert ihres Angebots für die Gesellschaft. Eine Vision ist ein Vorstellungsbild darüber, wie ein Unternehmen in Zukunft einmal sein soll (Domscheit 2007, S. 59). Sie beschreibt das Ideal, welches das Unternehmen erreichen will sowie das höchste Potenzial, welches in dem Angebot steckt (zur Bonsen 1994, S. 60). Eine Vision gilt für immer und sollte, da sie als Motor aller unternehmerischen Aktivitäten fungiert, nicht modifiziert werden. Die Entwicklung einer Vision, d. h. das Bewusstmachen und Formulieren der überdauernden Zukunftsform des Unternehmens ist eine strategische Managementaufgabe, zunächst losgelöst von konkreten (Absatz-)Märkten und Zielgruppen (Hans 2013, S. 94). Das heißt, dass eine Vision nicht von Entscheidungen des strategischen Marketings, welche eben die Ausgestaltung dieser Angebots-Zielgruppen-Kombination beinhalten, tangiert wird. Stattdessen lassen sich aus dieser Vision langfristige, generelle Ziele und eine Grundorientierung ableiten, die im Sinne einer Existenzberechtigung Antwort auf die Frage »Wozu sind wir eigentlich da?« geben (Opuchlik 2006, S. 63). Diese *Mission* ist nicht zu verwechseln mit konkreten Geschäfts(feld)zielen, auf welche dieser Artikel später eingehen wird. Die nachfolgende Darstellung 2.1 fasst die Erkenntnisse zu Vision und Mission zusammen und führt zudem ein Beispiel an.

Auf diesen tendenziell abstrakten und übergeordneten Zielen bzw. Vorstellungen basiert die Unternehmensphilosophie, welche als die Summe aller in einem Unternehmen geltenden Grundsätze und Handlungsweisen verstanden wird. Die Unternehmensphilosophie ist selten schriftlich festgehalten und meist wenig konkret und bei inhabergeführten bzw. kleinen und mittelständischen Unternehmen oft von der Auffassung und dem Verhalten des Gründers geprägt. In den erwähnten Unternehmensgrundsätzen werden häufig Unternehmenswerte als Leitprinzipien bzw. Leitbild der Organisation verankert (Kunze 2008, S. 68).

Neben dieser Funktion des Orientierungsrahmens stellen Vision und Mission – wie Darstellung 2.1 verdeutlicht – aber gleichzeitig auch die Basis für die Zielgestaltung

2.2 Abgrenzung

des Unternehmens dar (Huber 2008, S. 97). Sie münden zunächst in den allgemeinen und übergreifenden Oberzielen, welche Gegenstand des strategischen Managements sind. Daraus lassen sich dann konkrete Geschäftsfeldziele ableiten lassen, welche im Rahmen des strategischen Marketings verfolgt werden (Wilkes, Stange 2008, S. 92). Diese kaskadenförmige Mittel-Zweck-Beziehung verdeutlicht Darstellung 2.2. Sie stellt eine vereinfachte Version der nachfolgenden prozessualen Betrachtung (▶ Kap. 2.2.2) der strategischen Marketingplanung in Darstellung 2.3 dar.

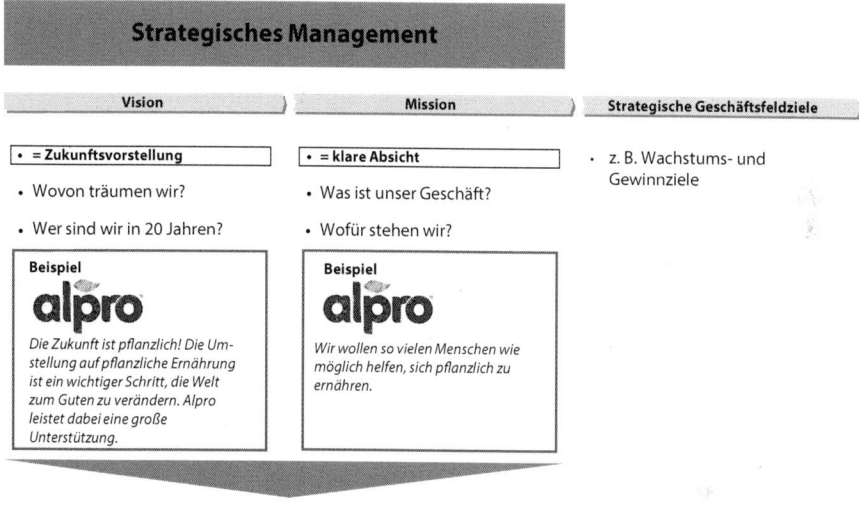

Dar. 2.1: Unterscheidung Vision und Mission

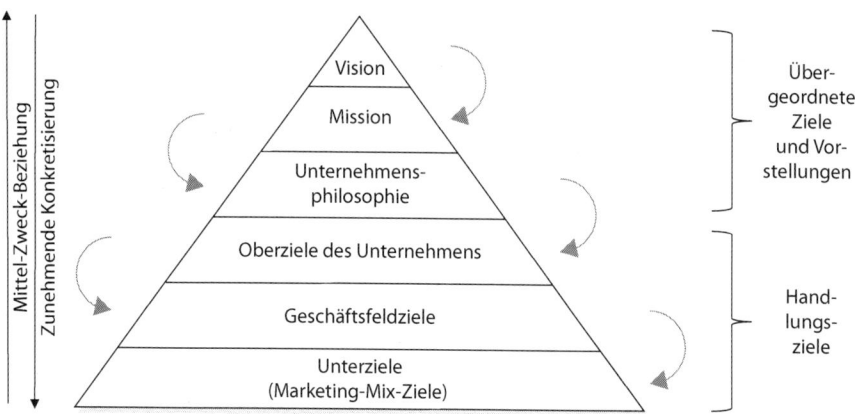

Dar. 2.2: Hierarchie der Zielebenen

2.2.1.2 Marktorientierung

Vor dem Hintergrund von Darstellung 2.2 ist es nun angebracht, den Begriff *Geschäftsfeld* näher zu betrachten. Diese sind gedankliche Konstrukte, welche die Tätigkeitsfelder einer Unternehmung widerspiegeln und konstituieren sich aus einer in sich homogenen Produkt-Zielgruppen-Kombination, die eine gemeinsame strategische Betrachtung nahelegt. Als Synonym gilt die Bezeichnung der Angebot-(Teil-)Markt-Kombination. In anderen Worten fasst ein (strategisches) Geschäftsfeld zusammen, wem (d. h. die Zielgruppe von Ist- und Soll-Kunden), was (d. h. das Angebot im Sinne von Sach- und Dienstleistungen sowie Informationen) angeboten werden soll. Die Analyse und Bearbeitung von Zielgruppen und Marktsegmenten erfordert Marktorientierung.

Geschäftsfelder dienen in der strategischen Planung als Bezugspunkt zur Zielsetzung und Ausrichtung von Marketingmaßnahmen. Strategische Geschäftsfelder sind nicht zu verwechseln mit Geschäftseinheiten, welche real-organisatorisch existieren und auch von Unternehmensexternen als solche ausgemacht werden können. Unterschiedliche Geschäftsfelder lassen sich auch bei Kleinstunternehmungen vorfinden und sind durchaus sinnvoll, wie folgendes Beispiel in Darstellung 2.3 verdeutlicht. Die in der Darstellung aufgeführten Geschäftsfelder sind entgegen einer real-organisatorischen Abgrenzung wie bei einer Geschäftseinheit auf Anhieb nicht von außen für Dritte erkennbar, da die beiden Büroangestellten für alle Geschäftsfelder tätig sind.

Dar. 2.3: Beispiel für unterschiedliche Geschäftsfelder einer Unternehmung

Unternehmen: Busreiseveranstalter mit 2 ****Reisebussen und 4 Beschäftigten (2 Fahrer und 2 Büroangestellte			
	Strategisches Geschäftsfeld Nr. 1	**Strategisches Geschäftsfeld Nr. 2**	**Strategisches Geschäftsfeld Nr. 3**
Zielgruppe	Pauschalreisende	Tagesfahrten-Ausflügler	Reisebus-Anmieter
Angebote	1 Woche Bodensee oder 10 Tage Usedom	Tagesausflug nach Holland oder zum Freizeitpark	Individueller Transport für Unternehmensaktivitäten wie Weihnachtsfeier oder Ausflug
Werbung	Halbjahres-Programmheft des regionalen Theaters	Lokale Radiosender	IHK-Magazin für Firmeninhaber

In disruptiven Zeiten, in welchen manches Unternehmen eine Sinn- und Identitätskrise erlebt und der eigentliche Zweck der Unternehmenstätigkeit infrage gestellt wird (Tiemann 2021, S. 19), zeigt sich die Sinnhaftigkeit einer kombinierten Markt-

und Unternehmensorientierung innerhalb des strategischen Managements. Hierauf geht Abschnitt 2.2.3 vertieft ein.

2.2.2 Überblick über Aufgaben des strategischen Managements vs. strategischen Marketings

Abhängig von den Geschäftsfeldzielen, welche im strategischen Marketing festgelegt werden, gilt es, einen spezifischen Marketing-Mix zu gestalten, d. h. passend zu den jeweiligen Zielgruppen und Angeboten eines Geschäftsfeldes. Pro strategischen Geschäftsfeld gilt es, den Wettbewerbsvorteil sowie ein entsprechendes Vorstellungsbild bei den jeweiligen Zielgruppen im Sinne eines Marken-Images adäquat zu verankern. Die Ausgestaltung des Marketing-Mixes ist für jedes Geschäftsfeld durchaus klar und deutlich. Die letzte Zeile von Darstellung 2.3 verdeutlicht dies. Sie entspricht einer praktischen Ausgestaltung der letzten Zeile der Pyramide in Darstellung 2.2.

Anhand der Darstellung 2.3 lässt sich erkennen, dass jedes Unternehmen über ein Geschäftsfeld-Portfolio, d. h. eine Agglomeration mehrerer Geschäftsfelder, verfügt. Aufgabe des strategischen Managements ist es, dieses Portfolio zu gestalten. Es ist sinnvoll, eine unternehmerische Tätigkeit auf mehrere Standbeine zu verteilen, da dies eine Risikodiversifikation darstellt und Handlungsoptionen bietet, falls eines der Geschäftsfelder aufgrund von Markt- oder Umweltveränderungen wegfällt. Im Rahmen des strategischen Managements gilt es, diesen Geschäftsfeld-Mix systematisch zu planen, zielorientiert zu führen und weiterzuentwickeln.

Folglich bietet es sich zur Abgrenzung von strategischem Management und strategischen Marketing an, mehrere Ebenen zu betrachten. Das strategische Management bezieht sich auf die Unternehmensebene und betrachtet von der Metaebene aus die Gesamtheit aller Angebote, welche einzeln bei dezidiert ausgewählten Zielgruppen einen Nutzen hervorrufen sollen. Das strategische Marketing hingegen beinhaltet Entscheidungen in Bezug auf einzelne Zielgruppen-Angebotskombinationen (Sander 2019, S. 324).

Als eine Art Zukunftsblick richtet sich das strategische Management darauf aus, die Entwicklung der relevanten Unternehmensumwelt zu verstehen. Dabei bedarf es einer Umwelt- und Wettbewerbsanalyse. Das Ziel ist es, mit einer geeigneten Strategie die relevante Umwelt langfristig zu gestalten und flexibel auf Umweltveränderungen reagieren zu können (Welke et al. 2017, S. 13). Das strategische Management gibt folglich Antwort auf folgende Fragestellungen (Welke et al. 2017, S. 5):

- Welche langfristigen Ziele wollen wir verfolgen?
- In welchen Geschäftsfeldern wollen wir tätig sein?
- Mit welchen langfristigen Maßnahmen wollen wir den Wettbewerb in den Geschäftsfeldern bestreiten?
- Was sind unsere Kernfähigkeiten, mit denen wir im Wettbewerb bestehen können?
- Was müssen wir tun, um unsere langfristigen Maßnahmen umzusetzen?

2 Strategisches Marketing – eine Einordnung sowie eine Abgrenzung

Die Beantwortung dieser Fragen stellt den Mittelpunkt des strategischen Managements dar. Somit kann festgehalten werden, dass sich das strategische Management mit der Planung und Umsetzung von übergeordneten Strategien beschäftigt, welche losgelöst von konkreten Geschäftsfeld-Strategien sind.

Darstellung 2.4 verdeutlicht die Betrachtung der verschiedenen Ebenen sowie die Interdependenzen zwischen strategischem Management sowie strategischem als auch operativem Marketing. Diese Darstellung spiegelt das zentrale Begriffsverständnis dieses Buches wider und begründet den nachfolgenden Aufbau der Kapitel 2.3 bis 2.5.

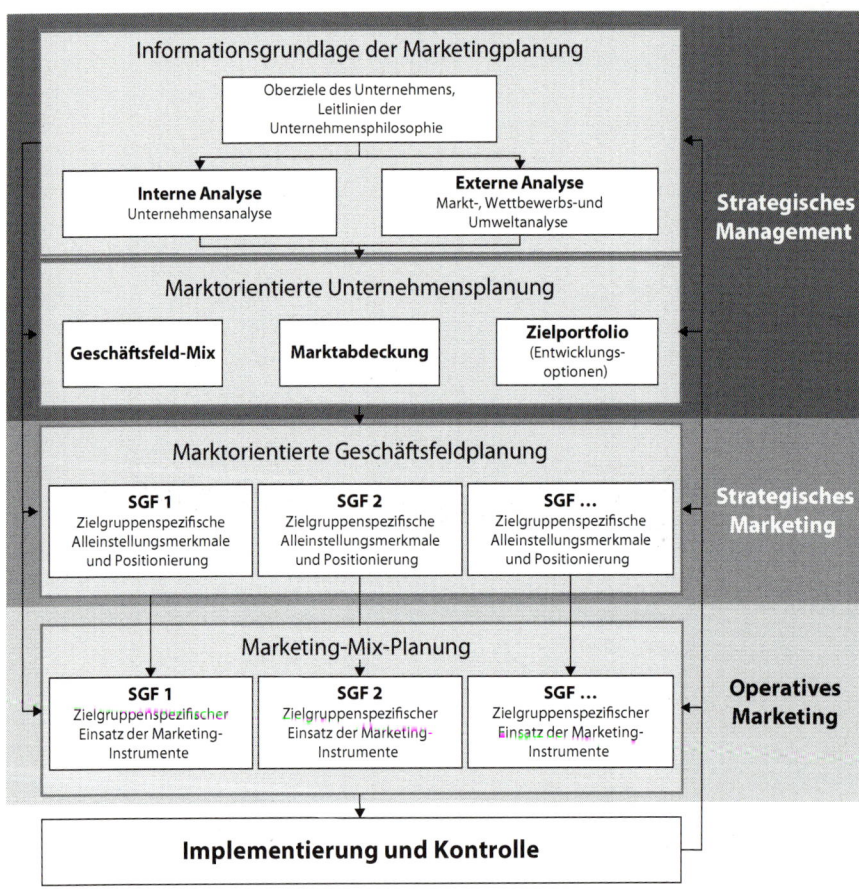

Dar. 2.4: Prozessuale Begriffsabgrenzung (Quelle: Eigene Darstellung in Anlehnung an Tomczak et al. 2014, S. 23)

Um eine marktorientierte Unternehmensplanung durchzuführen, bedarf es, wie Darstellung 2.4 im oberen Bereich aufzeigt, einer entsprechenden Informationslage, welche vorab hergestellt werden muss. Ziel der im Vorfeld durchzuführenden strategischen Analysen ist es, zu entscheiden, wo ein Unternehmen – im Vergleich zu Konkurrenzunternehmen – Alleinstellungsmerkmale verwirklichen kann, d. h. in welchen Bereichen die unternehmerischen Ressourcen so genutzt werden können, dass das Unternehmen einen Wettbewerbsvorteil erzielt (hierzu auch ▶ Kap. 6.2.1). Mit diesen strategischen Analysen beschäftigt sich das folgende Kapitel 2.3. Hierbei ist es wichtig, wie Darstellung 2.4 sowie Abschnitt 2.2.1 aufzeigt, dass die Analysen kombiniert aus sowohl markt- als auch ressourcenorientierter Sicht durchgeführt werden. Folglich nimmt Abschnitt 2.2.3 eine Vorstellung dieser beiden Sichtweisen vor.

Das strategische Management, im Sinne einer marktorientierten Unternehmensplanung wird in den Abschnitte 2.4.1 bis 2.4.3 behandelt. Kapitel 2.5 geht im Sinne des strategischen Marketings auf den Punkt der marktorientierten Geschäftsfeldplanung ein, indem der S-T-P-Ansatz zur zielgruppenspezifischen Positionierung vorgestellt wird. Auf die Marketing-Mix-Planung, d. h. das operative Marketing, sowie dem Aspekt der Implementierung und Kontrolle geht dieses Kapitel aufgrund der thematischen Ausrichtung nicht ein.

2.2.3 Abriss über die Entwicklung der Markt- und Ressourcen-Orientierung

Der Market-based View versucht, wirtschaftliche Erfolge der Unternehmen durch deren strategische Anpassung an extern gegebene relevante Wettbewerbskonstellationen zu erklären (Porter 2013, S. 25 f.). Aufgrund der Orientierung an unternehmensexternen Marktstrukturen spiegelt der Market-based View eine Outside-In-Perspektive wider. Darstellung 2.5 verdeutlicht dies. Die mittels Marktforschung zu erfassenden Begebenheiten auf den Markt bestimmen im Rahmen einer Outside-In-Perspektive die Strategie des Unternehmens. Das heißt das (Markt-)Verhaltens des Anbieters (= Conduct) basiert auf der mittels Marktforschung konstatierten Marktstruktur. Dies führt zu einem gewissen Marktergebnis (= Performance). Aus den Anfangsbuchstaben dieser Faktoren ist das sogenannte S-C-P-Paradigma entstanden.

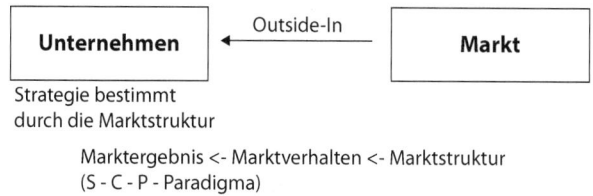

Dar. 2.5: Outside-In-Perspektive

Die Marktorientierung (Market-based View) dominierte gemäß den Erkenntnissen der Strategieforschung in der Unternehmenspraxis in den 1980er Jahren bei strategischen Analysen. In den 1990er Jahre gewann jedoch die Ressourcenorientierung (Resource-based View) an Bedeutung (Buhmann 2006, S. 20). Dies lässt sich mit der Annahme begründen, dass der Market-based View versagt, wenn es darum geht, nachhaltige Wettbewerbsvorteile vor allem in einem dynamischen Umfeld zu erklären (Buhmann 2006, S. 20). In einem sehr dynamischen Marktumfeld kann es folglich sein, dass eine ausschließliche Marktorientierung es nicht vermag, nachhaltige Wettbewerbsvorteile zu erzielen. Die zentrale Annahme des gegenwärtig an Relevanz gewinnenden Resource-based View besteht darin, dass Unternehmen ihre Unterschiede in der Ausstattung mit tangiblen Ressourcen wie Maschinen durch Erwerb dieser Ressourcen als Konsequenz einer Markt- bzw. in diesem Fall Wettbewerbsorientierung nivellieren. Dies führt langfristig zur steigenden Austauschbarkeit von Angeboten und mangelnder Differenzierung bei angleichenden Qualitätsniveaus.

Für hochwertige, spezialisierte immaterielle Ressourcen gibt es hingegen keine Märkte, auf denen diese gehandelt werden können. Das heißt, dass Unternehmen ihre im Vergleich zu Wettbewerben unzureichende Ausstattung mit diesen immateriellen Ressourcen nicht durch Erwerb kompensieren können (Diericks, Cool 1989, S. 23 f.; Buhmann 2006, S. 23).

In Anbetracht der erwähnten dynamischen Marktentwicklungen kommen »immateriellen Ressourcen für die Unternehmensführung eine zunehmende Bedeutung zu« (Möller et al. 2009, S. 335). In vielen Branchen, in denen früher überwiegend tangible Leistungen gehandelt wurden, entscheiden heutzutage oftmals intangible Service-Angebote wie z. B. die Inbetriebnahme, Instandhaltung, Wartung und Schulung der verkauften Faktorleistungen über den Markterfolg. Aufgrund solcher Entwicklungen gewinnt ein Resource-based View an Bedeutung. Im Gegensatz zu dem Market-based View, welcher den Schwerpunkt der Betrachtung auf die Unternehmensumwelt richten, fokussiert sich der ressourcenorientierte Ansatz auf die Ressourcen des Unternehmens (= Kernkompetenzen des eigenen Unternehmens) (Al-Laham 2016, S. 112; David 2005, S. 22). Die Ressourcen umfassen hierbei eben nicht nur die generischen Produktionsfaktoren Boden, Arbeit und Kapital, sondern auch idiosynkratische Ressourcen einer Unternehmung, die im Zusammenhang mit der Strategie stehen (Barney et al. 2001, S. 628 ff.; David 2005, S. 85). Dies wird als Inside-Out-Perspektive tituliert (Bea, Haas 2001, S. 26 f.; Müller-Martini 2008, S. 161). Darstellung 2.6 verdeutlich dies.

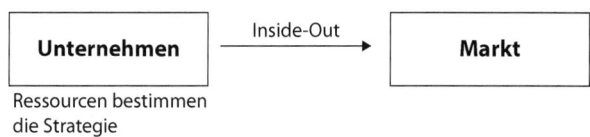

Dar. 2.6: Inside-Out-Perspektive

Vor dem Hintergrund der angedeuteten zunehmenden Relevanz von immateriellen Ressourcen erklärt der Resource-based View, wie es zu Performanceunterschieden zwischen Organisationen kommt und ergänzt somit den Market-based View. Hierbei sei betont, dass er den vorherrschenden Market-based View nicht ersetzt, sondern komplementär dazu ist. Die folgenden Darstellung 2.7 und 2.8 visualisieren die Zusammenhänge. Kapitel 4.2.1 konkretisiert dies vor dem Hintergrund von Wertstrategien.

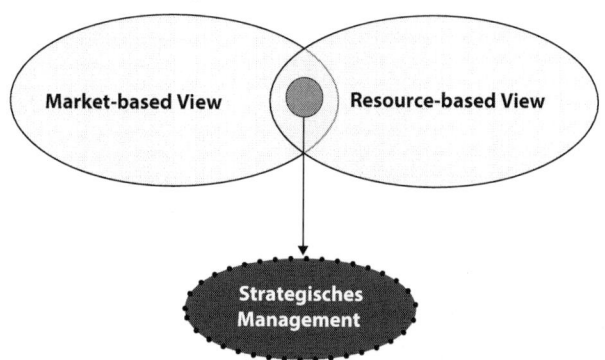

Dar. 2.7: Kombinierte Perspektiven

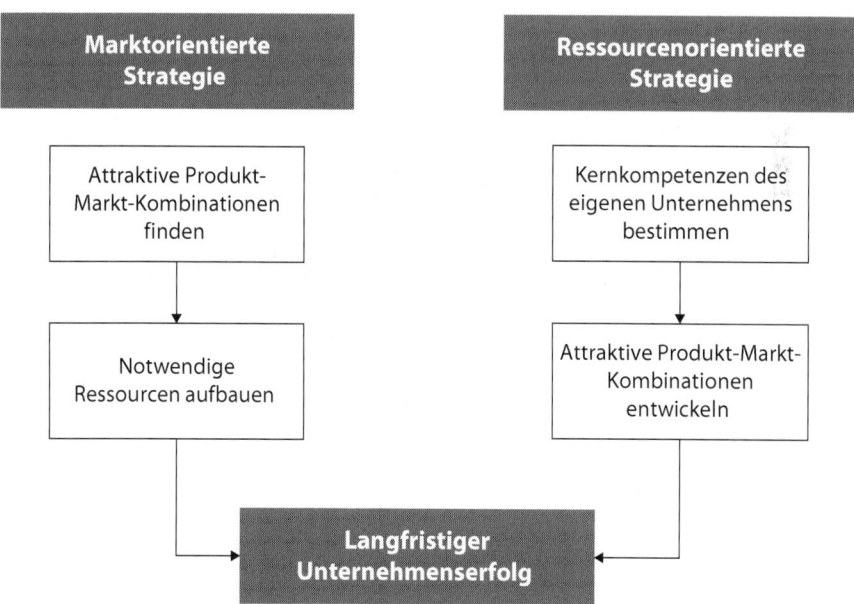

Dar. 2.8: Kombinierte Markt- und Ressourcen-Orientierung

Bei einem zu stark nach innen gerichteten Blick besteht die Gefahr, sich auf vergangenen Erfolgen auszuruhen und neue Marktentwicklungen zu übersehen (Rasche

2002, S. 31). Das strategische Management erfordert eine ganzheitliche Denkweise für das Unternehmen unter Berücksichtigung der zukünftigen Probleme (Kreilkamp 2010, S. 55). Die Denkweise der Marktorientierung wird folglich um die Dimension einer Analyse aller Ressourcen des Unternehmens erweitert, um diese im Planungsprozess zu berücksichtigen (Höfner, Winterling 1982, S. 45).

Analog zur zentralen Darstellung 2.4 gibt Darstellung 2.9 einen Ausblick auf die folgenden Inhalte dieses Kapitels. Abschnitt 2.3.1 stellt die Konkretisierung des Resource-based View vor: Competence-based View und Knowledge-based View. Abschnitt 2.3.2 geht auf die marktbezogenen Analysen ein. Das in Darstellung 2.9 links aufgeführte Oval wird in Abschnitt 2.3.3 behandelt. Darstellung 2.9 zeigt abermals auf, dass das strategische Management die Integration und Kombination von Markt- und Ressourcenorientierung vornehmen sollte.

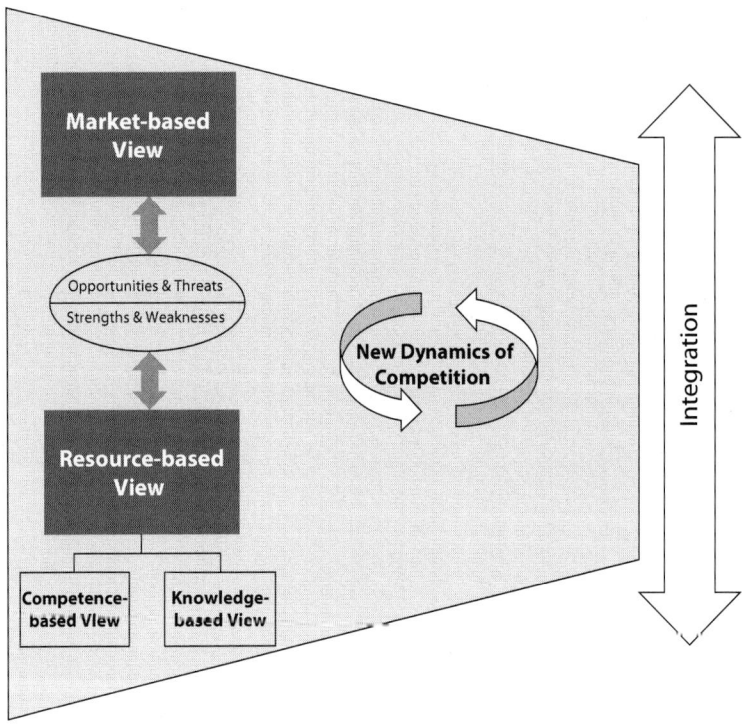

Dar. 2.9: Theorie-Ansätze der Strategiefindung

2.3 Strategische Analysen als Informationsgrundlage

In diesem Kapitel wird – wie Darstellung 2.4 verdeutlicht hat – zunächst auf interne, d. h. unternehmensbezogene Analysen (▶ Kap. 2.3.1) eingegangen. Die in Darstellung 2.4 als extern bezeichneten Analysen im Sinne des Market-based View sind Gegen-

2.3 Strategische Analysen als Informationsgrundlage

stand von Abschnitt 2.3.2. Sie sind untergliedert in eine Branchen- und eine Umweltanalyse. Abschnitt 2.3.1 beinhaltet die ressourcenbasierten und diejenigen Analysen, welche die direkten Wettbewerber des Unternehmens betrachten. Beide Analysen sollten in der Realität simultan und regelmäßig durchgeführt werden, da die Ergebnisse letztendlich interdependenten Charakter haben. Das Vorgehen in Kapitel 2.3 visualisiert Darstellung 2.10.

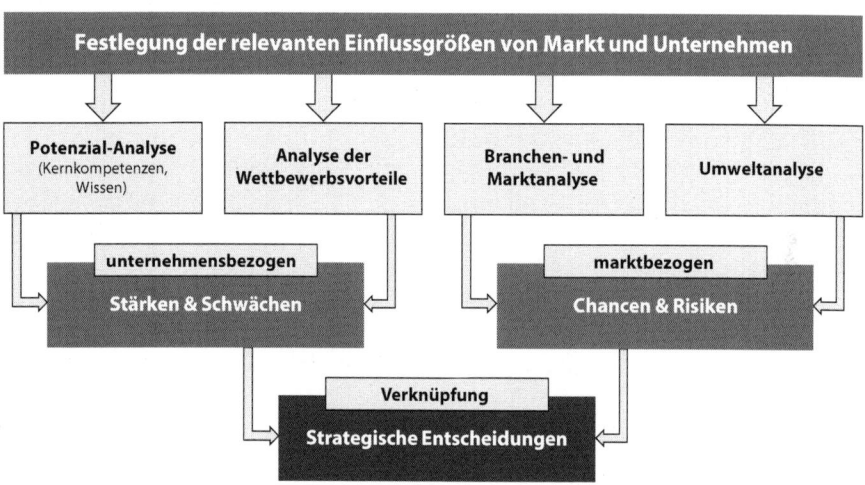

Dar. 2.10: Zusammenspiel der internen und externen Analysen

2.3.1 Unternehmensbezogene Analysen

2.3.1.1 Resource-based View der Potenzial-Analyse

2.3.1.1.1 Kernkompetenzanalyse

Eine spezifische strategische Ressource stellen die sog. Kernkompetenzen dar. Der Kernkompetenzansatz ist ein weniger formales und eher managementorientiertes Derivat des Resource-based View (Duschek, Sydow 2002, S. 2). »Eine Kernkompetenz ist die dauerhafte und transferierbare Ursache für den Wettbewerbsvorteil einer Unternehmung, die auf Ressourcen und Fähigkeiten basiert« (Krüger, Homp 1997, S. 27).

Ausschlaggebend zur Generierung von Wettbewerbsvorteilen ist ein spezielles Eigenschaftsprofil der unternehmensspezifischen Ressourcen. Kernkompetenzen müssen besonderen Ansprüchen entsprechen. Sie müssen a) wertvoll sein, um die Unternehmenseffizienz und -effektivität zu erhöhen, b) knapp, da ansonsten kein Wettbewerbsvorteil auf Grundlage der strategischen Ressourcen möglich ist, weiterhin dürfen sie c) nicht substituierbar sein, d. h. es sollte keine Ersatzressourcen geben, welche eine gleiche Performance erbringen, zudem d) dürfen diese Ressourcen nicht imitierbar sein (Duschek, Sydow 2002, S. 2; Barney et al. 1991, S. 105 ff.; Grant 1991, S. 114 ff.; Reed, DeFillippi 1990, S. 90 ff.; Krings 2020, S. 79). Gelingt es dem Unternehmen, seine Ressourcen besser zu kombinieren und produktiver einzusetzen als die Konkurrenz, entsteht ein Wettbewerbsvorteil (Buhmann 2006, S. 84). Dann bilden Kernkompetenzen einen wahrnehmbaren Differenzierungsfaktor für die Kunden und stiften einen Zusatznutzen[2] (Haas 2012, S. 51). Werden die Kernkompetenzen gezielt weiterentwickelt und zur Bearbeitung neuer Märkte genutzt, generiert die Unternehmung einen Vorsprung, der von der Konkurrenz nicht ohne weiteres aufzuholen ist (Prahalad, Hamel 1990, S. 80). Kapitel 6.4 verdeutlicht am Beispiel Apple dessen Kernkompetenz der Designorientierung.

Das Ziel der Kernkompetenzanalyse ist es, die besonderen Ressourcen und Fähigkeiten eines Unternehmens zu identifizieren, die ausschlaggebend für den strategischen Erfolg sind. Die Grundlage zur Entwicklung von Kernkompetenzen entsteht aus der Analyse des Zusammenspiels der Gesamtheit aller unterschiedlicher Ressourcen eines Unternehmens (David 2005, S. 147 f.). Die gewonnenen Erkenntnisse der Analyse bieten die Möglichkeit, Differenzierungsvorteile gegenüber Wettbewerbern zu identifizieren. Dies ermöglicht dem Unternehmen ein Angebot, welches in einer unverwechselbaren Art und Weise Kundenbedürfnisse befriedigt (Haas 2012, S. 54). Kernkompetenzen werden als innere Schicht einer dreischichtigen Unternehmenskompetenz bezeichnet, wie die folgende Darstellung 2.11 verdeutlicht (Krüger, Homp 1997, S. 26).

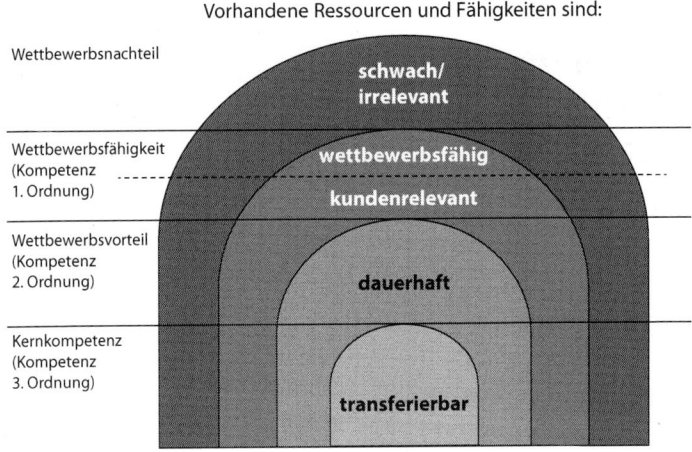

Dar. 2.11: Schichtmodell der Kompetenzen (Quelle: Eigene Darstellung in Anlehnung an Krüger, Homp 1997, S. 25)

---

2 Siehe zum Begriff des Zusatznutzens die Ausführungen zu Beginn von Kap. 3.3.

Bei einer Kompetenz 1. Ordnung (äußere Schicht) handelt es sich um die Erlangung von Fähigkeiten und Ressourcen, die so weit entwickelt und kombiniert sind, dass sie erfolgreich im Wettbewerb mithalten können. Wettbewerbsvorteile können bereits durch die Kompetenz der 2. Ordnung generiert werden. Unternehmen haben einen Vorsprung erarbeitet, da sie über besondere Qualitäten verfügen. Über Kernkompetenzen verfügt ein Unternehmen erst, wenn es in der Lage ist, Ressourcen und Fähigkeiten zur Entwicklung neuer Märkte oder Produkte einzusetzen. Die Kompetenzen 3. Ordnung (Kernkompetenzen) besitzen das besondere Merkmal der Transferierbarkeit (Krüger, Homp 1997, S. 26). Es ist feststellbar, dass ein wirklicher Wettbewerbsvorteil entsteht, wenn Kernkompetenzen selten und von der Konkurrenz schwer zu imitieren sind. Die Aufgabe des kompetenzorientierten Managements ist es, Unternehmensstärken und Markterfordernisse in Einklang zu bringen und den unternehmerischen Erstellungsprozess von Leistungen auf zukünftige Markterfordernisse auszurichten (Teece et al. 1997, S. 515; Müller-Martini 2008, S. 173). Somit besteht die Aufgabe des strategischen Managements im Sinne des Competenece-based View Kernkompetenzen zu identifizieren, zu beschaffen und zu entwickeln. Eine dynamische Fähigkeit eines Unternehmens zeichnet sich durch die Fähigkeit aus, das Kompetenzportfolio an veränderte Umfeldbedingungen anzupassen (Teece et al. 1997, S. 514f.). Dies bedeutet, dass durch unternehmensinterne Bedingungen die Möglichkeiten eines Kompetenzaufbaus beeinflusst werden können (Buhmann 2006, S. 84).

Der Aspekt der Transformation bezieht sich auf Funktionen, wenn eine Zusammenführung von Fähigkeiten und Ressourcen in verrichtungsortientierten Funktionsbereichen und Organisationseinheiten (z.B. Abteilungen, Werkstätten Arbeitsgruppen) gemeint ist. Die Transformation über Kernprozesse betrifft in erster Linie die Gestaltung der Ablauforganisation, da Organisationseinheiten einer Unternehmung über Prozesse verbunden sind. Eine dritte Form der Transformation bildet die Integration von Fähigkeiten und Ressourcen in Kernprodukte. Dies bezieht sich darauf, dass der Erfolg eines Endproduktes von den unverwechselbaren Eigenschaften der Leistungskomponenten abhängt, die aus einzigartigen Fähigkeiten und Ressourcen oder einer einzigartigen Kombination dieser resultieren (Prahalad, Hamel 1990, S. 82f.; Homp 2000, S. 178; Buhmann 2006, S. 86).

Operative Tools des Kompetenzmanagement stellen z.B. Markt-/Kompetenzportfolio, Skill-Cluster und Ressourcenportfolios dar (Homp 2000, S. 86 ff.; Buhmann 2006, S. 85). Gleichwohl stellt sich die Frage, ob die Entwicklung von Kernkompetenzen mithilfe dieser Methoden »planbar« ist, denn bislang fehlt es noch an empirischen Nachweisen über deren Erfolgswirksamkeit (Homp 2000, S. 86 ff.).

2.3.1.1.2 Knowledge-based View

Im Gegensatz zum Competence-based View versucht der neue Theorieansatz »Knowledge-based View« dynamische Umfeld- und Unternehmensentwicklungen zu berücksichtigen (Zahn et al. 2000, S. 51). Dieser Ansatz ist wie der Competence-based View ein weiterer Ansatz des Resource-based View, der allerdings Wissen als strategisch wichtige Ressource eines Unternehmens betrachtet (Grant 2019, S. 451; Kruthoff 2005, S. 42).

Durch die Anwendung von Wissen zur Bewältigung von Aufgaben werden Kompetenzen sichtbar. Das Wissen von Unternehmen ist an Wissensträger gebunden, da Wissen eine immaterielle Kompetenz ist. Diese Wissensträger unterscheiden sich in personelle und nicht-personelle Wissensträger (Buhmann 2006, S. 73). Nicht-personelle (materielle) Wissensträger werden in druckbasierte (z. B. Bücher, Zeitschriften, usw.), audiovisuelle (z. B. Tonbänder, Fotos, usw.), computerbasierte (z. B. Festplatten, Intranet, usw.) und produktbasierte Wissensträger (z. B. Fertigungsanlagen, Endprodukte, usw.) unterschieden. Produkte werden als Wissensträger bezeichnet, da sich aus diesen Informationen etwa über die Art der Bearbeitung gewinnen lassen (Ellinger 1966, S. 259; Buhmann 2006, S. 73). Personen besitzen gegenüber den nicht-personellen Wissensträgern den Vorteil, dass sie Wissen speichern, anwenden und neues Wissen erzeugen können. Personelles Wissen besteht aus theoretischem und praktischem Wissen. Praktisches Wissen erfüllt den Zweck der Aufgabenerfüllung, welches auf Erfahrungen und Lernprozessen beruht (Sanchez 2001, S. 234).

Es wird zudem zwischen explizitem Wissen (artikulierbare Form) und implizitem Wissen (nicht artikulierbare Form) unterschieden. Implizites Wissen ist schwer zu kommunizieren, da es an Personen gebunden ist und auf deren Erfahrungen aufbaut. Explizites Wissen hingegen ist nicht an Personen gebunden und kontextfrei (Buhmann 2006, S. 28).

Zunehmende Relevanz im strategischen Management besitzen die Eigentumsrechte von immateriellen Ressourcen eines Unternehmens. Schutzstrategien für implizites Wissen zielen auf die Verhinderung des Wissensverlustes durch den Abgang von Wissensträgern (z. B. Führungskräfte, Spezialisten usw.) ab. Die folgende Darstellung 2.12 illustriert die Dimensionen einer Schutzstrategie von Wissen nach Al-Laham (Al-Laham 2016, S. 374; Welke et al. 2017, S. 48).

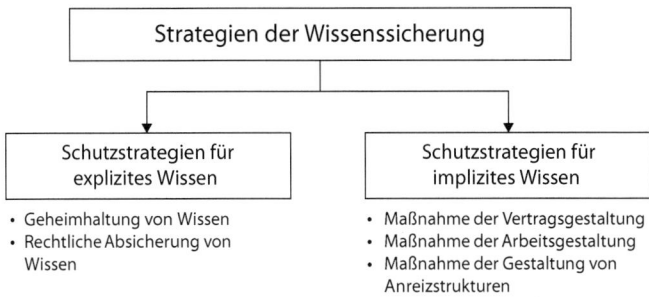

Dar. 2.12: Dimensionen einer Schutzstrategie von Wissen (Quelle: Eigene Darstellung in Anlehnung an Al-Laham 2016, S. 374)

Maßnahmen zum Schutz vor Wissensverlust können durch Vertragsgestaltung erzielt werden, z. B. durch eine Aufnahme von Verschwiegenheitsklauseln in Arbeitsverträgen. Maßnahmen der Arbeitsgestaltung zielen darauf ab, Kernwissen zu modularisieren und auf mehrere Wissensträger aufzuteilen. Somit erlangt ein einzelner Wissensträger wenig Einblick in den Gesamtzusammenhang der Leistungserstellung (Al-Laham 2016, S. 376).

2.3.1.2 Analysen zur Identifikation von Wettbewerbsvorteilen

Nachdem die im Abschnitt 2.3.1.1 vorgestellten Analysen sich im Sinne des Resource-based View vornehmlich auf das im Fokus stehende Unternehmen konzentrierten, wird nun in Abschnitt 2.3.1.2 die Perspektive um die Dimension der direkten Konkurrenten erweitert. Obwohl die direkten Konkurrenten sicherlich Teil des Marktes sind, werden die zwei nachfolgend vorgestellten Analysen der Unternehmensanalyse zugeordnet, da es gilt, damit Stärken und Schwächen des betrachteten Unternehmens zu identifizieren. Da Stärken und Schwächen immer relativ sind, gilt es, hier nun die Perspektive der Konkurrenzunternehmen einzunehmen.

2.3.1.2.1 VRIO Rahmen

Der VRIO Rahmen bewertet die Ressourcen und Fähigkeit einer Unternehmung als Grundlage für Wettbewerbsvorteile und der daraus resultierenden strategischen Bedeutung. Da Wettbewerbsvorteile sich gemäß den Ausführungen in Abschnitt 2.3.1.1.1 aus Kernkompetenzen ergeben, liegen im VRIO Rahmen auch die entsprechenden Kriterien zugrunde. Der VRIO Rahmen bezeichnet diese Kriterien mit englischen Schlagworten, aus deren Anfangsbuchstaben sich VRIO zusammensetzen lässt:

I wertvoll → **Value** (Wert),
II knapp → **Rareness** (Seltenheit),
III nicht substituierbar → Ressource wird nicht durch Ersatz obsolet,
IV nicht imitierbar → **Imitability** (Imitierbarkeit).

Bei der Analyse des *Value* wird ermittelt, ob die Ressource dazu beiträgt, einen hohen Kundennutzen zu generieren. Mithilfe der Marktforschung (z. B. im Rahmen der Conjoint-Analyse) kann der Zusammenhang zwischen Kaufentscheidung und Leistungsmerkmalen bestimmt werden (Herbert, Wollny 2020, S. 177).

Durch eine kontinuierliche Durchsicht verschiedener Medien wie Geschäftsberichte, Branchenanalysen, Soziale Medien etc. können Wettbewerber identifiziert und analysiert werden. Im Fokus sollten diejenigen Wettbewerber stehen, die ähnliche Ressourcen bzw. Fähigkeiten besitzen. Dieser Schritt dient zur Analyse der Seltenheit (*Rareness*). Die Analyse der *Imitation* durch Wettbewerber beinhaltet folgende Aspekte (Herbert, Wollny 2020, S. 177):

- Sind Ressourcen in ausreichender Menge vorhanden?
- Liegen Eigentumsrechte zum Schutz vor Wettbewerbern (Lizenzen, Patente, Marken etc.) vor?

- Ist implizites Wissen durch eine Erschwerung des Abwerbens von Personal gesichert? (▶ Kap. 2.3.1.1.2).

Zuletzt ist zu prüfen, ob die vorhandenen Ressourcen von den Unternehmen nicht auswechselbar sind (Herbert, Wollny 2020, S. 177). Die folgende Darstellung 2.13 stellt eine Übersicht der Auswertung dar.

Dar. 2.13: VRIO-Bewertung und Schlussfolgerungen (Quelle: Eigene Darstellung in Anlehnung an Herbert, Wollny 2020, S. 179)

Ressource	Value	Rareness	Imitierbarkeit	Obsoleszenz	Kommentar
A	X				Standartressource der Branche
B	X	X			Kein dauerhafter Wettbewerbsvorteil ableitbar, schnelles Aufholen der Konkurrenz zu erwarten.
C	X	X	X		Derzeit nicht (mehr) nutzbar: Ist eine Veränderung der Organisation möglich? Was ist für die (erneute) Verwendung der Ressource notwendig?
D	X	X	X	X	Grundlage für langfristige Wettbewerbsvorteile, muss in den Strategieoptionen berücksichtigt werden.
E		X	X	X	Neue Geschäftsfelder, Geschäftsmodelle oder Kunden suchen, bei denen die Ressource Nutzen stiftet.
F					Offensichtlich wertlose Ressource – nicht weiter in sie investieren.

Aus dem VRIO-Konzept erfolgt eine Ableitung, welche Ressourcen das Fundament einer langfristigen Strategie bilden. Weiterhin kann verhindert werden, dass Strategien aus Ressourcen abgeleitet werden, die keine nachhaltige Grundlage für langfristige Wettbewerbsvorteile bieten (Herbert, Wollny 2020, S. 181).

2.3.1.2.2 Ressourcen- und Fähigkeiten-Portfolio

Als eine weitere Methode zur Analyse der Ressourcen bietet sich ein Ansatz auf Basis von Schlüsselfaktoren einer Branche an (Grant 2019, S. 131 ff.). Hierzu werden die relative Stärke als auch die strategische Bedeutung von einzelnen Ressourcen und Fähigkeiten bewertet. Die Bewertung erfolgt anhand der Stärke der Ausrichtung der Ressourcen und Fähigkeiten der Wettbewerber und sollte auf messbare Größen, welche z. B. durch Benchmarking-Prozesse oder andere nachvollziehbare Beurteilungsverfahren ermittelt werden, beruhen. Diese Beurteilung kann auch das Ergebnis der vorgestellten VRIO-Analyse sein. Somit lassen sich diese beiden Methoden verknüpfen. Die Bewertung der Ressourcen und Fähigkeiten sollte für die beiden Dimensionen im Rahmen eines zu erstellenden Portfolios auf einer Skala von 1 (unwichtig) bis 10 (sehr wichtig) erfolgen. Im Endeffekt stellt diese Beurteilungsmethode ein Punktbewertungsverfahren dar (Herbert, Wollny 2020, S. 184). Die folgende Darstellung 2.14 stellt die Bewertung zur Verdeutlichung dar.

Dar. 2.14: Stärke und Bedeutung von Ressourcen/Fähigkeiten (Quelle: Eigene Darstellung in Anlehnung an Grant 2019, S. 119 ff.; Herbert, Wollny 2020, S. 185)

	Bezeichnung	Relative Stärke	Strategische Bedeutung
Ressourcen	1. Weltweites Kundennetzwerk	8	7
	2. Globale Produktions-, Distributions- und Servicenetzwerke	8	8
	3. Kosteneffiziente Fertigung	5	7
Fähigkeiten	4. Konstruktion und Fertigung der Produkte	6	6
	5. Konstruktion für kundenspezifische Anforderungen	9	6
	6. Metallurgie	8	2
	7. Anwendungs-Know-how	9	7
	8. Just-in-time-Logistik	9	7
	9. Anpassung an wechselnde Bedingungen	9	7

Aus den gewonnenen Werten kann für jede Ressource und Fähigkeit eine Matrix erstellt werden. Durch die Achsen »strategische Bedeutung« und »relative Stärke« kann eine Position ermittelt und eingetragen werden. Somit entsteht eine Matrix mit vier Feldern, wie die folgende Darstellung 2.15 verdeutlicht.

Aus dem Verteilungsmuster der Ressourcen und Fähigkeiten kann eine Strategie abgeleitet werden, wobei Schlüsselressourcen optimal genutzt werden sollten (Herbert, Wollny 2020, S. 184 f.). Bei überflüssigen Schlüsselfaktoren ist zu überprüfen, inwieweit diese in neuen Geschäftsfeldern genutzt oder für eine Differenzierungstrategie verwertet werden können. Trifft dies nicht zu, sind diese ggf. zu beseitigen.

Die in Darstellung 2.4 oben links benannte «Interne Analyse« soll mit diesen Ausführungen als abgeschlossen gelten. In Bezug auf Darstellung 2.10 heißt dies, dass die beiden oben links genannten Analysefelder (»Potenzialanalyse« sowie »Wettbewerbsvorteile«) nun als fertiggestellt angesehen werden können. Dies führt im nächsten Schritt (sowohl in Darstellung 2.4 als auch in Darstellung 2.10 oben rechts visualisiert) zu marktbezogenen Analysen.

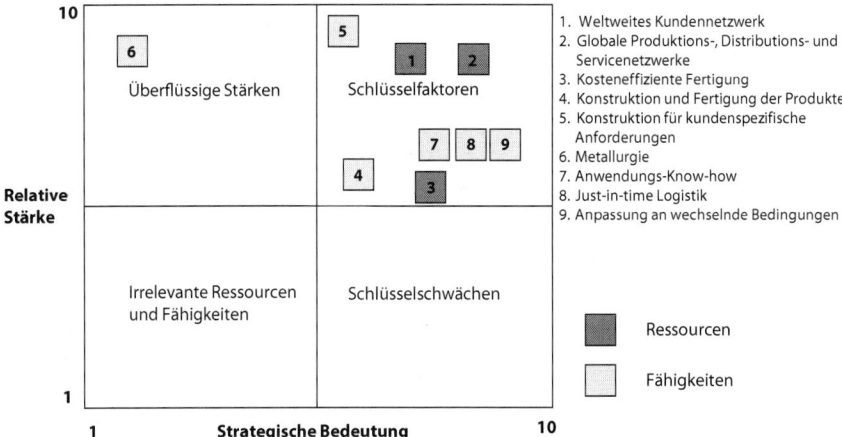

Dar. 2.15: Ressourcenportfolio (Quelle: Eigene Darstellung in Anlehnung an Grant 2019, S. 119 ff.; Herbert, Wollny 2020, S. 185)

2.3.2 Marktbezogene Analysen

Die Evolutionstheorie zeigt, dass nur die Spezies überleben kann, die wenigstens eine wichtige Aktivität besser beherrscht als die Konkurrenten (Nelson, Winter 1982, Buhmann 2006, S. 13). Diese Erkenntnis übertragen auf das Management bedeutet, dass langfristiges Überleben eines Unternehmens nur möglich ist, wenn es gelingt, besser zu sein als Konkurrenten (Buhmann 2006, S. 13).

Heutzutage stehen Unternehmen in allen Wirtschaftsbereichen im starken Wettbewerb zu ihren Konkurrenten. Aufgrund der zunehmenden Globalisierung fordert der Markt immer schneller neue Produkte bzw. Dienstleistungen mit einer hohen Qualität bei immer stärker sinkenden Marktpreisen (Heupel et al. 2019, S. 4). Der Aufbau von Wettbewerbsvorteilen wird durch übersättigte Märkte, eine Überzahl an konkurrierenden Unternehmen und ein geringes Marktwachstum erschwert. Die Produkte und Dienstleistungen weisen nur noch marginale Unterschiede auf und sind von den Konsumenten leicht substituierbar. Die Austauschbarkeit von Marken führt zu der Konsequenz, dass immer mehr Konsumenten ihre Kaufentscheidungen auf Grundlage des Preises treffen, die Markentreue abnimmt und Kunden Marken emotionslos gegen günstigere austauschen (Heupel et al. 2019, S. 4). Dies sind Gründe, warum Unternehmen globale Umwelt- als auch spezifische Marktanalysen betreiben sollten, welche in den folgenden Abschnitten vorgestellt werden.

2.3.2.1 Strategische Umweltanalyse

Jedes Unternehmen ist Bestandteil einer Umwelt. Es bestehen vielfältige Wechselbeziehungen zwischen Unternehmen und der Umwelt, aus welchen sich sowohl Chancen als auch Risiken ergeben können (Reisinger et al. 2013, S. 54). Eine wichtige Aufgabe des strategischen Managements ist es, die Risiken und Chancen frühzeitig zu erkennen, zu analysieren und ggf. zu beeinflussen (Kreuzer 2007, S. 168).

Externe Faktoren und Bedingungen, welche von außen auf Unternehmen einwirken, werden bei der strategischen Umweltanalyse betrachtet (Rufo, Zerres 2017, S. 71 ff.). Die Umwelt hat einen erheblichen Einfluss auf ein Unternehmen, wobei Umweltfaktoren nur in einem geringen Ausmaß beeinflussbar sind. Das Erkennen von externen Chancen und besitzt einen hohen Stellenwert, da auf deren Basis eine Strategie entwickelt werden kann.

Die Umweltanalyse ist geprägt von einer unüberschaubaren Informationsfülle. Es gilt diese Komplexität zu reduzieren, da für eine Strategie eines Unternehmens nicht alle Ereignisse von Bedeutung sind (Reisinger et al. 2013, S. 54). Die Umweltanalyse ist in zwei Schritte unterteilbar. Die Unterteilung definiert sich in der Analyse der globalen Umwelt sowie das Marktumfeld. Die globale Umweltanalyse erfasst die allgemeineren und indirekt einwirkenden Faktoren, während die Marktanalyse die unmittelbaren Einflussfaktoren auf die Unternehmen erfasst (Schreyögg, Koch 2010, S. 76). Die nachfolgende Darstellung 2.16 visualisiert die Abgrenzung zwischen der globalen Umwelt und dem Markt. Ein geläufiger Ansatz der Einteilung der globalen Umwelt in sechs Sektoren ist die PESTEL-Analyse, welche ebenfalls in der Darstellung vorhanden ist (Reisinger et al. 2013, S. 56). Die anschließende Darstellung 2.17 spezifiziert die sechs Faktoren.

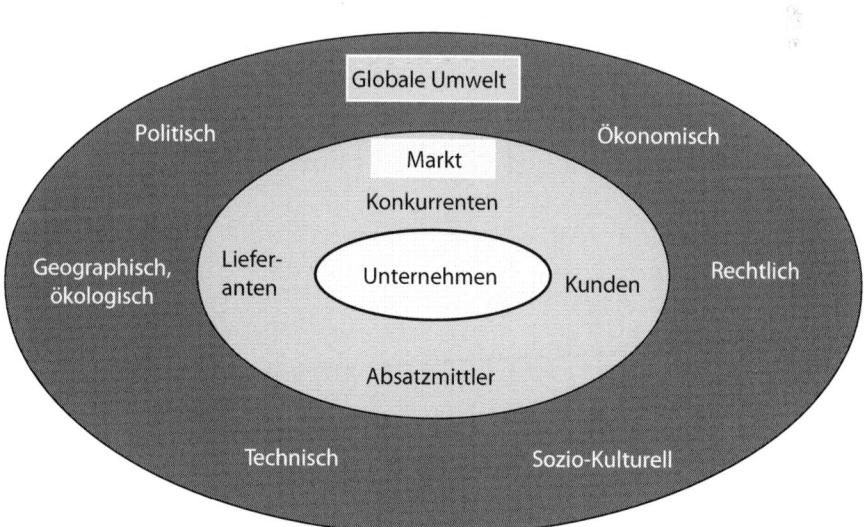

Dar. 2.16: Faktoren der globalen Umwelt gemäß PESTEL (Quelle: Eigene Darstellung in Anlehnung an Schreyögg, Koch 2010, S. 77)

Dar. 2.17: Vorstellung der Faktoren der PESTEL-Analyse

Einflussfaktoren	Beschreibung
Politisch	= kommunale, staatliche, staatenübergreifende oder globale Parameter; sind für alle Unternehmen zwingend. Besondere Relevanz besitzen politische Faktoren bei der Wahl des Standortes oder bei der Wahl der Absatzmärkte. Jedes Unternehmen ist von diesen betroffen (Schomaker, Sitter 2020, S. 12). Beispiele: Änderungen der Steuern oder Abgaben, Eingriffe in die bestehenden Gesetzte und Verordnungen oder politische Trends wie die erneuerbaren Energien (Schreyögg, Koch 2010, S. 78 f.).
Geographisch, ökologisch	= z. B. Rohstoffverfügbarkeit und ökologische Ausgangssituation am Unternehmensstandort. Betreffen aber auch Parameter wie Abfallentsorgung, Energieverbrauch oder Klimawandel. Besondere Aufmerksamkeit sollte den Erwartungen bzw. Verpflichtungen im Hinblick auf ökologische Entwicklung geschenkt werden (Hungenberg 2014, S. 93).
Technisch	Dieser Einflussfaktor ist der dynamischste Parameter, da kein anderer Aspekt solchen drastischen Veränderungen unterliegt. Aktuell relevant ist die Digitalisierung.
Sozio-Kulturell	= betreffen beispielsweise die demografische Entwicklung der Gesellschaft und Veränderungen in gesellschaftlichen Moralvorstellungen und Normen (Schreyögg, Koch 2010, S. 79).
Rechtlich	= Parameter, welche den Handlungsspielraum eines Unternehmens beeinflussen. Beispielsweise Rechtssystem, Verfassung, Rechtsbewusstsein. Die Gesetzgebung bzw. das Arbeitsrecht bestimmt z. B. wie viele Mitarbeiter ein Unternehmen haben kann. Darüber hinaus beschränken Bestimmungen zum Kartellrecht eine mögliche Fusion.
Ökonomisch	= Parameter, welche die volkswirtschaftliche Entwicklung beeinflussen, z. B. Zinsen, Inflationsrate, Wechselkurse, Bruttosozialprodukt (Reisinger et al. 2013, S. 57).

Um eine strategische Positionierung eines Unternehmens erfolgreich zu etablieren, müssen die wichtigsten Entwicklungen und Einflüsse im Unternehmensumfeld erkannt werden. Dabei sollten die strategisch relevanten Faktoren zusammengefasst und in Entscheidungen berücksichtigt werden (Hungenberg 2014, S. 94). Die Faktoren unterliegen zuerst einer Priorisierung mit anschließender Analyse. Anhand der Ergebnisse erfolgt eine Aufstellung von Prognosen, aus welchen sich abschließend strategische Maßnahmen ableiten lassen (Reisinger et al. 2013, S. 64).

2.3.2.2 Branchen- und Marktanalyse

Der Erfolg einer Unternehmensstrategie wird von der Entwicklung innerhalb einer Branche beeinflusst, in der das Unternehmen tätig ist. Die Branchenumwelt kann im Gegensatz zu der globalen Umwelt von einem Unternehmen beeinflusst werden (Reisinger et al. 2013, S. 64). Eine bekannte Methode zur Analyse der Attraktivität eines Marktes ist die Branchenstrukturanalyse nach Michael E. Porter, »die inzwischen zu den Klassikern des strategischen Managements gehört« (Steuernagel 2017, S. 47). Diese 5-Forces werden in der nachfolgenden Darstellung 2.18 graphisch festgehalten und durch die anschließende Darstellung 2.19 spezifiziert.

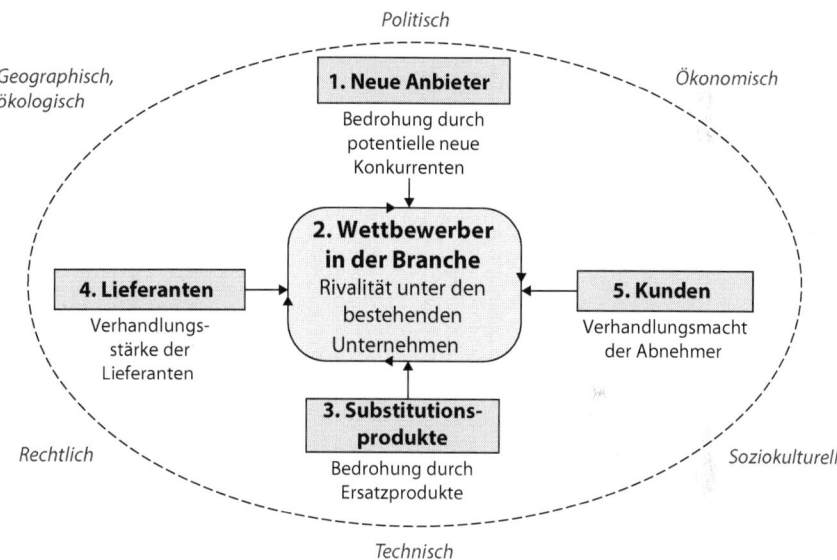

Dar. 2.18: 5-Forces (Quelle: Eigene Darstellung in Anlehnung an Porter, 1979, S. 141)

Grundsätzlich gilt, dass je weniger stark ausgeprägt diese fünf Triebkräfte sind, die Branchenattraktivität umso größer ist. Das heißt es kann davon ausgegangen werden, dass Unternehmen weniger Erfolg haben, wenn sie in Branchen mit starken Triebkräften agieren. Die Kenntnis der Branchenattraktivität ermöglicht es, strategische Entscheidungen wie z. B. (Des-)Investitionen zu tätigen. Mit dieser Erkenntnis soll die externe Analyse zunächst als abgeschlossen gelten. Das heißt der obere rechte Teil von Darstellung 2.4 und 2.10 ist damit behandelt worden.

Dar. 2.19: Vorstellung der fünf Triebkräfte

Triebkraft	Beschreibung
Rivalität in einer Branche	Entsteht durch die Anzahl der Wettbewerber, wodurch die Intensität des Wettbewerbs steigt (Hungenberg 2014, S. 100). Wird zudem verstärkt durch erhöhten Preiswettbewerb sowie vermehrte Produkteinführungen, vergleichende Werbung oder Inflation des Serviceangebots. Damit versuchen Mitbewerber, ihre Position in der Branche zu verbessern (Reisinger et al. 2013, S. 61). In einer Wachstumsbranche ist die Rivalität geringer als bei Stagnation. Überschusskapazitäten führen zu einem ruinösen Preiskampf und Austrittsbarrieren verhindern den Nachlass von Rivalität durch Marktaustritt (Müller-Stewens, Lechner, 2016, S. 172 f.).
Bedrohung durch potenzielle Konkurrenten	Durch neue Konkurrenten verändern sich die Strukturen in einer Branche, deren Folge ein Preiskampf und Absinken der Rentabilität für bereits etablierte Unternehmen ist. Für neue Mitbewerber ist der Markteintritt von den Eintrittsbarrieren der etablierten Wettbewerber abhängig (Schreyögg, Koch 2010, S. 83).
Marktmacht der Abnehmer	Die Rentabilität der Unternehmen nimmt ab, wenn Konsumenten den Preis drücken und die Unternehmen gegeneinander ausspielen oder zusätzliche Leistungen verlangen (Reisinger et al. 2013, S. 60). Die Verhandlungsmacht der Abnehmer wird u. a. durch die folgenden Bedingungen gefördert (Porter 2013, S. 61 ff.): • Anzahl der Abnehmer: Je weniger, umso höher ist die Marktmacht. • Verkaufspreis des Produkts: Wenn dieser einen großen Anteil am Budget des Käufers einnimmt, erfolgt ein intensives Verhandeln des Preises. • Standardisierung: Bei standardisierten Produkten ist leichter, einen Lieferantenwechsel durchzuführen. • Qualität: Ist diese ein unwichtiges Merkmal für den Kunden, erhöht dies seine Macht. • Informationsstand: Kunden sind bestens über Marktpreise der Anbieter informiert.
Marktmacht der Lieferanten	Stellt das Gegenstück der Verhandlungsmacht der Kunden in einer Branche dar. Besitzt der Lieferant eine starke Position schwächt dies die Position seiner nachfragenden Kunden (die im Fokus stehenden Unternehmen) (Müller-Stewens, Lechner 2016, S. 170).
Bedrohung durch Substitute	Ersatzangebote, die für den Konsumenten dieselbe Funktion einnehmen bzw. das Bedürfnis gleichermaßen befriedigen (Schreyögg, Koch 2010, S. 85; Kreuzer 2007, S. 168).

2.3.3 SWOT als Perspektiven vereinende Analyse

Bislang wurde die Informationsgrundlage des Unternehmens (▸ Dar. 2.4) durch eine isolierte Betrachtung der Faktoren aus dem Unternehmen selbst und der Umwelt geschaffen. Ein weiterer Schritt ist nun die Integration der beiden Sichtweisen vorzunehmen. Die Zusammenführung der internen (▸ Kap. 2.3.1) und externen Analyse (▸ Kap. 2.3.2) findet in der SWOT-Analyse statt, welche Darstellung 2.9 bereits andeutete.

Die SWOT-Analyse ermöglicht es, Wechselwirkungen zwischen Unternehmen und ihrer Umwelt zu untersuchen, um weitere Erkenntnisse zu erlangen. Diese können zur Bildung von weiteren Strategien genutzt werden (Müller-Stewens, Lechner 2016, S. 207). Die SWOT-Analyse, welche sich aus den Anfangsbuchstaben von »Strengths«, »Weaknesses«, »Opportunities« und »Threats« zusammensetzt, hat in der Theorie und Praxis einen hohen Bekanntheitsgrad zur Ergebnissystematisierung erlangt (Reisinger et al. 2013, S. 90). Mit der SWOT-Analyse werden die Risiken und Chancen der Umwelt mit den Stärken und Schwächen der Unternehmung kombiniert. Die Aussage dieses Analysemodells beruht darauf, dass nur bei einer gemeinsamen Betrachtung der Umweltchancen und -risiken mit den Unternehmensstärken und -schwächen eine Bewertung der tatsächlichen Chancen und Risiken ermöglicht. Zunächst erfolgt eine Identifikation der wesentlichen Stärken/Schwächen und Chancen/Risiken mithilfe der in Kapitel 2.3.1 und 2.3.2 vorgestellten Instrumente der Unternehmens- und Umweltanalyse (Reisinger et al. 2013, S. 91). Damit besteht die Möglichkeit, die aus den Analysen gewonnen Erkenntnisse in eine Beziehung zueinander zu setzen. Es liegt auf der Hand, dass Chancen und Stärken maximiert und Schwächen und Risiken minimiert werden sollen. Der Nutzen der SWOT-Analyse ist abhängig von der Qualität der vorangegangenen strategischen Analysen (Reisinger et al. 2013, S. 92).

Die Durchführung der Analyse erfolgt in zwei Etappen: In einer zweidimensionalen Matrix wird eine Unternehmens- und Umweltachse, jeweils mit einem negativen und positiven Feld aufgetragen. Somit erfolgt eine Kombination in Stärken und Schwächen auf der Unternehmensseite sowie Chancen und Risiken auf der Seite der Umwelt. Der zweite Schritt setzt die Dimensionen in eine Beziehung, woraus mögliche strategische Handlungsoptionen abgeleitet werden (Müller-Stewens, Lechner 2016, S. 208). Die nachfolgende Darstellung 2.20 stellt den Zusammenhang der vier strategischen Optionsfelder, mitsamt den zentralen Informationsaussagen dar.

An dieser Stelle gilt die Vorstellung der in Darstellung 2.10 aufgeführten Analysen als beendet. Mit den Erkenntnissen der Perspektiven vereinenden SWOT-Analyse ist eine umfassende Informationsgrundlage der Marketingplanung gemäß Darstellung 2.4 gegeben. Auf dieser Basis können nun Entscheidungen zur marktorientierten Unternehmensplanung getroffen werden. Diese umfasst gemäß Darstellung 2.4 die Gestaltung des Geschäftsfeld-Portfolios, die Marktabdeckung sowie die Entwicklungsoptionen.

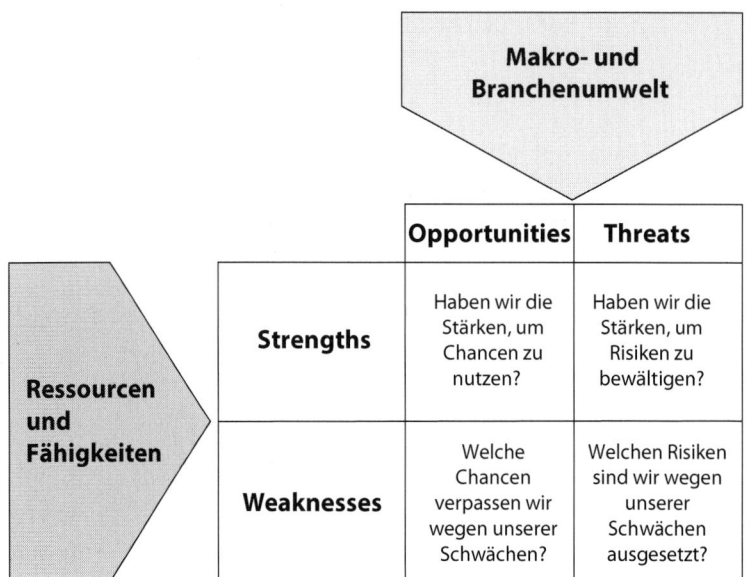

Dar. 2.20: SWOT Matrix (Quelle: Eigene Darstellung in Anlehnung an Hungenberg 2014, S. 86)

2.4 Strategische Entscheidungen

2.4.1 Gestaltung des Geschäftsfeld-Portfolios

Wie bereits in Abschnitt 2.2 mit Bezug zu Darstellung 2.3 angeführt, verfügt jedes Unternehmen über ein Geschäftsfeld-Portfolio, d.h. eine Agglomeration mehrerer Geschäftsfelder, welche im Rahmen des strategischen Managements gezielt gestaltet werden sollte (Hinterhuber 2011, S. 74). Hierzu bietet sich die regelmäßige bzw. kontinuierliche Durchführung einer Portfolio-Analyse an, welche ein weit verbreitetes Instrument der strategischen Unternehmensplanung ist. Sie ist ebenfalls (wie die SWOT-Analyse ▶ Kap. 2.3.3) eine Kombination aus Unternehmens- und Umweltanalyse, mit deren Hilfe Empfehlungen für eine strategische Entwicklung einzelner Geschäftsfelder abgeleitet werden können (Kunz 2015, S. 1). Diese strategischen Geschäftsfelder können als Mikrounternehmen mit spezieller Angebots-Zielgruppen-Kombination und eigener Führungsverantwortung im Unternehmen bezeichnet werden (▶ Kap. 2.2.1). Auf Basis der in Kapitel 2.3 vorgestellten Analysen können Geschäftsfelder nach Gesichtspunkten wie z.B. Verhandlungsmacht der Abnehmer und Lieferanten (Markt-Perspektive) sowie Kernkompetenzen und überlegene Wettbewerbsvorteile (Unternehmens-Perspektive) gebildet werden. Jedes strategische Geschäftsfeld übernimmt überschneidungsfrei zu anderen Geschäftsfeldern eigenständige Marktaufgaben und sollte folglich durch das strategische Marketing mittels entsprechender Kommunikationsstrategie der Alleinstellungsmerkmale auch

2.4 Strategische Entscheidungen

demgemäß zielgruppenspezifisch positioniert werden (▶ Kap. 2.5). Eine vereinfachte, schematische Darstellung eines Geschäftsfeld-Portfolio stellt folgende Darstellung 2.21 dar.

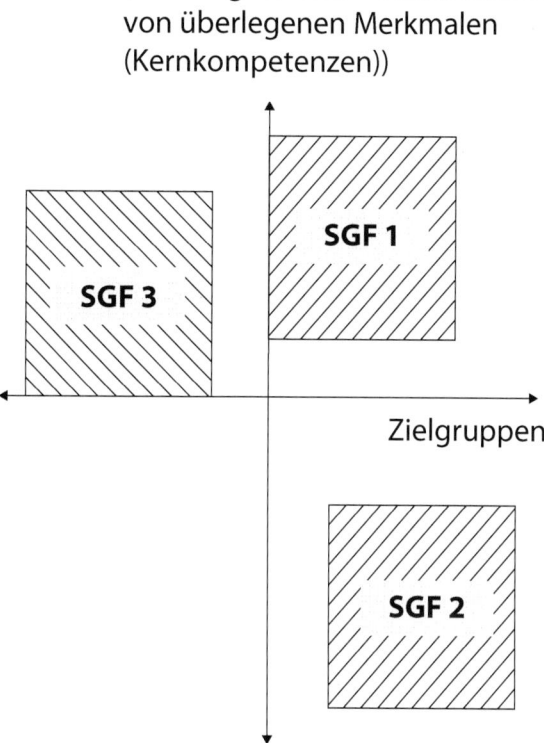

Dar. 2.21: Agglomeration mehrerer strategischer Geschäftsfelder als Gestaltungsaufgabe des strategischen Managements

Die unterschiedlichen Geschäftsfelder unterscheiden sich im Hinblick auf Wachstumsraten, Ressourcenbedürfnisse und Rentabilität. Die Aufgabe der Unternehmensleitung ist es, sicherzustellen, dass sich die Gesamtheit, d. h. eine aggregierende, übergreifende Betrachtung aller Geschäftsfelder hinsichtlich der Generierung von Cashflow sowie das Eingehen von Risiken im Gleichgewicht hält (Matzler et al. 2013, S. 108). Zur Bewältigung dieser komplexen Fragestellung wurde 1960 das erste Portfolio-Analysemodell namens Marktanteils-/Marktwachstums-Modell entwickelt. Da es von der Unternehmensberatung **B**oston **C**onsulting **G**roup stammt, wird es kurz als BCG-Matrix bezeichnet. Dieses Modell stellt das einfachste und weitverbreitetste seiner Art dar (Kunz 2015, S. 1). Aus diesem Grund wird es nachfolgend vorgestellt, auch wenn weitere Portfolio-Analysemodelle von anderen Unternehmensberatungen wie z. B. McKinsey oder Arthur D. Little folgten (Udo-Imeh et al. 2012, S. 108).

Der Kern der BCG-Matrix besteht in der Einsortierung der strategischen Geschäftsfelder in eine unternehmensinterne und unternehmensexterne Dimension (Hungenberg, Wulf 2015, S. 99 ff.). Die beiden Dimensionen werden in zwei Abstufungen unterteilt, somit liegt für jede Dimension die Ausprägung niedrig und hoch vor. Alle Geschäftsfelder werden folglich in die zweidimensionale Matrix mit vier Feldern eingetragen (Kunz 2015, S. 3). Dies verdeutlicht Darstellung 2.22.

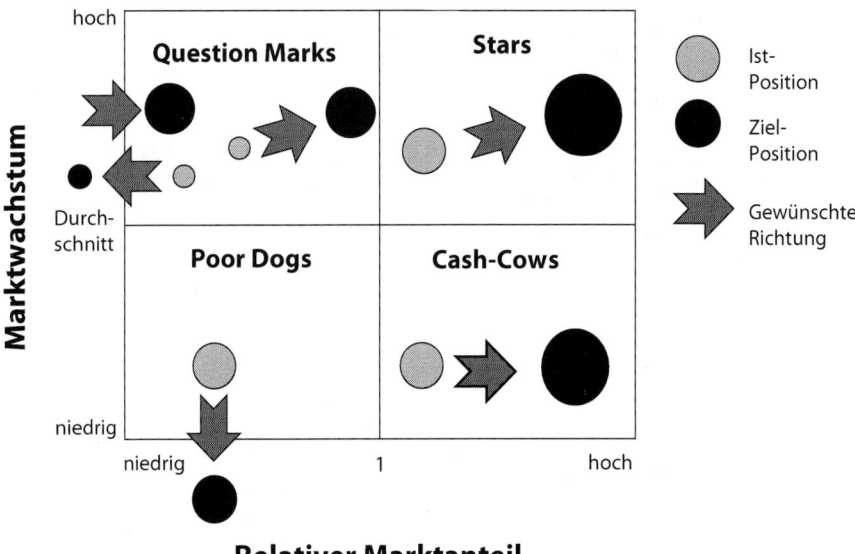

Dar. 2.22: BCG Matrix (Quelle: Eigene Darstellung in Anlehnung an Hutzschenreuter 2009, S. 368)

Die Achse »Marktwachstum« repräsentiert die unternehmensexterne Dimension. In sie fließen Informationen aus der PESTEL- und der 5-Forces-Analyse (▸ Kap. 2.3.2) ein. Liegt das Marktwachstum eines strategischen Geschäftsfelds oberhalb des Branchendurchschnitts, dann erfolgt die Einsortierung des betrachteten Geschäftsfeld in die oberen beiden Quadranten. Die Achse »Relativer Marktanteil« repräsentiert die unternehmensinterne Dimension und lässt sich z. T. aus Daten der in Abschnitt 2.3.1.2 vorgestellten Analysen ermitteln. Liegt ein relativer Marktanteil > 1 vor, dann ist das betrachtete SGF als Marktführer einzustufen und wird in den rechten Teil der Matrix einsortiert. Die unterschiedliche Größe der in Darstellung 2.22 als Kreise dargestellten SGF stellt eine dritte Dimension dar und verkörpert das Umsatzvolumen.

Gemäß Darstellung 2.16 werden die vier Felder als Question Marks, Stars, Poor Dogs und Cash-Cows bezeichnet. Ihre Titulierung impliziert Hinweise zur Ableitung von strategischen Entscheidungen (Normstrategien). Cash-Cows weisen einen hohen

Marktanteil in einem gesättigten Markt auf. Sie erwirtschaften positive Erträge und Überschüsse, die für Investitionen in Stars und Question Marks genutzt werden können. Aufgrund des Reifegrades des Marktes empfiehlt es sich, nur ganz selektiv in strategische Geschäftsfelder, welche als Cash-Cow einsortiert worden sind, zu investieren. In dem Quadranten der Stars befinden sich Geschäftsfelder mit einem hohen Marktanteil in einem schnell wachsenden Markt. Für den Ausbau der eigenen Marktposition sind hohe Investitionen erforderlich. Umgangssprachlich sollen für diese Investitionen die Cash-Cow-Geschäftsfelder dienen, d. h. »gemolken werden«. Deswegen wird von einer Abschöpfungsstrategie in Bezug auf Cash-Cows und von einer Investitionsstrategie in Bezug auf Stars gesprochen (Ioana et al. 2009, S. 272).

Die Geschäftsfelder mit Bezeichnung Question Mark befinden sich auf Märkten mit hohen Wachstumschancen, bei denen allerdings ein niedriger relativer Marktanteil vorliegt. Diese Geschäftsfelder operieren folglich in einem attraktiven Marktumfeld, wobei andere Wettbewerber eine bessere Marktpositionierung besitzen. Es gilt zu überprüfen, ob Investitionen in diesem Feld die schwächere Ausgangsposition kompensieren können. Dies wird als Offensivstrategie bezeichnet. Falls nicht, empfiehlt sich ggf. der Markaustritt, wie Darstellung 2.22 andeutet. Erfolg ein Markteintritt in einem bereits etablierten Markt als sog. Follower bzw. Second Mover, dann erfolgt die Einsortierung ebenfalls in den Quadranten der Question Marks (Udo-Imeh et al. 2012, S. 107).

Bei Geschäftsfeldern, welche als Poor Dogs einsortiert werden, liegt eine schwache Wettbewerbsposition in einem unattraktiven Markt vor. Dabei handelt es sich um die ungünstigste Kombination. In diesem Bereich sollte – sofern keine Verbundbeziehung zu andere strategischen Geschäftsfeldern vorliegt – über einen Verkauf oder eine Auflösung des strategischen Geschäftsfelds nachgedacht werden, wie Darstellung 2.16 zeigt. Dies bezeichnet man als Desinvestitionsstrategie (Drews 2008; S. 41, Udo-Imeh et al. 2012, S. 107).

Aufgabe des strategischen Managements ist es, auf ein möglichst ausgewogenes Portfolio zu achten. Das heißt über alle Quadranten hinweg sollten strategische Geschäftsfelder vertreten sein. Wenn lediglich Cash-Cows im Portfolio vorhanden sind, besteht die Gefahr, durch die stagnierenden bzw. nicht mehr wachsenden Märkte früher oder später mangelndes Zukunftspotenzial zu haben (Udo-Imeh et al. 2012, S. 107). Eine zu starke Fokussierung auf Stars bringt aufgrund der gebotenen Investitionsstrategie langfristig Cashflow-Probleme mit sich. Viele Question-Marks zu haben kann zwar viel Potenzial für die Zukunft bedeuten, birgt aber ein ebenso großes Risiko (Kunz 2015, S. 5).

Aus Gesamtunternehmenssicht ist zu beachten, dass ein ausgeglichenes Portfolio an Cashflow-generierenden und Cashflow-zehrenden Aktivitäten vorliegt. Wie Darstellung 2.22 andeutet ist es deswegen Aufgabe des strategischen Managements für jedes strategische Geschäftsfeld eine Ist- und Soll-Position festzulegen und Maßnahmen zu ergreifen, um dies zu verwirklichen.

2.4.2 Marktabdeckungsstrategien

Um die Agglomeration verschiedener strategische Geschäftsfelder zu managen, bedarf es neben den in Kapitel 2.4.1 aufgezeigten Normstrategien zudem der Entscheidung, wie viele Zielgruppe-Angebotskombinationen ein Unternehmen bearbeiten soll. Die Entscheidung bezüglich der Marktabdeckungsstrategie bezieht sich auf eine teilweise oder vollständige Bearbeitung des Marktes, wobei letzteres – wie aufgezeigt wird – eher selten der Fall ist (Eitner 2008, S. 75). Die optimale Anzahl der zu bearbeitenden Segmente hängt auch von Überlegungen des operativen Marketings und von Aspekten der Markenführung (▶ Kap. 5) ab (Chakrabarti et al. 2011, S. 8). Dies wird als Differenzierbarkeit der Marktbearbeitung bezeichnet. Der Grad der Differenzierung bezieht sich auf die Möglichkeit, segmentspezifische, zielgruppenorientierte Marketingmaßnahmen vorzunehmen. Die Produkt-Markt-Matrix von Abell (1980, S. 192 ff.) stellt eine Grundform dieses Entscheidungstatbestands dar. Darstellung 2.23 verkörpert diese und nimmt auf drei Teilmärkte (TM) und drei Angebote/Produkte (P) Bezug.

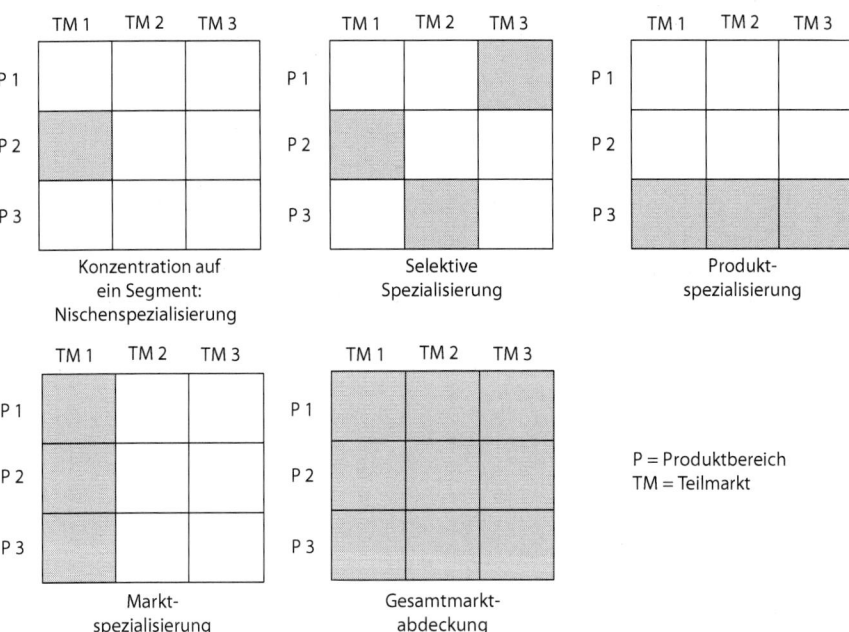

Dar. 2.23: Marktbearbeitungsstrategien (Quelle: Eigene Darstellung in Anlehnung an Bruhn 2019, S. 78 f.)

In Bezug auf die unternehmerische Verbindung von Zielgruppe-Angebotskombinationen lassen sich fünf Strategien unterscheiden (im Folgenden Freter 2008, S. 239 ff.):

- Konzentration auf ein Segment (Nischenspezialisierung),
- selektive Spezialisierung,
- Produktspezialisierung,
- Marktspezialisierung,
- Gesamtmarktabdeckung.

Bei der Strategie der Konzentration liegt der Fokus auf der Bearbeitung lediglich eines Segments mit einem Angebot. In diesem Segment wird eine Zielgruppe mit einem Angebot angesprochen. In der Praxis ist das Vorhandensein lediglich eines strategischen Geschäftsfeld selten der Fall und tritt u. U. bei Startup-Unternehmen oder im Fall von spezialisierten Einzelunternehmen (z. B. Hebammen mit Tätigkeitsschwerpunkt »Nachsorge im Wochenbett« oder Tagesmütter) auf. Kritisch bei dieser Strategie ist das Risiko, dass es im Marktumfeld zu Veränderungen (z. B. rechtlicher Art) kommt und der Absatzmarkt wegbricht.

Spricht ein Unternehmen mehrere Zielgruppen mit unterschiedlichen Angeboten an, handelt es sich um eine selektive Strategie. In der Darstellung 2.23 wird mit jedem Angebot eine andere Zielgruppe bearbeitet. Im Gegensatz zur Nischenspezialisierung erfolgt eine Risikostreuung sowohl auf der Angebots- als auch der Nachfrageseite. Ein relativ homogenes SGF-Portfolio stellt z. B. eine Putzmittelfirma dar (verschiedene Sorten Putzmittel für unterschiedliche Anforderungen). Es gibt aber auch stark diversifizierte Mischkonzerne wie z. B. Hochschulen mit unterschiedlichen Studiengängen. Je heterogener das Gesamtbild umso größer sind die Anforderungen an das Management.

Bei der Produktspezialisierung werden mit einem gewissen Leistungsspektrum sämtliche potenzielle Zielgruppen angesprochen. Der Vorteil besteht in der Konzentration auf ein Angebot, woraus sich Synergien auf der Produktionsseite ergeben. Als Beispiel kann hier ein Weingut fungieren, welches verschiedene Weine für unterschiedliche Verwendungszwecke bzw. in unterschiedlichen Qualitätsstufen anbietet. Diese Strategie führt zwar einerseits zur Risikostreuung in Bezug auf die unterschiedlichen Zielgruppen, andererseits ergibt sich aus der Konzentration auf der Angebotsseite das Risiko einer Abhängigkeit von diesem Produkt (bzw. dieser Produktgruppe) und der Technik.

Bei der Marktspezialisierung sind alle Angebote des Unternehmens auf die gleiche Zielgruppe gerichtet. Das Unternehmen konzentriert sich voll auf dessen Bedürfnisse und kann sich als Spezialist profilieren. Diese Strategie, im gleichen Teilmarkt andere Produkte zu platzieren, bietet sich an, wenn man sich mit der bearbeiteten Zielgruppe sehr gut auskennt. Diese Strategie wird beispielsweise von Luxusartikelherstellern (Füllfederhalter, Kugelschreiber, Schmuck, Taschen und andere Accessoires) angewendet. Der Nachteil dieser Strategie besteht in der Abhängigkeit von der im Fokus der zur Bearbeitung stehenden Zielgruppe. Darüber hinaus ist fraglich, ob die Unternehmen eine entsprechende technische Kompetenz bei der Fertigung einer Vielzahl von Produkten (bzw. Erbringung einer Vielzahl von Dienstleistungen) haben als auch das Problem der von den Kunden wahrgenommenen Kompetenz in diesem Angebotsbereich.

Bei der Gesamtmarktabdeckung werden sämtliche Zielgruppen-Angebotskombinationen bearbeitet. Gemäß dem Beispiel aus Darstellung 2.23 wären dies neun Segmente. Folglich bietet das Unternehmen für jede Zielgruppe mehrere Angebote an, während sich jedes Angebot bzw. jede an mehrere Zielgruppen richtet. Das Unternehmen ist sowohl Produkt- als auch Marktspezialist. Ein praktisches Beispiel wäre der Online-Händler Amazon. Durch Verfolgung der Strategie der Gesamtmarktabdeckung lassen sich Synergien in beiden Dimensionen ermitteln. Zudem findet eine sehr breite Risikostreuung statt. Allerdings setzt die Strategie der Gesamtmarktabdeckung eine hohe Finanzkraft und ein hohes Produktions- und Marketing-Know-how voraus. Es stellt sich die Frage, ob das Unternehmen im Vergleich zu Wettbewerbern mit anderen Strategien dieses Wissen bzw. die Kompetenz aufbauen kann und ob die Kunden das Unternehmen in sämtlichen Bereichen als überlegener Anbieter ansehen.

2.4.3 Entwicklungsoptionen

Bislang wurde implizit von einer statischen Unternehmensplanung ausgegangen, d. h. von einer stabilen Struktur und konstanten Zielgruppe-Angebotskombination (Wedel, Kamakura 2000, S. 159). Die Entscheidung zur Marktabdeckungsstrategie stellte dabei auf eine gegebene Situation ab.

Allerdings können sich die Faktoren, welche die Attraktivität einer Zielgruppe und die Wettbewerbsposition im Segment betreffen, im Verlauf der Zeit durchaus stark verändern. Märkte verändern sich im Laufe der Zeit. Das bezieht sich sowohl auf Veränderungen bei den Konsumenten als auch auf Veränderungen der angebotenen Leistungen, die sich wiederum auf das Konsumentenverhalten auswirken. Aus diesem Grund ist es nötig, das Geschäftsfeld-Portfolio eines Unternehmens als im Laufe der Zeit dynamisch anzusehen (Hussain et al. 2013, S. 196 f.).

Eine Marktsegmentierung, die in einem Zeitpunkt »optimal« war, kann kurze Zeit später nicht mehr ideal sein (Günter 1990, S. 119 f.). Das bedingt eine regelmäßige Anpassung des Geschäftsfeld-Portfolios. Die in diesem Abschnitt vorzustellenden Entwicklungsoptionen stellen auf solche Veränderungen und die dadurch notwendigen Abänderungsstrategien ab.

Dabei sollte die Frage gestellt werden, welche neuen Zielgruppen mit ggf. neuen Angeboten zu bearbeiten sind oder ob bisher bearbeitete Zielgruppen aufgeben oder mittels anderer Angebote umworben werden sollten. Diese Entscheidungen werden durch das Ergebnis einer regelmäßigen Unternehmens- und Marktanalyse getroffen (▶ Kap. 2.3). Das Erkennen von Marktveränderungen und die anschließende strategische Reaktion sind nur möglich, wenn der Prozess der Analyse der unternehmensinternen Ressourcen sowie Branchenattraktivität in regelmäßigen Abständen wiederholt wird (Hussain et al. 2013, S. 197).

Die Veränderungsstrategie kann zu einem an der Zahl der bearbeitenden Zielgruppe-Angebotskombinationen (▶ Kap. 2.4.2) oder an deren grundsätzlicher Struktur ansetzen. Hieraus ergeben sich verschiedene Optionen (im Folgenden Freter 2008, S. 265-275):

- Reduktion, d. h. Eliminierung von Segmenten,
- Konversion, d. h. Substitution von Segmenten,
- Diversifikation, d. h. Erweiterung und Hinzunahme von Segmenten.

Es existieren verschiedene Varianten bzw. Unterausprägungen dieser drei Optionen. Die Veränderungsstrategie kann nämlich einerseits an der Zielgruppe oder andererseits an dem Angebot des Unternehmens (Produkt, Dienstleistung, Positionierung, Marke) ansetzen. Eine solche Veränderungsstrategie hat einen eindimensionalen Charakter. Es ist auch denkbar, dass sowohl Zielgruppe als auch die Unternehmensleistung infolge der Marktveränderungen angepasst werden müssen. Eine solche Veränderungsstrategie hat einen zweidimensionalen Charakter (Mattmüller, Tunder 2004, S. 361). Jede der drei zuvor genannten Entwicklungsoptionen kann sowohl eindimensional als auch zweidimensional betrachtet werden.

Eine Reduktion bedeutet die Aufgabe von Geschäftsfeldern (Trautmann 1993, S. 147 ff.) Die Eliminierung heißt, dass diese Zielgruppen-Angebotskombination in Zukunft nicht mehr bearbeitet wird. Mit der Reduktion kann ein Unternehmen eine Konzentration auf seine Kernkompetenzen anstreben. Es werden solche Zielgruppe-Angebotskombinationen aufgegeben, die aufgrund der Marktveränderung nicht mehr rentabel sind (»Downsizing«). In Abschnitt 2.4.1 wurde diese Strategie – sogar auch graphisch innerhalb von Darstellung 2.22 im linken unteren Quadranten – für die Poor Dogs angeführt. Auch der Verkauf von Unternehmenssparten als Austrittstrategie gilt als Reduktion (Mattmüller, Tunder 2004, S. 381 f.). Es wird zwischen eindimensionaler Reduktion auf Zielgruppen- und Angebotsebene sowie der zweidimensionalen Reduktion unterschieden:

(1) Eindimensionale Reduktion auf Zielgruppenebene

Die Bearbeitung einer Zielgruppe wird eingestellt, weil sich die Zielgruppe entweder als quantitativ zu klein und/oder als qualitativ zu wenig lohnend erwiesen hat oder weil sich im globalen Marktumfeld (PESTEL-Analyse ► Kap. 2.3.2.1) Veränderungen ergeben haben, welche die Bearbeitung von einer der bisher bearbeiteten Zielgruppen mit dem bisherigen Angebot nicht mehr gestattet bzw. sinnvoll ist (Mattmüller, Tunder 2004, S. 380). Ein Beispiel hierfür ist ein Finca-Hotel auf Mallorca, welches jahrelang durch entsprechende Werbung versucht hat, sowohl ruhesuchende Singles als auch Familien mit Kleinkindern als Kunden zu bedienen. Schließlich erkannte der Hotelinhaber, dass die gleichzeitige Bearbeitung beider Zielgruppen zu vielen Problemen führt. Zudem hatte ein gesellschaftlicher Wandel stattgefunden, der den Ausschluss von Kindern neuerdings als Alleinstellungsmerkmal ermöglichte. Folglich wurde die Zielgruppe der Familien mit Kindern aufgegeben. Das Angebot des Hotels (Übernachtung, Restaurant, Pool, Freizeitmöglichkeiten wie Tennis) blieb jedoch gleich, mit dem Unterschied, dass man fortan nur noch »adults only« bearbeitete.

(2) Eindimensionale Reduktion auf der Angebotsebene

Eine Reduktion kann durch eine Eliminierung eines Angebotes erfolgen. Ein Beispiel für eine solche Veränderungsstrategie ist die Marke Cab der Krombacher

Brauerei. Hierbei handelte es um ein Biermisch-Getränk, welches vor allem zu Beginn des neuen Jahrtausends in vielen Sorten angeboten wurde (z. B. Cab Lemon & Beer, Cab Engery, Cab Banana & Beer). Die Zielgruppe von Cab sind junge Leute. Die Biermisch-Getränke dienen aufgrund der Positionierung und zielgruppenspezifischen Kommunikation (»mit Dragon Fruit«) als Einstieg in den Bierkonsum. Da die Absatzzahlen allerdings rückläufig waren bzw. die vielen Sorten Komplexitätskosten verursachten, entschloss sich die Krombacher Brauerei zu einer Reduktion dieses Angebotes. Seit einigen Jahren ist nur noch Cab Cola & Beer im Angebot.

(3) Zweidimensionale Reduktion

Eine zweidimensionale Reduktion ergibt sich bei einer Aufgabe eines Leistungsangebots und einer Zielgruppe. Als Beispiel lässt sich ein Schuhgeschäft anführen, welches viele Jahre lang sowohl Herren-, Damen- als auch Kinderschuhe führte. Da viele Eltern aber spezialisierte Kinderschuhfachgeschäfte bevorzugen, gab das Schuhgeschäft das strategische Geschäftsfeld der Kinder auf, d. h. es werden weder Schuhe für Kinder geführt noch Kinder umworben.

Darstellung 2.24 verdeutlicht die verschiedenen Varianten der strategischen Option der Reduktion als Veränderungsstrategie.

Eine Reduktion birgt einige Risiken, die zu beachten sind. Zunächst können sich negative Auswirkungen auf die verbleibenden Leistungen des Unternehmens, sog. Spill-Over-Effekte, ergeben. Dies betrifft einerseits eine Image-Wirkung und andererseits auch Verbundeffekte. »So ist es etwa denkbar, dass ein Modefachgeschäft durch die Reduktion der Herrenoberbekleidung auch Einbußen bei der Zielgruppe der weiblichen Kundinnen hinnehmen muss, weil die Möglichkeit zum ›One-stop-shopping‹ der ganzen Familie wegfällt« (Mattmüller, Tunder 2004, S. 383). Des Weiteren ist bei einer Eliminierung eines strategischen Geschäftsfelds meist eine eingeschränkte Verwertungsmöglichkeit der Sachanlagen gegeben (Hirschbach 2003, S. 583).

Unter der Veränderungsstrategie der Konversion wird die vollständige Substitution von konkreten Zielgruppe-Angebotskombinationen verstanden, wobei die freiwerdenden Ressourcen komplett übergeführt werden (Brixle 1993, S. 92). Dieses zuletzt genannte, konstitutive Merkmal der Konversion unterscheidet diese Option auch von einer Reduktion (Mattmüller, Tunder 2004, S. 384). Auch bei der Konversion zeigen sich ein- und zweidimensionale Charakteristika; der Grad der Marktabdeckung (▶ Kap. 2.4) bleibt aber unabhängig von der Art der Konversion im Gegensatz zur Strategie der Eliminierung sowie der Strategie der Diversifikation gleich.

(1) Eindimensionale Konversion auf Zielgruppenebene

Das (gleichbleibende) Angebot wird im Rahmen eines Zielgruppentausches einer neuen, anderen Zielgruppe angeboten (Mattmüller, Tunder 2004, S. 385; Hussain et al. 2013, S. 198). Ein Beispiel für diese Art der Konversion könnte ein Hersteller von Schreibtischstühlen sein. Dieser hat seine Produkte jahrelang durch den Möbelfachhandel an Privatpersonen vertrieben. Durch soziodemografische sowie technische Veränderungen sind Schreibtischmöbel in Privathaushalten allerdings heutzutage weniger erforderlich, da Online-Banking und andere internetbasierte Aktivitäten mittlerweile auf tragbaren Devices mittels App vom Sofa aus möglich sind. Ein Ort, wo ein großer Desktop-PC mit Monitor steht, ist nicht mehr erforderlich. Der Schreibtischstuhlhersteller sieht sich gezwungen, diese Zielgruppe komplett aufzugeben. Stattdessen bearbeitet er nun das Segment der Unternehmen (Business-to-Business) durch den Fachhandel für Büromöbel.

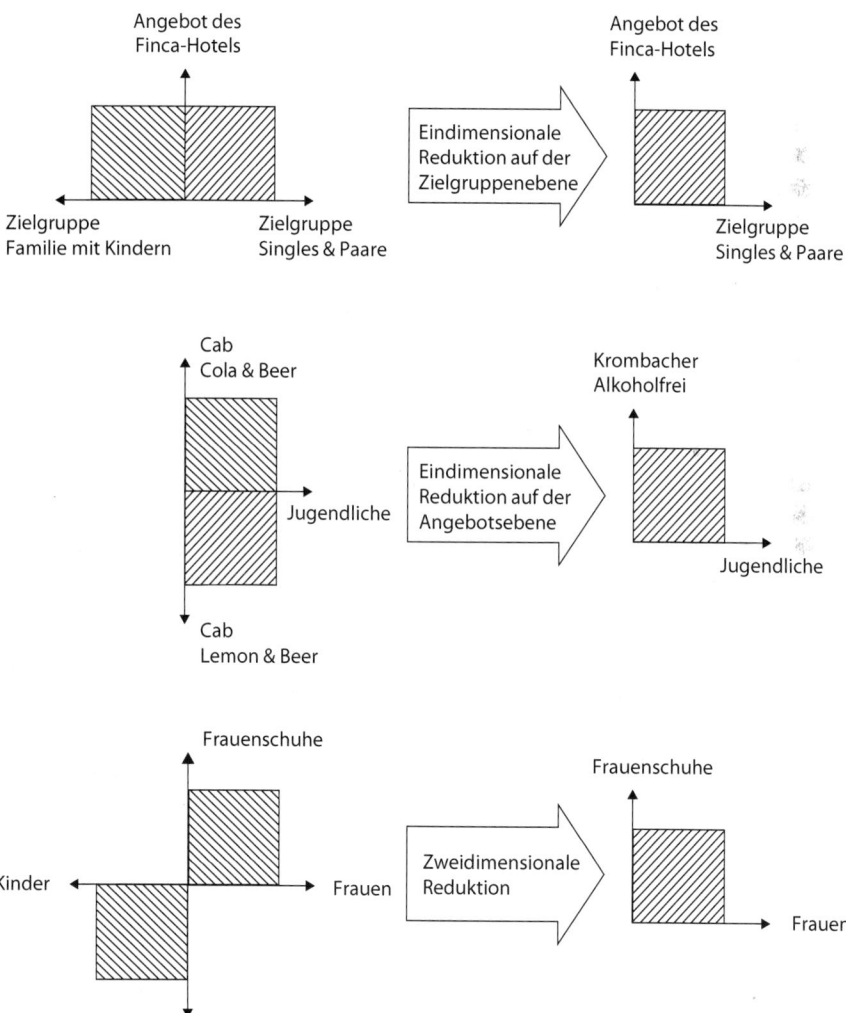

Dar. 2.24: Varianten der Reduktionsstrategie (Quelle: Eigene Darstellung in Anlehnung an Freter, 2008, S. 269; Mattmüller, Tunder 2004, S. 381)

(2) Eindimensionale Konversion auf Angebotsebene

Hier ersetzt das Unternehmen ein bestehendes Leistungsangebot durch eine neue Leistung, bei gleichbleibender Zielgruppe (Hussain et al. 2013, S. 199). Zur Verdeutlichung dieser Strategie lässt sich die Franken GmbH nennen, ein Unternehmen für Produkte der visuellen Kommunikation. Eine Zielgruppe der Franken GmbH sind Professoren bzw. Lehrstühle. Diese kauften traditionell Tafelkreide für die Vorlesungen. Da heutzutage aber zunehmend White-Boards in Universitäten etabliert sind, brauchen Professoren spezielle Marker. Die Franken GmbH hat auf diese Marktänderung reagiert und bietet ihrer Zielgruppe nun Whiteboard-Marker statt Kreide an.

(3) Zweidimensionale Konversion

Eine zweidimensionale Konversion liegt dann vor, wenn sowohl das Leistungsangebot als auch die damit bearbeitete Zielgruppe durch neue Komponenten ersetzt werden. Als Beispiel lässt sich die durch die Corona-Pandemie bedingte Umstellung von Präsenz- zu Online-Lehre an deutschen Hochschulen heranziehen. Die neuen virtuellen Angebote führten dazu, dass viele Personen außerhalb des Einzugsgebiets an einer Hochschule ein Studium aufnehmen wollten. Dieser Wandel der Zielgruppen der Hochschulen führte wiederum zu einer langfristigen Umstellung des Angebotsprogramms auf digitales Fernstudium, welches losgelöst von den Corona-Beschränkungen war.

Darstellung 2.25 verdeutlicht die verschiedenen Varianten der strategischen Option der Konversion als Veränderungsstrategie.

Die Konversion stellt eine sehr aufwendige Veränderungsstrategie dar, denn es müssen sowohl die Elimination der bisherigen Geschäftstätigkeiten als auch die Schaffung einer neuen Zielgruppen-Angebotskombination gemanagt werden. Wichtig bei dieser vollständigen Umpositionierung ist die bereits genannte Überführung der Ressourcen. Auch hier existieren Grenzen bei der Verwertung von Sachanlagen.

Die Diversifikation als dritte Entwicklungsoption nimmt eine herausragende Stellung im strategischen Management ein. Sie steht für die »klassische Ausweitungs- bzw. Wachstumsstrategie« (Mattmüller, Tunder 2004, S. 365). Unter der Diversifikation wird eine Erweiterung der bestehenden Zielgruppe-Angebotskombination verstanden. Sie stellt das Gegenteil der Reduktion dar. Mit einer Diversifikation kann ein Unternehmen zum einen eine Renditeverbesserung und zum anderen eine Risikostreuung erzielen. Letztere wird dadurch bedingt, dass eine Diversifikation das Unternehmensportfolio verändert. Dies bedeutet, dass die Anzahl der bearbeiteten Geschäftsfelder steigt und folglich eine andere Marktabdeckungsstrategie verfolgt wird (▶ Kap. 2.4.2). So kann die Nischenspezialisierung eines Startups aufgegeben werden und das Unternehmen nun eine selektive Spezialisierung oder Markt- oder Angebotsspezialisierung vornehmen. Darstellung 2.22 zeigte im oberen linken Quadranten bereits das Beispiel, dass ein neues strategisches Geschäftsfeld als Question Mark in das Portfolio mitaufgenommen wird (Kukartsev et al. 2019, S. 3).

Die Diversifikation kann durch internes Wachstum oder auch durch Akquisition stattfinden. Gemäß den Wachstumsstrategien von Ansoff unterscheidet man wieder zwischen der eindimensionalen Diversifikation auf Zielgruppen- bzw. Angebotsebene und der zweidimensionalen Diversifikation. Ansoff bezeichnet die eindimensionalen Wachstumsstrategien als Produktentwicklung und Marktentwicklung, wie Darstellung 2.26 verdeutlicht (Richardson, Dennis 2003, S. 640).

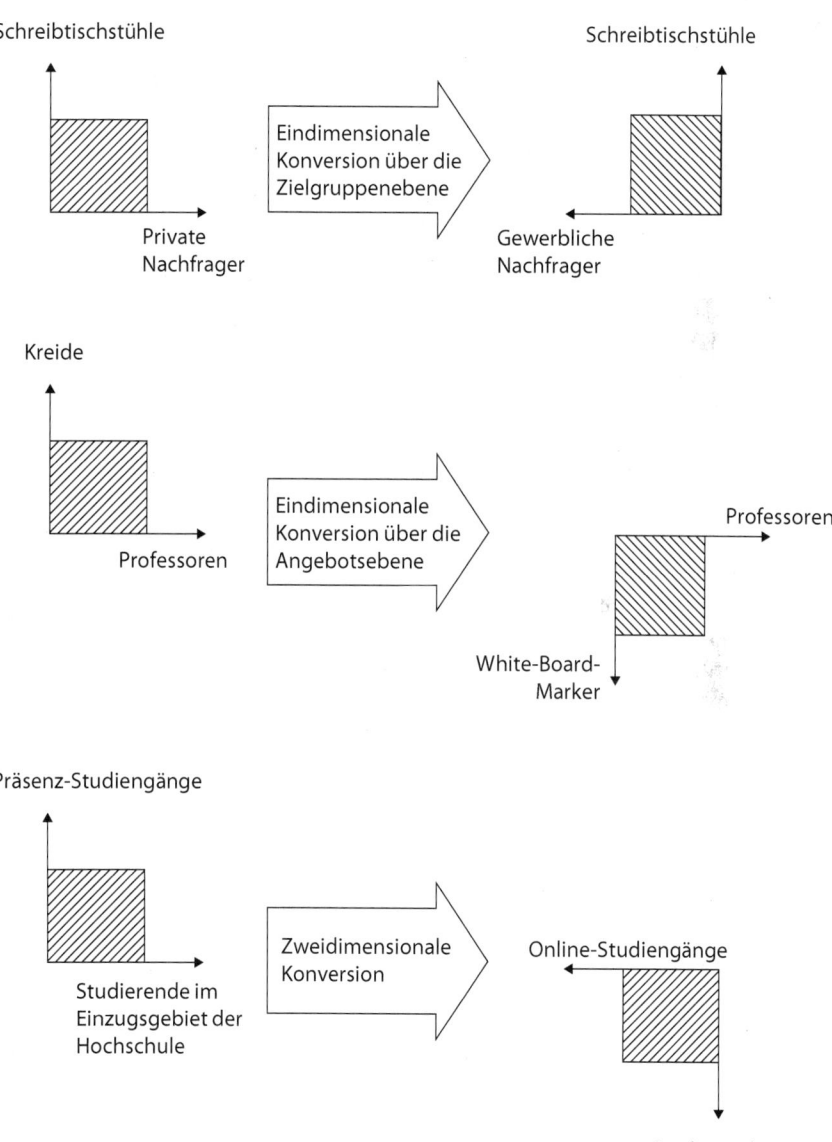

Dar. 2.25: Varianten der Konversationsstrategie (Quelle: Eigene Darstellung in Anlehnung an Freter, 2008, S. 271; Mattmüller, Tunder 2004, S. 384)

	Bestehendes Produkt	Neues Produkt
Bestehende Zielgruppe	Marktdurchdringung	Produktentwicklung
Neue Zielgruppe	Marktentwicklung	Diversifikation

Dar. 2.26: Ansoff-Matrix (Quelle: Eigene Darstellung in Anlehnung an Ansoff, 1957, S. 114)

(1) Eindimensionale Diversifikation auf Zielgruppenebene (Marktentwicklung)

Das (gleichbleibende) Angebot wird zusätzlich zu der bestehenden Zielgruppe einer neuen, zusätzlichen Zielgruppe angeboten (Mattmüller, Tunder 2004, S. 366). Dieser Fall entspricht einer Marktentwicklung. Ein exemplarisches Praxisbeispiel liefert die Kosmetikbranche, speziell der Bereich der dauerhaften Haarentfernung durch Laser-Behandlungen. Während lange Zeit ausschließlich Frauen als Zielgruppe bearbeitet werden, führt der gesellschaftliche Wertewandel dazu, dass immer mehr Studios auch Männer als Zielgruppe gewinnen können.

(2) Eindimensionale Diversifikation auf Angebotsebene (Produktentwicklung)

Es wird ein neuartiges Angebot für eine bisher bearbeitete Zielgruppe angeboten (Richardson, Dennis 2003, S. 644). Ein Beispiel aus der Praxis liefert das Unternehmen Hipp, welches für seine qualitativ hochwertige Kindernahrung bekannt ist. Hipp bietet neuerdings auch Pflege- und Sanitätsprodukte für Babys (Windeln, Baby-Öl, Wundschutz-Creme etc.) an. Dieses Beispiel verdeutlicht, dass eine erfolgreiche Wachstumsstrategie an einer bestehenden Positionierung anknüpfen kann. Hipp überträgt die Qualitätsphilosophie aus dem Bereich Kindernahrung auf den Bereich Pflege bei gleichbleibender Zielgruppe. Eine eindimensionale Diversifikation auf Zielgruppenebene (Marktentwicklung) wäre gegeben gewesen, wenn Hipp mit seiner qualitativ hochwertigen Kost in pürierter Form versucht hätte, die Zielgruppe der pflegebedürftigen, hochbetagten Personen zu bearbeiten.

(3) Zweidimensionale Diversifikation

Eine zweidimensionale Diversifikation liegt dann vor, wenn eine neue Zielgruppe mit einem neuen Leistungsangebot bearbeitet wird (Richardson, Dennis 2003, S. 646). Dieser Fall entspricht einer Hinzunahme von bisher nicht bearbeiteten Segmenten. Das Unternehmen Rügenwalder Mühle kann hier als Beispiel aufgeführt werden. Es bediente jahrelang ausschließlich die Zielgruppe der Fleischesser. Aufgrund des gesellschaftlichen Wertewandels gibt es mittlerweile jedoch auch viele fleischlose Angebote für Vegetarier und Veganer.

Darstellung 2.27 verdeutlicht die verschiedenen Varianten der strategischen Option der Diversifikation als Veränderungsstrategie.

2.4 Strategische Entscheidungen

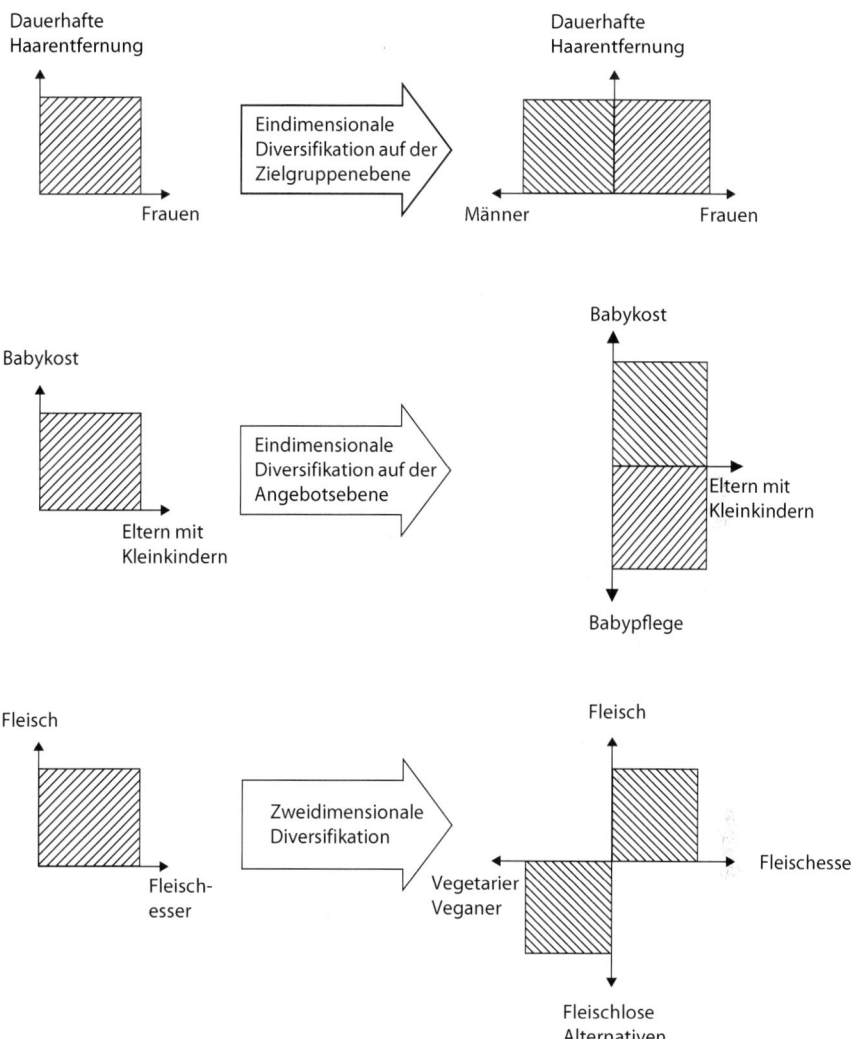

Dar. 2.27: Varianten der Diversifikationsstrategie (Quelle: Eigene Darstellung in Anlehnung an Freter, 2008, S. 274; Mattmüller, Tunder 2004, S. 367)

Mit der Diversifikation sind jedoch auch deutliche Risiken für das expandierende Unternehmen verbunden (Kukartsev et al. 2019, S. 5). Es verlässt seine Kernkompetenz und dringt in Bereiche vor, in denen es bisher noch nicht positioniert ist und keine Erfahrungen vorweisen kann (Amit, Livnat 1989, S. 880).

Der Vollständigkeit halber wird nun kurz auf die Ansoff-Strategie der Marktdurchdringung (▶ Dar. 2.26) eingegangen. Hierbei wird ein bestehendes Angebot (z. B. Grillwürstchen eines Wurstwarenherstellers) an eine bestehende Zielgruppe (Personen, die gerne grillen) stärker vermarktet. Hierbei stehen vor allem operative Marketingentscheidungen wie z. B. der veränderte Einsatz von Kommunikations- und/oder Preismaßnahmen im Vordergrund. Aus diesem Grund ist die Marktdurchdringung zwar sicherlich zunächst eine strategische Managemententscheidung, welche aber ausschließlich operativ umgesetzt wird und im Grunde keine strategische Veränderungsstrategie ist (Richardson, Dennis 2003, S. 643).

Nach der Vorstellung der Entscheidungsmöglichkeiten zur Erreichung eines Zielportfolios hier in Abschnitt 2.4.3 gilt die marktorientierte Unternehmensplanung als abgeschlossen. Diese hat – wie bereits zuletzt die Ausführungen über die Option der Marktdurchdringung aber auch viele weitere vorangegangene Absätze zeigten – unmittelbare Konsequenz für die sich anschließende marktorientierte Geschäftsfeldplanung. Mit Bezug auf Darstellung 2.4 bedeutet dies, dass nun der Übergang vom schwarz eingefärbten Teil des strategischen Managements zum grau eingefärbten Teil des strategischen Marketings erfolgt. Das heißt in dem nun folgenden Kapitel 2.5 werden strategische Marketingentscheidungen auf Ebene einzelner Geschäftsfelder vorgestellt. Die Betrachtung der Gesamtheit aller Geschäftsfelder gilt hiermit als vollendet.

2.5 Nutzenorientierte Marktsegmentierung als Basis der marktorientierten Geschäftsfeldplanung

Als zentrales Element des strategischen Marketings kann die Marktsegmentierung verstanden werden. Sie ist notwendig, um die Bedürfnisse des relevanten Marktes zu verstehen und eine spezifische Bearbeitung der relevanten Zielgruppen zu ermöglichen. Die Grundlage bildet ein dreistufiges Vorgehen, die sog. STP-Strategie (Segmentierung – Targeting – Positionierung) (Griese 2011, S. 117). Der STP-Ansatz stellt eine gute Vorgehensweise zur Entwicklung von Marketing-Strategien dar, da dieser verschiedenen Überlegungen kombiniert, die sukzessive von Unternehmen in Märkten getroffen werden (Kotler et al. 2017, S. 311 ff.; Kürble 2019, S. 90). Die drei Elemente des STP-Ansatzes lassen sich folgendermaßen darstellen (▶ Dar. 2.28).

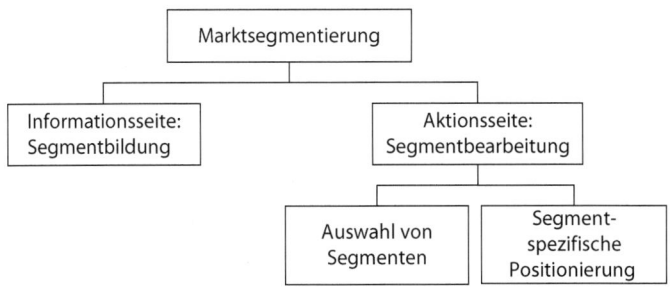

Dar. 2.28: STP-Ansatz (Quelle: Eigene Darstellung in Anlehnung an Freter, 2008, S. 22)

Segmentbildung/Segmenting (Aufteilung des Gesamtmarktes in homogene Käufergruppen): Dieser Schritt wird in der marktorientierten Unternehmensplanung vorgenommen und stellt die Basis für Entscheidungen über die Gestaltung des Geschäftsfeld-Portfolios (▶ Kap. 2.4.1) dar. Potenzielle Teilmärkte werden mithilfe von Kriterien analysiert und gemäß ihrer Eigenschaften, Merkmale und Verhaltensweisen beschrieben (Venter et al. 2015, S. 67). Am Ende dieses Prozessschritts erhält ein Unternehmen Profile von mehreren Zielgruppen. In der Praxis werden diese z. T. als Personas bezeichnet. Das sind fiktive Nutzer der Zielgruppe des Angebots und wie die realen Nutzer haben sie Bedürfnisse, Fähigkeiten und Ziele. Sie sind spezifische Personen mit für die Zielgruppe typischen Namen, Freizeitbeschäftigungen und Interessen, die Muster im Nutzerverhalten deutlich machen. Ein solches realistisches Zielgruppenbild macht es möglich, die weiteren Schritte des strategischen Marketings konkreter und effektiver zu gestalten.

Targeting (Auswahl der Zielmärkte): Im Anschluss der Segmentierung erfolgt die Bewertung der einzelnen Zielgruppen hinsichtlich ihrer Attraktivität mit dem finalen Zweck eine Auswahl zu treffen. Die Auswahl des Zielmarktes kann gemäß den Ausführungen in Kapitel 2.4.1 anhand fünf verschiedenen Marktabdeckungsstrategien erfolgen (Venter et al. 2015, S. 68).

Positioning (Positionierung): Bei der Segmentbildung gilt die Grundannahme, dass Konsumenten Unterschiede im Kaufverhalten und in der Reaktion auf den Einsatz von Marketinginstrumenten aufweisen. Bei der Planung der Angebotspolitik sollte das Unternehmen folglich bestehende Unterschiede zwischen den Nachfragern berücksichtigen, damit der anschließende operative Einsatz der Marketinginstrumente effektiv ist (Venter et al. 2015, S. 69). Hierbei ist wichtig, dass die Angebotspolitik und die Marketinginstrumente stimmig aufeinander aufbauen und konsistent zu einem beständigen Auftreten in der Zielgruppe führen, welches aus Sicht der Zielgruppe eine Differenzierung gegenüber dem Wettbewerb darstellt. Durch eine Positionierung werden der Zielgruppe die relevanten Attribute des Angebots vermittelt (Baumgarth 2014, S. 62). Das Ergebnis der Positionierung ist ein klares und von der Konkurrenz abgegrenztes Vorstellungsbild des Angebots in den Köpfen der relevanten Konsumenten. Dieses wird auch als Image bezeichnet (Kürble 2019, S. 91).

Zur Aufteilung des Gesamtmarktes (Segmenting) bedarf es einer Auswahl geeigneter Segmentierungskriterien, die eine sinnvolle Abgrenzung, Beschreibung sowie spezifische Bearbeitung von Segmenten ermöglichen. Es ist notwendig, die Marktsegmente so zu bilden, dass potenzielle Kunden eines Segments gleiche Reaktionen auf den spezifischen Einsatz der Marketinginstrumente aufweisen (Meffert et al. 2018, S. 221). Üblicherweise werden hierzu demographische, soziokulturelle, psychografische und physiologische Kriterien sowie Merkmale des beobachtbaren Kaufverhaltens herangezogen (Freter 2008, S. 84). Kapitel 4.2.1 unterteilt diese in Interpersonelle Bestimmungsfaktoren (▶ Kap. 4.2.1.1) sowie intrapersonelle Bestimmungsfaktoren (▶ Kap. 4.2.1.2).

Ein häufig verwendeter Segmentierungsansatz stellt eine Marktsegmentierung auf Basis der Nutzenvorstellung bzw. Nutzenerwartung dar (Gutsche 1995, S. 227). Bei diesem Ansatz wird die Gesamtheit der Nachfrager bezüglich ihrer Nutzenvorstellung zu bestimmten Leistungen in intern homogene und untereinander heterogene Marktsegmente aufgeteilt (Meffert et al. 2018, S. 234). Die Nutzensegmentierung kann als Variante der produktspezifischen Einstellungsmessung betrachtet werden, wobei mit der Nutzenvorstellung lediglich die motivationale bzw. affektive Komponente der Einstellung zugrunde gelegt wird (Trommsdorff, Teichert 2011, S. 130 f.). Der Ausgangspunkt der Nutzensegmentierung ist, Segmente zu bilden, deren Grundlage es ist, zu zeigen, wie sehr Produkte in der Lage sind, bestimmten Kunden einen Nutzen zu stiften (Koh et al. 2010, S. 719). Die Annahme liegt darin, dass der Nutzen, den Verbraucher durch den Konsum von Produkten oder die Nutzung einer Dienstleistung erhalten, ein Kriterium ist, um Marktsegmente zu bilden (Backmann 1994, S. 3; Koh et al. 2010, S. 719). Dies bedeutet, dass ein Produkt, das nur auf eine Art verwendet werden kann, unterschiedlichen Nutzen für verschiedene Segmente hervorruft (Freter 2008, S. 186). Dies verdeutlicht das Beispiel Waschmittel. Verschiedene Konsumenten erwarten unterschiedlichen Nutzen des Produkts. Menschen kaufen Waschmittel, um ihre Wäsche zu säubern. Dazu erwarten sie allerdings weitere Nutzenfaktoren, z. B. weiche Wäsche, Bleichkraft, Sparsamkeit, Fettlöslichkeit, frischen Duft, Wäscheschonung usw. Alle Konsumenten suchen diese Nutzenbestandteile, allerdings liegt die Priorität für jeden Nutzer unterschiedlich. Somit lassen sich unterschiedliche Zielgruppen für Waschmittel identifizieren.

Die Nutzensegmentierung hat eine besondere Bedeutung im Rahmen des strategischen Marketings erlangt, da die Positionierung des Angebots anschließend nach unterschiedlichen Nutzenerwartungen, die Käufer an ein Produkt haben, vorgenommen wird. Die zentrale Ursache für das Kaufverhalten ist schließlich der von Personen wahrgenommene Nutzen eines Angebots. Somit stellt die Nutzensegmentierung und insbesondere die sich daraus ableitbare nutzenorientierte Positionierung heute einer der wichtigsten Marketing-Ansätze dar (Haley, 1968, S. 3; Kroh et al. 2010, S. 720). Aus diesem Grund gehen alle nachfolgenden Kapitel dieses Buches konkreter hierauf ein.

Die Positionierung beschreibt den strategischen Prozess zum Aufbau eines klaren Images, welches von den Kunden und Endverbrauchern als nutzenstiftend betrachtet wird, sich von anderen Angeboten bzw. Marken abgrenzt und somit zur Bevorzugung beim Kauf führt (Haley 1968, S. 31). Kapitel 5.3.4 und 6.3.2 verdeutlichen dies in Bezug auf Wertstrategien. Zur Durchführung einer Positionierung wird ein Positionierungsmodell verwendet, welches die räumliche Position von Marken und Konkurrenzmarken in einem zwei- oder mehrdimensionalen Modell abbildet (Esch et al. 2017, S. 197). Die Achsen sind mit Eigenschaften, welche der Marke zugeschrieben werden (sollen), beschriftet, die Position der Marken innerhalb des Modells ergibt sich durch den subjektiv vom Kunden wahrgenommenen Nutzen des Angebots, welcher durch Marketingforschung über die Wahrnehmung verschiedener realer und idealer Produkteigenschaften gesammelt wird (Bruhn 2019, S. 71). Das Positionierungsmodell beinhaltet die Elemente des vom Kunden wahrgenommenen Eigenschaftraumes, Platzierung der eigenen und fremden Produkte aus Kundensicht sowie die Idealposition aus Kundensicht. Dies verdeutlicht Darstellung 2.29.

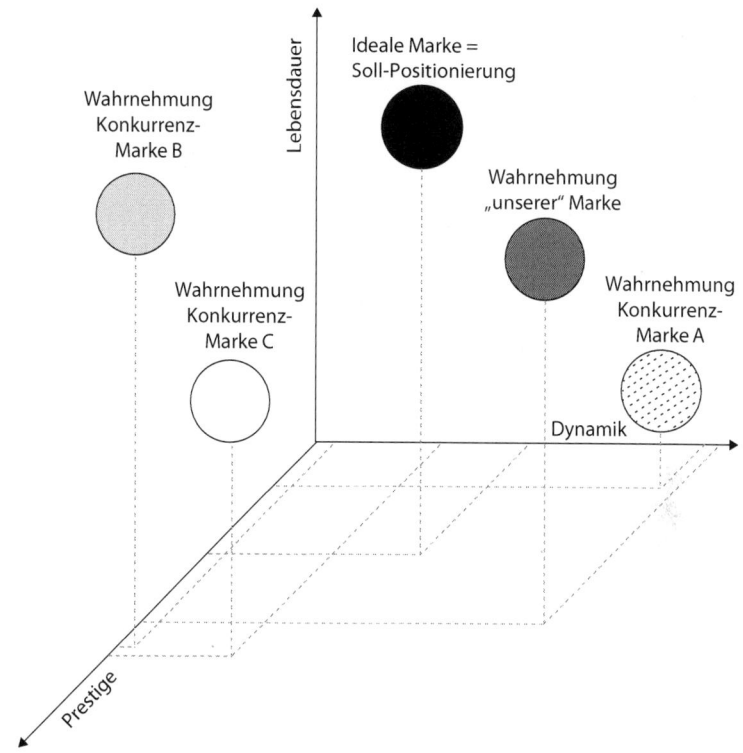

Dar. 2.29: Positionierungsmodell

Hieraus lässt sich der Abstand zwischen der vom Kunden wahrgenommenen Positionierung und der Idealvorstellung der Kunden ermitteln (Bruhn 2019, S. 71) Ziel der Positionierung ist es, den Abstand zwischen wahrgenommener Position und Idealposition zu reduzieren (Esch et al. 2017, S. 199). Je weiter die Marke sich von der Positionierung anderer Marken abgrenzt und je mehr sie dem Idealbild der Anspruchsgruppen entspricht, desto höher ist die Kauf- und Verwendungshäufigkeit (Becker 2018, S. 918). Sämtliche, im operativen Marketing festzulegende Kommunikationsinstrumente sowie Vertriebskanäle müssen auf die Positionierung angepasst werden (Kotler, Pfoertsch 2010, S. 86). Mithilfe der Soll-Positionierung aus Unternehmenssicht wird eine angestrebte Position definiert, jedoch ist diese damit noch nicht in den Köpfen der Kunden verankert, sondern muss von innen, durch die von der Marke gelebten Werte, glaubwürdig und konsistent im Sinne der Schaffung einer in sich schlüssigen Markenpersönlichkeit zum Kunden transportiert werden (▶ Kap. 5.3.4).

Zur optimalen Entwicklung einer Markenpositionierung ist das Verstehen der Beweggründe des Endverbrauchers von entscheidender Bedeutung (Fuchs 2010, S. 1766). Aus diesem Grund und bedingt durch die Tatsache, dass Marken heutzutage eine an Relevanz gewinnende Differenzierung gegenüber der Konkurrenz sind, gewinnt die nutzenorientierte Marktsegmentierung im strategischen Marketing zunehmend an Bedeutung. Dementsprechend kommt ihr in den nachfolgenden Kapiteln ein hoher Stellenwert zu.

2.6 Praktisches Beispiel

An dieser Stelle werden die vorangegangenen Ausführungen an einem praktischen Beispiel verdeutlicht. Zur praktischen Veranschaulichung dient das Start-up Horizn Studios, welches smartes und gleichzeitig nachhaltiges Reisegepäck entwickelt. Das junge Berliner Smart-Luggage-Unternehmen, das 2015 von Stefan Holwe und Jan Roosen gegründet wurde, vertreibt u. a. ein Hartschalen-Kabinengepäck mit Fronttasche für Laptop und Co., mit herausnehmbarer Powerbank, um Smartphones und Tablets unterwegs aufladen zu können. Die Koffer kosten im Schnitt 300 € und sind als innovatives Angebot einzuschätzen (Horizn Studios, 2022).

Dieses Start-up hat die Vision »Let's go further«. Durch diese Vision will Horizn Studios nachhaltige Lösungen für zukünftiges Reisen gestalten. Dies wird in der folgenden Darstellung 2.30 verdeutlicht.

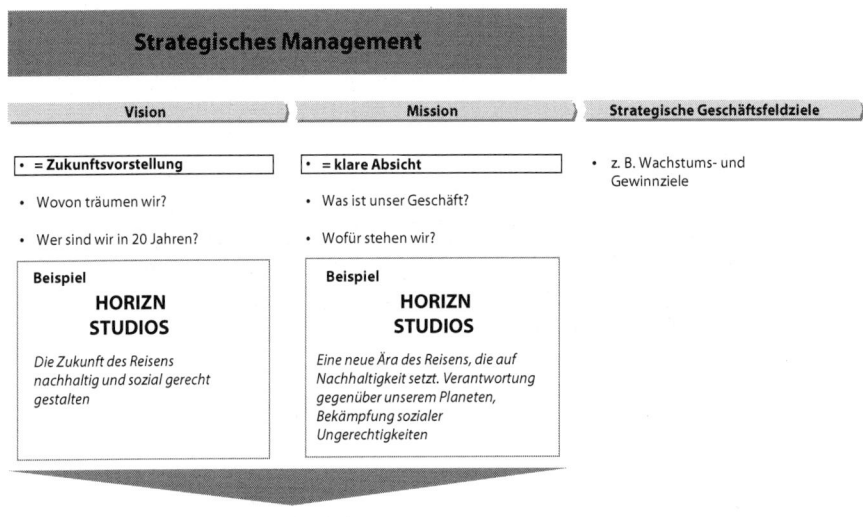

Dar. 2.30: Unterscheidung Vision und Mission Horizn Studios

Dieser Orientierungsrahmen aus Vision und Mission stellt für Horizn Studios die Basis für die Zielgestaltung dar. Hieraus lassen sich die allgemeinen und übergreifenden Oberziele (Gegenstand des strategischen Managements) ableiten und daraus wiederum konkrete Geschäftsfeldziele, welche im Rahmen des strategischen Marketings verfolgt werden. Diese Mittel-Zweck-Beziehung für das Fallbeispiel Horizn Studios verdeutlicht die folgende Darstellung 2.31.

2.6 Praktisches Beispiel

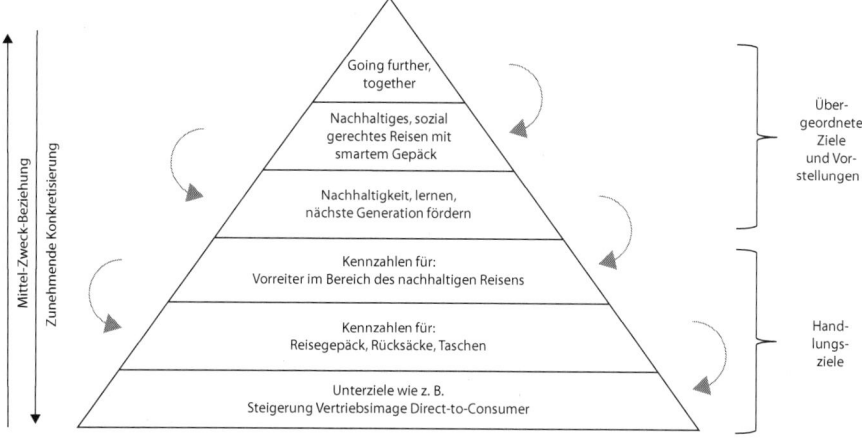

Dar. 2.31: Hierarchie der Zielebenen von Horizn Studios

Im nächsten Schritt gilt es, strategische Geschäftsfelder als Bezugspunkt zur Zielsetzung und Ausrichtung von Strategien und Maßnahmen zu bilden. Horizn Studios besitzt drei unterschiedliche Geschäftsfelder, wie die folgende Darstellung 2.32 verdeutlicht.

Dar. 2.32: Unterschiedliche Geschäftsfelder Horizn Studios

	Unternehmen: Horizon Studios		
	Strategisches Geschäftsfeld Nr. 1	**Strategisches Geschäftsfeld Nr. 2**	**Strategisches Geschäftsfeld Nr. 3**
Zielgruppe	Reisende	Angestellte, Sportler	Hippster
Angebote	Koffer für Reisen	Rucksäcke für Alltagsabenteurer	Tauchen für unterwegs
Werbung	Buchungsseiten im Internet	Fachzeitschriften für Sportler, Steuerberater usw.	Soziale Medien

Die in der Darstellung 2.32 aufgeführten Geschäftsfelder sind entgegen einer realorganisatorischen Abgrenzung nicht erkennbar, da die beiden Gründer Stefan Holwe und Jan Roosen geschäftsfeldübergreifend tätig sind (Horizn Studios, 2022).

Im Anschluss gilt es für Horizn Studios pro strategischen Geschäftsfeld den Nutzenvorteil sowie ein entsprechendes Vorstellungsbild bei den jeweiligen Zielgruppen adäquat zu verankern. Anhand der Darstellung 2.32 lässt sich erkennen, dass Horizn Studios über ein Geschäftsfeld-Portfolio verfügt. Mithilfe des strategischen Managements gilt es, dieses Portfolio zu gestalten. Für dieses Start-up ist es sinnvoll, seine unternehmerische Tätigkeit auf mehrere Standbeine zu verteilen, da dies eine Risikodiversifikation darstellt und Handlungsoptionen bietet. Dies wurde gerade in den Jahren 2020 und 2021 deutlich, da bedingt durch die Corona-Pandemie der Absatzmarkt der Reisenden zusammengebrochen war und das Geschäftsfeld des Reisegepäcks quasi weggefallen ist.

Zur erfolgreichen Gestaltung des Portfolios muss Horizn Studios strategische Analysen als Informationsgrundlage durchführen. Wie Darstellung 2.4 verdeutlicht, teilen sich diese in interne und externe Analysen auf. Beginnend mit der Unternehmensanalyse (interne Analyse) muss sich das Start-up mit seinen Kompetenzen auseinandersetzen. Dies erfolgt durch eine Kernkompetenzanalyse (▶ Kap. 2.3.1.1.1). Das Ziel hierbei ist es, die besonderen Ressourcen und Fähigkeiten von Horizn Studios zu identifizieren, welche ausschlaggebend für den strategischen Erfolg sind. Eine Kernkompetenz von Horizn Studios ist die Positionierung als Direct-to-Consumer-Marke. Dies ist gleichzusetzen mit einem einstufigen Vertrieb, der ohne weitere Zwischenhändler erfolgt. Horizn Studios vertreibt seine Produkte in eigenen Läden, analog zu Apple (Horizn Studios, 2022). Eine weitere Kompetenz ist die Verwendung hochwertiger, aber nachhaltiger Materialien. Weiterhin wurden Kompetenzen durch Zusammenarbeit mit bereits etablierten Unternehmen wie Beats by Dre, BMW, Soho House, Design Hotels und Habitas extern erworben (Horizn Studios, 2022).

Dieses Start-up ist ein Beispiel für implizites Wissen, da es aktuell an die beiden Gründer gebunden ist und auf deren Erfahrungen aufbaut. In Bezug auf den Vertrieb möchte Horizn Studios den Verlust von Wissen verhindern und setzt deswegen auf den Direktvertrieb der Produkte, so dass Wissen nicht an Zwischenhändler abfließt. Nachdem die vorgestellten Resource-based-View-Analysen des Kapitels 2.3.1.1 in Bezug auf Horizn Studios nun abgeschlossen sind, gilt es, die Perspektive um die Dimension der direkten Konkurrenten zu erweitern. Horizn Studios sollte kontinuierlich durch Durchsicht verschiedener Medien, wie Branchen-Analysen, soziale Medien usw. Wettbewerber identifizieren und tiefergehend untersuchen. Dabei sollten sie diese Betrachtung stets mit dem Filter der durch die Wettbewerber ähnlich verwendeten Ressourcen und Fähigkeiten durchführen. Durch diese Betrachtungsweise können sie ableiten, welche Faktoren das Fundament eines langfristigen Erfolgs sind.

Eine weitere Methode zur Analyse der Ressourcen und Fähigkeiten ist die Untersuchung ihrer relativen Stärken und deren Bedeutung. Dies wird für das Beispielunternehmen Horizn Studios mithilfe der folgenden Darstellung 2.33 verdeutlicht.

Aus den gewonnenen Erkenntnissen und Werten kann Horizn Studios eine Matrix erstellen, in welche jede Fähigkeit und Ressource eingeordnet wird. Darstellung 2.34 zeigt diese beispielhafte Matrix.

Da strategische Managemententscheidungen zudem auf einem Verständnis der Entwicklung der relevanten Unternehmensumwelt basieren, bedarf es einer Umwelt- und Marktanalyse. Ziel hierbei ist es, mit einer geeigneten Strategie die relevante Umwelt langfristig zu gestalten und flexibel auf Umweltbedingungen (Corona) reagieren zu können. Das strategische Management von Horizn Studios erfordert eine ganzheitliche Denkweise unter der Berücksichtigung der zukünftigen Probleme.

2.6 Praktisches Beispiel

Dar. 2.33: Stärke und Bedeutung von Ressourcen/Fähigkeiten Horizn Studio

	Bezeichnung	Relative Stärke	Strategische Bedeutung
Ressourcen	1. Weltweites Kundennetzwerk	8	7
	2. Direct-to-Consumer	8	8
	3. Nachhaltige Fertigung	8	8
Fähigkeiten	4. Qualitätsprüfung	9	8
	5. Individualisierung	8	7
	6. Modernste Fertigung	9	6
	7. Smarttechnologie-Know-how	6	3
	8. Recycelte Materialien	8	4

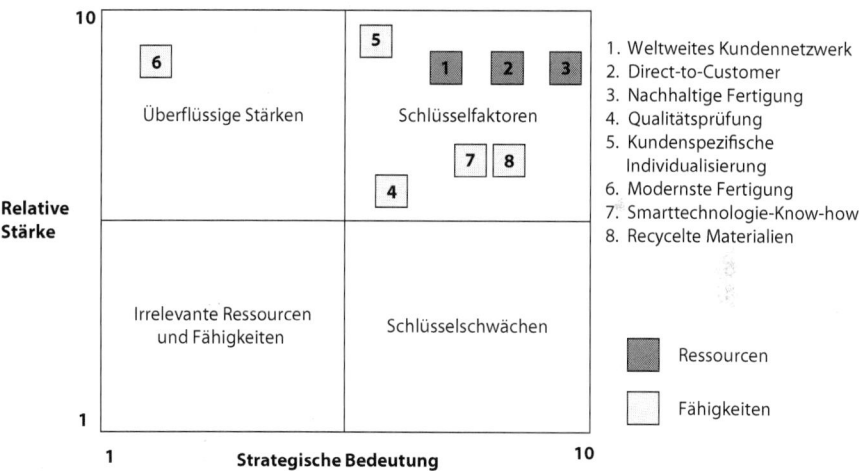

Dar. 2.34: Ressourcenportfolio Horizn Studio

Wie jedes Unternehmen ist auch das Start-up Horizn Studios Bestandteil einer Umwelt. Mithilfe der PESTEL-Analyse gilt es, die unüberschaubare Flut an Informationen der Umweltanalyse in relevante Bereiche aufzuteilen. Die folgende Darstellung 2.35 führt die Ergebnisse einer PESTEL-Analyse für das Unternehmen Horizn Studios an

Ebenfalls wird das Unternehmen Horizn Studios von den Entwicklungen innerhalb der Branche tangiert. Im Gegensatz zu den Entwicklungen der globalen Umwelt können sie diese allerdings beeinflussen. In regelmäßigen Abständen sollte das 5-Forces-Modell zur Bestimmung der Branchenattraktivität von Smart Luggages aktualisiert werden.

Dar. 2.35: PESTEL Horizn Studio

Einflussfaktoren	Beschreibung
Politisch	Dieser Einflussfaktor spielt eine wesentliche Rolle für Horizn Studios. Durch ständige Änderung der Gesetzeslage und aufgrund der politischen Zielsetzung der Förderung der erneuerbaren Energien, wächst die Zielgruppe für nachhaltig produziertes Gepäck.
Geographisch, ökologisch	Rohstoffverfügung spielt keine Rolle, da bevorzugt recycelte Materialien verwendet werden. Dies ist allerdings ein wichtiger Faktor für die Kundenakquise.
Technisch	Dieser Einfluss spielt eine mittelgroße Rolle. Deswegen sollten sich Horizn Studios immer wieder über den neusten technischen Stand informieren.
Sozio-Kulturell	Dieser Aspekt ist sehr wichtig, da der anhaltend Wertewandel bezüglich Nachhaltigkeit und sozialer Gerechtigkeit mit der Vision und Mission korrespondiert.
Rechtlich	Da Horizon Studios ihre Produkte unter sozialer Verantwortung produziert, ist diesem Aspekt eine untergeordnete Aufmerksamkeit zu schenken.
Ökonomisch	Diesen Einflussfaktor sollten alle Unternehmen stets unter Liquiditätsaspekten regelmäßig analysieren.

Für Horizn Studios ist es wichtig, die Bedrohungen durch neue Anbieter stets zu beobachten. Gerade im Bereich des smarten Reisegepäckes ist es wahrscheinlich, dass immer neue Marken auf den Markt kommen (Weißenborn 2017). Durch neue Konkurrenten verändern sich dann die Strukturen in der Branche, wodurch ein Preiskampf entstehen kann, welcher wiederum ein Absinken der Rentabilität zur Folge haben könnte. Die Rivalität in der Branche ist aktuell sehr niedrig, da das Angebot von Horizn Studios bislang einzigartig ist. Ebenfalls besteht aktuell keine Verhandlungsmacht der Abnehmer. Bei einem einzigartigen Angebot liegt ein Informationsdefizit der Kunden im Hinblick auf die Preise vor. Zudem lässt sich im Bereich der smarten und nachhaltigen Gepäckstücke eine Bedrohung von Substituten als eher gering einschätzen. Der einzige Faktor, welcher die Branchenattraktivität mindert, ist die Verhandlungsmacht der Lieferanten, da immer mehr Unternehmen Interesse an recycelten Materialien haben und somit die Preise steigen könnten.

Im Anschluss der bislang durchgeführten Analysen für das Beispielunternehmen Horizon Studios gilt es, die SWOT-Analyse als vereinende Methode durchzuführen. Mit den Erkenntnissen der SWOT-Analyse ist eine umfassende Informationsgrundlage für die Marketingplanung gegeben. Dieses dient Horizn Studios als Basis für Entscheidungen der marktorientierten Unternehmensplanung.

Wie bereits zu Beginn von Kapitel 2.6 geschildert besitzt das Beispielunternehmen ein Geschäftsfeld-Portfolio. Da auch Horizn Studios dieses in einer ausgeglichenen Art gestalten sollte, werden die einzelnen Geschäftsfelder in die BCG Matrix eingetragen. Dies zeigt die folgende Darstellung 2.36.

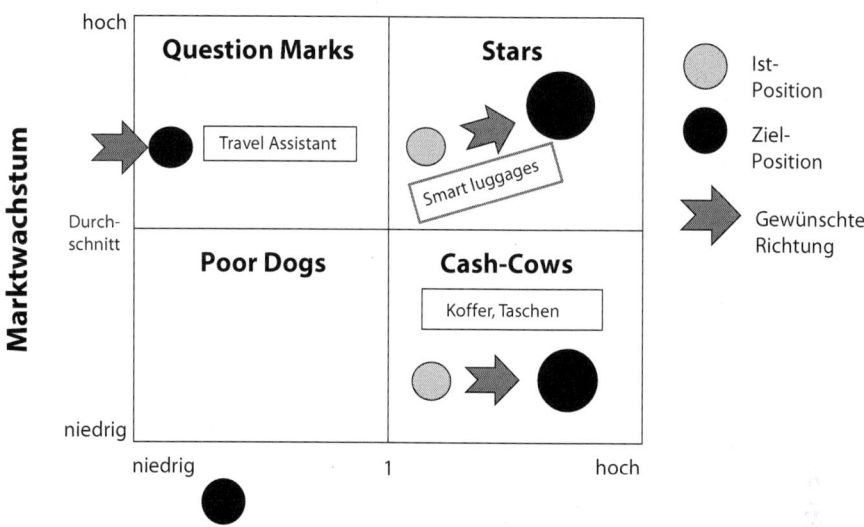

Dar. 2.36: BCG-Matrix Horizn Studios

Da es sich bei dem Unternehmen Horizn Studios um ein Start-up handelt, liegt keines der Geschäftsfelder im Feld der Poor Dogs. Die Einsortierung der nachhaltig produzierten Koffer und Taschen ohne smarte Technologie werden in das Feld der Cash-Cows eingetragen, da dieses Geschäftsfeld zur Liquidität des Unternehmens beiträgt. Die Geschäftsfelder mit Smart-Technologien können in die oberen beiden Quadrate eingetragen werden, da hierfür ein Marktwachstum und steigender Marktanteil zu verzeichnen ist.

Die Marktabdeckungsstrategie von Horizn Studios liegt in der Produktspezialisierung. Dieses Start-up mit dem Leistungsspektrum Reisegepäck, Taschen und Rucksäcke spricht verschiedene potenzielle Zielgruppen an mit der Konzentration auf ein relativ homogenes Angebot, woraus sich weitere Synergien auf der Produktseite ergeben können. Horizn Studios besitzt zwar eine Risikostreuung in Bezug auf unterschiedliche Zielgruppen, anderseits ergibt sich aus der Konzentration auf der Angebotsseite ein Risiko, welches sich durch die Corona-Pandemie offenbart hat. Die Risikostreuung auf der Seite der Zielgruppen wird untergraben, da durch Reisebeschränkungen und einem erhöhten Aufkommen von Homeoffice die Nachfrage nach den Produkten von Horizn Studios stagnierte.

Die Entwicklungsoption von Horizn Studios als Start-up liegt in der Diversifikation. Wie in der BCG-Matrix (▶ Dar. 2.36) dargestellt, versucht das Unternehmen mit der Einführung von einem Travel Assistant (Question Mark) das Portfolio zu verändern und die Anzahl der Geschäftsfelder zu erhöhen.

Im Anschluss an diese strategischen Entscheidungen gilt es, die Bedürfnisse der verschiedenen Teilmärkte zu verstehen und eine spezifische Bearbeitung der jeweiligen Zielgruppen vorzunehmen. Durch eine Nutzensegmentierung ist es Horizn Studios möglich, die Positionierung nach unterschiedlichen Nutzenerwartungen der Zielgruppen vorzunehmen und diese somit gezielt anzusprechen, z. B. die Zielgruppe der technikaffinen Manager, die durch smarte Koffer sich einen Zusatznutzen wie Prestige erhoffen.

Dieses Praxisbeispiel verdeutlicht, dass für es Unternehmen unabdingbar ist, eine Strategie zu besitzen. Diese sollte auf den Ergebnissen der internen und externen Analysen (▶ Kap. 2.3) basieren. Sie werden in der Praxis dazu verwendet, das Unternehmen am Markt auszurichten (▶ Kap. 2.4). Abhängig von der geplanten Ausrichtung (z. B. verfolgte Marktabdeckungs- und Entwicklungsstrategie) ist es im Sinne des strategischen Marketings dann nötig, Kenntnisse über die Zielgruppe der einzelnen (geplanten) Angebote zu besitzen, damit die Kommunikation des Unternehmens nicht ins »Leere« läuft (▶ Kap. 2.5). Diese Analysen und die davon abhängigen Entscheidungen sind ein fortlebender Prozess und sollten immer wieder durchgeführt werden.

2.7 Fazit

Ziel dieses Kapitels war es, die Unterschiede, aber auch Interdependenzen zwischen strategischem Management und Marketing aufzuzeigen. Es sollte gezeigt werden, welche Aufgaben und Entscheidungstatbestände in welchen Verantwortungsbereich fallen und wo die Abgrenzung zu ziehen ist.

Es hat sich gezeigt, dass sich diese beiden Aufgabenbereiche in ihren Betrachtungsweisen unterscheiden. Die Sichtweise des strategischen Managements bezieht sich auf die Unternehmensebene und betrachtet aus einer Metaebene die Gesamtheit aller strategischen Geschäftsfelder. Hingegen beinhaltet das strategische Marketing Entscheidungen in Bezug auf konkrete Zielgruppen-Angebotskombinationen. Dies betrifft vorrangig die segmentspezifische und idealerweise nutzenorientierte Positionierung, woraus klare Erfordernisse für den zielgruppenorientierten Einsatz der Marketinginstrumente abgeleitet werden können.

Es gilt allerdings zu beachten, dass sich strategisches Management und strategisches Marketing ergänzen und als Einzeldisziplin im Unternehmen keinen Bestand hätten. Eine scharfe Trennung zwischen strategischem Management und strategischem Marketing ist nicht möglich. Dies begründet sich dadurch, dass das strategische Management die Informationsgrundlage für die Marketingplanung liefert. Das strategische Marketing nutzt die gewonnenen Erkenntnisse aus den internen und externen Analysen des strategischen Managements sowie die getroffenen übergreifenden Entscheidungen zur Bearbeitung des Marktes als Basis für marktorientierte Entscheidungen bezüglich der Angebotspolitik und des operativen Einsatzes der Instrumente. Die Entscheidungen aus dem strategischen Management stellen den Handlungsrahmen für das strategische Marketing dar. Es ist festzustellen, dass eine begriffliche Abgrenzung zwischen strategischem Management und strategischem Marketing möglich ist, aber beides in einem Unternehmen voneinander abhängig ist und sich gegenseitig ergänzt. Falls ein Unternehmen Defizite im Bereich der Analysen und Entscheidungen des strategischen Managements hat, dann könnte das strategische Marketing Teile dieser Aufgaben übernehmen. Gleichmaßen ist denkbar, dass Entscheidungen bezüglich der konkreten Ausgestaltung der strategischen Geschäftsfelder im strategischen Management und eben nicht im strategischen Marketing getroffen werden. In diesem Fall würde der Marketingabteilung dann eine eher operative Funktion zugeschrieben.

Das Praxisbeispiel Horizn Studios, welches wie viele Unternehmen von der Corona-Pandemie betroffen war bzw. ist, verdeutlichte nochmals, dass es für Unternehmen wichtig ist, eine Strategie zu besitzen, damit im Fall von unvorhersehbaren Entwicklungen keine planlose Taktik an den Tag gelegt wird. Auch wenn eine theoretische Begriffsabgrenzung gemäß den verschiedenen Prozessschritten, so wie in Darstellung 2.4 aufgezeigt, möglich ist, erscheint es für die Unternehmenspraxis zunächst dringlicher, eine grundsätzlich strategische Herangehensweise im oftmals sehr dynamischen Tagesgeschäft walten zu lassen. Eine Strategieorientierung ist in allen Bereichen unabhängig von deren Überschneidungen ein maßgeblicher Erfolgsfaktor.

Für Unternehmen wie Horizn Studios ist es wichtig, die vorgestellten Analysen und strategischen Entscheidungen als einen kontinuierlichen Prozess zu verstehen, der im Laufe der Zeit immer wieder durchlaufen werden sollte. Denn Märkte verändern sich kontinuierlich. Eine solche strategische Herangehensweise mit den erforderlichen Zugeständnissen der dafür benötigten zeitlichen, personellen und finanziellen Ressourcen, schlägt sich langfristig im Ergebnis nieder. Aus diesem Grund ist die Frage beantwortet, warum einige Unternehmen erfolgreich sind, während andere scheitern (Porter 1991, S. 95). Die klare Antwort lautet: Strategie.

Literatur

Abell, D. F.: Defining the Business – The Starting Point of Strategic Planning, Prentice Hall, Englewood-Cliffs 1980
AL-Laham, A.: Organisationales Wissensmanagement. Eine strategische Perspektive, 2. Aufl., Vahlen, München 2016
Amit, R.; Livnat, J.: Efficient Corporate Diversification – Methods and Implications. In: Management Science, 35(7), 1989, S. 879-897
Ansoff, H. I.: Strategies for diversification. In: Harvard business review, 35(5), 1957, S. 113-124
Backmann, S.: Using a person-situation approach to market segmentation. In: Journal of Park and recreation Administration, 12(1), 1994, S. 1-16
Barney, J.; Wright, M.; Ketchen, D. J.: The resource-based view of the firm: Ten years after 1991. In: Journal of Management, 27(6), 2001, S. 625-641
Baumgarth, C.: Markenpolitik: Markentheorien, Markenwirkungen, Markenführung, Markencontrolling, Markenkontexte, 4. Aufl., Springer Gabler, Wiesbaden 2014
Bea, F. X.; Haas, J.: Strategisches Management, 3. Aufl., Schäfer-Pöschel, Stuttgart 2001
Becker, J.: Marketing-Konzeption: Grundlagen des ziel-strategischen und operativen Managements, 5. Aufl., Vahlen, München 2018

Brixle, M.: Konversion. In: Meyer, P. W.; Mattmüller, R. (Hrsg.): Strategische Marketingoptionen – Änderungsstrategien auf Geschäftsfeldebene, Kohlhammer, Stuttgart 1993, S. 87-127

Bruhn, M: Zur Markt- und Kundenorientierung strategischer Analyseinstrumente. In: Wagner, G. R. (Hrsg.): Unternehmensführung, Umwelt und Ethik, Gabler, Wiesbaden 1999, S. 185-209

Bruhn, M.: Marketing – Grundlagen für Studium und Praxis, 14. Aufl., Springer Gabler, Wiesbaden 2019

Buhmann, M.: Kompetenzorientiertes Management multinationaler Unternehmen: Ein Ansatz zur Integration von strategischer und internationaler Managementforschung, Gabler, Wiesbaden 2006

Chakrabarti, A.; Vidal, E.; Mitchell, W.: Business Transformation in heterogeneous Environments: The Impact of Market Development and Firm strength on retrenchment and Groth Reconfiguration. In: Global Strategy Journal, 1, 2011, S. 6-26

David, U.: Strategisches Management von Controllerbereichen – Konzept und Fallstudien, Gabler Edition Wissenschaft, Wiesbaden 2005

Diericks, I.; Cool, K.: Asset Stock Accumulation and Sustainability of Competitive Advantage. In: Management Science, 3, 1989, S. 23-27

Domscheit, A.: Organisations- und Personalentwicklung nach Maß: Seminare, Trainings und Coachings, die sich rechnen, Moderne Industrie, Landsberg a. L. 2007

Drews, H.: Abschied vom Marktwachstums-Marktanteils-Portfolio nach über 35 Jahren Einsatz? Eine kritische Überprüfung der BCG-Matrix. In: Zeitschrift für Planung & Unternehmenssteuerung, 19(1), 2008, S. 39-57

Duschek, S.; Sydow, J.: Ressourcenorientierte Ansätze des strategischen Managements – zwei Perspektiven auf Unternehmenskooperation. In: WiSt, 31(8), 2002, S. 1-16

Eitner, C.: Die Reaktionsfähigkeit des deutschen Einzelhandels auf den demografischen Wandel – Eine qualitative und quantitative Analyse unter zielgruppen- und netzwerkspezifischen Gesichtspunkten, Bochum 2008 (zugl. Diss.)

Ellinger, T.: Die Informationsfunktion des Produktes. In: Moxter, A.; Schneider, D.; Wittmann, W. (Hrsg.): Produktionstheorie und Produktionsplanung, Westdeutscher Verlag, Köln 1966, S. 253-336

Esch, F.-R.; Hermann, A.; Sattler, H.: Marketing: Eine managementorientierte Einführung, 5. Aufl., Vahlen, München 2017

Freter, H.: Markt- und Kundensegmentierung: Kundenorientierte Markterfassung und -bearbeitung, 2. Aufl., Kohlhammer, Stuttgart 2008

Fuchs, C.: Evaluating the effectiveness of brand-positioning strategies from a consumer perspective. In: European Journal of Marketing, 44(11/12), 2010, S. 1763-1786

Geyer, H.; Ephrosi, L.: Crashkurs Marketing: Strategien für Erfolg am Markt, 2. Aufl., Haufe, Freiburg 2005

Grant, R. M.: The Resource-based Theory of Competitive Advantage: Implication for Strategy Formulation. In: California Management Review, 33, 1991, S. 114-133

Grant, R. M.: Contemporary Strategy Analysis: Text and Cases, 10. Aufl., Wiley, Hoboken 2019

Griese, K.-M.: Segmentierung und Positionierung. In: Bröring, S.; Griese, K.-M. (Hrsg.): Marketing-Grundlagen: Eine fallstudienbasierte Einführung, Gabler, Wiesbaden 2011, S. 115-143

Günter, B.: Markt- und Kundensegmentierung in dynamischer Betrachtungsweise. In: Kliche, M. (Hrsg.): Investitionsgütermarketing – Positionsbestimmung und Perspektiven, Gabler, Wiesbaden 1990, S. 113-130

Haas, O.: Kernkompetenzanalyse – Erkennen, was niemand besser kann. In: Roehl, H.; Winkler, B.; Eppler, M. J.; Fröhlich, C. (Hrsg.): Werkzeuge des Wandels: Die 30 wirksamsten Tools des Change Managements, Schäffer-Poeschel, Stuttgart 2012, S. 51-61

Haley, R.: Benefit segmentation: a decision-oriented research tool. In: Journal of Marketing, 32, 1968, S. 5-30

Hans, N.: Strategische Wettbewerbsvorteile: Mehr Umsatz, Gewinn und Marktanteile: Das Praxisbuch für Ihre Strategieorientierung, 2. Aufl., Springer Gabler, Wiesbaden 2013

Herbert, P.; Wollny, V.: Instrumente des strategischen Managements – Grundlagen und Anwendung, 3. Aufl., De Gryter, Oldenburg 2020

Heupel, T.; Barsch. T.; Niesar, T.; Yesilkaya, V.: Vom konventionellen Strategischen Management zur Blue Ocean Strategy: Vorstellung, Vergleich und Anwendung strategischer Grundoptionen. In: Barsch, T.; Heupel, T.; Trautmann, H. (Hrsg.): Die Blue-Ocean-Strategie in Theorie und Praxis: Diskurs und 16 Beispiele erfolgreicher Anwendung, Springer Gabler, Wiesbaden 2019, S. 3-32

Hinterhuber, H. H.: Strategische Unternehmensführung: I. Strategisches Denken, 8. Aufl., Erich Schmidt, Berlin 2011

Hirschbach, O.: Optimierung der Fertigungstiefe und Wege zur Wertschöpfungspartnerschaften. In: Bullinger, H.-J.; Warnecke, H. J.; Westkämper, E. (Hrsg.): Neue Organisationsformen in Unternehmen – Ein Handbuch für das moderne Management, 2. Aufl., Springer, Berlin u. a. 2003, S. 573-596

Höfner, K.; Winterling, K.: Strategisch planen mit Portfolios-Teil 2. In: Marketing Journal, 15(3), 1982, S. 337-341

Homburg, C.: Marketingmanagement: Strategie – Instrumente – Umsetzung – Unternehmensführung, 6. Aufl., Springer Gabler, Wiesbaden 2016

Homp, C.: Aufbau von Kernkompetenzen: Ablauf und Vorgehen. In: Hammann, P.; Freiling, J. (Hrsg.): Die Ressourcen- und Kompetenzperspektive des Strategischen Managements, Springer, Wiesbaden 2000

Horizn Studios: The next Generation of Travel, URL: https://horizn-studios.com/de, Zugriff: 08.05.2022

Huber, A.: Praxishandbuch Strategische Planung: Die neun Elemente des Erfolgs, Erich Schmidt, Berlin 2008

Hungenberg, H.: Strategisches Management in Unternehmen. Ziele-Prozesse-Verfahren, Springer, Wiesbaden 2014

Hungenberg, H.; Wulf, T.: Grundlagen der Unternehmensführung – Einführung für Bachelorstudierende, 5. Aufl., Springer Gabler, Wiesbaden 2011

Hussain, S.; Khattak, J.; Rizwan, A.; Latif, M.A.: Ansoff Matrix, Enviroment, and Growth- an interactive Triangle. In: Management and Administrative Sciences Review, 2(2), 2013, S. 196-206

Hutzschenreuter, T.: Allgemeine Betriebswirtschaftslehre: Grundlagen mit Grundlagen mit zahlreichen Praxisbeispielen, 3. Aufl., Gabler, Wiesbaden 2009

Ioana, A.; Mirea, V.; Balescu, C.: Analysis of Service Quality Management in the Materials Industry using the BCG Matrix Method. In: Amfiteatru Economic Journal, 11(26), 2009, S. 270-276

Kreilkamp, E.: Strategisches Management und Marketing: Markt- und Wettbewerbsanalyse, strategische Frühaufklärung, Portfolio-Management, 11. Aufl., de Gryter, Berlin, New York 2010

Kreuzer, C.: BWL kompakt – Die 100 wichtigsten Themen der Betriebswirtschaft für Praktiker, Linde, Wien 2007

Krings, T.: Strategische Unternehmensführung – von der Analyse zur Implementierung, Kohlhammer, Stuttgart 2020

Krüger, W.; Homp, C.: Kernkompetenz-Management, Steigerung und Flexibilität und Schlagkraft im Wettbewerb, Springer Gabler, Wiesbaden 1997

Kruthoff, K.: Der Umgang mit Trends im Marketing: Eine Analyse des Transformationsprozesses von neuem Marketing-Wissen in Unternehmen, o. V., Bamberg 2005

Kukartsev, V.V.; Fedorova, N.V.; Tynchenko, V.S.; Danilchenko, Y.V.; Eremeev, D.V.; Boyko, A.A.: The analysis of methods for developing the marketing strategies in agribusiness. In: IOP Conference Series: Earth and Enviromental Science, 315(2), 2019, S. 1-6

Koh, S.; Yoo, J.J.E.; Boger, C.A.: Importance-performance analysis with benefit segmentation of spa goers. In: International Journal of Contemporaty Hospitality Management, 22(5), 2010, S. 718-735

Kotler, P.; Keller, K. L.; Opresnik, M. O.: Marketing-Management: Konzepte – Instrumente – Unternehmensfallstudien, 17. Aufl., Pearson, Halbergmoos 2017

Kotler, P.; Pfoertsch, W.: Ingredient Branding – Making the Invisible Visible, 2. Aufl., Springer, Berlin u. a. 2010

Kürble, P.: Marketingkonzepte. In: Jäger, C.; Heupel, T. (Hrsg.): Management Basics – Grundlagen der Betriebswirtschaftslehre – dargestellt im Unternehmenslebenszyklus, Springer Gabler, Wiesbaden 2019, S. 75-114

Kunz, H.: Portfolio-Analyse – Ein funktionsbasierter Ansatz aus der Unternehmenspraxis, in: Diskussionsbeiträge aus der Fakultät für Wirtschaftswissenschaften, 2015, 2, S. 1-31

Kunze, M.: Unternehmensethik und Wertemanagement in Familien- und Mittelstandsunternehmen: Projektorientierte Analyse, Gestaltung und Integration von Werten und Normen, Gabler, Wiesbaden 2008

Lüers, T.: Shareholder Value-Orientierung im Marketing: Messung und Erfolgsauswirkungen, o. V., Wiesbaden 2006

Mattmüller, R.; Tunder, R.: Strategisches Handelsmarketing, Vahlen, München 2004

Matzler, K.; Müller, J.; Mooradian, T.: Strategisches Management – Konzepte und Methoden, Linde, Wien 2013

Meffert, H., Burmann, C., Kirchgeorg, M., Eisenbeiß, M.: Marketing: Grundlagen marktorientierter Unternehmensführung: Konzepte – Instrumente – Praxisbeispiele, 13. Aufl., Springer Gabler, Wiesbaden 2018

Mischke, G.: The Innovation Game. In: Engel, K.; Nippa, M. (Hrsg.): Innovationsmanagement – von der Idee zum erfolgreichen Produkt, Physica, Heidelberg 2007, S. 35-60

Möller, K.; Piwinger, M.; Zerfaß, A.: Immaterielle Vermögenswerte – Bewertung, Berichterstattung und Kommunikation, Schäffer-Poeschel, Stuttgart 2009

Müller-Martini, M.: Kundenkompetenzen als Determinanten der Kundenbindung. Eine empirische Kausalanalyse am Beispiel der TV-Versorgung von Privatkunden, Gabler, Wiesbaden 2008

Müller-Stewens, G.; Lechner, C.: Strategisches Management – Wie strategische Initiativen zum Wandel führen. Der Strategic Management Navigator, 5. Aufl., Schäfer-Poeschel, Stuttgart 2016

Nelson, R. R.; Winter, S. G.: The Schumpeterian tradeoff revisited. In: The American Economic Review, 72(1), 1982, S. 114-132

Opuchlik, A.: E-Commerce-Strategie: Entwicklung und Einführung, BoD, Norderstedt 2006

Porter, M. E.: How Competitive Forces Shape Strategy. In: Harvard Business Review, 57(2), 1979, S. 137-145

Porter, M. E.: Towards a Dynamic Theory of Strategy. In: Strategic Management Journal, 12(2), 1991, S. 95-117

Porter, M. E.: Wettbewerbsstrategie: Methoden zur Analyse von Branchen und Konkurrenten, Campus, 12. Aufl., Frankfurt a.M., New York 2013

Prahalad, C. K.; Hamel, G.: The Core Competence of the Corporation. In: Harvard Business Review, 68(3), 1990, S. 79-91

Rasche, C.: Multifokales Management: Strategien und Unternehmenskonzepte für den pluralistischen Wettbewerb, Gabler, Wiesbaden 2002

Reed, R.; De Fillippi, R.J.: Causal Ambigiuity, Barriers to Imitation, and Sustainable Competitive Advantage. In: Academy of Management Review, 15(1), 1990, S. 88-102

Reisinger, S.; Gattringer, R.; Strehl, F.: Strategisches Marketing – Grundlagen für Studium und Praxis, Pearson, Halbergmoos 2013

Renker, C.: Marketing im Mittelstand: Anforderungen, Strategien, Maßnahmen, 3. Aufl., Erich Schmidt, Berlin 2009

Richardson, O., Dennis, C.: UK vineyards sector case study: analysis of retail activities using strategic marketing tools. In: British Food Journal, 105(9), 2003, S. 634-652

Rufo, M.; Zerres, C.: Strategische Analysetechniken. In: Zerres, C. (Hrsg.): Handbuch Marketing-Controlling: Grundlagen – Methoden – Umsetzung, Springer, Berlin 2017, S. 69-90

Sanchez, R.: Product, Process, and Knowledge Architectures in Organizational Competence, in: Sanches, R. (Hrsg.): Knowledge Management and Organizational Competence, Oxford Press, Oxford 2001, S. 227-250

Sander, M.: Marketing-Management – Märkte, Marktforschung und Marktbearbeitung, 3. Aufl., UVK, München 2019

Scharf, A.; Schubert, B.; Hehn, P.: Marketing: Einführung in Theorie und Praxis, 6. Aufl., Schäffer-Poeschel, Stuttgart 2015

Schmid, T.: Strategie als Kunst des Möglichen, Gabler Verlag, Wiesbaden 2005

Schomaker, R.M.; Sitter, A.: Die PESTEL-Analyse – Status quo und innovative Anpassungen. In: Der Betriebswirt, 61(1), 2020, S. 9-27

Schreyögg, G.; Koch, J.: Grundlagen des Managements – Basiswissen für Studium und Praxis, Gabler, Wiesbaden 2010

Schroeter, B.: Operatives Controlling: Aufgaben, Objekte, Instrumente, Gabler, Wiesbaden 2002

Seebohn, J.: Gabler Kompaktlexikon Werbung: 1.400 Begriffe nachschlagen, verstehen, anwenden, 4. Aufl., Gabler, Wiesbaden 2011

Snyman, R.; Kruger, C. J.: The interdependency between strategic management and stratetegic knowledge management. In: Journal of knowledge management, 8(1), 2004, S. 1-14

Sobhani, C.: Strategisches Management: Zukunftssicherung für Krankenhaus und Gesundheitsunternehmen, MWV, Berlin 2009

Steuernagel, A.: Strategische Unternehmenssteuerung im digitalen Zeitalter: Theorien, Methoden und Anwendungsbeispiele, Springer Gabler, Wiesbaden 2017

Teece, D.; Pisano, G.; Shuen, A.: Dynamic Capabilities and Strategic Management. In: Strategic Management, 18(7), 1997, S. 509-533

Tiemann, M.: Unternehmenskooperationen in disruptiven Zeiten: Erfolgsfaktoren für strategische Allianzen und Innovationsführerschaft, Schäffer-Poeschel, Stuttgart 2021

Trautmann, M.: Reduktion. In: Meyer, P. W.; Mattmüller, R. (Hrsg.): Strategische Marketingoptionen – Änderungsstrategien auf Geschäftsfeldebene, Kohlhammer, Stuttgart 1993, S. 140-178

Trommsdorff, V.; Teichert, T.: Konsumentenverhalten, 8. Aufl., Kohlhammer, Stuttgart 2011

Tomczak, T.; Kuß, A.; Reinecke, S.: Marketingplanung: Einführung in die marktorientierte Unternehmens- und Geschäftsfeldplanung, 7. Aufl., Springer Gabler, Wiesbaden 2014

Udo-Imeh, P.T.; Edet, W. E.; Anani, R.B.: Portfolio Analysis Models: A Review. In: European Journal of Business and Management, 4(18), 2012, S. 101-120

Venter, P.; Wright, A.; Dibb, S.: Performing market segmentation: A performative perspective. In: Journal of Marketing Management, 31(1/2), 2015, S. 62-83

Wedel, M.; Kamakura, W. A.: Market Segmentation – Conceptual and Methodological Foundations, 2. Aufl., Springer, New York 2000

Weißenborn, S.: Wenn der neue Koffer schlauer ist als man selbst, URL: https://www.manager-magazin.de/lifestyle/reise/smart-luggage-intelligentes-gepaeck-macht-reisen-leichter-a-1158829.html, Zugriff: 05.05.2022

Welke, M.K.; Al-Laham, A.; Eulerich, M.: Strategisches Management: Grundlage-Prozess-Implementierung, 7. Aufl., Springer Gabler, Wiesbaden 2017

Wilkes, M.W.; Stange, K.: Gnadenlose Erfolgskette. 7 Strategie-Glieder für exzellente Marktkraft, stetiges Wachstum, nachhaltigen Gewinn, Linde, Wien 2008 zur Bonsen, M.: Führen mit Visionen: Der Weg zum ganzheitlichen Management, Gabler, Wiesbaden 1994

Zahn, E.; Foschiani, S.; Tilebeln, M.: Wissen und Strategiekompetenz als Basis für die Wettbewerbsfähigkeit von Unternehmen. In: Hamann, P.; Freiling, J. (Hrsg.): Die Ressourcen- und Kompetenzperspektive des Strategischen Management, Springer Gabler, Wiesbaden 2000, S. 47-68

3 Kostenorientierte Präferenzstrategien: Discounting

Peter Kürble

3.1 Hintergrund

Die Diskussion um das Discounting wird in der Regel über den (Verkaufs-)Preis als das ausschlaggebende Element geführt (u. a. Becker 2019, S. 181). Die zugrunde liegende Präferenz für den Preis wird dann als unechte Präferenz (Becker 2019, S. 214) bezeichnet, da sie eigentlich nicht dem Produkt oder der Verkaufsstätte gilt, sondern lediglich dem zu zahlenden Preis und der Kunde in dem Moment, wo der Preis eines vergleichbaren Produktes niedriger wäre oder der Preis des gleichen Produktes in einer anderen Verkaufsstätte niedriger wäre, der Kunde dieses Produkt bzw. diese Verkaufsstätte ceteris paribus präferieren würde.

Tatsächlich liegt der Präferenz aus Kundensicht bei genauerer Betrachtung aber eine andere Interpretation von Preis zugrunde: Für den Kunden spielen die gesamten Kosten für den Erwerb eines Produktes eine entscheidende Rolle, seien sie nun monetärer (Preis) oder nicht-monetärer Natur (z. B. Stress). Es sei an dieser Stelle angemerkt, dass unter dem hier genutzten Begriff des Preises als Synonym für die monetären Kosten auch die monetären Kostenreduzierungen für den Kunden subsumiert werden, die eventuell im Rahmen von Rabatten, Boni, Skonti anfallen, genauso wie die kostensteigernden monetären Aspekte (bspw. Kreditfinanzierung). Aus diesem Grund wählt ein Kunde bei homogenen Gütern und identischen Verkaufspreisen die Verkaufsstätte, die mit den geringsten monetären und nicht-monetären Kosten verbunden ist, beispielsweise hinsichtlich der aufzuwendenden (Einkaufs-)Zeit (Opportunitätskosten) oder der zu überbrückenden Entfernung (Spritkosten) (PwC 2018, S. 7). Hier werden unter Umständen auch Preisdifferenzen im Sinne höherer Verkaufspreise in Kauf genommen, sofern die Gesamtkosten (monetärer und nicht-monetärer Art) aus Sicht des Kunden die niedrigsten sind.

Die Zuordnung einer bestimmten Kundengruppe zu den sog. Preiskäufern gestaltet sich in der heutigen Zeit immer schwieriger und eine Segmentierung alleine nach dem Kriterium der Preisorientierung ist kaum noch sinnvoll, so dass die klassische Einteilung in Marken-Käufer oder Preis-Käufer (Becker 2019, S. 181) eher orientierenden Charakter hat.[3] Seit den 1970er Jahren war in Deutschland zu beobachten, dass

---

3 Es wird an späterer Stelle noch diskutiert werden, dass dieses Verhalten von einer Vielzahl von Faktoren abhängig ist, die psychologischer Natur sind und in dem hier beschriebenen eher klassischen ökonomischen Verständnis nicht erfasst werden, Trevisan (2016).

das vermeintliche Sparen, insbesondere beim Einkauf von Lebensmitteln, zum guten Ton gehört und nicht zwingend als eine Demonstration fehlender monetärer Möglichkeiten gesehen wird: Der Slogan *Geiz ist geil*, der lange Jahre (2002-2011) von Saturn propagiert wurde, war quasi der kommunikative Höhepunkt dieser Entwicklung. Die aktuellen Entwicklungen zeigen hier aber, zumindest in Teilen der Bevölkerung (beispielsweise bei den sog. LOHAS, Helmke et al. 2016), ein Umdenken: Immer mehr Menschen achten bewusst beim Kauf auf die möglichst artgerechte Haltung, den möglichst regionalen und biologisch einwandfreien Anbau, mithin also auf Aspekte der Nachhaltigkeit beim Konsum sowohl von Lebensmitteln, aber auch beim Kauf von Kleidung, Autos und elektronischen Geräten – unabhängig vom Alter, aber abhängig von sozioökonomischen Kriterien wie Werteorientierung und Einkommen. So setzt sich beispielsweise die Zielgruppe der LOHAS insbesondere aus älteren Konsumenten zusammen. Bewussteres Einkaufen bedeutet aber keine Reduzierung des Konsumes: Es muss konstatiert werden, dass der Gesamtkonsum immer weiter zunimmt, tatsächliches nachhaltiges Wirtschaften also eine eher untergeordnete Rolle zu spielen scheint und die Menge der weggeworfenen Lebensmittel in der Summe nicht nachlässt: Private Haushalte verursachen mit über 52 % der Lebensmittelabfälle den größten Anteil.[4] Der Einkauf bei preiswerten Modeartikelhändlern wie Primark und die Teilnahme an Klimademonstrationen schließen sich aus Kundensicht genauso wenig aus wie die Kreuzschifffahrt und der vegane Konsum (Behling 2019). Dieses Konsumverhalten, das je nach Situation und Bedürfnis mal preiswert und mal mittel- oder hochpreisig eingekauft wird, wird als multioptionales Konsumverhalten bezeichnet. Im Gegensatz zum sog. hybriden Konsumenten, dem grundsätzlich ein vergleichbares Kaufverhalten unterstellt wird, unterscheidet sich der multioptionale Konsument noch einmal dadurch, dass er auch innerhalb einer Produktgruppe variabel agiert. Insbesondere der Erlebniskonsum spielt für ihn eine entscheidende Rolle (Rennhak 2014, S. 181). Gourgé (2001, S. 33) beschreibt den Käufer deswegen beim Shopping als homo ludens: »Der Erlebniskonsument beabsichtigt unbeabsichtigte Impulskäufe«.

Aufgrund der Vielschichtigkeit der Entscheidungsfindung ist eine genauere Beschäftigung mit den Hintergründen von Kaufentscheidungen unabdingbar und an dieser Stelle eine vertiefende Befassung mit der Kostenseite aus Kundensicht notwendig. Deshalb wird im Folgenden zuerst die monetäre Kostenseite dargestellt, so wie sie klassischer Weise in der Ökonomie problematisiert wird. Daran anschließend werden beispielhaft die neueren Entwicklungen zum Behavioral Pricing dargestellt, die Erklärungsansätze für ein im ersten Moment irrational erscheinendes Verhalten liefern, um abschließend wertorientierte Preispolitik vorzustellen, die auch die nichtmonetären Kosten berücksichtigt.

---

4 Vgl. https://www.bmel.de/DE/themen/ernaehrung/lebensmittelverschwendung/studie-lebensmittelabfaelle-deutschland.html, 20.03.2021.

3.2 Das Discounting-Modell – monetäre Kosten

3.2.1 Grundlegende Einordnung

Strategisch gesehen lässt sich das Discounting als Preisstrategie den Präferenzstrategien zuordnen, wie es in Darstellung 3.37 dargestellt ist. Es handelt sich somit um Strategien, die an den Vorlieben des Kunden festmachen. Hierbei sei angemerkt, dass das Ergebnis im operativen Marketing ähnlich sein kann wie bspw. bei einer Differenzierungsstrategie im Sinne Porters. Es gibt also mehrere Wege zum Ziel; der Ausgangspunkt ist aber ein anderer und damit die grundlegende Orientierung. Es ist etwas anderes, ob ein Unternehmen sich am Wettbewerb orientiert (Wettbewerbsstrategien) oder am Kunden (Präferenzstrategien). Welcher Ausgangspunkt gewählt wird ist letztlich abhängig von den Ergebnissen der vorangegangenen Marktanalyse (▶ Kap. 2).

Bei den Präferenzstrategien bilden die beiden Kriterien Preis und Leistung in einer sehr allgemeinen Definition die Dimensionen und werden grob in niedrig, mittel und hoch unterteilt. Entsprechend lassen sich unterschiedliche strategische Überlegung einordnen.

Dimension Leistung \ Dimension Preis	Niedrig	Mittel	Hoch
Niedrig	Eindimensionale Präferenzstrategie: Preisstrategie = **Discounting**	Übervorteilungsstrategie	Übervorteilungsstrategie
Mittel		Hybride Strategie	
Hoch	Vorteilsstrategie	Vorteilsstrategie	Mehrdimensionale Präferenzstrategie: Wertstrategie = **Valuing**

Dar. 3.37: Präferenzstrategien (Quelle: In Anlehnung an Becker 2019, S. 181)

Die Übervorteilungsstrategien bezeichnen solche Situationen, in denen das Unternehmen Produkte oder Dienstleistungen anbietet, die ein Ungleichgewicht in Richtung der Leistung repräsentieren: Der Preis liegt über den aus dem Produkt resultierenden Leistungseinschätzungen durch den Kunden. Kunden würden eine solche Vorgehensweise nur dann akzeptieren, wenn

- sie entweder die Leistung des Produktes nicht korrekt einschätzen können, weil es sich vielleicht um eine Innovation handelt oder um ein Produkt mit einem sehr hohen Anteil von Vertrauenseigenschaften,

- das Unternehmen die Kunden nach ihren Zahlungsbereitschaften eingeordnet hat und anfänglich solche Kunden bedienen kann, die eine hohe Zahlungsbereitschaft haben,
- es sich um Saisonware (beispielsweise in der Modebranche) handelt oder
- die Kunden keine Möglichkeit der Auswahl haben, also sich das Unternehmen in einer Monopolsituation befindet.

In der Regel ist diese Strategie nicht dauerhaft durchzuhalten, da

- zumindest bei Innovationen spätestens nach der ersten Nutzung die Eigenschaften des Produktes besser eingeschätzt werden können und sich damit die Zahlungsbereitschaft dem Nutzen anpasst,
- das Unternehmen im weiteren Verlauf die Zielgruppe der Kunden ansprechen möchte, deren Zahlungsbereitschaft niedriger liegt oder
- sich die Monopolsituation in einem funktionierenden wettbewerblichen Umfeld auflöst.

Eine Strategie des anfänglich hohen Preises mit zeitlich nachgelagerter Preissenkung wird auch als Skimming Pricing bezeichnet, also als ein Abschöpfen von Zahlungsbereitschaften, die oberhalb eines Marktgleichgewichtspreises liegen. Lediglich im Falle eines hohen Anteils von Vertrauenseigenschaften wie beispielsweise bei einer Autoreparatur oder einer vom Staat als sinnvoll angesehenen Monopolsituation kann sich das Unternehmen auch langfristig mit dieser Strategie behaupten. In letzterem Fall wäre es dann die Aufgabe des Staates, eine realistische Preisbildung vorzuschreiben.

Die Vorteilsstrategien stellen das genaue Gegenstück dar und zeichnen sich durch eine Preisgestaltung aus, die unterhalb der vom Kunden empfundenen Leistung liegt. In diesem Fall wird die Zahlungsbereitschaft also nicht ausgeschöpft und damit der Gewinn des Unternehmens niedriger sein, als er eigentlich sein könnte. Eine solche Strategie ist, bei Preisen unter dem Einstandspreis, nicht nur rechtlich unter bestimmten Voraussetzungen problematisch (GWB § 20, Abs. 3, Satz 2), sondern auch betriebswirtschaftlich nicht langfristig sinnvoll, so dass sie ebenfalls in der Regel nicht von Dauer ist. Unternehmen greifen auf diese Strategie zurück, wenn

- sie ein neues Produkt in den Markt einführen möchten, dessen Leistung der Kunde noch nicht richtig einschätzen kann und sie deshalb Kaufanreize setzen müssen,
- sich das Produkt am Ende eines Produkt- oder Marktlebenszyklusses befindet,
- neue Käuferschichten erschlossen werden sollen, denen das Produkt bisher zu teuer war oder die Leistung nicht hoch genug eingeschätzt wurde. Dies gilt beispielsweise bei allen sozialen Netzwerken, deren Zutritt (monetär) kostenlos ist, deren Geschäftsmodell aber auch entsprechend ausgelegt ist, dass sie von Netzwerkeffekten profitieren und ihre Einnahmen über den Verkauf von Werbeplätzen von der Anzahl der Teilnehmer abhängig ist.

Es ist somit wichtig, die Branche zu berücksichtigen, in der die eine oder andere Strategie angewandt wird: In einer Branche, in der Produkte angeboten werden, die für den Kunden nicht zwingend notwendig sind, in welcher der Wettbewerbsdruck sehr hoch ist und das Unternehmen relativ unbekannt, kann es sinnvoll sein, mit einer Vorteilsstrategie das Produkt und das Unternehmen bekannt und wettbewerbsfähig zu machen. Es wird aber auch deutlich, dass sich die beiden ungleichgewichtigen Strategien nur übergangsweise halten können.

Zeitlich längerfristig stabil sind die als homogen zu bezeichnenden Strategien entlang der Diagonalen von links oben nach rechts unten. Auf die Wertstrategien Valuing wird in Kapitel 5 näher eingegangen, so dass im Folgenden insbesondere die Preisstrategien Discounting erläutert werden soll. Wie zu erkennen ist, zeichnet sich das Discounting durch eine Ausprägung beider Kriterien im Bereich *niedrig* aus. Diese Strategie wird auch als eindimensionale Strategie bezeichnet, weil sie lediglich am Preis festmacht. An dieser Stelle ist es wichtig, auf die unterschiedlichen Betrachtungsebenen von Kosten und Preis hinzuweisen: Das Discounting ist eine preisorientierte Strategie, weil sie sich an den Kundenpräferenzen für den Preis orientiert. Kunden, die bei einem Discounter einkaufen, machen dies, weil sie sich am möglichst niedrigen Preis orientieren. Andere Kriterien, wie beispielsweise die Qualität, spielen eine untergeordnete Rolle, weil es sich aus Sicht der Kunden in der Regel um homogene Güter handelt. Eine niedrige Qualität kann aber mittelfristig, beispielsweise im Rahmen der Nutzung des Produktes, zu höheren Kosten führen. Es wird noch zu zeigen sein, dass aus diesem Grund der Begriff Preis zu kurz greift bzw. anders interpretiert werden muss.

3.2.2 Grundlagen des Discounting

Das Discounting als eine Präferenzstrategie macht an der Vorziehenswürdigkeit der aus Kundensicht entstehenden Kosten und damit an der Zahlungsbereitschaft fest. Der Rahmen für die Preisfestsetzung des Unternehmens wird, neben dem kundenseitigen Einfluss auch von der Wettbewerbssituation und den Herstellungskosten gesetzt. Darstellung 3.38 zeigt den daraus resultierenden sog. preispolitischen Spielraum.

Für das Unternehmen besteht nun die Herausforderung darin, eine optimale Preisforderung unter Berücksichtigung dieser Rahmenbedingungen zu generieren und in der langfristigen Wirkung zu berücksichtigen, dass die festgelegte Preisklasse (Preislagenpolitik) und die festgelegte Schwankungsbreite des Preises beispielsweise durch Rabatte (Preisstrukturpolitik) in die Überlegungen miteinfließen muss. Aufgrund der Fokussierung der hier vorliegenden Betrachtung auf die Kundenseite werden die Erklärungen im weiteren Verlauf eine Orientierung an den dort beschriebenen Aspekten sein.

Darstellung 3.39 stellt vorab die grundsätzlichen unternehmerischen Zusammenhänge des Discoutings dar, um dort die Berücksichtigung kundenseitiger Aspekte darzustellen. Die Basis des Discountings bildet idealerweise die Kostenführerschaft nach Porter. Kostenführerschaft in diesem Sinne meint, dass sich ein Unternehmen im Vergleich zu anderen Unternehmen, mit denen es sich im Wettbewerb befindet, im

Rahmen des Wertschöpfungsprozesses einen kostenseitigen Vorteil verschafft. Dabei kann es sich um einen Vorteil beispielsweise aufgrund günstigerer Produktions-, Einkaufs- oder Absatzbedingungen handeln. Sei es, weil Economies of scale realisiert werden können, weil günstigere Bezugsquellen gesichert oder die Absatzwege zum Kunden besser koordiniert wurden als dies bei den Wettbewerbern der Fall ist. Diese Kostenführerschaft bildet nun die notwendige Bedingung für die Realisierung des Discoutings. Sie zieht aber nicht notwendigerweise auch günstige Verkaufspreise nach sich. Vielmehr kann die Idee der Kostenführerschaft auch zu höheren Margen führen, die dann dem Unternehmen und/oder seinen Stakeholdern zu Gute kommen.

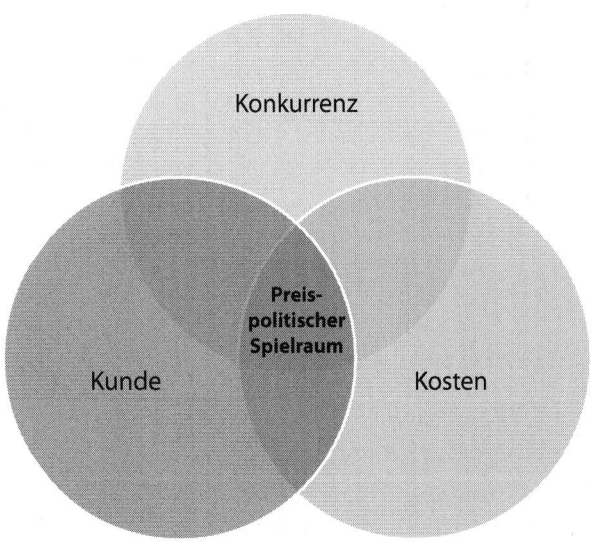

Dar. 3.38: Preispolitischer Spielraum

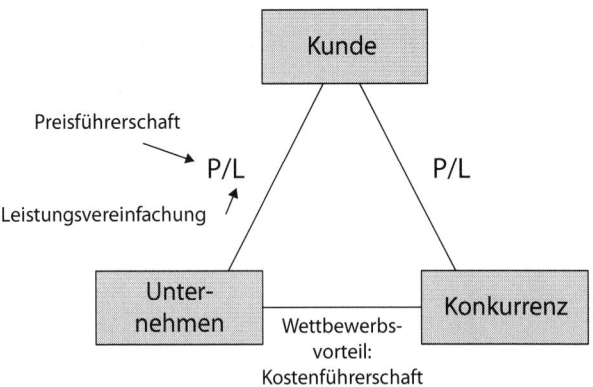

Dar. 3.39: Das strategische Dreieck (Quelle: In Anlehnung an Simon 1988, S. 3)

In der Regel führt eine Kostenführerschaft dazu, dass das Produkt auf seine notwendigen Eigenschaften reduziert ist und somit eine mehr oder weniger reine Grundnutzenorientierung stattfindet. Es findet mithin eine Leistungsvereinfachung statt. Dabei muss berücksichtigt bleiben, dass es sich nicht um qualitativ schlechte Produkte handelt, wie dies häufiger vermutet werden könnte. Eine schlechte Qualität möchte auch der Kunde nicht, der preisbewusst einkauft – vielmehr muss es sich um ein Qualitätsniveau handeln, dass den Erwartungen des Kunden entspricht.

Diese Erwartungen wandeln sich ggf. im Laufe der Zeit, so dass eine stetige Anpassung des Produktes durch das Unternehmen vom Kunden vorausgesetzt wird: In den ersten Zügen, die im vorletzten Jahrhundert ihren Dienst aufnahmen, mussten die Passagiere noch in offenen Wagons stehen, weil Sitzplätze nicht vorgesehen waren. Im weiteren Verlauf wurden die Wagons mit einem Dach versehen und verschiedene Preisklassen eingeführt, so dass die Kunden u. a. zwischen der *Holzklasse* und der ersten Klasse (Luxusklasse) wählen konnten. Heutzutage würde kein Kunde mehr im offenen Wagon stehen wollen und auch reine Holzsitze wären unzumutbar. Ähnliche Veränderungen finden im Augenblick bei Lebensmitteln statt: Während im letzten Jahrhundert die Massenproduktion von Fleisch den regelmäßigen Konsum, gerade in den unteren Einkommensklassen, überhaupt erst möglich gemacht hat, achten inzwischen immer mehr Kunden auf eine möglichst artgerechte Fleischproduktion, so dass sogar Lebensmitteldiscounter gezwungen sind, auf dieses Bedürfnis zu reagieren und mit Labeln wie dem Tierwohl-Label zu arbeiten. Damit wird die Art der Tierhaltung auf der Verpackung symbolisiert und der Kunde hat die Möglichkeit, sein Bedürfnis nach (möglichst) artgerechter Haltung zu befriedigen. Werden diese Bedürfnisse im Markt zum möglichst niedrigsten Preis angeboten, wird von Discounting gesprochen.

Die Strategie der Kostenführerschaft ist also eine Strategie im Vergleich zu anderen Unternehmen im Markt und hat eher unternehmensinterne Auswirkungen – das Discounting ist eine Strategie, die sich an den Präferenzen des Kunden orientiert und ist somit nach außen gerichtet. Sie ist damit eine mögliche Folge des Kostenführerschaft, aber nicht die einzige, die Kostenführerschaft ist damit eine notwendige, aber keine hinreichende Bedingung.

Das Discounting folgt der klassischen Idee der Mikroökonomie, wenn davon ausgegangen wird, dass mit sinkendem Verkaufspreis auch die abgesetzte Menge steigt. Nun ist diese Grundlage nicht zwingend gegeben und es ergibt Sinn, sich an dieser Stelle mit der Preisabsatzfunktion auseinanderzusetzen, die den Zusammenhang zwischen Preis und abgesetzter Menge darstellt. Dabei wird deutlich, dass bei der Strategie des Discountings zum einen als ökonomisches Ziel des Unternehmens der Umsatz im Vordergrund stehen muss, der sich aus Preis multipliziert mit der abgesetzten Menge zusammensetzt, und zum anderen die Frage, ob eine Umsatzsteigerung durch eine Senkung des Preises überhaupt erreicht werden kann. Dies hängt davon ab, wie die Preisabsatzfunktion verläuft, mithin wie preiselastisch der Kunde reagiert. Sofern die durch eine Preissenkung erzeugte Mengensteigerung nicht für eine Umsatzsteigerung sorgt, der Kunde also preisunelastisch agiert, sollte die strategische Überlegung des Discountings überdacht werden.

Nun ist die Darstellung der Preisabsatzfunktion in einem Preis-Mengen-Diagramm nur unter den Bedingungen der Konstanz aller anderen Einflussfaktoren (ceteris paribus) sinnvoll möglich, zeigt aber auch die Beschränkungen dieser Überlegungen: Dem Preis-Mengen-Diagramm liegt die Überlegung der S-R-Modelle aus der Verhaltenspsychologie zugrunde, die einen Zusammenhang zwischen einem Stimulus (S) und einer Reaktion (R) aufzeigen. Bei diesen deterministischen Modellen wird darauf verzichtet, erklären zu wollen, warum aus dem Reiz eine bestimmte Reaktion erfolgt (Watson 1913, S. 158 ff.). Die Kenntnis darum ist aber aus Marketinggesichtspunkten sehr wichtig, weswegen im weiteren Verlauf eine vertiefende Betrachtung stattfinden muss.

3.2.3 Der Kaufentscheidungsprozess

Für das Marketing ist die Frage nach dem *Warum* elementar: Geht es doch letztlich darum, verstehen zu wollen, wie ein Kunde seine Kaufentscheidungen fällt und wovon diese Entscheidung abhängig ist. Darstellung 3.40 zeigt den Verlauf des Kaufentscheidungsprozess unterteilt nach Vorkauf-, Kauf- und Nachkaufphase. Den verschiedenen Phasen sind die Entscheidungsprozesse zugeordnet, die entlang des Gesamtprozesses das Verhalten des Kunden beschreiben.

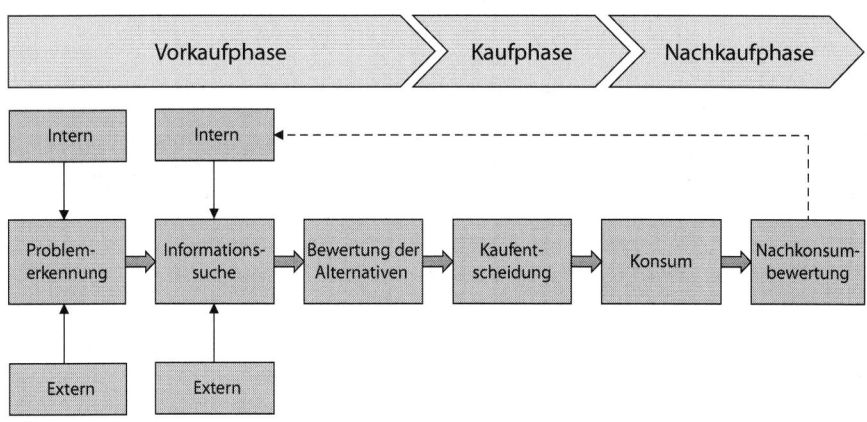

Dar. 3.40: Kaufprozess (Quelle: In Anlehnung an Simon, Fassnacht 2009, S. 147)

So startet der Kunde mit der Problemerkennung, die intrinsisch oder extrinsisch getriggert sein kann, weil er entweder ein starkes Bedürfnis verspürt oder ein latent vorhandenes Bedürfnis von außen, z. B. durch Werbung, verstärkt wird. Dem Bedürfnis, hier darf dann von Motiv gesprochen werden, folgt die Informationssuche, die ebenfalls wieder zum einen intern, zum anderen aber auch extern erfolgen kann: Der Kunde weiß bei einem bestimmten Bedürfnis entweder, wie er es gerne befriedigen möchte oder er greift auf Informationen von außen zurück. Im ersten Fall handelt es sich oft um habitualisiertes Verhalten: Der Kunde weiß, dass er sein Bedürfnis nach Nahrung am besten durch biologisch einwandfrei angebaute Äpfel befriedigen kann. Im zweiten Fall kann die von ihm wahrgenommene Werbung, beispielsweise in Social-Media-Kanälen, dazu geführt haben, dass das Bedürfnis nach gesunder Ernährung über das beworbene Produkt erfüllt werden kann.

Sofern der Kunde mehrere für ihn relevante Alternativen vorliegen hat, muss eine Bewertung der Alternativen erfolgen, die sehr komplexen Entscheidungsmustern unterliegen kann (Narayana, Markin 1975, S. 2) oder im Sinne des schon weiter oben angesprochenen habitualisierten Kaufentscheidungsprozesses abgekürzt wird (Kroeber-Riel, Gröppel-Klein 2019, S. 404). Der Bewertung folgt die Kaufentscheidung, die noch einmal in die Kaufabsicht und den Kauf unterteilt werden kann, da das eine dem anderen zwar folgen kann, aber nicht folgen muss. Die Kaufabsicht eines bestimmten Produktes unterliegt nicht nur solchen Faktoren, die der Kunde vorab berücksichtigen kann (sog. antizipierbare Faktoren wie beispielsweise das notwendige Einkommen), sondern auch solchen Faktoren, die sowohl der Kunde als auch das Unternehmen nicht vorhersehen können (sog. nicht-antizipierbare Faktoren wie beispielsweise einer Corona-Pandemie) (Kotler 2000, S. 182).

Erfolgt der Kauf, so folgt diesem in der Regel der Konsum (hier wären auch eine Reihe von Alternativen denkbar wie beispielsweise der Weiterverkauf oder das Verschenken des Produktes) (Kotler 2000, S. 184). Dem Konsum folgt die Bewertung des Produktes, die den Kunden für die weiteren, ähnlich gelagerten, Kaufentscheidungen beeinflussen wird. Diese Phase ist insbesondere bei solchen Produkten sehr kritisch, die einen hohen Anteil an Erfahrungsgut- und Vertrauensguteigenschaften aufweisen: Wenn der Kunde die Eigenschaften nur dann feststellen kann, wenn er das Produkt ausprobiert hat (Erfahrungsgut) oder auch nach dem Konsum noch auf die versprochenen Eigenschaften vertrauen muss (Vertrauensgut), dann spielt die subjektive Bewertung eine entscheidende Rolle. Erfüllt das Produkt die vor dem Kauf u. a. durch die Werbung geschürten Erwartungen, so wird der Kunde diese positive Erfahrung im Weiteren berücksichtigen und ggf. das Produkt weiterempfehlen (eine differenziertere Darstellung des Kaufentscheidungsprozesses findet sich in Blackwell et al. 2006, S. 80).

Wie bereits angesprochen, spielt es für das Marketing eine große Rolle zu identifizieren, warum ein bestimmter Reiz, also beispielsweise eine bestimmte Form der Werbung, zu einer bestimmten Reaktion führt. Hierzu werden sog. SOR-Modelle genutzt, die nicht nur die Stimuli und die Reaktion berücksichtigen, sondern unter Zugriff auf das Konstrukt des Organismus zu beschreiben versuchen, ob und wenn ja, welche intervenierenden Variablen Einfluss auf das Verhalten nehmen könnten (grundlegend hierzu Kroeber-Riel, Gröppel-Klein 2019, S. 41 ff.). Die Identifikation dieser Variablen und die Beschreibung ihres Einflusses erlauben eine mögliche Einflussnahme auf das Verhalten. Die Variablen werden den psychischen Variablen zugeordnet und können im Rahmen aktivierender und kognitiver Prozesse beschrieben werden. Dabei werden unter den aktivierenden Prozessen solche zusammengefasst, die »mit inneren Erregungen und Spannungen verbunden sind und das Verhalten antreiben« (Kroeber-Riel, Gröppel-Klein 2019, S. 51). Hierzu gehören die

Emotion, die Motivation und die Einstellung (▶ Kap. 6.2.2) Die kognitiven Prozesse beinhalten alle Vorgänge im Kunden, die mit der Aufnahme, der Verarbeitung und der Speicherung von Informationen verbunden sind, also Wahrnehmung, Entscheiden, Lernen, Memorieren (Gedächtnis). Die in der Literatur vorgenommene Trennung beider Prozesse dient dabei lediglich didaktischen Zielen, denn im Organismus laufen sie parallel bzw. nachgelagert ab und beeinflussen sich in hohem Maße gegenseitig. Entsprechend bedeutet die Zuordnung der Prozesse zu den aktivierenden Prozessen lediglich, dass dort die aktivierenden Komponenten vorherrschend sind, entsprechendes gilt bei den kognitiven Prozessen (Kroeber-Riel, Gröppel-Klein 2019, S. 51).

In Darstellung 3.41 werden die Prozesse beispielhaft auf preisbezogene Verhaltenskonstrukte angewandt. Dabei kann das Preiserlebnis den Emotionen zugeordnet werden, das Preisinteresse der Motivation und die Preisfairness bzw. das Preisvertrauen den Einstellungen.

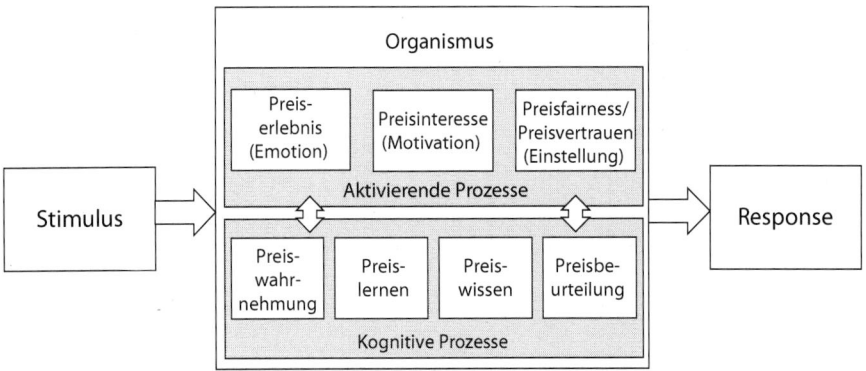

Dar. 3.41: SOR-Modell in der Preispolitik

Es ist an dieser Stelle wichtig, darauf zu verweisen, dass der Determinismus, wie er durch das SOR-Modell suggeriert wird, nicht in dem Ausmaß in der Realität zu identifizieren ist. Aus diesem Grund hat es zahlreiche Erweiterungen und Abwandlungen gegeben, die den verschiedenen Rahmenbedingungen zum Kaufverhalten gerecht werden wie beispielsweise das UTAUT (Venkatesh, Morris, Davis 2003) oder das VAM (Kim, Chuan Chan, Gupta 2007).

Den einzelnen Phasen des in Darstellung 3.40 beschriebenen Kaufprozesses lassen sich nun weitere Verhaltenskonstrukte zuordnen, wie sie in Darstellung 3.42 dargestellt sind, und die im Folgenden kurz erläutert werden sollen (zum Folgenden Simon, Fassnacht 2009, S. 148-185).

Nach der Problemerkennung folgt in diesem Fall die Informationssuche nach dem Preis, die unterteilt werden kann in das Preiserlebnis und das Preisinteresse.

Das *Preiserlebnis* als emotionale Komponente beschreibt die »angenehme oder unangenehme, mehr oder weniger bewusste und nicht regelmäßig wiederkehrende Empfindung über Preise« (Diller 2008, S. 96). Wie auch bei anderen Formen von

Emotionen, so können die Dimensionen Stärke, Richtung und Art unterschieden werden. Die Stärke beschreibt einen entweder schwachen oder starken Aktivierungsgrad und nehmen entsprechend einen entweder größeren oder geringeren Einfluss auf die daraus folgende Handlung. Insbesondere kann die Art der Darstellung des Preises großen Einfluss auf das Erlebnis nehmen: Die durchgestrichenen ursprünglichen Preise, denen ein neuer niedrigerer Preis gegenübergestellt wird und die eventuell noch mit dem Schriftzug Sale versehen sind, können beim Kunden eine starke Emotion, im Sinne eines Belohnungsgefühls hervorrufen, wenn es sich um ein begehrtes Produkt handelt. Entsprechend können Preissenkungen positive und Preiserhöhungen negative Emotionen auslösen, die dann in ihrer Art als Preisärger oder auch als Preisfreude beschrieben werden können (▸ Kap. 3.3.1).

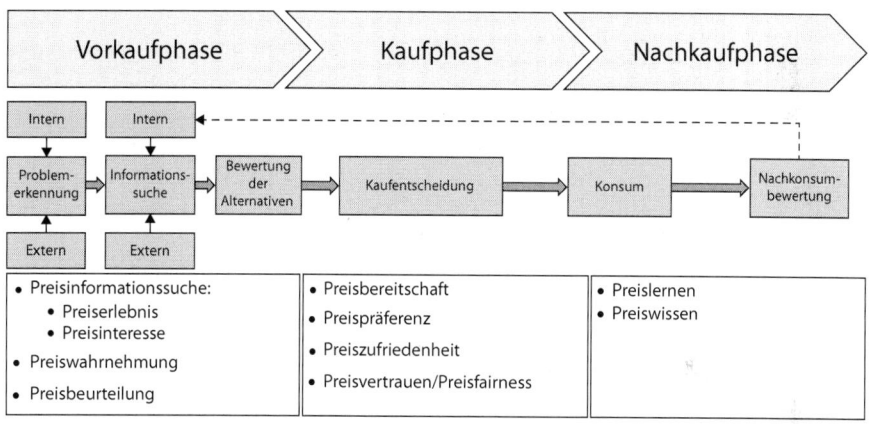

Dar. 3.42: Preisbezogene Verhaltenskonstrukte (Quelle: In Anlehnung an Simon, Fassnacht 2009, S. 148)

Im Rahmen des Preisinteresses muss darüber nachgedacht werden, inwieweit beim Kunden das Bedürfnis besteht, sich über den Preis informieren zu wollen. Dies kann mit der absoluten oder relativen Höhe des Preises zusammenhängen, der Anzahl der Alternativen, der Notwendigkeit des Produkts, aber auch anderen externen Einflussfaktoren wie beispielsweise einer hohen Inflationsrate oder einer Währungsumstellung. So kann der Preis dem Kunden beispielsweise im Vergleich zu anderen Einflussfaktoren egal sein: Wer ein bestimmtes Smartphone haben möchte, weil die Marke der entscheidende Einflussfaktor ist, der kauft das gewünschte Produkt auch, wenn es objektiv betrachtet relativ teuer ist und genügend preisgünstigere Alternativen existieren. Zur Zeit der Umstellung der Deutschen Mark auf den Euro war die Bedeutung des Preises durch die fehlende Erfahrung mit der neuen Währung deutlich höher, als dies vorher der Fall war. Nicht umsonst wurde dem Euro oft vorgeworfen, er wäre an den wahrgenommenen Preissteigerungen schuld. Er wurde deswegen oft als *Teuro* bezeichnet (Beuerlein 2007).

Die Preiswahrnehmung ist ein weiterer wichtiger Einflussfaktor. Sie ist als Übertragung des objektiven Preises in eine subjektive Interpretation zu verstehen. Hier lassen sich eine Vielzahl von theoretischen Ansätzen finden wie die Adaptionsniveautheorie, die Assimilations-Kontrast-Theorie, die Range-Theorie oder die Range-Frequency-Theorie (siehe im Überblick Lischka, Pohst 2018, S. 160 ff.) oder das Weber-Fechner-Gesetz. Unter dem Oberbegriff des Behavioral Pricing finden sich weitere Ansätze wie die Prospekttheorie (Kahneman, Tversky 1979, S. 263 ff.) und das Mental Accounting (Thaler 1980, S. 39 ff.; ▶ Kap. 3.3).

Die Preisbeurteilung kann in die Preisgünstigkeitsurteile und die Preiswürdigkeitsurteile unterschieden werden. Während die Beurteilung der Preisgünstigkeit allein am Preis des Produktes im Vergleich zu den Preisen anderer Produkte festmacht, beschreibt die Preiswürdigkeit den Vergleich von Preis und anderen Eigenschaften des gleichen Produktes wie die Qualität oder den Leistungsumfang (Preis-Leistungs-Verhältnis).

Mit der Preisbereitschaft wird die Vorstellung des Kunden davon beschrieben, was er für ein Produkt bereit wäre zu zahlen. Dabei kann es sich entweder um einen Höchstpreis oder um ein Preisintervall und damit auch um einen Mindestpreis handeln. Auch wenn dies im ersten Moment irritierend sein kann, so versucht der Kunde doch, über den Mindestpreis ein bestimmtes Maß an Qualität bei dem Produkt sicherzustellen, da der Preis insbesondere in solchen Fällen als Qualitätsindikator dient, wo der Kunde nicht in der Lage ist, die wahre Qualität korrekt abschätzen zu können, wie dies bei unerfahrenen Käufern z. B. bei Wein der Fall sein kann, dessen Geschmack (= Qualität) oft am Etikett und am Kaufpreis festgemacht wird.

Der Begriff der Preispräferenz kommt den später noch zu diskutierenden Aspekten nicht-monetärer Einflussfaktoren sehr nahe. Er beschreibt die Orientierung des Kunden an unterschiedlichen Entscheidungstatbeständen wie beispielsweise der Qualität, aber auch der Quantität, des Ortes und der Zeit. So können hinsichtlich der zeitlichen Einflussfaktoren beispielsweise bewusst Käufe außerhalb allgemein üblicher Zeitpunkte gemeint sein: Der Kauf von Markenwaren findet dann z. B. nur in den Schlussverkäufen oder an Aktionstagen wie Black Friday oder Cyber Monday statt.

Die Preiszufriedenheit ist ähnlich konstruiert wie die Kundenzufriedenheit und definiert sich aus der Differenz von Preiserwartungen und Preiserfahrungen. Sofern die Erwartungen erfüllt werden und der Kunde den Preis zahlen muss, der seinen Erwartungen entspricht, ist er zufrieden. Bei einer positiven Differenz von Erwartung und Erfahrung kann es zur Begeisterung kommen, bei einer negativen Differenz, in der die Erwartung niedriger war als die Erfahrung, kann es zu negativen kognitiven Dissonanzen kommen, die dazu führen, dass der Kunde unzufrieden ist und entweder den Kauf nicht mehr durchführt oder den Kauf nicht wiederholen wird.

Preisvertrauen und Preisfairness gehören eng zusammen und sind ihrerseits auch mit der Preiszufriedenheit verbunden. Das Preisvertrauen beinhaltet die Erwartung des Kunden, dass der vom Verkäufer genannte Preis ein fairer Preis im Sinne einer nicht opportunistischen Ausnutzung möglicher Informationsasymmetrien darstellt. Im Rahmen der Transaktionskostentheorie werden diese Aspekte diskutiert und führen oft zu einer entsprechenden Ausgestaltung der Verträge, in denen beispielsweise alle

Kosten aufgelistet werden (▶ Kap. 3.3.2). Im Rahmen der Preisfairness wird neben dem eher direkten Vergleich von Output und Input beider Transaktionspartner auch das Verhältnis betrachtet, in dem sich der verlangte Preis zu den Preisen für andere Kunden befindet (sog. indirekter Vergleich). Wenn also ein Kunde sich übervorteilt fühlt, weil er mögliche Preisdifferenzen zwischen sich und einem anderen Kunden nicht nachvollziehen kann, wie dies bei Eintrittspreisen und Vergünstigungen von bestimmten Kundengruppen vorkommen kann, dann wäre die Preisfairness nicht gegeben.

Das Preislernen beschreibt den klassischen Lernprozess hinsichtlich des Erwerbs von (Preis-) Wissen. Dabei unterliegt das Preislernen den Prozessen, die dem Lernen grundsätzlich zugeordnet werden: Die Preisinformation geht über das sog. sensorische Register, welches im Gehirn der Informationsaufnahme und der automatischen Informationsverarbeitung dient, in das Arbeitsgedächtnis, in dem die bewusste, aber kurzfristige Informationsverarbeitung und -speicherung stattfindet und von dort in den Langzeitspeicher oder das Langzeitgedächtnis (Kroeber-Riel, Gröppel-Klein 2019, S. 257 ff.). Wie bei jedem anderen Lernen spielt auch beim Erlernen von Preisen die regelmäßige Wiederholung des konkreten Preises oder die eher unkonkretere Darstellung eines günstigen Preis-Images eine wichtige Rolle, so dass nicht nur der eigentliche Preis des Produktes, sondern auch der Preis anderer Produkte oder lediglich die entsprechende Darstellung des Unternehmens als Indikator dienen kann: Bei den meisten Lebensmitteldiscountern überprüfen Kunden nicht mehr die Preise einzelner Produkte mit den Preisen anderer Lebensmittelhändler, sondern verlassen sich auf das Image des Discounters. Einen direkten Preisvergleich erschweren Discounter aber auch gerne dadurch, dass sie andere Gebindegrößen (Aldi, Lidl) anbieten oder die Bezeichnung des Produktes ändern (Aldi, Lidl aber auch Media-Markt).

Preiswissen stellt das Ergebnis des Preislernens dar und ist die Preisinformation, die der Kunde im Langzeitgedächtnis gespeichert hat. Diese Preisinformationen können implizit oder explizit sein. Bei einem expliziten Preiswissen kennt der Kunde den Preis des Produktes genau – dies kann beispielsweise dann der Fall sein, wenn der Kunde ein besonders hohes Involvement hat oder der Preis das ausschlaggebende Kriterium für oder gegen den Kauf darstellt. Bei einem impliziten Preiswissen kennt der Kunde den Preis nur ungefähr, häufig zwar innerhalb bestimmter Bandbreiten, eine genaue Kenntnis liegt aber nicht vor. Estelami und Lehmann (2001) konnten nachweisen, dass die Preiserinnerungsfehler, als durchschnittliche prozentuale Differenz zwischen Preisnennung und tatsächlichem Preis, auch von der Produktkategorie abhängig sind: So war der durchschnittliche Erinnerungsfehler bei Gebrauchsgütern mit 22,9 % am höchsten und bei häufig gekauften Konsumgütern mit 14 % am niedrigsten.

3.2.4 Preisführerschaft und Leistungsvereinfachung als strategische Elemente

Die Kenntnis der um die entlang des Kaufprozesses relevanten Einflussfaktoren unterstützt die strategische Ausrichtung auf eine Preisführerschaft, wie Darstellung 3.43 zeigt.

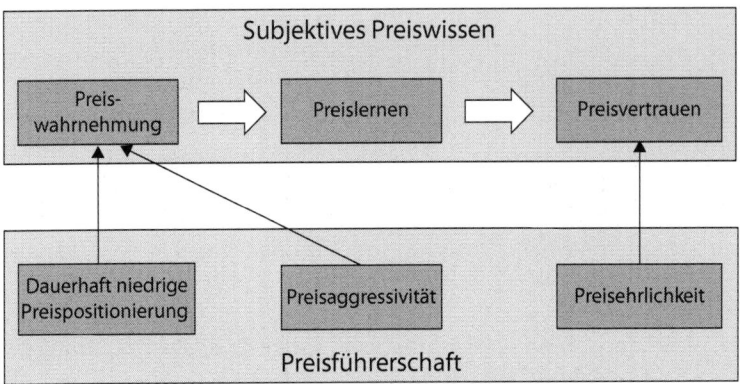

Dar. 3.43: Prinzipien der Preisführerschaft (Quelle: In Anlehnung an Haas 2003, S. 220)

Die dauerhaft niedrige Preispositionierung folgt der generellen Idee der Positionierungsstrategie. Dies bedeutet, dass im Kopf des Kunden ein Image gefördert wird, welches im vorliegenden Fall das Unternehmen aus Sicht des Kunden als ein Unternehmen wahrnehmen lässt, dessen Preise verlässlich niedriger sind als bei Vergleichsunternehmen. Wie schon weiter oben beschrieben kennt der Kunde nicht wirklich jeden Preis exakt, sondern hat in den meisten Fällen eher eine sehr rudimentäre Kenntnis. Hier ist es aus Sicht des Unternehmens wichtig, solche Produkte herauszufiltern, bei denen der Kunde tendenziell eine genauere Kenntnis hat und solche, bei denen er eher in Bandbreiten denkt. Produkte, deren Preise dem Kunden oft sehr gut bekannt sind, werden als *Eckartikel* bezeichnet, wie beispielsweise Butter, Milch, Wasser, Kaffee und Brot (Müller 2003, S. 96). Die Ursache für die Bedeutung solcher Schlüsselprodukte liegt insbesondere in einem auf Kundenseite zu beobachtenden kostenreduzierenden Kaufverhalten: Die Kunden möchten sich nicht die einzelnen Preise des vollständigen Sortiments merken müssen, sondern benutzen einige wenige Produkte zur Orientierung. Diese Verhaltensweise findet sich häufiger bei Produkten mit niedrigem Involvement.

Die Preisaggressivität beschreibt den Versuch des Unternehmens, kontinuierlich und dauerhaft die niedrigsten Preise anzubieten und damit den Wettbewerbern immer voraus zu sein. Bei diesem Aspekt ist zum einen das tatsächliche Verhalten des Unternehmens als Preisführer wichtig, zum anderen aber auch eine gewisse Regelmäßigkeit der Preissenkung, so dass sich dieses Verhalten beim Kunden verankern kann. Aus diesem Grund ist die kommunikationspolitische Begleitung der Aktivitäten von hoher Relevanz, so dass sie vom Kunden entsprechend wahrgenommen werden können. Insbesondere bei diesem Aspekt wird die Bedeutung der weiter oben als notwendig bezeichneten Grundlage der Kostenführerschaft deutlich: Zwar ist das vorrangige ökonomische Ziel der Umsatz und nicht der Gewinn, unabhängig davon darf das Unternehmen dauerhaft aber nicht in die Verlustzone kommen und muss dafür sorgen, dass wenigstens eine geringe Marge zu erzielen ist.

Die Preisehrlichkeit zahlt auf das schon angesprochene Preisvertrauen und die Preisfairness ein. Grundlage ist wieder die fehlende Transparenz und damit die Informationsasymmetrie hinsichtlich fairer Preise. Um Transparenz zu erzeugen, müssen die relevanten Preisinformationen zur Verfügung gestellt werden, so dass der Kunde u. a. Preisunterschiede und Preisänderungen nachvollziehen kann. Hierzu kann es notwendig sein, dem Kunden deutlich zu machen, dass seine Bedürfnisse hinsichtlich der Preisgerechtigkeit eine Berücksichtigung bei der Kalkulation finden. Dabei sind insbesondere die Konsistenz und die Zuverlässigkeit wichtige Einflussfaktoren: Dies gilt bei Preissenkungen ebenso wie bei Preissteigerungen. Mitunter muss dem Kunden erklärt werden, warum ein Produkt, welches er zu einem früheren Zeitpunkt erworben hat, zu einem späteren Zeitpunkt deutlich günstiger geworden ist oder vice versa.

Ein niedriger Preis muss, so wird es auch in Darstellung 3.39 deutlich, mit einer sog. Leistungsvereinfachung (lean consumption) einhergehen. Es wurde bereits angedeutet, dass diese Leistungsvereinfachung nicht meint, dass auf wesentliche, für den Kunden relevante, Eigenschaften des Produktes verzichtet wird, sondern vielmehr, dass, auch aufgrund von Erfahrungen mit früheren Produkten oder Befragungen der Kunden zum aktuellen Produkt, bestimmte Eigenschaften eher entbehrlich sind, ohne dass der Nettonutzen des Produktes entscheidend abnimmt. So scheint der Erfolg von IKEA beispielsweise gezeigt zu haben, dass der Transport des Möbelstücks nach Hause aus Sicht des Kunden nicht zwingend notwendig für die Entscheidung ist. Zwar bietet IKEA diesen Service inzwischen auch an, aber nur gegen ein zusätzliches Entgelt. Ähnliches gilt z. B. auch für Nahrungsmittel: Wenn es dem Kunden egal ist, in welchem Zustand das Tier gelebt hat, solange nur der Preis möglichst niedrig ist, dann führt dies zu der Massentierhaltung, die heute so oft kritisiert wird. Aber auch hier zeigt sich, dass selbst die Offenlegung katastrophaler Zustände in den Ställen von Rindern, Kühen, Schweinen oder Geflügel, nicht dazu führt, dass die Nachfrage nach billigem Fleisch signifikant sinkt; so sind weiterhin (Stand 2021) etwa 88 % des Frischfleisches der Supermarkt-Eigenmarken in Deutschland mit dem Tierwohl-Label 1 oder 2 gekennzeichnet, was immer noch eine Stallhaltung der Tiere beinhaltet.[5] Erst ab Stufe 3 Außenklima haben die Tiere aber auch mal ein geöffnetes Fenster.[6] Immerhin stieg 2020 der Absatz von Bio-Geflügel um gut 70 % und von rotem Fleisch um 51 %. Der Gesamtmarktanteil liegt aber weiter bei lediglich 2,6 bzw. 3,6 %.[7]

Die Kosten des Konsums lassen sich, wie in Darstellung 3.44 zu sehen, in Kosten für den Anbieter und Kosten für den Kunden unterteilen. Auf der Anbieterseite kann die Wertschöpfungskette Auskunft darüber geben, an welcher Stelle wie viel Wert geschöpft wird, so dass, verglichen mit den dafür aufzuwendenden Kosten über

---

5 Vgl. https://www.greenpeace.de/sites/www.greenpeace.de/files/publications/i04591_ranking_abfrage_billigfleisch.pdf, **28.04.2020**.
6 Vgl. https://www.ndr.de/ratgeber/verbraucher/Fleisch-Was-bringt-das-Haltungsform-Siegel,tierwohllabel104.html, **28.04.2020**.
7 Vgl. https://www.merkur.de/verbraucher/lidl-kaufland-billig-fleisch-preis-discounter-tierhaltung-bauern-90212005.html, **28.03.2021**.

Einsparungen nachgedacht werden kann. Aus der Wertschöpfung und den damit verbundenen Kosten ergibt sich ein Mindestpreis. Ein niedriger Preis geht somit mit einer anderen Ausprägung der Wertschöpfungskette einher als ein hoher. So könnte beispielsweise in der Beschaffung durch die Ausnutzung von Dual-Sourcing-Effekten Einkaufspreise reduziert werden, in der Produktion könnten Betriebsgrößenvorteile genutzt werden oder aber auch am Marketing könnte durch den Verzicht auf kostenintensive Werbung im Fernsehen oder in Zeitungen Kosten eingespart werden und damit der im Markt zu verlangende Preis verringert wird.

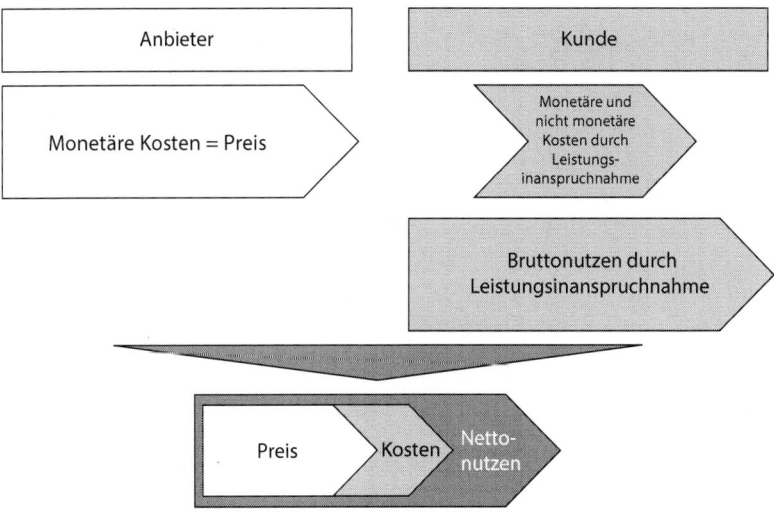

Dar. 3.44: Wertkette der Abnehmer (Quelle: In Anlehnung an Haas 2003, S. 224)

Auf der anderen Seite gibt es einen Kostenaspekt beim Kunden durch die Leistungsinanspruchnahme, der, wie bei dem Beispiel IKEA, dadurch beeinflusst wird, dass ein Teil der Wertschöpfung auf den Kunden übertragen wird, mithin ein Outsourcing in Richtung Kunde erfolgt: Der Kunde wird in den Leistungserstellungsprozess integriert und übernimmt nicht nur die Logistik zwischen Einzelhandel und Wohnung, er übernimmt auch den Aufbau des Möbelstücks und damit einen Teil der Wertschöpfung. Aus seiner Sicht entstehen also neben den monetären Kosten (Preis) auch nichtmonetäre Kosten (bspw. Stress). Der Bruttonutzen könnte im vorliegenden Fall des IKEA-Schranks durch eine positive Interpretation des DIY sogar noch über den Nutzen aus der reinen Aufbewahrung von Kleidung erhöht werden. In diesem Falle würde der Aufbau des Schranks nicht den nicht-monetären Kosten, sondern dem Nutzen zugerechnet werden. Die verbleibenden Kosten würden den Bruttonutzen entsprechend reduzieren. Auch hier muss (im unteren Teil der Darstellung 3.44 dargestellt) der Nettonutzen positiv sein.

3.3 Das Discounting-Modell – nicht-monetäre Kosten

Im Folgenden werden Entwicklungen aufgezeigt, die eine Loslösung der sehr engen Interpretation des Preisverhaltens auf der Kundenseite darstellen. Zum einen wurde dies vorab bereits in den verschiedenen Ansätzen im Rahmen des SOR-Modells deutlich, zum anderen bedarf es aber spezifischer Erklärungsansätze für die angesprochenen psychologischen Prozesse. Die nachfolgend aufgeführten Ansätze stellen nur einen Auszug aus dem vielfältigen Forschungsgebiet des Behavioral Pricing dar und beziehen sich auf die grundlegendsten Ansätze.[8] Es zeigt sich, dass vermeintlich irrationales Verhalten durchaus Erklärung finden kann, allerdings beziehen sich auch diese Ansätze hauptsächlich auf eine Kostenbegriff, der eher am Preis orientiert ist. In Kapitel 3.3.2 wird deswegen die wertorientierte Preispolitik vorgestellt, in deren Rahmen eine Berücksichtigung der nicht-monetären Kosten stattfindet. Es erscheint angebracht, die Begrifflichkeiten in Darstellung 3.37 zu ändern und damit die Betrachtungsweise zu erweitern. Darstellung 3.45 zeigt deswegen die Dimensionen *Kosten* und *Nutzen* auf, durch welche die ursprünglichen Begriffe *Preis* und *Leistung* ersetzt worden sind. Dies scheint schon vor der allgemeingültigen Definition des Begriffs Preis sinnvoller zu sein, da der Preis als die Geldmenge interpretiert wird, die wertmäßig einer bestimmten Leistung entspricht und damit eigentlich die Gegenüberstellung von Preis und Leistung im engeren Sinne aus theoretischer Sicht unsauber ist. Unter Nutzen wird an dieser Stelle das Ausmaß an Bedürfnisbefriedigung verstanden. Der Gesamtnutzen kann in den Grundnutzen und den Zusatznutzen unterteilt werden. Der Zusatznutzen in den Erbauungs- und Geltungsnutzen. Der Grundnutzen gibt die Basisleistung des Produktes an, also die Eigenschaft, ohne die das Produkt nicht erworben worden wäre (bei einem Smartphone die Möglichkeit zu kommunizieren). Der Zusatznutzen beschreibt alle darüber hinaus angelegten Nutzeninterpretationen, die sich entweder auf den Kunden selbst beziehen können (Erbauungsnutzen) oder sich auf die Wirkung des Produktes nach außen beziehen können, also insbesondere auf das soziale Umfeld (Geltungsnutzen). Der Kunde würde das Produkt dann kaufen, weil er z. B. seine Zugehörigkeit zu einer bestimmten sozialen Gruppe signalisiert und/oder durch das Produkt einen Status innerhalb der sozialen Gruppe erzielen kann.

3.3.1 Behavioral Pricing

Spätestens seit Kahneman und Tversky 1979 ihren Aufsatz *Prospect Theory: An Analysis of Decision und Risk* veröffentlicht haben, rückten die psychologischen Aspekte wieder in den Fokus ökonomischer Verhaltensinterpretationen und werden unter dem Begriff Behavioral Economics bzw. im preispolitischen Zusammenhang als Behavioral Pricing verstärkt diskutiert. Im Wesentlichen geht es darum, dass in der

---

8 Einen aktuellen Überblick über die Entwicklungen im Behavioral Pricing liefern Koschate-Fischer; Wüllner (2017).

ersten Hälfte des letzten Jahrhunderts vorherrschende Modellbild des homo oecomnomicus der Realität anzupassen und vermeintlich irrationales Verhalten besser erklären zu können als nur über die Ausrede, dass Verhalten immer rational ist, weil der Nutzer es sonst nicht durchführen würde, da er sein oberstes Ziel der Nutzenmaximierung immer verfolgt. Mit dieser Begründung wurde gerade in den 1970er bzw. 1980er Jahren sehr intensiv nachzuweisen versucht, dass letztlich jedes Verhalten aus subjektiver Sicht im Nachhinein als rational erklärt werden kann (Becker, 1976). Diese Ansätze, die unter dem Begriff Rational Choice subsummiert wurden, haben versucht, die ökonomische Theorie auf andere Bereiche des menschlichen Lebens anzuwenden, reichen aber für die Darstellung der Realität nur bedingt aus, da »der ökonomische Erklärungsansatz oft das Wesentliche systematisch verfehlt: die stets immanente Konflikthaftigkeit der Akteure und ihr nicht unbedingt rationaler Umgang mit den selbst oft als suboptimal erkannten Präferenzen« (Gourgé 2001, S. 83).

Dimension Leistung \ Dimension Preis	Niedrig	Mittel	Hoch
Niedrig	Eindimensionale Präferenzstrategie: Preisstrategie = **Discounting**	Übervorteilungsstrategie	
Mittel		Hybride Strategie	
Hoch	Kostenorientierte Wertstrategie		Mehrdimensionale Präferenzstrategie: Wertstrategie = **Valuing**

Dar. 3.45: Präferenzstrategien 2.0

Die Erklärung für eine subjektive und damit unter Umständen auch sehr unterschiedliche Wahrnehmung von Preisen im Rahmen des Behavioral Pricing ist eng mit der Psychophysik verbunden, die herauszufinden versucht, wie die Transformation von physikalischen Reizen, beispielsweise Licht oder Tönen, die als Wellen daherkommen, im Menschen umgewandelt und dann interpretiert werden. Der Wahrnehmungsprozess gestaltet sich danach anhand dreier Komponenten (Felser 2015, S. 28): Eine physikalische Komponente, eben beispielsweise die Wellenlänge des Lichts, eine physiologische Komponente, die Umwandlung dieser Wellenlänge durch die Nervenzellen in Energieniveaus, und die psychologische Komponente, also beispielsweise die Empfindung der Licht- bzw. Farbintensität. In diesem Zusammenhang besagt das Weber-Fechner-Gesetz, dass die Wahrnehmung der Unterschiede zwischen zwei Reizen vom Ausgangsreiz abhängt und dieser Zusammenhang der Übertragung aber nicht linear verläuft, sondern logarithmisch (Thaler 1999, S. 183 ff.). Es ist also in der Wahrnehmung durch den Kunden ein Unterschied, ob eine Preisänderung von 5 € bei einem Ausgangspreis von 900 € stattfindet oder bei einem Ausgangspreis von 9 €. Ein Verhalten, das auch grundlegend durch das zweite Gossensche Gesetz beschrieben wird und von Stigler (1961) auf das Preisverhalten übertragen worden ist. Aus diesem Grund werden Preissenkungen insbesondere bei sehr kleinen Ausgangspreisen gerne in Prozent angegeben und nicht in absoluten Preisen.

Aufbauend auf diesem Zusammenhang, dass die Wahrnehmung eines objektiven Preises immer relativ ist, stellt sich die Frage, wovon diese Relation abhängig ist. Die Adaptionsniveautheorie von Helson (1964) zeigt auf, dass drei Größen den Urteilsprozess beeinflussen:

- Die Fokalstimuli, also der Reiz, mit dem der Kunde unmittelbar konfrontiert wird, im Rahmen der Preispolitik ist dies der Preis selbst,
- die Kontextstimuli, also das Umfeld im Sinne der Preisdarbietung wie beispielsweise die Auszeichnung des Preises, die Konkurrenzpreise oder auch die Darbietung des Produktes im Regal, der Ladengestaltung sowie
- die Residualstimuli, womit die intern gespeicherten Erfahrungen und Einstellungen über Preise, das sog. Preiswissen, gemeint sind.

Schließlich ist auch relevant, ob Preisaktivitäten des Unternehmens vom Kunden dem Adaptionsniveau noch zugerechnet werden oder nicht, oder anders ausgedrückt, ob der Kunde diese Preisänderung als nachvollziehbar für den vorliegenden Kontext interpretiert oder eben nicht. Im ersten Fall wird von Assimilation gesprochen, im zweiten von Kontrastierung (Bless und Schwarz 2010, S. 319 ff.). Die Relevanz dieser Zuordnung besteht u. a. darin, dass vom Kunden akzeptierte Spannweiten von Preisen existieren, deren Variationen nicht zu einer möglichen Neuinterpretation der Leistungsfähigkeit des Produktes führen. Eine zu deutliche Preissenkung könnte also zu Misstrauen gegenüber dem Produkt führen. Interessanterweise kann es hier zu Wahrnehmungsverzerrungen kommen, so dass die objektiven Reizunterschiede zum Preisniveau bei Assimilation oft unterschätzt und bei Kontrastierung oft überschätzt werden. Dies hängt, neben individuellen Gründen, u. a. damit zusammen, dass die Assimilation im Rahmen der zugrundeliegenden kognitiven Prozesse sozusagen voreingestellt ist – sie ist weniger aufwändig, weil der Kunde sich weniger damit beschäftigen muss, nach Gründen zu suchen. Der Ausschluss einer Preisänderung aus dem Adaptionsniveau bedarf besonderer Gründe, weswegen er kognitiv aufwändiger ist und seltener angewandt wird.

Die unterschiedliche Interpretation von Veränderungen im Preis in Abhängigkeit der Änderungsrichtung wird in der Prospekttheorie von Kahneman und Tversky dargestellt. Günstigere als die erwarteten Preise werden hier als Gewinne, ungünstigere (also höhere) Preise als Verluste interpretiert. Wie schon bei der Adaptionsniveau-Theorie spielen Referenzpunkt, Kontextreize und die subjektive Interpretation der Abweichung eine entscheidende Rolle. Die Bewertung bezieht sich hier aber auf risikobehaftete Alternativen, weniger auf Sinneswahrnehmungen. Kahneman und Tversky (1979, S. 279) bilden, aufbauend auf die Gossenschen Gesetze, Nutzenfunktionen entlang des wahrgenommenen Nutzens einer Alternative im Vergleich zum Ausgangsniveau ab, die zum einen im positiven Bereich des sog. Gewinnnutzens einen konkaven Verlauf aufweisen und im negativen Bereich des sog. Verlustnutzens einen konvexen Verlauf. Der entscheidende Unterschied zwischen den beiden Kurven liegt darin, dass der Verlustnutzen im Absolutbetrag größer ist als der entsprechende Gewinnnutzen, mithin der Verlust von 100 € also als schlimmer interpretiert wird als der gleichhohe Gewinn. Die Ursache kann durch den sog. Besitzstandseffekt (endowment effect, Weber 1993, Thaler 1985) erklärt werden: Kunden empfinden die Produkte als wertvoller, die sie einmal erworben haben und neigen dazu, das einmal Erreichte stärker zu verteidigen. Der Verlustnutzen ist höher, als um Zugewinne zu kämpfen, da der Gewinnnutzen als niedriger empfunden wird. In Bezug auf preispolitische Überlegungen stellt der zu zahlende Preis einen Verlustnutzen dar, wohingegen das dafür erworbene Produkt einen Gewinnnutzen darstellt. Entsprechend lässt sich beobachten, dass beispielsweise private Verkäufer von Autos den Preis regelmäßig eher zu hoch und die Käufer von Autos den Preis eher zu niedrig ansetzen.

Grundsätzlich wird bei der Prospekttheorie davon ausgegangen, dass der Kunde alle »Teilaspekte des Preises« (Simon, Fassnacht 2016, S. 171) integriert. Tatsächlich finden die Teilaspekte in der Literatur keine genauere Spezifizierung, so dass nicht deutlich wird, ob es sich hier um die angesprochenen nicht-monetären Kosten handeln könnte. Allerdings gibt es eine Reihe von Untersuchungen zu den, den Transaktionskosten zuzuordnenden Suchkosten: So fanden Monga und Saini (2009, S. 255) heraus, dass die Suchkosten in Bezug auf das Suchverhalten dann einen signifikanten Einfluss haben, wenn sie monetarisiert sind, dieser Effekt aber deutlich geringer ausfällt, wenn es sich um Zeitkosten handelt – offensichtlich wird die Zeit als Kostenfaktor geringer bewertet als das Geld, zumindest, wenn es sich um zukünftige Ausgaben handelt. Es wird vermutet, dass sich die Einschätzung annähert, sobald es sich um gegenwärtige Betrachtungen handelt.

Eine Ergänzung zur Prospekttheorie stellt das Mental Accounting dar. Hier findet die Vermutung Berücksichtigung, dass Kunden hinsichtlich der Eigenschaften von Produkten Teilurteile fällen und diese dann zu einem Gesamturteil zusammenführen. Diese Urteile beziehen sich sowohl auf die Kosten als auch auf den Nutzen von Produkten und werden in einer Art gedanklichen Konten als Gewinne bzw. Verluste verbucht. Dabei werden sowohl Gewichtungen für die Einzelaspekte berücksichtigt als auch zeitraum- und zeitpunktbezogen unterschieden. Das Mental Accounting geht davon aus, dass der Konsument für unterschiedliche Aktivitäten unterschiedliche Konten führt und entsprechende Kosten oder Nutzen den Konten zuordnet, so dass beispielsweise getrennte Konten für den Urlaub oder für Hobbies existieren. Dabei können sich die Konten sowohl in ihren Höhen als auch in ihrer Preisempfindlichkeit unterscheiden und sind auch noch einmal kulturell unterschiedlich ausgeprägt. Damit wird es für das Unternehmen wichtig zu erkennen, welche Preisempfindlichkeit bei welchem Produkt vorliegt und wie der Kunde mögliche Gewinne und Kosten verbucht. So werden in der Regel multiple Verluste als weniger kostenintensiv empfunden, wenn sie aufsummiert sind, als wenn sie einzeln abgerechnet werden. Aus diesem

Grund ist den meisten Kunden die Abbuchung eines Jahresbetrages lieber als die monatlichen Einzelbuchungen. Unter Umständen kann die Zuordnung zu den Konten vom Unternehmen etwas gesteuert werden: Es ist bekannt, dass die Konsumausgaben für Lebensmittel in Deutschland insgesamt relativ gering sind. Hier teure Produkte zu etablieren ist entsprechend schwierig. Unternehmen müssen somit versuchen, den Kunden dazu zu bekommen, die Produkte einem anderen internen Konto zuzuschreiben, wie dies beispielsweise dann geschehen kann, wenn auf den Gesundheitsaspekt eines Nahrungsmittels abgehoben wird und die Kunden das Produkt eher einem Konto Gesundheitsvorsorge zuordnen.

3.3.2 Wertorientierte Preispolitik

In Darstellung 3.44 sind neben den monetären Kosten auch die nicht-monetären Kosten angesprochen. Diese nicht-monetären Kosten finden ihre Berücksichtigung in einer wertorientierten Preispolitik, die nicht so sehr an den Produktionskosten des Unternehmens festmacht, sondern eine nachfrageorientierte Preispolitik fokussiert (▶ Dar. 3.46). In dem hier angesprochenen Modell ist diese Form der nachfrageorientierten Preispolitik aber nicht im klassischen, mikroökonomischen Sinne zu verstehen, sondern orientiert sich am tatsächlichen Wert des Produktes aus Sicht des Kunden (Ravald, Gronross 1996, S. 21; Ahola, Oinas-Kukkonen 2000; Kotler 2000, S. 35; Bliemel; Adolphs 2003, S. 143).

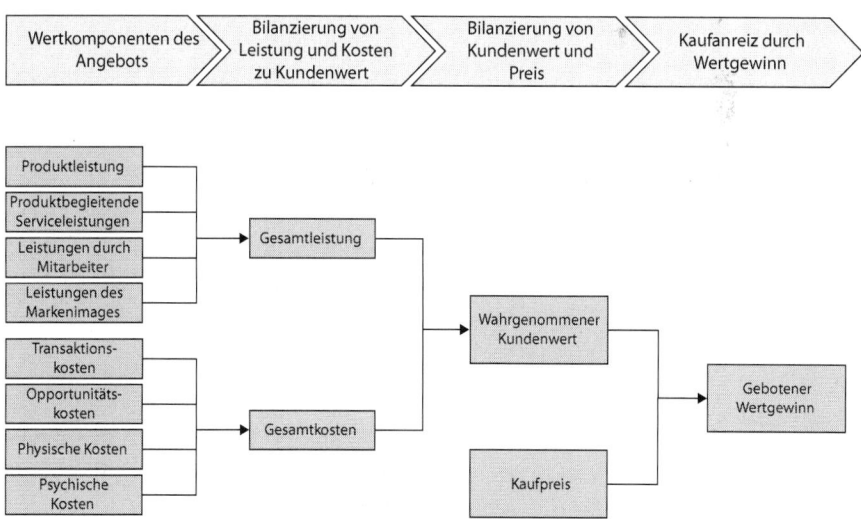

Dar. 3.46: Der gebotene Wertgewinn (Quelle: In Anlehung an Bliemel, Adolphs 2003, S. 145).

Im oberen Teil der Darstellung 3.46 ist links oben die Gesamtleistung des Unternehmens, nun nicht in Form der Wertschöpfungskette, sondern in einer Auflistung dargestellt. Die Gesamtleistung ist bei einer Strategie des Discountings, wie bereits angesprochen, auf ein notwendiges Minimum reduziert, kann aber durchaus differenziert erfolgen, so dass ggf. zwar das Produkt selbst in einer standardisierten Form angeboten wird, dafür aber, als Differenzierungsleistung, die anderen Elemente der Gesamtleistung etwas weiter ausgearbeitet sind: So ist beispielsweise das Angebot der Automarke Dacia im Discountbereich anzusiedeln, es wird aber unabhängig davon, viel Wert auf das Markenimage gelegt. Die Philosophie von Dacia lautet: »Das Wesentliche. Zum besten Preis«[9] und der dazugehörige Slogan »Dacia – Das Statussymbol für alle, die kein Statussymbol brauchen«[10]. Damit schafft Dacia auch im Niedrigpreissegment ein Markenimage, das für eine bestimmte Zielgruppe der Autokäufer Relevanz besitzt. Immerhin lag Dacia 2021 bei den Neuzulassungen mit über 40.000 Fahrzeugen an 18. Stelle in Deutschland noch vor Tesla, Mazda, Mitsubishi oder Porsche.[11]

Ob und wenn ja, welche Leistungen aus Kundensicht wichtiger sind als andere, kann mit dem sog. Kano-Modell ermittelt werden (Kano et al. 1984). Das Kano-Modell wird in Form eines zweidimensionalen Kreuzes dargestellt und beschreibt die Achsen Kundenzufriedenheit von völlig unzufrieden bis sehr zufrieden und realisierte Qualitätseigenschaften von wenig bis viel. Dabei werden drei Leistungsmerkmale beschrieben, die einen unterschiedlichen Beitrag zur Zufriedenheit des Kunden leisten können: Die Basismerkmale, die Standardmerkmale und die Begeisterungsmerkmale. Die Basismerkmale sind solche, bei denen es sich um selbstverständliche Grundanforderungen handelt und deren Nichterfüllung zwar zu deutlicher Unzufriedenheit führt, deren Übererfüllung aber die Zufriedenheit nicht weiter steigern kann. Sie werden deswegen auch als Muss-Anforderungen oder Hygienefaktoren in Anlehnung an die Unterscheidung bei Herzberg (1959) bezeichnet. Es handelt sich also um Leistungen, die der Kunde erwartet, wie beispielsweise die pünktliche Abfahrt von Zügen. Hier wäre eine Steigerung der Kundenzufriedenheit auch dann nicht zu erwarten, wenn anstatt einer Quote von beispielsweise 95 % eine Quote von 100 % erreicht werden würde, im Jahr 2020 lag sie im Fernverkehr bei 80,2 %.[12]

Die Standardmerkmale sind die sog. Soll-Anforderungen und beschreiben solche Eigenschaften des Produktes oder der Leistung, die vom Kunden gefordert sind, deren Nichterfüllung zu Unzufriedenheit führt und deren Übererfüllung die Zufriedenheit bis zu einer Sättigungsgrenze steigern kann. Hier kann es sich beispielsweise um ein durchgängiges WLAN-Angebot im Zug handeln, das heutzutage, vom Kunden gefordert wird. Dessen tatsächliche Erfüllung aber keine Begeisterung auslösen würde. Anders ist das mit den sog. Begeisterungsmerkmalen oder Kann-Anforderungen. Dabei handelt es sich um Eigenschaften, die vom Kunden weder erwartet noch gefordert werden, so dass eine Nicht-Erfüllung die Zufriedenheit negativ beeinflussen

---

9 https://www.dacia.de/philosophie.html, **04.05.2022**.
10 https://www.dacia.de/philosophie.html, **04.05.2022**.
11 Vgl. https://www.kfz-auskunft.de/kfz/pkw_neuzulassungen_hersteller_2021.php, **30.08.2022**.
12 Vgl. https://ibir.deutschebahn.com/2020/de/konzernlagebericht/kunde-und-qualitaet/kunde-im-mittelpunkt-unseres-handelns/kundenzufriedenheit, **30.08.2022**.

würde. Das Angebot solcher Leistungen würde den Kunden überraschen und ihn im besten Fall begeistern, so dass eventuell von Fans gesprochen werden kann. Die kostenlose Bahnfahrt, wie sie in manchen Ländern inzwischen angeboten wird, ein kostenloses Getränk während der Fahrt, wären solche Begeisterungsmerkmale. Die Problematik dieser Angebote besteht darin, dass im Zeitablauf die Begeisterungsmerkmale für den Kunden selbstverständlich werden und damit zu Soll-Anforderungen oder sogar zu Muss-Anforderungen werden. Im Rahmen eines wirtschaftlichen Fortschritts ist dies unvermeidlich und es würden sich heute die wenigsten Autofahrer im täglichen Gebrauch mit den klimatischen oder akustischen Leistungen eines Autos aus den 1970er Jahren zufriedengeben.

Eine differenziertere Betrachtung der Einordnung von Produkteigenschaften nach der Bedeutung aus Sicht des Konsumenten lässt sich durchführen, indem beispielsweise mit Hilfe des Conjoint Measurements zu ermitteln versucht wird, welche Präferenzen der Kunde für welche Eigenschaften des Produktes hat (Gustafsson et al. 2003). Dabei werden Teilleistungswerte für die Ausprägungen der einzelnen Eigenschaften ermittelt, die monetär bewertet werden können und dann zu einer optimalen Kombination und Ausprägung zusammengefasst werden. Damit lassen sich die relativen Wertunterschiede der verschiedenen Kombinationen für den Kunden darstellen. Gerade beim Preis muss allerdings auch berücksichtigt werden, dass er eine Signalfunktion u. a. hinsichtlich der subjektiv wahrgenommenen Qualität und eine Allokationsfunktion aufgrund eines in der Regel begrenzten Budgets beim Kunden hat, so dass beiden Funktionen bei der Analyse differenziert werden muss (Rao, Sattler 2003, S. 47 ff.).

Im unteren Teil auf der linken Seite von Darstellung 3.46 sind nun die Kosten zu erkennen, die als nicht-monetäre Kosten für den Kunden Relevanz haben, wenn es darum geht, den Gesamtwert in Form des wahrgenommenen Kundenwerts zu ermitteln. Diesem Gesamtwert werden die monetären Kosten als Kaufpreis gegenübergestellt und es ergibt sich in der Differenz der Wertgewinn des Kunden. Der Wertgewinn entspricht in seiner Zusammensetzung dem sog. Nettonutzen (▸ Kap. 4). Entsprechend der bei Backhaus und Schneider (2019) zu findenden Unterscheidung von Effektivität und Effizienz des Angebots, deren Ergebnis als komparativer Kostenvorteil bezeichnet wird, kann auch an dieser Stelle davon ausgegangen werden, dass das Unternehmen, so sehr es einen Wertgewinn für den Kunden erzeugen möchte, darauf achtet, dass bei ihm selber wenigstens kurzfristig eine Kostendeckung, langfristig aber auch eine Marge übrigbleibt, die den langfristigen Erhalt des Unternehmens sicherstellt.

Die Transaktionskosten beschreiben alle monetären Kosten, die mit dem Kauf unmittelbar verbunden sind, also vor, während oder nach dem Kauf anfallen, wie beispielsweise Suchkosten, Vertragsverhandlungskosten, Kontrollkosten und Änderungskosten (Williamson 1985). Die Höhe der Transaktionskosten hängt zum einen von der Häufigkeit der Transaktion ab: Je häufiger die Transaktion durchgeführt werden muss, je größer wird auch die Relevanz dieser Kosten. Die Notwendigkeit, auf die entsprechende Information zugreifen zu müssen und das Ausmaß der Information, wird von der Höhe an Unsicherheit und Komplexität des Produktes beeinflusst, da bei steigender Unsicherheit und Komplexität mehr Information benötigt wird. Eng damit verbunden ist die sog. beschränkte Rationalität, also die Tatsache, dass Käufer wie Verkäufer in unterschiedlichem Ausmaß in der Lage oder bereit sind, Information subjektiv zu verarbeiten. Eine wahrgenommene Unsicherheit kann somit auch bei objektiver Klarheit vorliegen. Schließlich ist auch die Spezifität des Investments ein wesentlicher Einflussfaktor: Wenn sich ein Kunde beispielsweise auf eine ganz bestimmte Software oder ein ganz bestimmtes Betriebssystem einlässt, dann kann ein sog. Lock-in-Effekt dazu führen, dass die Wechselkosten hoch sind. Umso mehr dem Kunden das bewusst ist, umso mehr muss er sich durch zusätzliche Information absichern, dass seine Entscheidung die richtige war. Als letzter Einflussfaktor auf die Qualität und Quantität von Information gilt der Opportunismus: Umso stärker vermutet wird, dass sich einer der Vertragspartner opportunistisch verhält, umso höher wird der Wunsch nach Information und nach Absicherung des Geschäfts beispielsweise durch entsprechende Vertragsklauseln sein.

Die Transaktionskosten weisen sowohl eine monetäre als auch eine nicht-monetäre Komponente auf: Die monetäre Komponente besteht beispielsweise in der Möglichkeit der Zurechnung von Preisen für die Beschaffung von Information, die Kosten eines Anwalts oder Notars bei Vertragsverhandlungen und die Kontrolle nach dem Kauf durch eine unabhängige Institution wie den TÜV. Auf der anderen Seite sind mit den beschriebenen Aktivitäten aber auch Aspekte angesprochen, die eine nicht-monetäre Komponente besitzen bzw. deren kostenmäßige Zuordnung eher schwierig ist, beispielsweise die mit der Informationssuche, der Auseinandersetzung mit dem Vertragspartner und der nachträglichen Kontrolle verbrachte Zeit.

Opportunitätskosten können definiert werden als der entgangene Nutzen einer Alternative und gehören somit zu den nicht-monetären Kosten und sind subjektiver Natur (Buchanan 1999, S. 80). Sobald also eine alternative Verwendung von Einkommen relevant wird, weil beispielsweise das Geld entweder für eine größere Wohnung oder ein größeres Auto ausgegeben wird, fallen Opportunitätskosten an. Damit könnte vermutet werden, dass die monetären Kosten die Höhe der Opportunitätskosten wiedergeben. Tatsächlich spielen hier aber wieder andere Aspekte eine Rolle: So beispielsweise die Zeit, die für den möglichen Kauf eines Produktes benötigt wird und die dann für den Konsum eines anderen Produktes nicht zur Verfügung steht. Auch dieser Zeitverlust wird als Opportunitätskosten interpretiert. Es lässt sich sogar zeigen, dass die Opportunitätskosten in den meisten Fällen von den Konsumenten zu niedrig eingeschätzt oder sogar völlig verneint werden (Frederick et al. 2009, S. 554), mitunter hängt die Bedeutung der Opportunitätskosten von der Herkunft der Einschränkungen ab: So zeigt sich, dass die Opportunitätskosten höher empfunden werden, wenn die Einschränkungen externer Natur sind (Weiss, Kivetz 2019, S. 531).

Neben den Opportunitätskosten sind die psychischen Kosten für die Einschätzung des Wertgewinns relevant (Naylor, Frank 2001, S. 270). Da mit der Psyche das menschliche Fühlen und Denken gemeint ist, handelt es sich bei psychischen Kosten um solche, die aus subjektiver Sicht eine Belastung darstellen und sich beispielsweise in Form von Stress oder Schuldgefühlen äußern. Sie sind deswegen auch von den anderen, vorab beschriebenen Kosten nicht vollständig unabhängig und umfassen beispielsweise die Verarbeitung und Verwertung von Informationen vor dem Kauf, das Warten in einer Schlange vor der Kasse oder die innerliche Auseinandersetzung mit einer Kaufentscheidung nach dem Kauf. Dabei kann es sich beispielsweise um ein soziales Risiko handeln, wenn der Kauf im sozialen Umfeld kritisch beurteilt wird oder kognitive Dissonanzen auftreten, weil die eigene Kaufentscheidung in Frage gestellt wird.

Bei den physischen Kosten handelt es sich in erster Linie um solche Kosten, die bei Kunden aus der Tatsache resultieren, dass es sich um biologische Entitäten handelt, die zur Existenz Energie verbrauchen und diese Energie in einem gewissen Zeitraum wieder zuführen müssen. Der Verbrauch von Energie zur Lebenserhaltung ist darüber hinaus ein limitierender Faktor, dessen Einsatz vom Organismus selbst im Wesentlichen unbewusst gelenkt wird und möglichst optimiert wird. Aus diesem Grund meldet sich der Organismus in dem Moment, in dem Energie zugeführt werden muss. Diese physischen Kosten sind ebenfalls subjektiv und hängen in ihrem Empfinden und in ihrem Auftreten von der Konstitution des Konsumenten ab. Mitunter verändern sich die wahrgenommenen physischen Kosten beispielsweise aufgrund des Alters, aufgrund einer Krankheit oder auch aufgrund eines Interesses am Produkt: Kunden sind durchaus in der Lage, viele Stunden vor einem Einzelhändler zu warten, wenn sie ein entsprechendes Interesse an einem Produkt haben, ohne dass ihnen die daraus resultierenden physischen (und psychischen) Kosten bewusst werden bzw. sie von Ihnen in der Entscheidung wesentlich berücksichtigt werden.[13]

Die Berücksichtigung des vom Kunden empfundenen Wertes eines Produktes muss für ein Unternehmen bedeuten, dass die Preispolitik nicht wie im klassischen Sinne den Produktionskosten plus Aufschlag folgt oder, wie im Target Costing, eine Orientierung an den Preisen des Wettbewerbs erfolgt, sondern dass die Zielgruppe hinsichtlich ihrer Zahlungsbereitschaft analysiert wird. Dabei ist der Verkaufspreis niedriger anzusetzen als die maximale Zahlungsbereitschaft der Zielgruppe, damit für den Kunden ein Wertgewinn entstehen kann (entsprechend des angesprochenen Nettonutzens). Grundsätzlich schließt dieser Ansatz eine Preisstrategie im Sinne eines Skimming Pricing nicht aus, sofern man sich an den Zahlungsbereitschaften unterschiedlicher Zielgruppen orientiert und eine Differenzierung beispielsweise über die Zeit möglich wäre, wie sie in der Filmbranche üblich ist. Dort erlaubt die Erstveröffentlichung eines Films im Kino deutlich höhere Preise als auf den folgenden Verwertungsstufen im DVD-Verkauf, Streaming bzw. Pay-TV oder Free-TV. Da die verschiedenen Stufen regelmäßig zeitlich begrenzt sind, wird die Verwertungsmöglichkeit auch als Windowing bezeichnet. In der aktuellen Phase der Corona-Krise zeigt sich sehr schön, dass der Ausfall des Kinobesuchs dazu führt, dass die Filme direkt von den Streaming-Diensten angeboten werden und dort entweder gekauft oder geliehen werden können (z. B. bei Amazon Prime: Die Känguru-Chroniken, deren Start kurz vor dem Zeitpunkt lag, als die Kinos geschlossen wurden und dann für 16,99 € zu kaufen

---

13 Vgl. https://www.horizont.net/marketing/kommentare/Apple-Die-Warteschlangen-muessen-bleiben-133785, **06.04.2020**.

war.[14] An dieser Stelle ist auch wieder relevant, wie hoch der wahrgenommene Preis für den Kunden sein darf. Die Preiswahrnehmung wurde bereits früher angesprochen und unterliegt subjektiven Bewertungen, die aus den verschiedenen Preisaktivitäten des Unternehmens und den Einschätzungen des (Wettbewerbs-)Umfelds durch den Kunden resultieren. Eine Preisstrategie, die nicht-monetäre Faktoren berücksichtigt bzw. sich am daraus resultierenden Wertgewinn für den Kunden orientiert, muss eine entsprechende Flexibilität aufweisen, welche die wechselnden (Lebens-)Situationen und daraus resultierenden Bedürfnisse des Kunden berücksichtigt. Ein Ansatz, der im Zusammenhang mit der fortschreitenden Digitalisierung unter dem Begriff Dynamic Pricing und modernen Formen der Preisdifferenzierung wie Pay-What-You-Want (PWYW, Gneezy et al. 2012) oder Name-Your-One-Price (Fay 2004, S. 407 ff.) diskutiert werden. Insbesondere bei den beiden letzten Verfahren kann davon ausgegangen werden, dass der Kunde seine wahre Zahlungsbereitschaft auch unter Einbezug seiner subjektiv empfundenen nicht-monetären Kosten äußert.

Letztendlich zahlt die Bemühung des Unternehmens um eine kundenorientierte und damit wertorientierte Preispolitik auch auf die Kundenzufriedenheit und damit auf die Kundenbindung ein. Wird Darstellung 3.46 um dieses Element ergänzt, so zeigt sich, dass das Verhältnis von Wertgewinn zur Kundenerwartung bei identischer Wahrnehmung zur Kundenzufriedenheit führen kann. Sofern die Erwartungen übertroffen werden zu Kundenloyalität und sofern sie unterboten werden zur Unzufriedenheit beim Kunden und damit auch zum Verlust des Kunden (▶ Dar. 3.47).

---

14 Vgl. https://www.amazon.de/gp/video/detail/B085DT5WM2/ref=atv_hm_hom_4_c_YMtUbY_Hnb7wK_1_7, 15.04.2020.

3.3 Das Discounting-Modell – nicht-monetäre Kosten

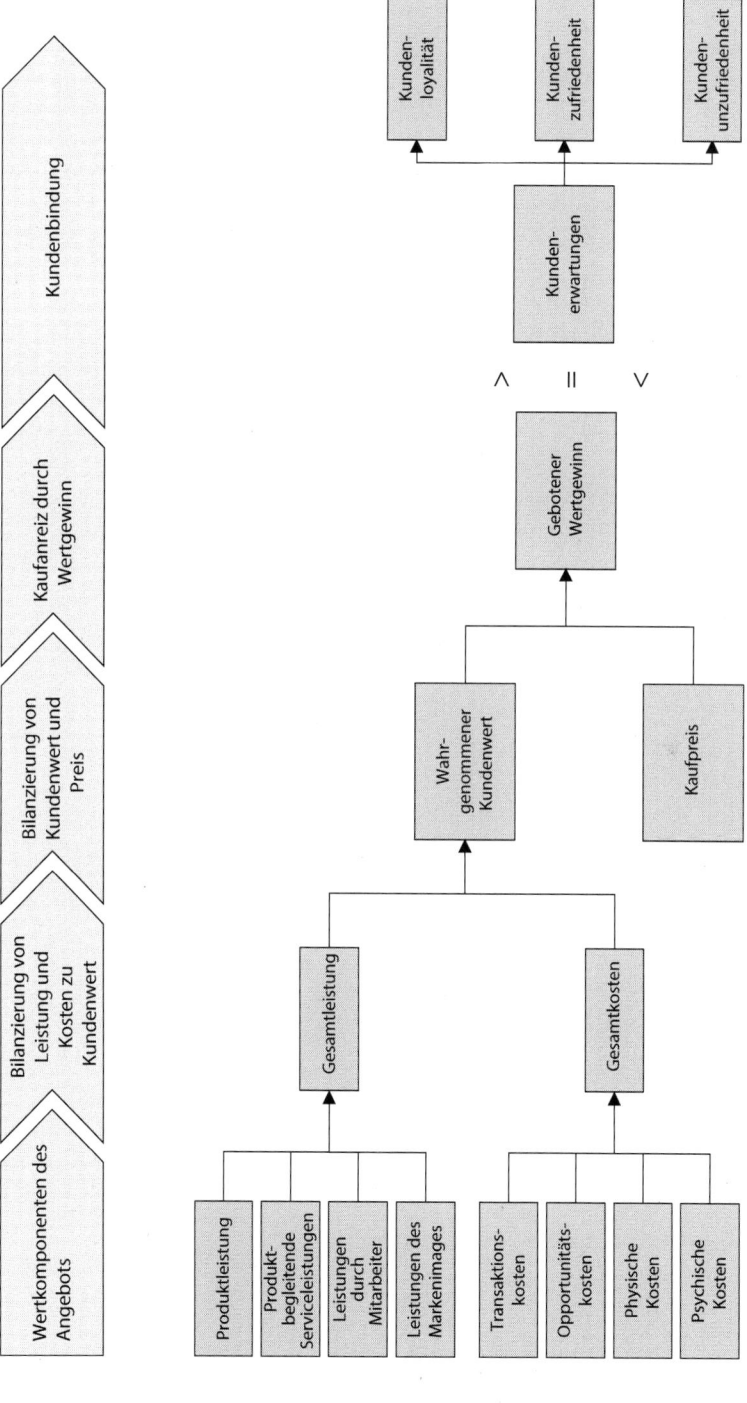

Dar. 3.47: Kundenwert und Kundenbindung (Quelle: Eigene Darstellung in Anlehnung an Gao 2018, S. 849)

3.4 Fazit

Es ist deutlich geworden, dass die ursprünglichen Konzepte zur Ermittlung des optimalen Preises als Grundlage insbesondere des Discountings zu kurz greifen und das klassische mikroökonomische Bild des homo oeconomicus in der Realität bei vielen Kaufentscheidungen nicht funktioniert. In der zweiten Hälfte des letzten Jahrhunderts haben deswegen sowohl die Ökonomie als auch andere Geistes- und Sozialwissenschaften Weiterentwicklungen formuliert, durch welche die Einfachheit des Modells abgelöst wurde durch eine Vielzahl von Erklärungsansätzen für spezifische Situationen. Dadurch wurde eine bessere Realitätsnähe geschaffen, gleichzeitig die Übersichtlichkeit aber eingebüßt. Im Wesentlichen lassen sich zwei Untersuchungsrichtungen unterscheiden: zum einen das Behavioral Pricing und zum anderen die wertorientierte Preispolitik, die im englischen Sprachraum unter Customer Delivered Value diskutiert wird. Während erstere insbesondere unterschiedliche exogene oder endogene Einflussfaktoren auf das Kaufverhalten untersucht, beschäftigt sich letztere mit der Identifikation einzelner Wert- und vor allem einzelner Kostenelemente, die außerhalb des Preises als monetäres Equivalent für die erbrachte Leistung liegen. Gerade diese Sicht auf die Kosten muss aber im Rahmen eines Discountings, bei dem aus Kundensicht die Belastung einen viel größeren Interessensspielraum einnimmt als der durch den Konsum des Produktes erzielte Nutzen, in den Fokus rücken und der größeren Herausforderungen bei der Messung und Systematisierung zum Trotz, in der Theorie intensiver erforscht und in der Praxis stärker überprüft werden.

Literatur

Ahola, H., Oinas-Kukkonen, H., Koivumaik, T.: Customer delivered value in a web-based supermarket. In: Proceedings of the 33rd Annual Hawaii International Conference on System Sciences, IEEE, 2000, o.S.
Backhaus, K., Schneider, H.: Strategisches Marketing, 2. Aufl., Schäffer-Poeschel, Stuttgart 2009.
Becker, G. S.: The Economic Approach to Human Behavior, University Press, Chicago 1976.
Becker, J.: Marketing-Konzeption, Vahlen München 2019.
Behling, F.: Premiere am Ostseekai, in: Kieler Nachrichten, 2019, URL: https://www.kn-online.de/Kiel/Erste-Hochseekreuzfahrt-fuer-vegane-Urlauber-startete-am-Ostseekai-in-Kiel, 01.03.2021
Beuerlein, I.: Fünf Jahre nach der Euro-Bargeldeinführung – War der Euro wirklich ein Teuro? In: Statistisches Bundesamt (Hrsg.): Wirtschaft und Statistik, 2/2007, S. 208-211.
Blackwell, R. D., Miniard, P. W., Engel, J. F.: Consumer Behavior, Cengage Learning Services, Fort Worth 2006.
Bless, H., Schwarz, N.: Mental construal and the emergence of assimilation and contrast effects: The Inclusion/Exclusion Model. In: Zann, M. P. (Hrsg.): Advances in Experimental Social Psychology, Band 42, Academic Press, New York 2010, S. 319-373.
Bliemel, F., Adolphs, K.: Wertorientierte Preisstrategien. In: Diller, H., Herrmann, A. (Hrsg.): Handbuch Preispolitik. Strategien – Planung – Organisation – Umsetzung, Gabler, Wiesbaden 2003, S. 137-154.
Buchanan, J. M.: The Collected Works of James M. Buchanan, Vol. 6: Cost and Choice: An Inquiry in Economic Theory, Liberty Fund, Indianapolis 1999.

Diller, H.: Preispolitik, Kohlhammer, 3. Aufl., Kohlhammer, Stuttgart 2008.
Diller, H., Herrmann, A. (Hrsg.): Handbuch Preispolitik. Strategien – Planung – Organisation – Umsetzung, Gabler, Wiesbaden 2003.
Estelami, H., Lehmann, D. R.: The impact of Research Design on Consumer Price Recall Accuracy: An Integrative Review. In: Journal of the Academy of Marketing Science, 29(1), 2001, S. 36-49.
Fay, S.: Partial-Repeat-Bidding in the Name-Your-Own-Price Channel. In: Marketing Science, 23 (3), 2004, S. 407-418.
Frederick, Shane, Nathan Novemsky, Jing Wang, Ravi Dhar, and Stephen Nowlis (2009), Opportunity Cost Neglect. In: Journal of Consumer Research, 36 (4), 2009, S. 553-561.
Gao, S.: A Research on the Marketing Strategy of Artificial Intelligent Robot: Based on the Perspective of Customer Delivered Value Theory. In: Advances in Computer Science Research, 83, 2018, S. 847-850.
Gneezy, A., Gneezy, U., Riener, G., Nelson, L. D.: Pay-what-you-want, identity, and self-signaling in markets. In: Proceedings of the National Academy of Science, 109(19), 2012, S. 7236-7240.
Gourgé, K.: Ökonomie und Psychoanalyse. Perspektiven einer Psychoanalytischen Ökonomie, Campus, Frankfurt 2001.
Gustafsson, A., Herrmann, A., Huber, F.: Conjoint Measurement. Methods and Applications, 3. Aufl., Springer, Berlin 2003.
Haas, A.: Discounting als strategische Konzeption. In: Diller, H., Herrmann, A. (Hrsg.): Handbuch Preispolitik. Strategien – Planung – Organisation – Umsetzung, Gabler, Wiesbaden 2003, S. 213-237.
Harasanyi, J. C.: Measurement of social power, opportunity costs, and the theory of two-person bargaining games. In: Behavioral Science, 7(1), 1962, S. 67-80.
Helmke, S., Scherberich, J. U., Uebel, M.: LOHAS-Marketing, Springer Gabler, Wiesbaden 2016.
Helson, H.: Adaption – Level Theory: An Experimental and Systematic Approach to Behavior, Harper, New York 1964.
Herzberg, F., Mausner, B., Snyderman, B. B.: The Motivation to Work, 2. Aufl., Wiley, New York 1959.
Kahneman, D., Tversky, A.: Prospect Theory: An Analysis of Decision under Risk. In: Econometrica, 47(2), 1979, S. 263-291.
Kano, N., Seraku, N.,Takahashi, F., Tsuji, S.: Attractive Quality and Must-be Quality. In: Journal of the Japanese Society for Quality Control. 14(2), 1984, S. 147-156.
Kim, H.-W., Chuan Chan, H., Gupta, S.: Value-based Adoption opf Mobile Internet: An empirical investigation. In: Decision Siupport Systems, 43, 2007, S. 111-126.
Koschate-Fischer, N., Wüllner, K.: New developments in behavioral pricing research. In: Journal of Business Economics, 87, 2017, S. 809-875.
Kotler, P.: Marketing Management. The Millenium Edition, Prentice Hall, New Jersey 2000.
Kroeber-Riel, W., Groeppel-Klein, A.: Konsumentenverhalten, 11. Aufl., Vahlen, München 2019.
Lischka, H. M., Pohst, M. C.: Dynamic Pricing, In: Kürble, P., Lischka, H. M. (Hrsg.): Trends und Forschung im Marketing-Management, De Gruyter, Berlin 2018, S. 143-172.
Müller, I.: Die Entstehung von Preisimages im Handel, GIM-Verlag, Nürnberg 2003.
Narayana, C. L., Markin, R. J.: Consumer Behavior and Product Performance. An Alternative Conceptualization. In: Journal of Marketing, 39, 1975, S. 1-6.
Naylor, G., Frank, K. E.: The effect of price bundling on consumer perceptions of value, in: Journal of Services Marketing, 15(4), 2001, S. 270-281.
PWC (Hrsg.): Kunden begeistert – vom Einkauf zum Erlebnis, o.V., 2018
Rao, V. R., Sattler, H.: Measurement of Price Effects with Conjoint Analysis: Separating Informational and Allocative Effects of Price. In: Gustafsson, A., Herrmann, A., Huber, F. (Hrsg.): Conjoint Measurement. Methods and Applications, 3. Aufl., Springer, Berlin 2003, S. 47-66.

Ravald, A., Gronross, C: The value concept and relationship marketing. In: European Journal of Marketing, 30(2), 1996, S. 19-30.

Rennhak, C.: Konsistent, hybrid, multioptional oder paradox? – Einsichten über den Konsumenten von heute. In: Halfmann, M. (Hrsg.): Zielgruppen im Konsumentenmarketing. Segmentierungsansätze – Trends – Umsetzung, Springer Gabler, Wiesbaden 2014, S. 177-188.

Simon, H.: Management strategischer Wettbewerbsvorteile. In: Simon, H. (Hrsg.): Wettbewerbsvorteile und Wettbewerbsfähigkeit, Fachverlag für Wirtschaft und Steuern, Stuttgart 1988, S. 1-17.

Simon, H., Fassnacht, M.: Preismanagement. Strategie – Analyse – Entscheidung – Umsetzung, 4. Aufl., Springer Gabler, Wiesbaden 2016.

Stigler, G. J.: The economics of information. In: The Journal of Political Economy, 69(3), 1961, S. 213-215.

Thaler, R. H.: Toward a Positive Theory of Consumer Choice. In: Journal of Economic Behavior & Organization, 1(1), 1980, S. 39-60.

Thaler, R. H.: Mental Accounting and Consumer Choice. In: Marketing Science, 4(3) 1985, S. 199-214.

Thaler, R. H.: Mental Accounting Matters. In: Journal of Behavioral Decision Making, 12(3), 1999, S. 183-206.

Trevisan, E.: The Irrational Consumer, Routledge, New York 2016.

Watson, J. B.: Psychology as the behaviorist views it. In: Psychological Review, Band 20, 1913, S. 158-177.

Weber, R. S.: Besitztumseffekte: eine theoretische und empirische Analyse. In: Die Betriebswirtschaft, 53(4), 1993, S. 479-490.

Weiss, L., Kivetz, R.: Opportunity Cost Overestimation. In: Journal of Marketing Research, 56(3), 2019, S. 518-533.

Williamson, O. E.: The Economic Institutions of Capitalism: Firms, Markets, relational Contracting. The Free Press, New York 1985.

4 Kostenorientierte Wertstrategien: Valuing

Peter Kürble

4.1 Hintergrund

In der Literatur wird bei hybriden Strategien in erster Linie an die Diskussion um die Wettbewerbsstrategien von Porter und das von ihm anfänglich exponiert diskutierte *stuck in the middle* angeknüpft (Porter 2013, S. 81 ff.). Porters Ansatz basierte im Wesentlichen auf der PIMS-Studie (malik-management 2021) bei der u. a. ein u-förmiger Zusammenhang zwischen Return on Investment (ROI) und Marktanteil zu erkennen war, den Porter dann so interpretierte, dass »es drei erfolgversprechende Typen strategischer Ansätze [gibt], um andere Unternehmen in einer Branche zu übertreffen« (Porter 2013, S. 73). Inzwischen ist vielfach belegt, dass hybride Strategien nicht nur real beobachtbar, sondern auch theoretisch sinnvoll begründbar und strukturierbar sind (u. a. Fleck 1995) und auch Porter ist in seinen Formulierungen zu dieser Thematik etwas flexibler geworden (Porter 2013, S. 74 und 83), wenn er dieser Betrachtung auch wenig Raum einräumt und seine drei Strategievarianten immer noch als »alternative (...) Möglichkeiten« (Porter 2013, S. 81) bezeichnet. Die mit dem Begriff Mass Customization verbundene Diskussion um hybride Strategievarianten hat in den letzten Jahren insbesondere durch die Möglichkeiten des digitalen Angebots von Produkten über das Internet noch einmal deutlich zugenommen und sich gerade bei Dienstleistungen von der reinen Produktion auf den Vertrieb ausgedehnt. Ähnliches gilt für die Möglichkeiten der Konfigurierung von Gütern über das Internet, wie beispielsweise Müsli, Sneakers oder Uhren: Durch die deutlich bessere Möglichkeit potenzielle Kunden (im besten Fall weltweit) zu erreichen, können die kostenseitigen Nachteile des Vorhaltens und Produzierens von Modulen durch die Vorteile der gestiegenen Nachfrage oft mindestens aufgefangen werden.

Während sich die akademische Diskussion aber in erster Linie auf Wettbewerbsstrategien bezieht, stellt sich die Frage, inwieweit nicht auch hybride Präferenzstrategien denkbar sind, die der Entwicklung des multioptionalen Konsumenten folgen und inwieweit sich solche Ansätze von wettbewerbsstrategischen Überlegungen im Porterschen Sinne abgrenzen lassen oder sie ergänzen. Die Ergänzung der produktionsorientierten Sichtweise um eine kundenorientierte kann für die Frage dienlich sein, ob alles was produktionstechnisch machbar ist, auch im Markt und damit aus Kundensicht betriebswirtschaftlich sinnvoll ist (siehe hierzu auch Backhaus, Schneider 2020). Während diese Sichtweise implizit bei Wettbewerbsstrategien mitschwingt, aber nicht wirklich problematisiert wird, soll an dieser Stelle der Versuch einer Symbiose vorgenommen werden, die es erlaubt, beide Sichtweisen miteinander zu verbinden und damit einen besseren Erklärungsgehalt für das im Markt zu beobachtenden Verhalten auf Unternehmens- und Kundenseite zu liefern. Da bereits an anderer Stelle die produktionsorientierte Sichtweise problematisiert ist, gilt der Fokus im Folgenden der kundenorientierten Sichtweise einer solchen hybriden Präferenzstrategie.

Kostenorientierte Wertstrategien als eine Form hybrider Präferenzstrategien sind solche, die sich unter Berücksichtigung der Effektivitäts- und Effizienzkriterien in der Ausrichtung an den Vorlieben des Kunden orientieren und dabei Wertvorstellungen im Sinne eines Zusatznutzens bedienen, die dem Kunden zu möglichst geringen monetären und insbesondere nicht-monetären Kosten angeboten werden können (▶ Dar. 4.48). Es ist wichtig, an dieser Stelle zu differenzieren: Die in der Darstellung aufgeführten Kosten beziehen sich auf die vom Kunden empfundenen monetären und nicht-monetären Kosten. Beide Kostenformen haben sowohl eine objektiv messbare als auch eine subjektiv empfundene Größe: Der Preis (und alle damit einhergehenden Zahlungsvariationen wie Rabatte etc.) ist objektiv messbar, er hat aber auch eine subjektive Interpretation wie beispielsweise beim sog. Veblen-Effekt (Veblen 1899, S. 36), so dass die Ausgaben einen positiven Nutzen generieren können oder wie beim Mental Accounting (Thaler 1985, S. 199 ff.) dazu führt, dass die Zuordnung der Kosten zu unterschiedlichen mentalen Konten zu einer unterschiedlich problematischen Interpretation führt.

Die nicht-monetären Kosten würden sich objektiv messen lassen (z. B. in Form des Energieverbrauchs bei psychischen oder physischen Kosten), hier sind aber in erster Linie die subjektiv empfundenen Kosten relevant, die entweder als hoch empfunden werden und deswegen a) vom Kauf abgesehen wird, weil der Nettonutzen negativ wird oder b) ihren eigenen Nutzen generieren, weil sie im Sinne eines Zusatznutzens Befriedigung schaffen können. So kann der hohe physische Aufwand im Sinne des »Lange-in-einer-Schlange-stehen« dazu führen, dass die Befriedigung beim Erwerb hoch ist und die Wirkung auf das soziale Umfeld als positiv interpretiert wird (etwa vergleichbar dem Snob-Effekt). Entsprechend ist in Darstellung 4.48 die kostenorientierte Wertstrategie bei einem hohen Nutzen so eingeordnet, dass der Wert (=Nutzen) gegenüber den Kosten immer die dominierende Größe darstellt. Der Unterschied zu der reinen Wertstrategie liegt somit auch eher in der Bedeutung der Kosten für den Kunden, nicht unbedingt in ihrer absoluten Höhe: Bei dieser sind die Kosten unwichtig und fließen, innerhalb bestimmter Bandbreiten, im Kaufprozess nicht in die Betrachtungsweise des Kunden mit ein, bei einer kostenorientierten Wertstrategie finden die Kosten Berücksichtigung.

Im Gegensatz zur Kostenführerschaft im Sinne Porters, die in an den Kosten des Unternehmens festmacht und dabei eher an einer möglichst hohen Marge für das Unternehmen orientiert ist, ist es dem Kunden im vorliegenden Fall wichtig, einerseits von niedrigen Kosten zu profitieren, ohne andererseits auf die für ihn relevanten Zusatznutzen verzichten zu müssen. Im Gegensatz zum Discounting muss es dabei aber nicht um einen möglichst niedrigen Preis im Sinne einer Preisführerschaft gehen, bei der der Kunde seine Erwartungen an das Produkt auf eine Standardausführung reduziert, sondern es kann eine Reduzierung (nicht-)monetärer

Kosten bei Erfüllung wertorientierter Ansprüche beinhalten. Gleichzeitig besteht eine Ähnlichkeit zur dynamischen Produktdifferenzierungsstrategie nach Kaluza. Hier wie da geht es um möglichst niedrige Kosten bei gleichzeitig hohem Zusatznutzen. Kaluza (1996) konzentriert sich in seinen Betrachtungen allerdings auf die monetären Kosten in der Produktion und schlägt hier eine Kostensenkung u. a. durch Erfahrungskurveneffekte vor. Ähnliches gilt für die Idee der Mass Customization nach Davis (1989) und Pine (1993), die auch auf Produktionsprozesse und ein möglichst hohes Ausmaß an Individualisierung abzielt. Kostenorientierte Wertstrategien müssen nicht zwingend auf Individualisierung beruhen wie später noch zu zeigen sein wird.

Dimension Leistung \ Dimension Preis	Niedrig	Mittel	Hoch
Niedrig	Eindimensionale Präferenzstrategie: Preisstrategie = Discounting	Übervorteilungsstrategie	
Mittel		Hybride Strategie	
Hoch	**Kostenorientierte Wertstrategie**		Mehrdimensionale Präferenzstrategie: Wertstrategie = Valuing

Dar. 4.48: Kostenorientierte Wertstrategien als eine Möglichkeit der Präferenzstrategien (Quelle: In Anlehnung an Becker 2019, S. 181)

Darin besteht der entscheidende Unterschied zur Differenzierung nach Porter, aber auch zum Valuing: Hier wie dort sind die (monetären) Kosten kein entscheidungsrelevantes Kriterium für den Kunden. Gerade bei einer sehr ausgeprägten Bindung an eine Marke sinkt die Preiselastizität in Richtung einer unelastischen Nachfrage und mitunter kehrt sich der klassische Zusammenhang zwischen Preis und Nachfrage sogar um, wenn das Produkt insbesondere dann nachgefragt wird, wenn es einen hohen Preis besitzt. Es wird noch zu zeigen sein, dass ein hoher Preis, insbesondere in seiner Signalfunktion, auch bei kostenorientierten Wertstrategien eine Rolle spielen kann, die Besonderheit hier aber im Streben des Kunden nach möglichst niedrigen nicht-monetären Kosten liegen kann.

Im Folgenden werden zuerst grundlegende Begrifflichkeiten und Teilaspekte der Wertstrategie dargestellt und anschließend in Form zweier strategischer Ausprägungen diskutiert. Daran anschließend wird die in diesem Aufsatz präferierte Form der Kosteneinteilung vorgestellt und schließlich werden beide Aspekte zusammengeführt. Abschließend erfolgt die Darstellung kostenorientierter Wertstrategien an einem praktischen Beispiel.

4.2 Voraussetzungen für und Ausprägungen von Wertstrategien

Da diese Aspekte in einer vertieften Form noch im Beitrag zu den Wertstrategien bei Dienstleistungen diskutiert werden (▶ Kap. 5), soll im Folgenden eine kurze Zusammenfassung der wichtigsten Erkenntnisse erfolgen.

4.2.1 Strategische Auswahlmöglichkeiten und ihre Einflussfaktoren

Die im voran gegangenen Abschnitt erwähnten Eigenschaften von Strategien machen deutlich, dass es sich um Entscheidungen handelt, die sich nicht nur an unternehmensinternen Gegebenheiten orientieren können (Resource-based View), sondern auch das Unternehmensumfeld zu berücksichtigen ist (Market-based View) (▶ Kap. 2.2.3). Die Berücksichtigung des Umfelds steht auch bei den Wertstrategien im Fokus, da sich die strategischen Grundsatzentscheidungen der Präferenzstrategien an den Abnehmern orientieren und sich damit beispielsweise von Wachstumsstrategien nach Ansoff oder Wettbewerbsstrategien nach Porter unterscheiden. Wertstrategien setzen auf die vorliegenden Wertvorstellungen der Abnehmer auf, um sie entweder zu berücksichtigen oder zu ändern. Dabei geht es im Wesentlichen darum, die aus den Wertvorstellungen resultierenden Prädispositionen des Verhaltens hinsichtlich ihrer Tragfähigkeit für eine Unternehmensstrategie zu überprüfen und sie entweder aufzunehmen und das Produkt oder die Dienstleistung der Prädisposition anzupassen oder zu bewirken, dass sich die Prädisposition ändert. Entweder passt sich also das Produkt den Prädispositionen an oder die Prädispositionen dem Produkt. Darstellung 4.49 zeigt den Zusammenhang im Überblick. Der linke Teil der Grafik zeigt die Bestimmungsfaktoren des Konsumentenverhaltens, durch die das ideale Selbstkonzept geprägt wird. Diese Idealvorstellung der eigenen Existenz äußert sich in den Prädispositionen des Verhaltens, also in den Voreinstellungen, die ihrerseits die Kaufabsicht beeinflussen und diese zum Kauf führen kann. Auf die einzelnen Elemente wird im weiteren Verlauf genauer eingegangen.

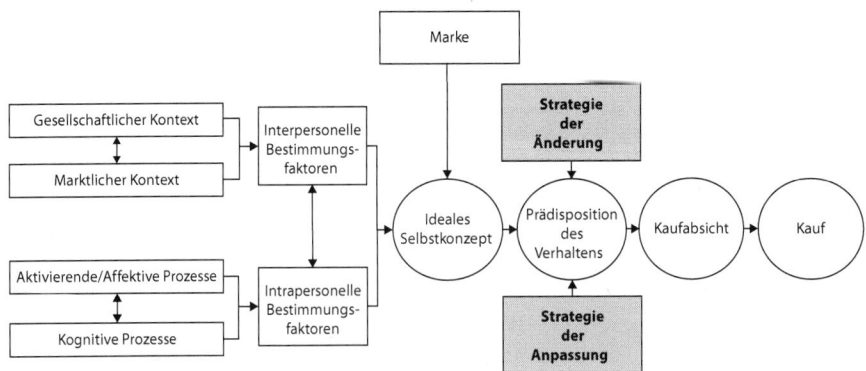

Dar. 4.49: Wertstrategien und der Kaufentscheidungsprozess

Vorab erscheint es aber ersichtlich, dass im ersten Fall, der als Strategie der Anpassung beschrieben werden kann, das Unternehmen sein Produkt an die Prädispositionen des Verhaltens anpasst. Damit ist das unternehmerische Risiko und damit einhergehend, die Gewinnerzielungsmöglichkeit, eher niedrig, denn das Unternehmen wird (sofern es nicht Innovator ist), eines von vielen sein. In diesem Fall muss es versuchen, sich im Wettbewerbsumfeld zu orientieren. Da die Wertstrategie eine mehrdimensionale Präferenzstrategie darstellt, wird schon deutlich, dass es durchaus sehr unterschiedliche Möglichkeiten geben kann, die Prädispositionen anzusprechen und das gewünschte Verhalten des Kunden zu provozieren. Eine Differenzierungsmöglichkeit von anderen Unternehmen kann beispielsweise dadurch bestehen, dass die vorhandene Wertevorstellung mit einer etwas anderen Eigenschaftenkombination erfüllt wird als beim Wettbewerb: Roter Tomatenketchup kann beispielsweise in unterschiedlichen Würzungsstufen angeboten werden oder mit einem unterschiedlichen Country-of-Origin-Effekt, so dass amerikanischer Tomatenketchup anders interpretiert wird als italienischer. Eine Differenzierung bringt automatisch die Notwendigkeit von Segmentierung mit sich, da ein andersartiges Produkt immer an etwas anders gelagerten Prädispositionen festmachen muss, die grundsätzlich nicht von allen Abnehmern geteilt werden können oder unterschiedliche Bedürfnisse bei demselben Abnehmer befriedigen. Insofern besteht auch dann ein erhöhtes Risiko im Vergleich zur vollständigen Anpassung.

Im Falle der Strategie der Änderung, bei der gezielt die Prädisposition(en) geändert werden sollen, ist das unternehmerische Risiko, so es sich um einen Innovator handelt, hoch und gleichzeitig sind die Gewinnmöglichkeiten ebenfalls hoch und entsprechen, zumindest temporär, einer Situation eines Monopolgewinns, bis andere Unternehmen die Strategie ebenfalls betreiben und sich Wettbewerb einstellt. Die Änderung von Einstellungen zum Produkt kann sich beispielsweise auf die Akzeptanz eines Produktes beziehen: Das Mobiltelefon hat in Deutschland grob 20 Jahre gebraucht, bis es massentauglich war und weitere 10 Jahre, bis es als Smartphone die Kommunikationsform der meisten Nutzer völlig verändert hat. Was sich durch die SMS-Möglichkeiten des einfachen Mobiltelefons bereits Anfang der 1990er Jahre in Deutschland ankündigte, wurde durch die Zugriffsmöglichkeiten auf Messenger-Dienste wie Whatsapp zu einer völligen Veränderung des Kommunikationsverhaltens – die direkte, zeitgleiche Kommunikation wurde in hohem Maße substituiert durch die indirekte, zeitversetzte multimediale Kommunikation: 94 % der Deutschen nutzen 2020 Whatsapp regelmäßig (Statista 2020) und 71 % finden eine Sprachnachricht praktisch (Nier 2019).

Sowohl bei der Strategie der Änderung als auch bei der Strategie der Anpassung ist eine Kenntnis um das Zustandekommen von Verhaltensprädispositionen wichtig: Im Falle der Strategie der Anpassung, weil identifiziert werden muss, ob es sich bei der aktuellen Voreinstellung um eine Prädisposition handelt, die zeitlich längerfristig stabil ist und das tatsächliche Verhalten auch zukünftig prägt oder ob es sich um eine kurzfristige, durch externe Schocks ausgelöste Prädisposition handelt. Gerade die Situation rund um die Corona-Pandemie wird hinsichtlich ihrer langfristigen Auswirkungen auf das Konsumverhalten sehr unterschiedlich einzuschätzen sein. So kann es sich hier um Verhaltensänderungen handeln, die dem kurzfristigen emotionalen Einfluss durch die sichtbaren Auswirkungen (Tragen von Masken, Beschränkungen von Besucherzahlen etc.) geschuldet sind (wie beispielsweise das zu einer bestimmten Uhrzeit abendliche Klatschen auf der Straße als Anerkennungsbekundung für krisenrelevante Jobs, was sich sehr schnell abgenutzt hatte) oder um langfristige Verhaltensänderungen, die auch nach der Pandemie Bestand haben und sich beispielsweise in stärkerer Nutzung von Homeoffice-Möglichkeiten äußern könnten. Gerade letzteres scheint, aufgrund der zeitlichen Einsparungen auf Seiten der Mitarbeiter als auch aufgrund der finanziellen Einsparungen auf Seiten der Unternehmen, relativ wahrscheinlich.

Wenn die Prädispositionen der Zielgruppe den Ansatzpunkt darstellen, so ist für beide Strategien zu klären, wie es zu diesen Voreinstellungen des Verhaltens kommt, um ein Gefühl dafür zu bekommen, wie stabil diese Voreinstellung ist und ob Änderungsmöglichkeiten überhaupt existieren.

Es wurde bereits angesprochen, dass die Wertstrategie solche Präferenzstrategien abdeckt, die als mehrdimensionale Präferenzstrategien bezeichnet werden und somit von einer einseitigen Kostenorientierung differenziert werden können. Die Mehrdimensionalität bezieht sich auf die für die Kaufentscheidung relevanten Produkteigenschaften, die u. a. das Image, die Qualität, die Geschwindigkeit der Bereitstellung, das genutzte Material, das Design umfassen können. Bei kostenorientierten Wertstrategien spielen die dafür vom Kunden aufzubringenden Kosten eine ergänzende Rolle in Form einer Art hinreichender Bedingung, welche die Präferenzen des Kunden beeinflusst: Das Produkt muss bestimmte Wertvorstellungen erfüllen und wird dann von dem Anbieter bezogen, dem es gelingt, die vom Kunden empfundenen Kosten möglichst zu minimieren.

Wenn Wertigkeit über eine ökonomische Interpretation hinausgeht, dann muss sie nicht zwingend am Preis festmachen: Auch wenn Wertstrategien mit Markenprodukten verknüpft sind, bedeutet dies nicht, dass es sich dabei um (absolut) teure Produkte handeln muss. Aus der auf Bedürfnissen aufbauenden Wertigkeit von Produkten entstehen Präferenzen für solche Produkte, welche die Bedürfnisse besonders vollständig erfüllen, erst einmal unabhängig von ihren monetären Kosten. Aus diesem Grund muss der Begriff der Präferenz noch etwas näher betrachtet werden.

4.2.1.1 Interpersonelle Bestimmungsfaktoren

Wie in Darstellung 4.50 zu erkennen, handelt es sich bei den interpersonellen Bestimmungsfaktoren um drei verschiedene Gruppen von Faktoren: Kultur, soziale Schicht und Bezugsgruppen. Die drei Faktoren sind nicht unabhängig voneinander zu betrachten, da beispielsweise die Kultur oder Subkultur von der sozialen Schicht und den Bezugsgruppen abhängig ist. Außerdem ist kein Kunde lediglich in einer kulturellen Schicht unterwegs, sondern wird in Gänze nur über die Summe seiner Subkulturen definiert, der eine allumfassende Kultur übergestülpt sein kann. So gibt es eine deutsche Kultur, die dazu führt, dass beispielsweise Pünktlichkeit als ein entscheidender deutscher Wert interpretiert wird. Unabhängig davon gibt es aber eine Reihe von Subkulturen in Deutschland, die teilweise ethnische, religiöse, berufliche und/oder regionale Ursachen haben können und die dazu führen, dass der Wert Pünktlichkeit eine unterschiedliche Interpretation bekommt.

4.2 Voraussetzungen für und Ausprägungen von Wertstrategien

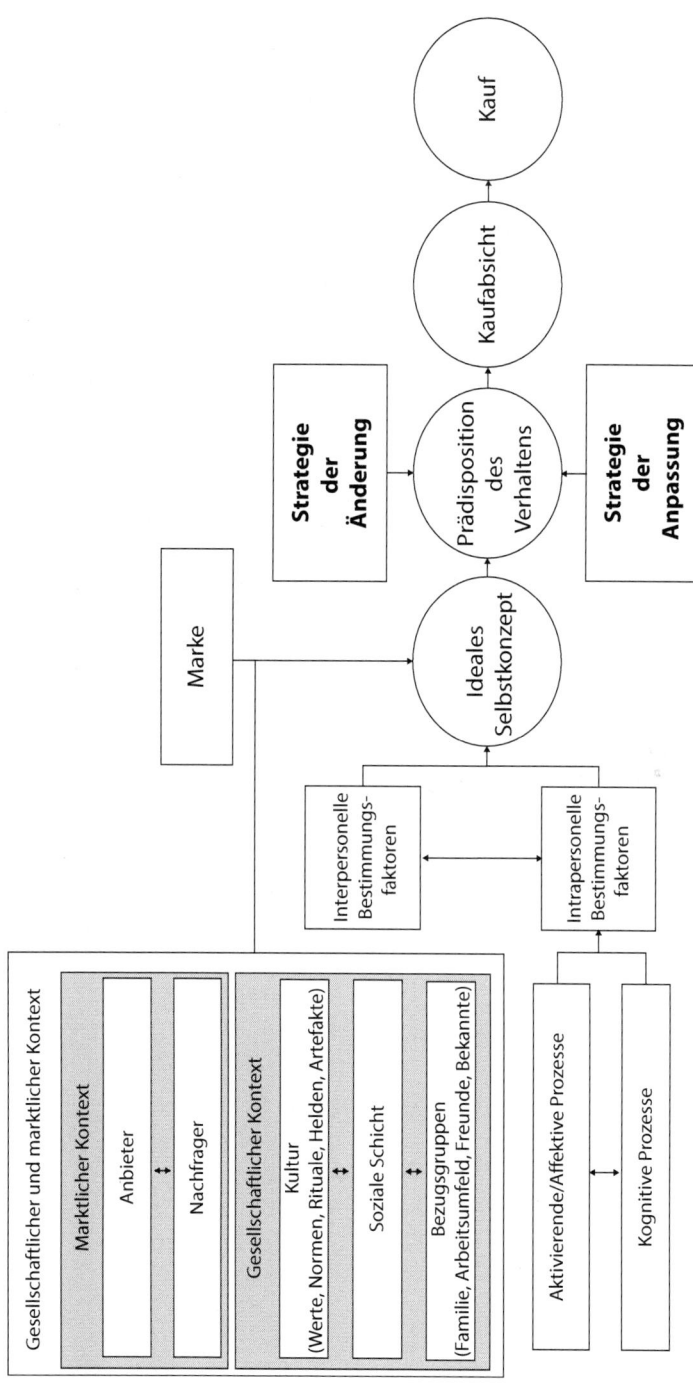

Dar. 4.50: Interpersonelle Bestimmungsfaktoren

Die in Darstellung 4.50 beschriebene Unterteilung von Kultur ist an Hofstede angelehnt, dessen »Kulturzwiebel« die aufgeführten Elemente beinhaltet und proklamiert, dass die Sichtbarkeit der Elemente für Außenstehende von (hier) links nach rechts zunimmt (Hofstede 2010). Während Werte und Normen also eher indirekt über das Verhalten zu erahnen und zu interpretieren sind, lassen sich Rituale, Helden und Artefakte deutlicher erkennen. Ein deutscher Wert ist beispielsweise Sicherheit, die sich auch auf die finanzielle Sicherheit beziehen kann und sich u. a. in verschiedensten Formen der Vermögenssicherung äußert. Eine Norm wäre dann das finanzielle Sicherheitspolster, das, je nach (deutscher) Quelle bei etwa 3 Monatsgehältern liegen sollte.[15] Das dazugehörige Ritual besteht im regelmäßigen Ansparen, beispielsweise über einen Sparplan der Banken und Sparkassen. Die Sparquote hat im Pandemie-Jahr 2020 in Deutschland mit 16,69 % des verfügbaren Einkommens bei den privaten Haushalten eine neue Rekordhöhe erreicht (Statistisches Bundesamt 2021, S. 21). Als Helden werden gerne die interpretiert, die erfolgreich Geld angespart haben, mitunter reich sind und als Artefakte oder Symbole würde dann »mein Haus – mein Auto – mein Boot«[16] gelten.

Die soziale Schicht als ein klassisches Segmentierungsmerkmal wird als »relativ dauerhafte, wesentliche, homogene Gesellschaftsgruppe mit ähnlichen Wertvorstellungen, Interessen, Lebensstilen und Verhaltensmustern« (Freter 2008, S. 118) beschrieben. Die Klassifizierung kann dann nach Ober-, Mittel- und Unterschicht mit der Unterteilung jeweils in obere und untere erfolgen und beispielsweise anhand des Berufs, der Ausbildung, des Einkommens und des Milieus operationalisiert werden. Gerade das Kriterium des Milieus bildet hier den Versuch ab, Personen ganzheitlich zu erfassen und die schon vorab beschriebene Vielschichtigkeit der Einflussfaktoren darstellen zu können (▶ Kap. 4.4).

Ebenso können die Bezugsgruppen entsprechend der Definition von sozialer Schicht im gleichen Milieu verankert sein oder wie in der Unterscheidung von Hansen deutlich wurde aus anderen sozialen Schichten bzw. Subkulturen stammen (Hansen 2011, S. 132). Es sei hier nur an Artefakte gedacht wie die Spielfilme »Die Glücksritter, Wall Street oder Notting Hill«, die mit dieser Thematik im wahrsten Sinne des Wortes spielen.

4.2.1.2 Intrapersonelle Bestimmungsfaktoren

Im Gegensatz zu den interpersonellen beschreiben die intrapersonellen Bestimmungsfaktoren die Prozesse, die innerhalb einer Person stattfinden (▶ Dar. 4.51). Als aktivierende Prozesse werden die bezeichnet, die mit »inneren Erregungen und Spannungen verbunden sind und das Verhalten antreiben« (Kroeber-Riel, Gröppel-Klein 2019, S. 51). Im Gegensatz dazu sind kognitive Prozesse solche, »durch die das

---

15 Vgl. z. B. https://www.raiba-rupertiwinkel.de/privatkunden/beratung/ziele-und-wuensche/familie-finanziell-absichern/ruecklagen-bilden.html, 10.03.2021.
16 Vgl. https://www.wuv.de/agenturen/mein_haus_mein_auto_jvm_legt_sparkassen_spot_neu_auf, 10.03.2021.

Individuum Informationen aufnimmt, verarbeitet und speichert« (Kroeber-Riel, Gröppel-Klein 2019, S. 51). Auch wenn diese Prozesse in der theoretischen Betrachtung getrennt voneinander erläutert werden, so ist doch klar, dass sich beide Prozesse gegenseitig beeinflussen (Roth 1997, S. 211). Komplexe psychische Prozesse werden aus diesem Grund als aktivierend bezeichnet, wenn die Komponenten, die der Aktivierung zugeordnet werden, vorherrschend sind und entsprechend gelten sie als kognitiv, wenn die kognitiven Komponenten vorherrschend sind. So kann es in ersterem Fall sein, dass eine erworbene Einstellung (als aktivierende Komponente) zu einer bestimmten Wahrnehmung führt: Wer ein bestimmtes Markenprodukt anderen Markenprodukten vorzieht, der nimmt beide Markenprodukte unterschiedlich wahr. Im zweiten Fall kann die Wahrnehmung einer bestimmten Situation, z. B. am Point-of-sale dazu führen, dass es zu emotionalen Reaktionen kommt.

Aktivierende Prozesse lassen sich in die Emotionen, die Motivation und die Einstellungen unterteilen. Mitunter wird die Aktivierung noch als eigenständiger Ausgangspunkt angesprochen, sie ist aber quasi die »Grunddimension« (Foscht et al. 2017, S. 37) und die Voraussetzung für den Start des gleichnamigen Prozesses. Aktivierung meint dabei die Versorgung des Körpers mit Energie, so dass Leistungsmöglichkeit bereitgestellt wird. Sie liegt so lange vor, so lange es sich um einen lebenden Organismus handelt. Anders ausgedrückt handelt es sich bei Aktivierung um einen Erregungszustand. Das Niveau der Erregung schwankt und das Ausmaß der Aktivierung ist ein Indikator dafür, wie leistungsfähig der Organismus ist: Im Schlaf ist die Aktivierung auf einem niedrigen, bei Panik auf einem sehr hohen Niveau. Die Lambda-Hypothese beschreibt dabei den Zusammenhang zwischen Aktivierungsniveau und Leistungsfähigkeit als einen glockenförmigen (Yerkes, Dodson 1908, S. 459-482, Salehi, B. et al. 2010, S. 522-530), dieser Zusammenhang kann aber nicht eindeutig nachgewiesen werden (Kroeber-Riel, Gröppel-Klein 2019, S. 84 ff.).

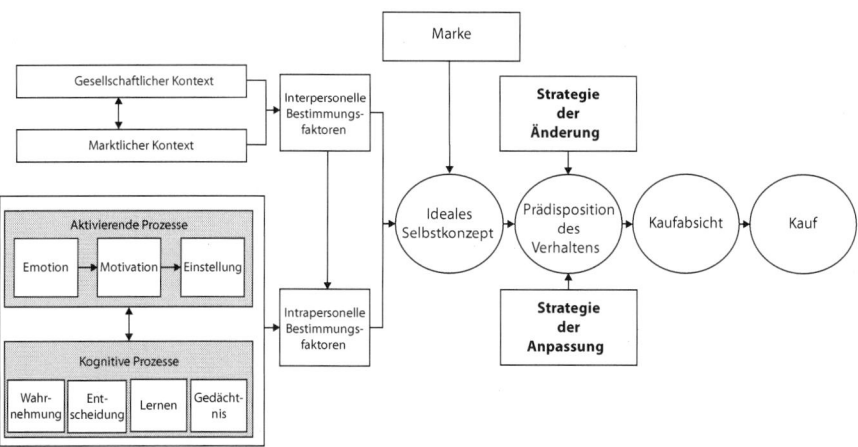

Dar. 4.51: Intrapersonelle Bestimmungsfaktoren

Unabhängig davon ist die Aktivierung das Hintergrundrauschen für die Emotionen, die beschrieben werden können, als »innere Erregungsvorgänge (E), die als angenehm oder unangenehm empfunden, in der Regel eher bewusst erlebt werden und zeitlich befristet sind« (Kroeber-Riel, Gröppel-Klein 2019, S. 54 f.). Den Emotionen liegen Wahrnehmungen der Umwelt zu Grunde, so dass sie eine kognitive Komponente haben: Sie können sich auf vergangene, gegenwärtige oder zukünftige Ereignisse beziehen oder auf soziale Unterschiede und führen dann beispielsweise zu Hoffnung, Neid oder Stolz. Felser (2015, S. 91) bezeichnet die Emotionen auch als »Schlüssel zu den Kognitionen, die über das Verhalten des Konsumenten entscheiden« oder einfacher »Emotionen sind das trojanische Pferd, um Menschen (kognitiv) zu erreichen« (Foscht et al. 2017, S. 45). Die Diskussion um die affektive und kognitive Komponente von Emotionen wird aktuell im Rahmen der sog. Zajonc-Lazarus-Debatte geführt und wird in Appraisal-Theorien (u. a. Lazarus 1991) und biologische Theorien (u. a. Zajonc 1980) unterteilt.

Motive treten grundsätzlich auf, wenn ein Bedürfnis so stark geworden ist, dass es befriedigt werden möchte (Solomon et al. 2001, S. 119) und lassen sich deswegen u. a. durch die Einteilung von Maslow (1973) beschreiben. Sie können durch die Determinanten Richtung bzw. Ziel, Intensität und Dauer genauer erfasst werden (Kroeber-Riel, Gröppel-Klein 2019, S. 55). Die Motivation ist der dazugehörige Prozess, der zur Beseitigung des empfundenen Mangels führen soll und kann als Emotion plus (kognitiver) Zielorientierung beschrieben werden. Werden die Triebe hinzugezählt, die ebenfalls eine innere, aber eher biologisch fundierte, Stimulierung darstellen, so kann hier auch allgemeiner formuliert von grundlegenden Antriebskräften plus kognitiver Zielorientierung gesprochen werden (Kroeber-Riel, Gröppel-Klein 2019, S. 158). Die Motivforschung kennt sowohl die Unterscheidung in biogene und soziogene Motive, wobei die einen solche beschreiben, die angeboren sind und letztere solche, die durch Sozialisation erworben wurden, als auch eine Differenzierung nach bewussten und unbewussten Bedürfnissen. Insbesondere die unbewussten Prozesse werden spätestens seit der Veröffentlichung von Vance Packard 1958 und den angeblichen Vicary-Experimenten 1957 (Karremans et al. 2006, S. 792-798) intensiv diskutiert und werden heute unter dem Begriff *subliminal priming* zusammengefasst. Es scheint deutlich zu werden, dass die Initiierung von Kaufhandlungen durch unterschwellige Reize nur dann funktioniert, wenn sie auf ein bereits vorhandenes Motiv treffen. Insgesamt liegt die Wirkung aber deutlich unter der von überschwelligen Reizen (Smith, Rogers 1994, S. 872)

Schließlich beschreiben die Einstellungen die Bereitschaft zur positiven oder negativen Bewertung eines Einstellungsobjektes und bestehen somit in einer affektiven Bewertungskomponente. Da Einstellungen in der Regel auf Erfahrungen beruhen (Felser 2015, S. 254) besitzen sie aber auch eine kognitive Komponente und können deshalb als Motivation mit kognitiver Gegenstandsbeurteilung beschrieben werden (Kroeber-Riel, Gröppel-Klein 2019, S. 58). Einstellungen reflektieren sowohl die Selbsteinschätzung als auch »alle Empfindungen/Haltungen in Bezug auf die gesamte Umwelt« (Kroeber-Riel, Gröppel-Klein 2019, S. 199). Zu den bekanntesten Einstellungstheorien gehören die Theory of Reasond Action (TRA) und die Theory of Planned

Behavior (TRB). Hierbei ergibt sich die Einstellung der Konsumenten dadurch, dass sie davon überzeugt sind, dass ein bestimmtes Verhalten zu einem bestimmten Ergebnis führt und das Ergebnis eine (positive) Bewertung erfährt; mithin die Konsumenten also versuchen, sich den sozialen Erwartungen anzupassen (Ajzen 1991, Ajzen, Fishbein 2000 und aktueller Kim 2011, Montano, Kasprzyk 2015 und Paul et al. 2016). Für die Frage nach der Entstehung von Einstellungen ist das ABC-Modell von Solomon et al. (2010, S. 123) geeignet, in dem zwischen den affektiven Prozessen (A = Affect), den konativen Prozessen (B = Behavior) und den kognitiven Prozessen (C = Cognition) unterschieden wird (▶ Dar. 4.52). Das ABC-Modell beschreibt die unterschiedlichen Wirkungsreihenfolgen von Überzeugung, Affekt und Verhalten auf die Einstellungsbildung: Während die Überzeugung als das Ergebnis kognitiver Prozesse verstanden werden kann, beschreibt der Affekt das Ergebnis der aktivierenden Prozesse. Das Verhalten selbst umfasst neben der Intention auch das zu beobachtende Verhalten im Sinne konativer Prozesse.

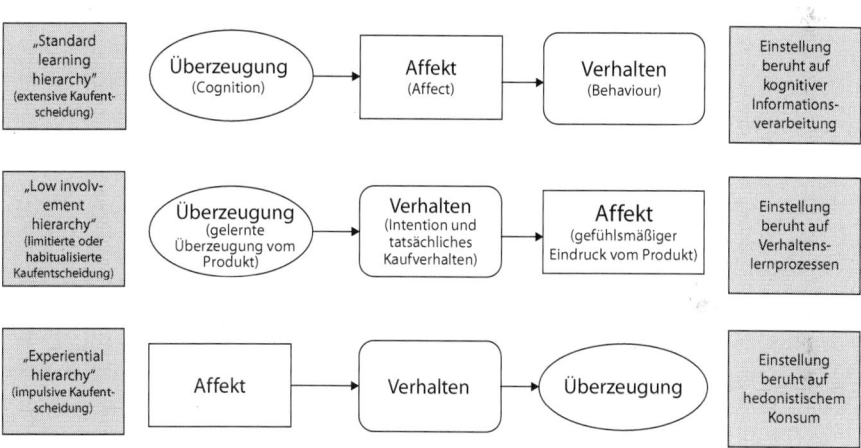

Dar. 4.52: ABC-Modell (Quelle: In Anlehnung an Solomon, Bamossy et al. 2010, S. 123)

Wird diesem Modell gefolgt, so kann die Einstellung zu einem Produkt entweder auf kognitiver Informationsverarbeitung beruhen, auf Verhaltensprozessen oder auf hedonistischem Konsum. Solomon et al. erklären über eine unterschiedliche Reihenfolge der Begrifflichkeiten unterschiedliche Entstehungen von Einstellungen:

- CAB = Einstellungen beruhen auf kognitiver Informationsverarbeitung. In diesem Fall liegt eine High-involvement-Entscheidung vor. Der Einstellung liegt somit eine intensive kognitive Beschäftigung mit dem Produkt zugrunde. Aus der kognitiven Beschäftigung ergeben sich Präferenzen für Produktalternativen, die im Ergebnis zu der Vorziehenswürdigkeit des einen oder anderen Produktes führen. Dies könnte beispielsweise dann der Fall sein, wenn mit dem Kauf ein hohes (monetäres) Risiko verbunden ist, wie dies beim Kauf eines Autos oder eines Hauses sein

kann oder eine mögliche Fehlentscheidung gesundheitliche Folgen haben könnte. Nahrungsmittelallergien oder die Kenntnis um die katastrophalen Zustände der Massentierhaltung lassen auch den Kauf von Produkten mit niedrigen monetären Kosten zu einer High-involvement-Entscheidung werden.
- CBA = Einstellungen beruhen auf Verhaltenslernprozessen. In diesem Fall liegt eine Low-Involvement-Entscheidung vor. Der Begriff des Involvements wurde von Krugman (1965) in die Konsumentenforschung eingeführt. Vor dem in diesem Aufsatz dargestellten Hintergrund der Wertstrategien und der damit einhergehenden Bedeutung von Werten bietet es sich an, eine Definition von Zaichkowsky (1985, S. 341) zu nutzen: »A person's perceived relevance of the object based on inherent needs, values and interests«. Hier wird noch deutlicher, dass Prädispositionen eine entscheidende Rolle spielen, die von den Bedürfnissen, Werten und Zielen eines Individuums abhängen. Dabei können auch Einkaufsmotive als personenspezifische Involvement-Ursachen interpretiert werden, die, wenn sie sich beispielsweise auf eine Einkaufsstätte oder ein Produkt beziehen, mit dem Begriff des *enduring involvements* bezeichnet werden (Bloch et al. 2009) und neben der persönlichen Befindlichkeit auch durch externe Variablen gesteuert werden, wie u. a. Wechselkosten oder Transaktionskosten. Die Entscheidung fällt auf der Grundlage geringster Informationen, beispielsweise aufgrund von Verpackung oder Verkaufsförderung, und eine wirkliche Einstellungsbildung findet erst nach dem Kauf statt. Hierbei kann es sich z. B. um Nahrungsmittel, Körperpflegeprodukte o. Ä. handeln, die beispielsweise aufgrund einer Verkaufsförderungsmaßnahme erworben werden und im Nachgang zu einer Präferenzbildung führen. Damit ist auch die Frage des Wiederkaufs von der sich nach dem Kauf bildenden Einstellung zum Produkt abhängig.
- ABC = Einstellungen beruhen auf hedonistischem Konsum. Da hier die affektiven Komponenten ausschlaggebend sind, liegen solche Kaufsituationen immer dann vor, wenn es aus Sicht des Konsumenten keinen entscheidenden Unterschied zwischen den Produkten gibt, mithin also die Produkte als grundsätzlich austauschbar wahrgenommen werden. Es wird davon ausgegangen, dass in diesem Fall eine Bewertung aufgrund des mit dem Produkt verbundenen Einkaufvergnügens oder Nutzungsvergnügens stattfindet und nicht aufgrund rational und objektiv zu beurteilender Kriterien. In diesem Fall ist die gefühlsmäßige Situation im Moment des Kaufs entscheidend und der Kunde bildet sich seine Überzeugungen erst nach dem Kauf. Aus diesem Grund ist die Initiierung von sog. Erlebniswelten im Einzelhandel ein sehr häufig diskutiertes Thema.

In Abgrenzung zu den aktivierenden Prozessen werden die kognitiven Prozesse als gedankliche Prozesse (Kroeber-Riel, Göppel-Klein 2019, S. 257) bezeichnet, die sich in die Informationsaufnahme (Wahrnehmung), die Informationsverarbeitung (Denken, Entscheiden) und Informationsspeicherung (Lernen und Gedächtnis) (Foscht et al. 2017, S. 85) unterscheiden lassen.

Der Wahrnehmungsprozess lässt sich in drei verschiedene Komponenten unterteilen: eine physikalische, die physiologische und die psychologische Komponente. Die physikalische beschreibt u. a. die Wellenlänge des Lichts oder die Schallintensität, die physiologische die Tätigkeiten des Nervensystems (Roth 1997) und die psychologische u. a. die Lautstärke eines Tons (Felser 2015, S. 28). Die psychologische Komponente wird mit der sog. Reizschwelle beschrieben, also der Intensität eines Reizes, ab dem ein Individuum beginnt, etwas wahrzunehmen. Diese Schwelle ist nicht für alle Individuen gleich, aber grundsätzlich von Bedeutung, da sie an Differenzen zwischen einem vorangegangenen und einem neuen Reiz festmacht. Dies lässt sich u. a. auf die relative Größe von Werbeanzeigen oder auch auf Nutzenniveaus beziehen: Ab welchem Unterschied zu anderen Anzeigen fallen Werbeanzeigen eher auf oder ab welchem Nutzenniveau nimmt der Grenznutzen ab? Da die Wahrnehmung über die fünf menschlichen Sinne geschieht und u. a. in Form von Schallwellen oder Lichtwellen auf die Sinnesorgane Ohren und Augen trifft, ist eine Anpassung an die damit verbundenen Beschränkungen (beispielsweise Lichteinfall und Geräuschkulisse bei der Wahrnehmungssituation) notwendig. Dies umso mehr, als die Beschränkungen tendenziell mit dem Alter zunehmen und die Leistungsfähigkeit aller Sinnesorgane abnimmt. Wahrnehmung über die Sinne bedeutet, dass der neuronale Code neutral sein muss, damit eine zusammenführende Verarbeitung der Information und eine Umsetzung in Verhalten möglich ist (Roth 1997, S. 249). Da die Information an unterschiedlichen Orten des Gehirns stattfindet und es keine Zentrale gibt, an der diese Informationen zusammenlaufen, bilden die einzelnen Komponenten des Wahrnehmungsaktes eine »topographisch organisierte Repräsentation« (Damasio 2018, S. 143). Eine exakte Kopie der erlebten Situation, des Gegenstandes oder der Person in Sinne einer Fotografie oder eines Videoclips wäre für das Gehirn kapazitätstechnisch nicht leistbar. Deswegen greift es auf die neuronalen Entladungsmuster der einzelnen Gehirnregionen zurück. Diese Entladungsmuster entstehen aus Erfahrung – die Wahrnehmung eines bestimmten Firmenlogos führt in verschiedenen Gehirnregionen zu einer spezifischen Codierung der Information (z. B. der räumlichen Tiefe und Farbe des Logos, Roth 1997, S. 255), die bei einem Wiedererkennen des Logos in der gleichen Form aktiviert werden, sie repräsentieren also das Original und sind in den seltensten Fällen eine exakte Kopie (Damasio 2018, S. 146). Wahrnehmungen sind damit »Hypothesen über die Umwelt« (Roth 1997, S. 27).

Die Verarbeitung von Information kann entweder über kontrollierte Prozesse oder automatische Verarbeitung stattfinden, je nachdem, ob die Information neu oder bereits bekannt ist. Die kontrollierten Prozesse sind zwar flexibler als die automatischen Verarbeitungsprozesse, brauchen deswegen aber auch mehr (begrenzte) Ressourcen. Hier findet die Verarbeitung im frontalen Kortex statt und zusätzlich werden modalitätsspezifische Areale aktiviert (also beispielsweise der visuelle Kortex für die Verarbeitung der visuellen Information). Im Gegensatz dazu wird bei einer automatischen Verarbeitung verstärkt auf die modalitätsspezifischen Areale zurückgegriffen. Bei entsprechender Häufigkeit der immer gleichen Information zeigt sich, dass aus der kontrollierten Informationsverarbeitung automatische eine vertraute wird (Hein, Henning 2007, S. 115).

Prozessual wird das Gedächtnis heute in ein sensorisches Register, das Arbeitsgedächtnis und das Langzeitgedächtnis unterteilt (Kroeber-Riel, Gröppel-Klein 2019,

S. 260 ff.). Das sensorische Register beinhaltet die verschiedenen Formen der Sinnesaufnahme, die dort nur sehr kurz gespeichert werden, weswegen dieses Register früher auch als Ultrakurzzeitgedächtnis bezeichnet wurde. Der Kürze der Speicherung steht die fast unendliche Menge an Informationen gegenüber, die dann mit der Information im Langzeitgedächtnis abgeglichen wird – aus diesem Grund wird das sensorische Register auch als die Brücke zwischen Wahrnehmung und Gedächtnis beschrieben. Dieser Abgleich findet parallel zur Nutzung des in seinen Kapazitäten begrenzten Arbeitsgedächtnisses statt, das je nach Quelle auch die Funktion eines dem Langzeitgedächtnis vorgeschalteten Filters übernimmt (Markowitsch 2007, S. 35). Im Langezeitgedächtnis können das deklarative und das nondeklarative System unterschieden werden. Das deklarative System kann in das episodische Wissen und das semantische Wissen unterteilt werden, das nondeklarative in das perzeptuelle Wissen und das prozedurale Wissen.

Das episodische Wissen beinhaltet alle Informationen, die autobiografisch sind und in einem Raum-Zeit-Kontext eingebettet sind, also beispielsweise die Informationen über das letzte Training oder die letzte Unterrichtseinheit. Das semantische Wissen beinhaltet von der Person unabhängige Informationen ohne zeitlich-räumliche Einbettung, somit u. a. Faktenwissen wie Rom ist die Hauptstadt von Italien. Das im nondeklarativen System angesiedelte perzeptuelle Gedächtnis ermöglicht das Wiedererkennen von bekannten Mustern, z. B. (Sound-)Logos, Markennamen oder auch Gesichtern. Es ist deswegen wichtig für eine möglichst schnelle Beurteilung auf der Basis von Neuigkeit und Vertrautheit. Hier ist das Priming eine relevante Technik im Marketing, die darauf aufbaut, dass die Wiedererkennungswahrscheinlichkeit steigt, wenn etwas vorab wahrgenommen wurde, wie dies beispielsweise bei sog. Remindern in der TV-Werbung praktiziert wird: Ein Werbespot wird, meist verkürzt, eine kurze Zeit nach Ausstrahlen des ersten Spots wiederholt. Das Priming kann in verschiedene Formen unterteilt werden, so u. a. in das konzeptuelle Priming, bei dem Bedeutungen aktiviert werden, wie z. B. ein Markenlogo, die dann verhaltenswirksam sind: So zeigte sich in einer Untersuchung, dass allein die Wahrnehmung der Marke Gatorade bei den Probanden in einem nachfolgenden Test für mehr Durchhaltevermögen gesorgt hat (Friedmann, Elliot 2008). Schließlich bleibt noch das prozeduale Gedächtnis, welches für die Alltagsroutinen steht, die eingeübt werden und dann unbewusst beherrscht werden (Roth 1997, S. 210), also beispielsweise das Autofahren oder die Handhabung eines Produktes.

Es hat sich gezeigt, dass sich ausbildende Wertvorstellungen und damit Prädispositionen aus einer interpersonellen und einer intrapersonellen Komponente speisen. Es wurde auch bereits angedeutet, dass die Erkenntnis um die Ausbildung von Präferenzen und die Anpassung an diese im Rahmen einer Strategie der Anpassung nur eine Möglichkeit ist. Die andere Möglichkeit besteht in dem Versuch, mit entsprechenden operativen Marketingmaßnahmen, die Ausprägung der Prädispositionen zu beeinflussen und somit eine Strategie der Änderung zu verfolgen. Im weiteren Verlauf werden die Kaufentscheidungsprozesse diskutiert und die beiden getrennten affektiven und kognitiven Prozesse in ihrer Kombination betrachtet.

4.2.1.3 Kaufentscheidungsprozesse

Es wurde deutlich, dass das Verhältnis der kognitiven Komponente zur affektiven Komponente für die Erklärung des Kaufverhaltens relevant sein kann. Entsprechend lässt sich das Entscheidungsverhalten danach unterscheiden, ob es einer stärkeren oder schwächeren kognitiven Kontrolle unterliegt. Ergänzend um die weiter oben bereits getroffene Unterscheidung entlang der ABC-Hypothese zur Einstellungsbildung kann unter Berücksichtigung der affektiven und konativen Komponente das Entscheidungsverhalten von Konsumenten dargestellt werden (Kroeber-Riel, Gröppel-Klein 2019, S. 388 f.):

- Extensive Entscheidungen haben sowohl ein hohes kognitives als auch emotionales Involvement gegenüber den rein reaktiven Prozessen. Sie entsprechen der CAB-Einordnung in der ABC-Hypothese. Es besteht hoher Informationsbedarf und es erfolgt eine aufwändige Informationsverarbeitung, so dass die Entscheidungsdauer eher lang ist. Es werden alle verfügbaren internen und externen Informationen aufgenommen und rational verarbeitet. Dieses Kaufverhalten ist insbesondere dann relevant, wenn noch keine Entscheidungsmuster vorliegen, also beispielsweise bei einem Erstkauf. Die Informationsaufnahme wird lediglich durch situative Faktoren begrenzt wie die individuelle kognitive Restriktion, Zeitdruck oder die Möglichkeiten des Zugriffs auf Information. Im Extremfall kann die Begrenzung dazu führen, dass das limitierte Kaufverhalten eintritt. Diese Situation wird u. a. im sog. Heuristisch-Systematischen Modell (HSM) berücksichtigt, welches als alternatives Erklärungsmodell zum Elaboration Likelihood Model (ELM) von Chaiken (1980) für die Entwicklung und Beeinflussungen von Einstellungen beschrieben wurde.
- Limitierte Entscheidungen haben ein dominantes kognitives Involvement und entsprechen der CBA-Einstellungsbildung. Allerdings findet hier ein vereinfachtes kognitiv dominiertes Entscheidungsprogramm statt. Limitierte Kaufentscheidungen sollen den Käufer emotional und kognitiv entlasten und werden in erster Linie aufgrund von Schlüsselinformationen durchgeführt. Es besteht ein mittlerer Informationsbedarf und eine mittlere Informationsverarbeitung. Dies ist beispielsweise der Fall, wenn nur wenige kaufrelevante Alternativen angeboten werden (etwa bei einem Hard-Discounter). Hier wird nicht wie bei den extensiven Kaufentscheidungen die optimale Alternative ausgewählt, sondern eine solche, die das Anspruchsniveau des Entscheiders erfüllt.
- Habitualisierte Entscheidungen unterliegen einem dominanten reaktiven Prozess und finden sich ebenfalls in der CBA-Einstellungsbildung wieder. Hier sind sowohl das kognitive als auch das emotionale Involvement schwach ausgeprägt. Der Kunde überlegt also nicht, sondern kauft Produkte aus Gewohnheit. Entsprechend äußert sich ein eher geringer Informationsbedarf und eine schnelle Informationsverarbeitung. Die Marken- bzw. Produkttreue ist entsprechend hoch. Die habitualisierten Kaufentscheidungen beruhen auf dem Persönlichkeitsmerkmal des generellen Strebens nach Vereinfachung des täglichen Lebens und der begrenzten Risikoneigung. Sie entstehen durch die Adoption von Verhaltensmus-

tern oder durch Beibehalten bewährter Entscheidungen, ohne dass diese besonders begründet sein müssen. Die habitualisierte Kaufentscheidung ist über den Zeitablauf sehr stabil, kann sich zwar kurzfristig ändern, wenn vergleichbare Produkte beispielsweise preiswerter angeboten werden, letztlich kehren aber die meisten habitualisierten Käufer zu ihrem Ursprungsprodukt zurück, sobald der Wechselreiz entfällt (O'Shaughnessy 1987, S. 57). Diese Reaktion basiert in der Regel auf einer hohen Zufriedenheit mit dem Produkt und führt im Rahmen des Marketings dazu, dass es leichter sein kann, Kunden zu halten als neue zu gewinnen – zumindest dann, wenn ein erkennbarer dauerhafter Vorteil des Konkurrenzproduktes nicht vorliegt.
- Impulsive Kaufentscheidungen haben ein hohes emotionales Involvement als auch eine starke reaktive Dominanz. Entsprechend sind hier die kognitiven Prozesse eher schwächer ausgeprägt. Es handelt sich somit um schnell ablaufende, spontane Kaufreaktionen, die meist durch produktbezogene Stimuli ausgelöst werden und Übereinstimmungen mit einem hedonistischen Konsum aufweisen. Sie entsprechen der im ABC-Modell angesprochenen Unterteilung.

Nach Kroeber-Riel und Meyer-Hentschel (1982, S. 14), ist der Anteil der extensiven an allen Formen von Kaufentscheidungen eher bei 15-20 % anzunehmen, der Anteil der limitierten Kaufentscheidungen bei 30 % und der Anteil der habitualisierten und impulsiven Kaufentscheidungen bei mindestens 50 %. Insbesondere die begrenzte Rationalität (bounded rationality) führt dazu, dass das menschliche Entscheidungsverhalten eben eher mit geringerem kognitivem Involvement stattfindet (Nerdinger 2001, S. 41-49) und einfachere Entscheidungsregeln in Funktion treten. Dabei handelt es sich z. B. um Heuristiken, also Faustregeln, die einfach und effizient sind, nicht aber zwingend zu einer richtigen Lösung führen (beispielsweise die Rekognitionsheuristik Goldstein, Gigerenzer 2002 oder die Repräsentativitätsheuristik Kahneman, Tversky 1972). Dennoch zeigt sich, dass, zumindest grundsätzlich, dieser Lösungsweg ziemlich erfolgreich ist (Gigerenzer et al. 1999).

Es wurde deutlich, welche relative Bedeutung die Kaufentscheidungsprozesse haben, die in der Realität eher habitualisiert oder impulsiv stattfinden. Damit liegt ihnen entweder ein geringes kognitives und emotionales Involvement zugrunde oder sie werden im Rahmen spontaner Aktionen ausgelöst, beispielsweise durch eine (kurzfristige) Situation am Point-of-Sale. »Viele Anbieter überschätzen das Involvement der Umworbenen, das fast immer gering ist« (Kroeber-Riel 1993, S. 225). Sofern dies angenommen werden kann, stellt sich die Frage, wie in Situationen geringen Involvements sichergestellt werden kann, dass der Kunde so geführt werden kann, dass er die gewünschten Produkte kauft. Dies knüpft an die oben aufgeworfene strategische Grundsatzentscheidung an, nämlich, ob die Prädispositionen des Kunden akzeptiert und bedient werden sollen oder ob es sinnvoller ist, zu versuchen, sie zu ändern.

Eine grundlegende Erklärung zur Beeinflussung von Einstellungen liefert das bereits erwähnte Elaboration Likelihood Model (ELM), denn auch wenn Einstellungen über den Zeitablauf relativ stabil sind, so besteht doch die Möglichkeit der

Einflussnahme durch die Unternehmenskommunikation. Im ELM von Petty, Caccioppo (1986) wird neben der zentralen Route, die immer dann relevant ist, wenn die Person stärker involviert ist, eine periphere Route vorgestellt, die den Prozess beschreibt, wenn das Involvement gering ist, bzw. die Fähigkeit zur Verarbeitung gering ist. In diesem Fall findet eine oberflächliche Verarbeitung von Argumenten statt; der Kunde ist anfällig für periphere Merkmale der Kommunikation wie beispielsweise die reine Anzahl der Argumente, das Darbietungstempo oder auch die Anzahl der Follower (De Veirman et al. 2017, S. 803). Sind sie hoch, so führt dies zu einer Einstellungsänderung, die allerdings tendenziell eher unbeständig ist und auch nicht resistent ist gegen neuerliche Beeinflussung. Ein weiteres peripheres Merkmal stellt die Einkaufs- oder Konsumumgebung dar. Sie gehört in ihrem operativen Verständnis der Ausstattungspolitik und in einem eher strategischen Verständnis zum Customer-Experience-Management (Verhoef et al. 2009), welches in verschiedene Forschungslinien unterteilt werden kann, die ihrerseits verschiedenen Erlebniskategorien (Produkterlebnis, Service-Erlebnis, Markenerlebnis, Konsum- bzw. Shopping-Erlebnis) (Bruhn, Hadwich 2012, S. 5) zugeordnet werden können. Customer-Experience-Management beschreibt dabei die »Summe aller Erlebnisse und dazugehörigen Emotionen [...], die über einmalige oder mehrmalige Wahrnehmungen im Umgang zwischen Kunden und Systemen [...] eines Unternehmens [...] entstehen« (Rusnjak, Schallmo 2018, S. 7).

4.3 Kosten

Es wurde bereits zu Beginn dieses Kapitels angedeutet, dass der Kostenbegriff bei den kostenorientierten Wertstrategien eine andere Interpretation erfährt als dies aus rein ökonomischer Perspektive der Fall ist. In diesem Kapitel wird deswegen der Fokus auf die nicht-monetären Kosten gelegt und dargestellt, dass deren Bedeutungen für die Interpretation der Gesamtkosten durch den Kunden und damit den letztlich kaufentscheidenden Nettonutzen nicht weniger relevant ist als die monetären Kosten. Für das Unternehmen kann die Möglichkeit bestehen, sich einem Preiswettbewerb zu entziehen und den Fokus der Kunden auf andere kaufentscheidungsrelevante Kriterien zu legen.

4.3.1 Komparativer Kostenvorteil (KKV)

Eine Einordnung kostenorientierter Wertstrategien lehnt sich an die Überlegungen von Backhaus und Schneider (2020) um den komparativen Konkurrenzvorteil (KKV) an. Hier wird ausgehend vom Nettonutzenkonzept, die Idee vertreten, dass ein im Vergleich zu anderen Unternehmen höherer Nettonutzen des eigenen Produktes für den Kunden nur dann für ein Unternehmen lohnenswert ist, wenn dies gleichzeitig aus einer Kostenperspektive für das Unternehmen ökonomisch sinnvoll geschieht. Das Effektivitätskriterium wird um das Effizienzkriterium ergänzt: »Ein Unternehmen ohne Effektivität beim Kunden, also ohne signifikanten relativen Kundenvorteil, begibt sich in die Gefahr eines Preiskampfes, der so ruinös werden kann, dass er die Effizienzbasis eines Unternehmens zerstört. Aber Unternehmen, die über eine relative Kundenvorteilsposition verfügen, müssen gleichzeitig die Effizienzseite beherrschen, sonst werden sie nicht dauerhaft im Markt überleben« (Backhaus, Schneider 2009, S. 30). Darstellung 4.53 stellt diesen Zusammenhang noch einmal dar. Auf der linken Seite ist das Angebot eines Konkurrenzunternehmens (K) zu sehen, auf der rechten Seite das Angebot des eigenen Unternehmens (A). Es wird deutlich, dass die Kosten für den Nachfrager bei A größer sind als bei K (Kostendifferenz A > K). Gleichzeitig ist die Nutzendifferenz aber bei A ebenfalls größer als bei K und diese Differenz ist ihrerseits größer als die Kostendifferenz, so dass eine positive Nettonutzen-Differenz entsteht (Effektivitätskriterium). Aus Sicht des Unternehmens verbleibt eine Marge KN – KLE, die größer ist als null, so dass auch das Effizienzkriterium erfüllt ist.

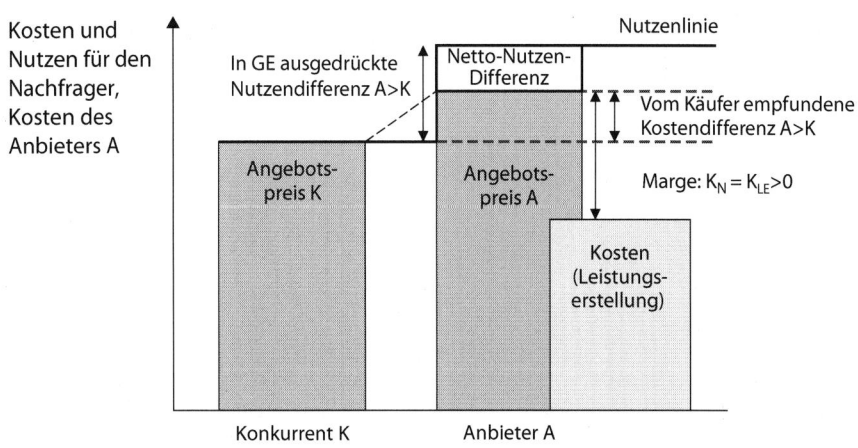

Dar. 4.53: Komparativer Kostenvorteil (Quelle: Backhaus, Schneider 2009, S. 32)

Backhaus und Schneider (2009, S. 87 ff.) führen weiter aus, inwieweit in dem beschriebenen Konzept die Nutzenkomponente und deren Ausprägungen und Berücksichtigung eine entscheidende Rolle für den Erfolg des Unternehmens spielt und konzentrieren sich dann auf drei Strategievarianten: Preisführerschaft, Qualitätsführerschaft und Zeitführerschaft. Die Preisführerschaft entspricht in ihrer Grundidee der in diesem Buch an anderer Stelle vorgestellten Strategie des Discounting (▶ Kap. 3), die Qualitätsführerschaft der Wertstrategie (▶ Kap. 5). Die Zeitführerschaft bezieht sich einerseits auf die Idee des Pioniers im Sinne eines ersten Markteintritts, andererseits wird auch damit der Zeitaspekt beim Kunden angesprochen und insbesondere auf die Opportunitätskosten abgestellt (Backhaus, Schneider 2009, S. 149 ff.). Allerdings ist wieder zu beachten, dass die Formulierung der »-führerschaft« auf einen wettbewerbsorientierten Strategieansatz hindeutet, mithin einen Vergleich mit dem Preis, der Qualität oder der zeitlichen Inanspruchnahme konkurrierender

Unternehmen. Dies ist, wie bereits erläutert, eine andere als die hier präferierte Sichtweise einer abnehmerorientierten Strategie, so dass beide Ansätze zwar im Ergebnis ähnlich sein können, im Ausgangspunkt allerdings variieren. Dies erscheint nicht nur vor der allgegenwärtigen Betonung der Kundenorientierung im Marketing (Customer Centricity) geboten, sondern fördert auch das Verständnis für die grundlegenden Entscheidungsprozesse und liefert damit Ansatzpunkte für die praktische Herangehensweise.

4.3.2 Nicht-monetäre Kosten

Der Gedanke um die Nettonutzen-Optimierung bei gleichzeitiger Kostenorientierung aus Sicht des Unternehmens wird in diesem Aufsatz um die Kostenorientierung aus Sicht des Kunden ergänzt. Für den Kunden bestehen die Kosten nicht nur aus den monetären Kosten, insbesondere dem Preis, den er zahlen muss und den Opportunitätskosten als nicht-monetären Kosten. Vielmehr fallen unter den Begriff der nicht-monetären Kosten auch Transaktionskosten[17], psychische Kosten und physische Kosten. Auch wenn diese Kosten nicht immer bewusst vom Kunden in die Kalkulation einbezogen werden, gerade weil sie sich nicht direkt in monetäre Einheiten umrechnen lassen, so sind sie doch indirekt immer vorhanden und schwingen im Erlebnis der verschiedenen Situationen eines Kaufprozesses mit – sei es in der Überlegung, dass man doch jetzt eigentlich viel lieber im Fußballstadion wäre als beim Einkauf oder dass es wieder mal viel zu voll ist an der Kasse. Dabei spielt es keine Rolle, ob es sich dabei um eine gedankliche Vorwegnahme dieser Situationen aufgrund von Erfahrungswerten handelt oder ob die Situation tatsächlich erlebt wird. Im Folgenden sollen die verschiedenen Kosten vorgestellt werden.

Die Opportunitätskosten stellen die Kosten der entgangenen Nutzung dar und sind letztlich sowohl ein Zeitkriterium als auch ein Rivalitätskriterium: Ein Zeitkriterium insofern, als der Kunde vor-, während und nach dem Kauf Zeit für die Transaktion aufbringen muss. Diese Kosten werden u. a. durch die Zeit deutlich, die der Kunde beispielsweise im Internet nach einem Angebot suchen muss, er in der Stadt einen Parkplatz sucht, die gewünschte Ware aus- oder anprobieren muss, nach dem Kauf auf dem Heimweg im Stau steht oder die erworbene Ware konfigurieren muss und in dieser Zeit etwas anderes hätte machen können. Dieser Verlust der alternativen Gestaltung der Zeit wird vom Kunden subjektiv bewertet und fließt in ein mögliches Engagement ein: Umso höher der Kunde eine alternative Zeitgestaltung bewertet, umso wahr-

---

17 Die Transaktionskosten sind hier der Vollständigkeit halber aufgezählt: Hier findet eine Bewertung der Kosten der Informationssuche vor dem Kauf, der Vertragungsverhandlung während des Kaufes und der Kontrollkosten nach dem Kauf statt. Sofern diese Kosten nicht monetarisierbar sind, lassen sie sich eigentlich den anderen nicht-monetären Kosten zuordnen, da sowohl die Informationssuche als auch die Vertragsverhandlungen und die nachgelagerte Kontrolle Zeit in Anspruch nehmen und psychische wie auch physische Kosten verursachen; sind sie monetarisierbar, müssten sie, genau genommen, den monetären Kosten zugeordnet werden.

scheinlicher ist es, dass er entweder den Prozess abkürzt, ihn unterbricht oder gar nicht erst startet. In welcher Form eine Einflussnahme des Kunden auf die Kosten möglich ist, hängt beispielsweise von der Art der Dienstleistung ab: Eine ergebnisorientierte Dienstleistung wie eine Flugreise lässt sich nur begrenzt zeitlich beeinflussen, eine prozessorientierte Dienstleistung wie der Besuch eines Fußballspiels kann bei zunehmenden empfundenen Opportunitätskosten dann abgebrochen werden, wenn diese Kosten den gleichzeitig empfundenen Nutzen übersteigen. Natürlich kann die verbrauchte Zeit auch positiv interpretiert werden, wenn die aktuellen Tätigkeiten in irgendeiner Form den persönlichen Nutzen steigern. Sei es, weil der Kunde beispielsweise beim erfolgreichen Aufbau eines Bücherregals seine Befriedigung findet oder es auf seine Wirkung auf sein soziales Umfeld einzahlt, beispielsweise, wenn sich das jahrelange Lernen auszahlt und der daraus resultierende Verzicht auf Freizeit durch einen akademischen Abschluss mehr als aufgewogen wird.

Die physischen Kosten sind Kosten der körperlichen Nutzung der Entität Mensch. Wie jedes andere Lebewesen, verbraucht der Mensch Energie und er ist sozusagen in seiner Grundeinstellung darauf aus, möglichst wenig Energie zu verbrauchen bzw. verschwenden, da die verbrauchte Energie u. a. in Form von Nahrungsaufnahme von außen zugeführt werden muss. Dies gilt für den Gang zum Supermarkt oder das Durchstöbern einer Vielzahl von Einzelhändlern auf der Suche nach dem richtigen Kleidungsstück. Gerade letzteres unterliegt einer sehr subjektiven Interpretation und während manche Menschen darin eine Form der Bedürfnisbefriedigung sehen, interpretieren andere das Shoppen als physische Belastung.

Die psychischen Kosten sind Kosten der geistigen Verarbeitung im Sinne einer Auseinandersetzung sowohl mit dem Produkt als auch innerhalb des Kaufprozesses mit der jeweils vorliegenden Situation. Insbesondere bei Innovationen ist mit Hilfe der TAM-und VAM-Modelle (Davis 1985; Venkatesh, Davis 2000; Venkatesh, Bala 2008; Kim 2007) hinreichend nachgewiesen worden, dass im Wesentlichen die wahrgenommene Nützlichkeit, als auch die wahrgenommene Benutzerfreundlichkeit der Innovation, für den Anwender eine erhebliche Rolle für die Akzeptanz der Innovation und damit für die Wahrscheinlichkeit der späteren Nutzung spielen. Die wahrgenommene Nützlichkeit ist beschrieben als die subjektive Empfindung der Person, dass die Innovation seine Arbeitsleistung verbessert. Die wahrgenommene Benutzerfreundlichkeit misst die Wahrnehmung der Person, mit wie viel bzw. wie wenig Aufwand das Erlernen der neuen Technologie verbunden ist. Eine Umfrage von PwC 2018 in Deutschland hat ergeben, dass zu den wichtigsten Faktoren beim Lebensmitteleinkauf

- die gute Anbindung und Erreichbarkeit des Ladenlokals ist (76 %),
- die Auswahl, so dass kein weiterer Einkauf in einem anderen Laden nötig ist (66 %),
- der übersichtliche Aufbau des Ladens und schnelle Wege (65 %) und
- ausreichend Parkplätze (58 %).

Wird der Kaufprozess etwas genauer betrachtet, so lassen sich die psychologischen und physischen Kosten noch etwas genauer zuordnen. Der Kaufprozess kann nach Kotler (2000, S. 179 ff.) in fünf Phasen unterteilt werden: Problemerkennung, Informationssuche, Bewertung Alternativen, Kaufentscheidung und Verhalten nach dem Kauf (▶ Dar. 4.54).

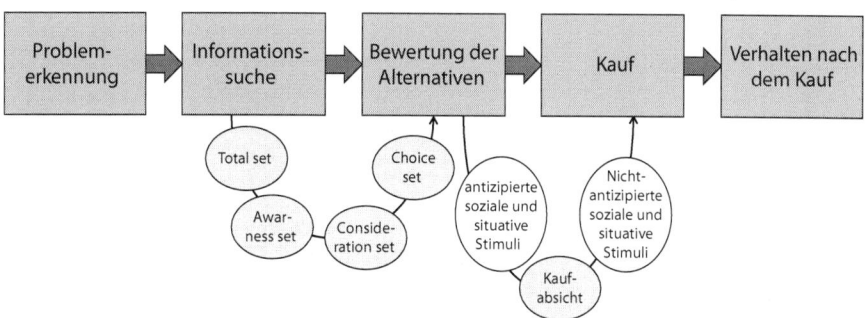

Dar. 4.54: Kaufprozess (Quelle: In Anlehnung an Kotler 2000, S. 179)

Mit Problemerkennung beschreibt Kotler die Wahrnehmung eines Bedürfnisses wie beispielsweise Hunger und Durst, aber auch Sicherheit und Selbstverwirklichung (Maslow 1973). Bedürfnisse haben zwei Eigenschaften: Zum einen handelt es sich um zeitstabile Dispositionen, was bedeutet, dass sie latent vorhanden sind. Zum anderen beschreiben sie den aktuellen Erregungszustand einer Person – sie sind damit die Vorstufe zum Motiv und lassen sich durch interne oder externe Stimuli auslösen. Interne Stimuli lägen dann vor, wenn die Intensität der Bedürfnisse ein Niveau erreicht, so dass Mangel spürbar wird, also beispielsweise der Hunger so groß wird, dass die Motivation entsteht, diesen Mangel zu beseitigen. Externe Stimuli können vielfältiger Natur sein und u. a. in Form von allen Varianten der kommunikationspolitischen Instrumente vorliegen (klassische Werbung, Product Placement, Sponsoring etc.) oder durch das Umfeld bestehen (Ladenlokal und Warenpräsentation vor Ort, Freunde, Verwandte, Bekannte etc.).

Die zweite Phase stellt die Informationssuche dar, in der der Kunde unter Zugriff auf unterschiedliche Quellen versucht, die notwendigen Informationen für den möglichen Kauf zusammenzutragen. In welchem Ausmaß die Informationssuche stattfindet, hängt u. a. davon ab, ob es sich um ein Low-Involvement-Produkt handelt, bei dem Kotler begrifflich von einer erhöhten Wachsamkeit spricht und sich damit die Informationssuche maximal auf die spontane Auswahl am POS reduziert, oder ob es sich um High-involvement-Produkt handelt und eine aktive Informationssuche stattfindet. In letzterem Fall greift der Kunde auf vier unterschiedliche Quellen zurück: persönliche (Freunde, Familie, Bekannte, Influencer, ...), kommerzielle (Werbung, Internetseiten, Verkäufer, ...), öffentliche (Preissuchmaschinen, Testinstitute, Verbraucherverbände, ...) und eigene Erfahrungsquellen durch die vorangegangene oder testweise Nutzung des Produkts.

Die alternativen Produkte durchlaufen im Rahmen der Informationssuche eine Evaluierung, die zu einer Kategorisierung führt, die nach Kotler in den Total set,

Awareness set, Consideration set und Choice set unterteilt werden kann. Dabei beschreibt der Total set all die Produkte, die grundsätzlich vorhanden sind, Awareness set solche, die dem Kunden bekannt sind, Consideration set die Produkte, die aus Sicht des Kunden für die aktuelle Problemlösung verfügbar sein könnten. Die Produkte in diesem Korb variieren beispielsweise aufgrund aktueller Informationen. Es werden die Alternativen nach ihrer momentanen Eignung zur Problemlösung beurteilt. Es verbleiben im Choice set die Produktalternativen, die für die Bedürfnisbefriedigung in die engere Auswahl gekommen sind. Hierbei handelt es sich um eine relativ stabile Zusammensetzung von immer den gleichen Produkten.

So befinden sich beispielsweise für die Informationssuche nach einem geeigneten Auto im Total set alle Automarken, die es weltweit gibt. Im Awareness set sind die, die dem Kunden grundsätzlich bekannt sind, im Consideration set die Automarken, die für die geplante Nutzung geeeignet scheinen, und im Choice set die Automarken, die von den verfügbaren für den Kunden in die engere Auswahl kommen. Abschließend findet eine Bewertung entlang der Bedeutung und Verteilung von Produkteigenschaften unter den verbliebenen Alternativen statt und es entsteht ein Ranking, das in der Phase der Kaufabsicht Berücksichtigung findet, sofern antizipierbare soziale und situative Stimuli dem nicht widersprechen. Hierzu zählen beispielsweise die Einstellungen von anderen und die daraus resultierenden sozialen Normen. Zwischen Kaufabsicht und Kauf spielen schließlich die nicht-antizipierbaren Stimuli eine wichtige Rolle wie u. a. die Änderung von Einstellungen oder der Einfluss des Wetters auf den Kauf. Sofern diese Faktoren dem Kauf nicht entgegenstehen findet der Kauf statt. In jeder der beschriebenen fünf Phasen fallen in unterschiedlichem Ausmaß sowohl psychische als auch physische Kosten an (▶ Dar. 4.55).

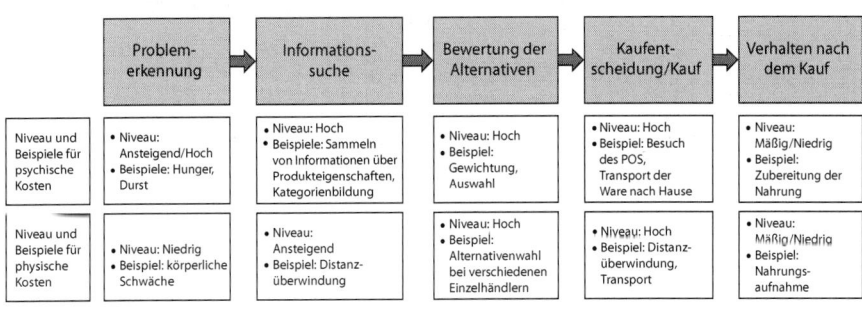

Dar. 4.55: Psychische und physische Kosten im Kaufprozess

Das in Darstellung 4.55 beschriebene Niveau kann je nach Kunde variieren. So zählt das Empfinden von Stress vor, während oder nach dem Kauf zu den psychischen Kosten: Die erwähnte Parkplatzsuche wird unterschiedlich eingeschätzt, je nachdem, ob sie relativ flüssig geschehen kann oder ob sie mit hohem Suchaufwand verbunden ist. Die Begeisterung für das Produkt nach dem Kauf hängt auch davon ab, wie schnell es gelingt, das Produkt tatsächlich in eine Nutzung zu überführen. Nicht jeder Konsument baut gerne, nur mit einem Imbusschlüssel bewaffnet, aus Einzelteilen ein Möbelstück zusammen.

Die Betrachtung der nicht-monetären Kosten führt, im Zusammenhang mit der Darstellung des KKV dazu, dass es nicht zwingend darum gehen muss, den Preis für den Kunden zu senken, um seinen Nettonutzen zu steigern. Es kann auch darum gehen, die nicht-monetären Kosten zu senken, damit der Kunde einen höheren Nettonutzen empfindet. Je nach Ausgestaltung der Reduktion dieser nicht-monetären Kosten ist es sogar möglich, einen höheren Preis zu verlangen als die Konkurrenz, ohne dass der Kunde abzuwandern droht.

Die nicht-monetären Kosten können sich beispielsweise bei einem Online-Kauf drastisch reduzieren, was einen wesentlichen Erfolgsfaktor des Online-Kaufs gegenüber dem Offline-Kauf darstellt, worauf im weiteren Verlauf noch genauer eingegangen wird.

4.3.3 Kostenorientierte Wertstrategien

Die inzwischen in Deutschland fast flächendeckende Verbreitung des Internets (Statista 2019j) und die damit verbundene Möglichkeit, Produkte und Dienstleistungen online zu erwerben, hat dafür gesorgt, dass der bereits seit den 1970er Jahren zu beobachtende Prozess der Mass Customization an Bedeutung gewinnen konnte. Die Digitalisierung der Präsentation der Ware erlaubt eine deutlich größere Angebotsvielfalt: Nicht nur, dass physische Produkte nicht kundengerecht in Regalen aufbereitet werden müssen, sondern platzsparend in Hochregallagern vollautomatisiert erfasst und entnommen werden können. Rein digitalisierte Ware wie Filme oder Musiktitel lassen sich auf Servern in Größenordnungen speichern und zur Verfügung stellen, wie sie in physischer Form im Einzelhandel nie denkbar wären. Damit ist jeder Online-Händler bezüglich seiner Produktvielfalt den stationären Einzelhändlern überlegen und hat die Möglichkeit, auch solche Bedürfnisse zu bedienen, die sich in einer physischen Umgebung aufgrund der im Vergleich zur Nachfrage zu hohen Stückkosten nicht lohnen würden. Die notwendigen Server werden bei digitalen Angeboten dort platziert, wo es zu den geringsten Kosten bei weltweitem Zugriff möglich ist. Damit entsteht eine Vielzahl von Nischenmärkten, die sich kostenseitig durch den fast L-förmigen Verlauf der Durchschnittskostenkurve äußert und deswegen von Anderson (2007) als Long Tail bezeichnet wird. Anderson (2007) schreibt der Entwicklung des Long Tail sechs grundlegende Elemente zu, die im Ergebnis im Wesentlichen darauf hinauslaufen, dass damit die klassische Pareto-Regel aufgeweicht wird und sich die Dominanz weniger Produkte auflöst: Die 80/20-Regel wird zu einer 33/33/33-Regel (Michelis, Schildhauer 2015, S. 228).

Die geringeren Kosten und gesteigerten Gewinnaussichten haben darüber hinaus dafür gesorgt, dass neben einer wachsenden Zahl rein professioneller auch private Anbieter (user generated content) in der Hoffnung auf einen *happy accident* auf dem Markt auftreten. Aus diesem Grund besteht neben der Verfügbarkeit von Inhalten, ein wesentlicher Erfolgsfaktor für Unternehmen auch darin, den Zugang für den Kunden möglichst einfach (kostensparend, sic!) zur Verfügung zu stellen. Diese Aufgabe wird durch sog. Aggregatoren übernommen, die entweder in Form von Suchmaschinen (Google etc.) oder Filter wie beispielsweise bei Amazon, Netflix oder Wikipedia auftreten.

Die Idee kostenorientierter Wertstrategien soll nun aber, anders als bei hybriden Wettbewerbsstrategien, weder darin liegen, individualisierte Massenprodukte parallel anzubieten (Mass Customization) noch dynamische Produktdifferenzierungsstrategien (Kaluza 1996) zu verfolgen. Es geht nicht so sehr um die Vielfalt im Angebot als vielmehr darum, hochwertige Produkte möglichst (kunden-)kostenorientiert anbieten zu können und dabei neben der monetären Kostenbetrachtung insbesondere die nicht-monetären Kosten im Blick zu haben. Die Digitalisierung kann genau letztere deutlich senken. Wie angesprochen besteht die Kostensenkung für den Kunden aus der seit Anbeginn des Internets mehr oder weniger sinnhaft diskutierten, vollkommenen Information aufgrund der Verfügbarkeit großer Informationsmengen u. a. durch Suchmaschinen oder Preisvergleichsportale. Verglichen mit einer Zeit vor dem Internet hat hier sicherlich eine deutliche Verringerung der Informationsasymmetrie stattgefunden, sofern der Kunde diese Informationsmöglichkeiten auch nutzt. Aber auch hier ist in den letzten Jahren deutlich geworden, dass nicht jeder Kunde bei jedem Produkt diesen Aufwand wirklich betreiben möchte, sondern auf eher habitualisierte Offline-Verhaltensmuster zurückgreift: Er wägt also die Höhe der nicht-monetären Kosten des Kaufprozesses mit dem möglichen Risiko des höheren Preises und dem daraus resultierenden Nettonutzen ab. Ein großer Teil des Erfolges von Online-Händlern erklärt sich aus der Einschätzung der nicht-monetären Kosten. Der Online-Kauf ist deswegen bequem, weil er die psychischen, physischen und Opportunitätskosten deutlich reduziert. Die neuen Schuhe lassen sich über das mobile Endgerät auf der Couch während des Konsums eines Sportereignisses mit wenigen Handbewegungen bestellen und an einen Ort der Wahl liefern.

Es wäre allerdings deutlich zu einfach, deswegen in den Abgesang des stationären Einzelhandels einzustimmen, auch wenn hier oft die Konkurrenz der Online-Händler und nicht die fehlende Flexibilität der Offline-Händler verantwortlich gemacht wird. Schließlich ist die Erfindung des Lieferdienstes keine der Online-Händler, sondern eine Reaktion stationärer Restaurants auf die Bedürfnisse der Kunden. Darüber hinaus lässt sich immer häufiger beobachten, dass Kunden zwar online Informationen sammeln, aber offline kaufen (sog. ROPO-Effekt; Research-Online-Purchase-Offline-Effekt). Offensichtlich differenzieren die Kunden nach Produkten und nach möglichen Notwendigkeiten im Kaufprozess physischen Kontakt zum Produkt oder zum Händler herstellen zu wollen oder zu müssen, interpretieren die Bedeutung nicht-monetärer Kosten im Vergleich zum daraus resultierenden Nutzen also subjektiv unterschiedlich.

Im Rahmen der Diskussion um kostenorientierte Wertstrategien lässt sich Folgendes festhalten: Je nach Branche ist die Etablierung einer Marke mehr oder weniger sinnvoll, weil der Kunde eine Marke aus verschiedenen subjektiven Gründen präferiert oder nicht. Gleichzeitig ist die Anzahl der Marken in den Branchen so groß geworden, dass dem Kunden die Unterschiedlichkeit immer schwieriger zu vermitteln ist. Erkennt der Kunde aber keinen Unterschied, findet Kundentreue nicht notwendigerweise statt. Somit muss der Kunde immer häufiger und immer intensiver auf das Produkt aufmerksam gemacht werden, damit er die Marke in seinem Choice set behält und am POS kauft. Wenn die Vermittlung des besonderen Nutzens eines Produktes aber immer schwieriger wird, dann muss das Unternehmen andere Wege gehen, um den Kunden binden zu können. Ergänzend sind Unternehmen deswegen gezwungen, auf der Kostenseite des Kunden die Kosten zu berücksichtigen, die, anders als der Preis, keine direkte Signalwirkung auf die Einschätzung der Wertigkeit im Sinne einer Qualität der Marke haben, gleichzeitig den wahrgenommenen Nettonutzen aber erhöhen. Hierbei handelt es sich insbesondere um nicht-monetäre Kosten, die durch die fortgeschrittene Digitalisierung auch in den Privathaushalten auf elektronischem Wege reduziert werden können. Damit findet eine Erhöhung des Nettonutzens statt, der sogar noch Bestand haben kann, wenn das Unternehmen die monetären Kosten anhebt, um seine eigenen zusätzlichen Kosten decken zu können. Hier entsteht eine Win-Win-Situation für beide Marktteilnehmer, die in Zukunft eine immer größere Bedeutung spielen wird.

Im folgenden Beispiel wird die kostenorientierte Wertstrategie anhand eines Dienstleisters deutlich gemacht. Grundsätzlich muss aber konstatiert werden, dass diese Möglichkeiten auch für produzierende Unternehmen gelten, wenn sie ihre Vertriebswege und/oder ihre Kommunikationspolitik entsprechend ausgestalten.

4.4 Praktisches Beispiel

Findet in der weiteren Betrachtung eine Orientierung an der Value Structure Map im Sinne eines Zusammenhangs von Werten-Nutzen-Eigenschaften statt, so zeigt eine erste Suche nach den relevanten Werten in der deutschen Gesellschaft folgendes Bild: Eine Befragung unter den 12- bis 25-Jährigen ergab für 2019 folgendes Ranking auf die Frage nach den wichtigsten Werten: Gute Freunde (97 %), vertrauensvolle Partnerschaft (94 %), gutes Familienleben (90 %), umweltbewusstes Verhalten (71 %), hoher Lebensstandard (63 %), Durchsetzung eigener Bedürfnisse (48 %) (Albert et al. 2019). Während die ersten drei Werte mit der Generation 60plus noch übereinstimmen, unterscheiden sich die folgenden deutlich, was u. a. auf die unterschiedlichen Lebensphasen zurückzuführen ist: Für die Familie da sein (82,7 %), gute Freunde haben (80,6 %), eine glückliche Partnerschaft (70,8 %), Unabhängigkeit, sein Leben weitgehend selbst bestimmen können (69,7 %), soziale Gerechtigkeit (68,4 %) und Kinder haben (62,5 %) (Statista 2020a).

Offensichtlich spielt der gesellschaftliche Kontext sowohl für Jugendliche als auch für die ältere Generation eine wichtige Rolle. Hieraus lässt sich schlussfolgern, dass solche Produkte oder Dienstleistungen ausgewählt werden, die die Einbindung in den gesellschaftlichen Kontext ermöglichen. Insbesondere bei den eher jüngeren Erwachsenen zeigt sich, dass die Kommunikation mit Freunden und Partnern ein wesentlicher Grund für die Nutzung der Online-Dienste (Social Media) ist.

Neben dem gesellschaftlichen Kontext spielt ein hoher Lebensstandard gerade bei den Jugendlichen eine wichtige Rolle (bei der Generation 60plus haben nur 24,5 % dies als erstrebenswert angesehen). So antworten 36,5 % der 14- bis 19-Jährigen und 31 % der 20- bis 29-Jährigen, dass sie bei Sportkleidung bevorzugt hochwertige Marken kaufen; die Festlegung auf eine bestimmte Marke bei bestimmten Produkten geben 46,2 % bzw. 50,3 % an (Statista 2020c). Hier wird die Bedeutung der Marke zur Bedürfnisbefriedigung deutlich.

Wird nun berücksichtigt, dass insbesondere die Jugendlichen einen großen Teil ihrer wachen Zeit im Internet (inklusive Kommunikation über Messenger-Dienste wie Whatsapp) verbringen (2019 waren dies 421 Minuten am Tag, Frees et al. 2019) und sie ohne einen Medienbruch online auch einkaufen können, dann wundert es nicht, dass 44,1 % der 14- bis 19-Jährigen (55,7 % der 20- bis 29-Jährigen) antworten, dass sie gerne im Internet einkaufen (Statista 2020d). Darstellung 4.56 zeigt dies noch einmal für Deutschland insgesamt.

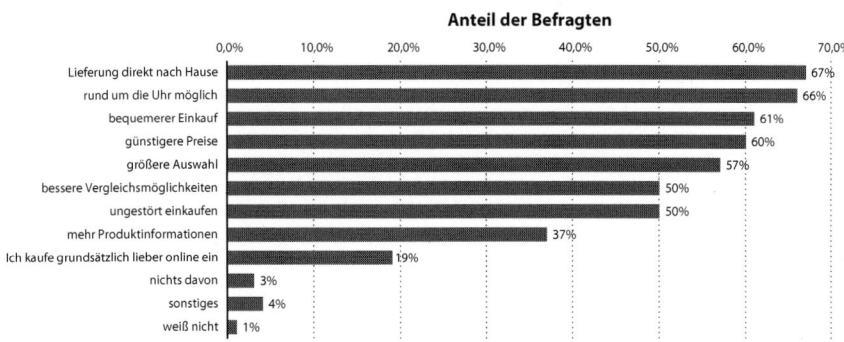

Dar. 4.56: Gründe für den Online-Kauf (Quelle: Statista 2020e)

Eine repräsentative Studie des Digitalverbands Bitkom aus dem Jahr 2018 kommt zu ähnlichen Ergebnissen: 77 % der Kunden schätzen die Unabhängigkeit von Ladenschließzeiten, 75 % die Warenlieferung an die Haustüre, 67 % die Zeitersparnis, da keine Parkplatzsuche anfällt und kein Anstehen in einer Schlange (Bitkom 2019).

Interessant ist in beiden Umfragen, dass nicht der günstigere Preis die wichtigste Rolle zu spielen scheint, sondern vielmehr die nicht-monetären Kosten eine höhere Relevanz zu haben scheinen. Hinter den genannten Aspekten verbergen sich letztlich die weiter oben schon angesprochenen Opportunitätskosten, die psychischen und physischen Kosten. Entsprechend können Online-Händler wie Amazon die Preise schwanken lassen: So variierte der Preis von Kameras innerhalb von 72 Stunden 275-mal und konnte zwischen 700 € und 1.687 € schwanken. Ähnliches ließ sich für eine Kaffeemaschine beobachten, die sogar im Tagesverlauf zwischen 80,99 € und 106,41 € schwankte (Minderest 2015). Darstellung 4.57 zeigt solche Preisschwankungen für ein Beispielprodukt und es wird auch deutlich, dass Amazon durchaus nicht immer der günstigste Anbieter ist.

4.4 Praktisches Beispiel

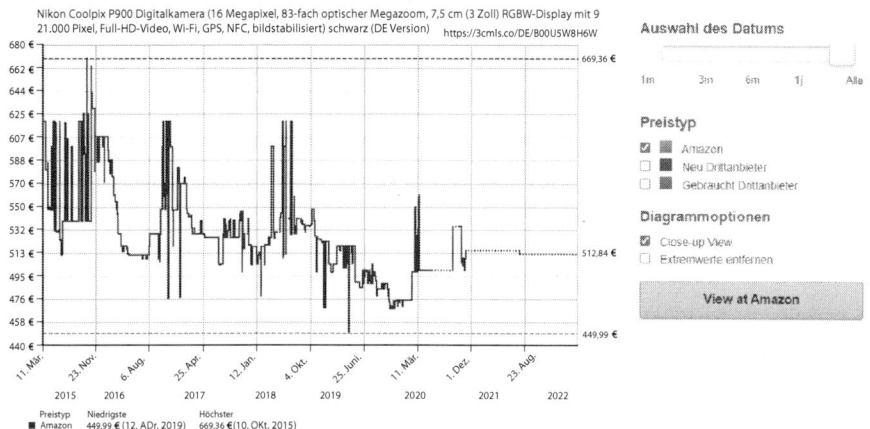

Dar. 4.57: Preisschwankungen eines Marken-Produktes (Quelle: camelcamelcamel 2020)

Grundsätzlich mag die Frage aufkommen, inwieweit Amazon eine Wertstrategie betreibt, da sie doch insbesondere mit ihren niedrigen Preisen werben. Sobald der Button von Amazon als Tab oder Lesezeichen im Browser abgelegt ist, wird neben dem Amazon-Logo und dem Namen der Internetseite amazon.de der Satz »Günstige Preise für Elektronik & Foto, Filme, Musik, Bücher, Games, Spielzeige & mehr« angezeigt. Je nach Größe des Tabs ist nur der Begriff »Günstige« oder auch die Kombination »Günstige Preise« lesbar.

Die Vorgehensweise von Amazon ist aber vielschichtiger und die Definition des Begriffs Wert komplexer, wie oben dargestellt worden ist, und umfasst mehr als die simple Orientierung an Markenprodukten. Wird bedacht, dass der Wert eines Produktes oder einer Dienstleistung im Auge des Betrachters liegt und einzig davon abhängt, ob die dem Zusatznutzen zuzuordnenden Wertkategorien bedient werden, so kann festgestellt werden, dass wenigstens eine Bedienung des Erbauungsnutzens durchaus konstatiert werden kann. Im Folgenden soll also versucht werden, die Tätigkeiten des Unternehmens dem Erbauungsnutzen einerseits und den nichtmonetären Kosten andererseits zuzuordnen, um die Einordnung in eine kostenorientierte Wertstrategie begründen zu können.

Tatsächlich besteht ein großer Vorteil des Online-Handels gegenüber dem stationären Einzelhandel in der zeitlichen Verfügbarkeit des Angebots an 24 Stunden am Tag. Die dort angebotene Ware, insbesondere bei Markenprodukten, hat die gleiche Qualität wie sie im stationären Einzelhandel vorzufinden ist. Hier vertraut der Kunde auf die durch die Marke repräsentierte gleichbleibende Qualität, unabhängig von der Vertriebsform. Genaugenommen ist es zusätzlich zur Verfügbarkeit – zumindest bei physischer Ware – auch die Möglichkeit, diese Ware zeitunabhängig zu bestellen. Hier wie auch bei den digitalen Angeboten von Amazon (Videos, Musik oder Hörbücher) gilt, dass ein Online-Unternehmen, anders als der stationäre Handel die Produkte dem Kunden in einer Vielfalt anbieten kann, die stationär aus physischen Gründen nicht möglich wäre. Nun muss auch Amazon physische Ware physisch lagern können; die Lagerung in einem Hochregallager ist aber deutlich effizienter zu gestalten, als die Präsentation der Ware in einem stationären Geschäft, wo der Kunde die Ware anfassen oder sogar anprobieren kann und der Kaufanreiz am POS durch eine ansprechende Darstellung der Ware erzielt werden muss. Online wird die stationäre Präsentation durch eine bildliche Darstellung auf dem Endgerät ersetzt, die in digitaler Form lediglich Platz auf einem Server beansprucht. Hinzu kommt, dass die digitale Präsentation in einer Vielfalt möglich ist, die nahezu jeden Geschmack zufriedenstellen kann. Damit lässt sich digital eine Auswahl zur Verfügung stellen, die weit über das hinausreicht, was ein stationärer Einzelhändler leisten könnte.

Allerdings ist gerade das Ausmaß an Auswahl etwas, was tendenziell Kunden überfordern kann (customer confusion). Die Kundenverwirrtheit lässt sich in einer Vielzahl von Studien für den stationären Handel belegen und zeigt als Ergebnis, dass zu viel Angebot den Kunden eher abschreckt und ihn dazu bringt, habitualisiert einzukaufen oder den Einkauf abzubrechen, wenn die Auswahl aus seiner subjektiven Sicht zu groß wird und damit die Suchkosten den möglichen Nutzen des Produktkaufs übersteigen (Mitchell, Papavassiliou 1997). Anders als im stationären Einzelhandel vermeidet der Online-Handel dieses Problem auf zweierlei Arten: Zum einen bietet etwa Amazon einen eigenen Auftritt pro Person an, so dass beim Aufrufen der entsprechenden Seite der Kunde solche Produkte angeboten bekommt, die seinem Kauf- und Suchverhalten entsprechen. Darüber hinaus empfiehlt Amazon weitere Produkte bei der Auswahl eines bestimmten Produktes aufgrund des Such- und Kaufverhaltens anderer Kunden. Somit reduziert sich die Überforderung des Kunden im Kaufprozess deutlich.

Amazon reduziert die nicht-monetären Kosten zum einen also durch die Reduzierung der Suchkosten bei neuen Produkten, in dem individualisierte Vorschläge auf Basis bisheriger Käufe und Suchverläufe gemacht werden. Darüber hinaus reduziert Amazon den Bestellprozess durch verschiedene Möglichkeiten der Standardisierung und Verkürzung: Zahlungsart und Anschrift sind voreingestellt, so dass Prozess vom Warenkorb bis zur zahlungspflichtigen Bestellung abgekürzt ist. Zusätzlich bietet Amazon die Möglichkeit der 1-Click-Bestellung, die diesen Prozess weiter verkürzt und schließlich bietet Amazon den Dash-Button, den sie zuerst physisch angeboten haben, der heute aber digital daherkommt, so dass die alleinige Betätigung dieses Knopfes zur Bestellung führt. Schließlich ermöglicht Amazon auch Bestellungen über ein Abonnement, so dass kein zusätzlicher Aufwand für die Beschaffung eines Produktes besteht. Die Wartezeiten auf bestellte Produkte reduzieren sich aufgrund eine möglichst schnellen, mitunter taggleichen, Lieferung.

Die bisher vielleicht etwas einseitige Betrachtung der Vorzüge des Online-Handels soll nicht darüber hinwegtäuschen, dass der Nutzen des Kunden im Kaufprozess nicht nur im Produkt und im Bestellvorgang liegen kann, sondern auch in einer sozialen Komponente des gemeinsamen Offline-Einkaufs in einem stationären Geschäft. Die subjektive und situationsabhängige Einschätzung der entsprechenden Nutzenkomponenten und Kostenkomponenten bedingt die bereits zu beobachtenden Entwicklungen des Omni-Channel, also die Verknüpfung einer Vielzahl von möglichen Absatzkanälen durch den Einzelhandel, um dem Kunden eine möglichst große Vielfalt an Kontaktmöglichkeiten (Touchpoints) zu bieten und gleichzeitig die Information kanalunabhängig zur Verfügung zu haben. So lassen sich sowohl Online-Händler beobachten, die stationäre Geschäfte aufbauen (z. B. bei MyMüsli), oder stationären Händlern, die online tätig werden (z. B. Tchibo). Unter anderem ist durch die Kanalvernetzung im Sinne des Click & Collect festzustellen, dass sich Cross-selling-Potenziale bieten und Zusatzumsätze von bis zu 30 % generiert werden können (KPMG 2016, S. 25).

4.5 Fazit

Es hat sich gezeigt, dass kostenorientierte Wertstrategien im vorliegenden Verständnis eine eigene Strategie darstellen können, die sich insbesondere über nicht-monetären Kosten beschreiben lässt: Aus Sicht des Kunden müssen wertige Produkte nicht auf der monetären Seite vergünstigt angeboten werden, damit sie attraktiv sind. Dies wäre der grundsätzlichen Idee der Wertstrategie eher abträglich, wird doch der Preis als Indikator für Produkteigenschaften wahrgenommen, die beim Kunden eine Wertigkeit generieren können. Unabhängig davon möchten Kunden, wenn vom Snob- oder Veblen-Effekt abgesehen wird (▶ Kap. 6.2.3), ein für sie nachvollziehbares und vor allem positives Nutzen-Kosten-Verhältnis haben. Es gibt auch bei wertigen Produkten immer eine Preisobergrenze. Die hohe Wettbewerbsintensität wie sie in den meisten Konsumgütermärkten zu beobachten ist, führt dazu, dass sich Unternehmen in einem immer intensiveren Preiswettbewerb befinden. Ein wesentlicher Grund hierfür ist die aus Kundensicht zunehmende Markenähnlichkeit; der Kunde kann bei der vorliegenden Angebotsvielfalt die oft eher homöopathischen Unterschiede zwischen den einzelnen Angeboten nicht mehr nachvollziehen. Hier wäre eine Alternative, eine UAP aufzubauen, die ihren Namen verdient und ein wirkliches einzigartiges Nutzenversprechen generiert. Aber auch hier zeigt sich, dass sich der Wahrnehmungsraum des Kunden nicht beliebig ausdehnen kann, wenn es nicht gelingt, neue Positionierungseigenschaften zu finden, die für den Kunden kaufentscheidend sind (wie dies beispielsweise den Streaming-Diensten gelungen ist). Eine andere und hier vorgestellte Alternative ist die Überprüfung der nicht-monetären Kosten. Unternehmen können vielmehr auf der nicht-monetären Seite attraktiv sein, indem die dort einzuordnenden Kosten (Opportunitätskosten, psychische Kosten, physische Kosten) für den Kunden reduziert werden. Diese Idee ist nicht allein dem Online-Sektor vorbehalten, sondern wird durch den Lieferservice jedes Imbisses seit vielen Jahren angeboten. Hier wie da ist der Kunde bereit, für die Senkung der nicht-monetären Kosten einen höheren Preis zu zahlen, solange der Nettonutzen aus seiner Sicht als relativer Nettonutzen höher ist als der Nettonutzen der Wettbewerber. Eine solche positive Nettonutzen-Differenz garantiert Kundenbindung, so lange sie als USP einen einzigartigen Verkaufsvorteil darstellt.

Literatur

Akerloff, G. A.: The Market for »Lemons«: Quality Uncertainty and the Market Mechanism. In: The Quarterly Journal of Economics, 84(3), 1970, S. 488-500

Ajzen, I.: The Theory of Planned Behavior. In: Organizational Behavior and Human Decision Process, 50, 1991, S. 179-211

Albert, M., Hurrelmann, K., Quenzel, G., Kantar Public (Hrsg.): 18. Shell Jugendstudie: Jugend 2019. Eine Generation meldet sich zu Wort, o.V., Hamburg 2019

Anderson, C.: The Long Tail, Hanser, München 2007

Backhaus, K.; Schneider, H.: Strategisches Marketing, 2. Aufl., Schäfer-Poeschel, Stuttgart 2009

Backhaus, K.; Schneider, H.: Strategisches Marketing, 3. Aufl., Schäfer-Poeschel, Stuttgart 2020

Berekoven, L.: Von der Markierung zur Marke. In: Dichtl, E., Eggers, W. (Hrsg.): Marke und Markenartikel als Instrumente des Wettbewerbs, DTV, München 1992

Bitkom (Hrsg.): URL: https://www.bitkom.org/Presse/Presseinformation/Shopping-rund-um-die-Uhr-ist-wichtigster-trump-des-online-handels.html, Abruf am 23.03.2022

Burmann, C., Halaszovich, T., Schade, M., Piehler, R.: Identitätsbasierte Markenführung, Springer, Berlin 2018

Camelcamelcamel (Hrsg.): URL: https://de.camelcamelcamel.com/Nikon-Digitalkamera-RGBW-Display-Full-HD-Video-bildstabilisiert/product/B00U5W8H6W, Abruf am 12.01.2020

Darbi, M. R., Karni, E.: Free Competition and the optimal amount of Fraud. In: Journal of Law and Economics, 16(1), 1973, S. 67-88

Davis, F.: A technology acceptance model for empirically testing new end-user information systems - theory and results, PhD thesis, MIT, Massachusetts 1985

Davis, S. M.: From »future perfect«: Mass customizing. In: Planning Review, 17(2), 1989, S. 16-21

Festinger, L.: A theory of social comparison processes. In: Human Relations, 7(2), 1954, S. 117-140

Festinger, L.: A theory of cognitive dissonance, Stanford University Press, Stanford 1957

Fishbein, M., Ajzen, I.: Belief, Attitude, Intention, and Behavior: An Introduction to Theory and Research, University of Massachusetts, Massachusetts 1975

Fleck, A.: Hybride Wettbewerbsstrategien. Zur Synthese von Kosten – und Differenzierungsvorteilen, Springer, Wiesbaden 1995

Frees, B., Kupferschmitt, T., Müller, T.: ARD/ZDF-Massenkommunikation Trends 2019: Nonlineare Mediennutzung nimmt zu. In: ARD (Hrsg.): Media Perspektiven, 7-8/2019, S. 314-333

Frohmann, F.: Digitales Pricing, Springer Gabler, Wiesbaden 2018

Gabor, A.; Granger, C.W.J.: On the Price Consciousness of Consumers. In: Journal of the Royal Statistical Society. Series C (Applied Statistics), 10(3), 1962, S. 170-188

GfK Panel Services (Hrsg.): ConsumerScope, o.V., Nürnberg, 1998.

Gutman, J.: A Means-End Chain Model Based on Consumer Categorization Processes. In: Journal of Marketing, 46(2), 1982, S. 60-72

Helm, R.; Steiner, M.: Präferenzmessung, Kohlhammer, Stuttgart 2008

Horizont (Hrsg.): URL: http://www.horizont.net/marketing/nachrichten/-Konsumbarometer-Markentreue-nimmt-mit-dem-Alter-zu-99523, Abruf am 16.02.2019

Ifa-journal (Hrsg.): URL: https://ifa-journal.de/index.php/2019/02/05/preisentwicklung-von-oldtimern-in-deutschland/, Abruf am 02.08.2019

IfD Allensbach (Hrsg.): Werteorientierungen der deutschen Bevölkerung im Geschlechtervergleich im Jahr 2019, URL: https://de.statista.com/statistik/daten/studie/826766/umfrage/frauen-in-deutschland-nach-ihren-werteorientierungen-im-vergleich-mit-maennern), Abruf am 05.10.2019

Kaluza, B.: Dynamische Produktdifferenzierungsstrategie und moderne Produktionskonzepte, Universität Duisburg, Duisburg 1996

Kirchgeorg, M., Klante, O.: Die (un-)heimliche Gefahr: Markenerosion – Theraphievorschläge zur Behandlung einer schleichenden Krankheit, Teil 2: Ansatzpunkte gegen Markenerosion. In: Markenartikel – die Zeitschrift für Markenführung, 64(2), 2002, S. 34-44

Kim, H.W. Value-based Adoption of Mobile Internet: An empirical investigation. In: Decision Support Systems, 43, 2007, S. 111-126.

KPMG (Hrsg.): Trends im Handel 2025, o.O. 2016

Kroeber-Riel, W., Gröppel-Klein, A.: Konsumentenverhalten, 11. Aufl., Vahlen, München 2019

Kotler, P. (2000): Marketing Management, Prentice Hall International, Upper Saddle River, 2000

Kürble, P. (2018): Mass Customization. In: Kürble, P.; Lischka, H. M. (Hrsg.): Trends und Forschung im Marketing-Management, De Gruyter, Berlin 2018, S. 115-142

Linville, P. W.: Self-complexity and affective extremity: Don't put all of your eggs in one cognitive basket. In: Social cognition, 3(1), 1985, S. 94-120

Malik-management (Hrsg.): URL: https://www.malik-management.com/de/malik-loesungen/malik-tools-and-methods/pims-profit-impact-of-market-strategy/, Abruf am 01.03.2021

Maslow, A. H.: The Farther Reaches of Human Nature, The Viking Press, New York 1973

Meffert, H., Burmann, C., Koers, M. (Hrsg.): Markenmanagement, Springer Gabler, Wiesbaden 2005

Meffert, H., Burmann, C.; Kirchgeorg, M.: Marketing, Springer Gabler, Wiesbaden 2008

mentalfloss.com (Hrsg.): URL: http://mentalfloss.com/article/55371/rise-and-fall-heinzs-green-ketchup, Abruf am 01.12.2019

Michelis, D.; Schildhauer, T. (Hrsg.): Social Media Handbuch, Nomos, Baden-Baden 2015

Minderest: Pressemitteilung vom 24.02.2015, zitiert nach Zander-Hayat, H. Domurath, I. Groß, C.: Personalisierte Preise, SVRV Working Paper Nr. 2, Sachverständigenrat für Verbraucherfragen, Berlin 2016

Mitchell, V.-W.; Papavassiliou, V.: Exploring consumer confusion in the watch market. In: Marketing Intelligence & Planning, 15(4), 1997, S. 164-172

Mooij, M. de: Consumer Behavior and Culture, Sage, Los Angeles 2011

Myers, J. H., Shocker, A. D.: The Nature of Product-Related Attributes. In: Sheth, J. N. (Hrsg.): Research in Marketing, Volume 5, JAI Press, Greenwich 1981, S. 1-36

Olson, J. C., Reynolds, T.J.: Understanding consumers' cognitive structures: Implications for advertising strategy. In: Advertising and consumer psychology, 1, 1983, S. 77-90

Piller, F.T.: Mass Customization, Springer Gabler, Wiesbaden 2006

Pine, B. J. II: Mass Customization, Harvard Business School Press, Bosten 1993

Porter, M. E.: Wettbewerbsstrategien. Methoden zur Analyse von Branchen und Konkurrenten, Campus, Frankfurt a. M. 2013

Przeworski, A., Limongi, F.: Modernization: Theories and facts. In: World politics, 49(2), 1997, S. 155-183.

PWC (Hrsg.): Kunden begeistert – vom Einkauf zum Erlebnis, o.V., o. O. 2018

Reddy, S. K., Reinartz, W.: Digitale Transformnation und was sie uns bringt: Kein Stein wird auf dem anderen bleiben. In: GfK MIR, 2017, 9(1), S. 10-17

Reiß, M., Becl, T.: Performance-Marketing durch Mass Customization, in: Marktforschung & Management, 39(2), 1995, S. 62-67

Reynolds, T., Gutman, J.: Laddering theory, method, analysis, and interpretation. In: Journal of advertising research, 28(1), 1988, S. 11-31.

Rogers, C. R.: Entwicklung der Persönlichkeit: Psychotherapie aus Sicht eines Therapeuten, Klett-Cotta, Stuttgart 2016

Sander, B., Friedrichs, K., Hunfeld, S.: Markenaustauschbarkeit – Die Brand Parity Studie 2009, BBDO Consulting (Hrsg.): Insights 11, o. V. 2009, S. 16-26

Schwartz, S. H.: Are There Universal Aspects in the Structure and Contents of Human Values? In: Journal of Social Issues, 50(4), 1994, S. 19-45

Sichtmann, C.: Corporate Social Responsibility und die Zahlungsbereitschaft von Konsumenten. In: Marketing: Zeitschrift für Forschung und Praxis, 33(2), 2011, S. 87-97

Solomon, M.; Bamossy, G.; Askegard, S.; Hogg, M.: Consumer Behavior. A European perspective, Pearson Education, Harlow 2010.

Statista (Hrsg.): URL: https://de.statista.com/statistik/daten/studie/172154/umfrage/meinung-markenartikel-garantieren-qualitaet/, Abruf am 01.12.2019a

Statista (Hrsg.): URL: https://de.statista.com/statistik/daten/studie/172162/umfrage/meinung-qualitaet-rechtfertigt-hoeheren-preis-bei-markenartikeln/, Abruf am 01.12.2019b

Statista (Hrsg.): URL: https://de.statista.com/statistik/daten/studie/203584/umfrage/absatz-von-apple-iphones-seit-dem-geschaeftsjahr-2007/ Abruf am 05.10.2019c

Statista (Hrsg.): URL: https://de.statista.com/statistik/daten/studie/6003/umfrage/die-wertvollsten-marken-weltweit/, Abruf am 01.12.2019d

Statista (Hrsg.): URL: https://de.statista.com/statistik/daten/studie/476323/umfrage/entwicklung-der-ausgaben-fuer-das-marketing-von-amazon-quartalszahlen/, Abruf am 01.12.2019e

Statista (Hrsg.): URL: https://de.statista.com/statistik/daten/studie/172163/umfrage/einstellung-markentreue-bei-zufriedenheit/, Abruf am 01.12.2019g

Statista (Hrsg.): URL: https://de.statista.com/statistik/daten/studie/170971/umfrage/autofahrer-mit-pkw-im-haushalt-nach-markentreue/, Abruf am 01.12.2019h

Statista (Hrsg.): URL: https://de.statista.com/statistik/daten/studie/435291/umfrage/umfrage-in-deutschland-zur-markentreue-bei-kleidung/, Abruf am 01.12.2019i

Statista (Hrsg.): URL: https://de.statista.com/statistik/daten/studie/36009/umfrage/anteil-der-internetnutzer-in-deutschland-seit-1997/, 01.09.2019j

Statista (Hrsg.): URL: https://de.statista.com/statistik/daten/studie/882103/umfrage/umfrage-in-deutschland-zu-werteorientierungen-der-generation-60plus/, Abruf am 10.01.2020a

Statista (Hrsg.): URL: https://de.statista.com/statistik/daten/studie/935136/umfrage/gruende-fuer-die-nutzung-von-social-media-durch-junge-menschen-in-deutschland/, Abruf am 10.01.2020b.

Statista (Hrsg.): URL: https://de.statista.com/statistik/daten/studie/815607/umfrage/persoenlich-zutreffende-eigenschaften-konsumverhalten-nach-altersgruppen/, Abruf am 15.01.2020c

Statista (Hrsg.): URL: https://de.statista.com/prognosen/999893/umfrage-in-deutschland-zu-gruenden-fuer-onlinekaeufe, Abruf am 12.01.2020e

Statista (Hrsg.): URL: https://de.statista.com/statistik/daten/studie/203584/umfrage/absatz-von-apple-iphones-seit-dem-geschaeftsjahr-2007/Abruf am 10.03.2021a

Statista (Hrsg.): URL: https://de.statista.com/statistik/daten/studie/172178/umfrage/einstellung-haeufiger-wechsel-der-marke-beim-einkaufen/Abruf am 10.03.2021b

Statista (Hrsg.): URL: https://de.statista.com/statistik/daten/studie/172163/umfrage/einstellung-markentreue-bei-zufriedenheit/Abruf am 10.03.2021c

Thaler, R.: Mental Accounting and Consumer Choice. In: Marketing Science, 4(3), 1985, S. 199-214.

Van Westendorp, P.: NSS-Price Sensitivity Meter (PSM)- A new approach to study consumer perception of price, o. V. 1976

Veblen, T.: The Theory of the Leisure Class. An Economic Study of Institutions, Macmillan, London 1899.

Venkatesh, V., Davis, F.: A theoretical extension of the technology acceptance model: Four longitudinal field studies. In: Management science, 46(2), 2000, S. 186-204

Venkatesh, V., Bala, H.: Technology acceptance model 3 and a research agenda on interventions'. In: Decision Science, 39(2), 2008, S. 273-315

Vershofen, W.: Handbuch der Verbraucherforschung. Erster Band: Grundlegung, Heymanns, Berlin 1940

Vinson, D.E., Scott, J.E., Lamont, L.M.: The role of personal values in marketing and consumer behavior. In: Journal of Marketing, 41(2), 1977, S. 44-50

WiWo (Hrsg.): URL: http://www.wiwo.de/unternehmen/handel/markentreue-warum-junge-leute-die-lieblingsmarke-wechseln/14950580.html, Abruf am 16.02.2019

Zukunftsinstitut (Hrsg.): URL: https://www.zukunftsinstitut.de/dossier/megatrend-individualisierung/, Abruf am 09.12.2019

5 Wertstrategien bei Dienstleistungen

Peter Kürble

5.1 Hintergrund

Im Rahmen der Diskussion um Präferenzstrategien spielt die grundsätzliche Orientierung an den Kosten und dem Nutzen aus Kundensicht in diesem Buch die entscheidende Rolle. Im weiteren Verlauf dieses Buches wird der Aspekt kostenorientierter Wertstrategien aufgegriffen, während es im vorliegen Fall um die nutzenorientierten Aspekte solcher Strategien gehen soll. Dabei ist üblicherweise der Begriff der Qualität in der Gegenüberstellung zum Preis zu finden (Becker 2019, S. 181), da deutlich gemacht werden soll, dass es sich nicht zwingend um das Produkt an sich handelt, welches für den Kunden und seine Kaufentscheidung Relevanz hat, sondern um die mit dem Produkt verbundene Qualität, die sich aus den Eigenschaften eines Produktes ergibt. Produkte sind, aus Marketingsicht, immer Eigenschaftenbündel, die vom Kunden wahrgenommen und gewichtet werden. Der Kunde entscheidet sich für die aus seiner Sicht optimale Kombination von Eigenschaften. Dabei kommt es nicht so sehr darauf an, dass dem Kunden alle Eigenschaften bewusst sein müssen – im Fokus stehen hier die kaufrelevanten Eigenschaften, die einen Einfluss auf den aus dem Konsum des Produktes zu ziehenden Nutzen haben. Damit ist klar, dass aus Kundensicht der Qualitätsaspekt nur dann relevant ist, wenn er direkten Einfluss auf den Nutzen ausübt. Da der Nutzen also die eigentliche Triebfeder des Kunden darstellt und die Qualität eines Produktes oder einer Dienstleistung nur ein Entscheidungsmerkmal ist, erscheint es angebracht, hier von einem Kosten-Nutzen-Vergleich zu sprechen, der sich in entsprechenden Präferenzen, also Vorlieben, des Kunden für unterschiedliche Eigenschaften bzw. Eigenschaftskombinationen äußert (▶ Kap. 2.5).

Im Folgenden wird auf die Dienstleistung an sich fokussiert und die Betrachtung der Wertstrategien in ihren strategischen Möglichkeiten und operativen Umsetzungen an den Besonderheiten des Dienstleistungssektors überprüft. Nun ist der Dienstleistungssektor so vielfältig in seinen Ausprägungen, dass hier eher grundsätzliche Aussagen zu möglichen Aspekten innerhalb einer Wertstrategie getroffen werden können. Die Betrachtungen fokussieren aber auf eine spezielle Zielgruppe, so dass an diesem Beispiel die Aspekte vertieft werden.

5.2 Dienstleistungen

5.2.1 Aktuelle wirtschaftliche Bedeutung

Im Jahr 2021 lag der Anteil der Dienstleistungsbereiche, des sog. tertiären Sektors, am Bruttoinlandsprodukt in der Bundesrepublik Deutschland bei 69,7 % (Statistisches Bundesamt 2021, S. 11). Das Statistische Bundesamt (2021, S. 20 f.) rechnet hier

- Handel, Verkehr, Gastgewerbe (beispielsweise Groß und Einzelhandel, Schifffahrt und Postdienste),
- Information und Kommunikation (z. B. Verlagswesen, Audiovisuelle Medien und Rundfunk, Telekommunikation),
- Finanz- und Versicherungsdienstleister,
- Unternehmensdienstleister (z. B. Unternehmensberater, Forschung und Entwicklung, Werbung und Marktforschung),
- öffentliche Dienstleister (z. B. Erziehung und Unterricht) und
- sog. sonstige Dienstleister (wie beispielsweise Kunst und Kultur) dazu.

Aus dieser Auflistung wird deutlich, wie vielfältig der Dienstleistungssektor ist, weswegen eine allgemeingültige Aussage über strategische Ausrichtungen und operative Umsetzung nicht möglich ist. Diese Form der Zuordnung wird als enumerative Definition bezeichnet und ist aus den angesprochenen Gründen für das Marketing wenig hilfreich. Im Folgenden wird deswegen eine andere Form der Eingrenzung und damit der Definition und Abgrenzung des Begriffs Dienstleistung vorgenommen.

5.2.2 Definition und Abgrenzung

Dienstleistungen zeichnen sich regelmäßig durch die folgenden drei Eigenschaften aus:

a) Dienstleistungen sind immateriell. Im Gegensatz zu Sachgütern können sie deswegen nicht transportiert oder gelagert werden.
b) Dienstleistungen erfordern immer die Integration des externen Faktors. Mit dem externen Faktor werden solche Einheiten bezeichnet, die außerhalb des Unternehmens existieren und für die Produktion in den Produktionsprozess integriert werden müssen. Die Integration findet durch Personen oder Sachen (z. B. Maschinen) an Personen oder Sachen (z. B. Autos in einer Werkstatt oder Kleidung bei einem Schneider) statt.
c) Dienstleistungen folgen dem Uno-actu-Prinzip. Aufgrund der Tatsache, dass Dienstleistungen nicht gelagert werden können, müssen sie in dem Moment, in dem sie produziert werden, auch verbraucht werden. Produktion und Konsum fallen also zeitlich zusammen.

Die für das Marketing relevanten Folgen aus diesen Eigenschaften bestehen in der Erweiterung des klassischen Marketing-Mix-Ansatzes nach McCarthy (1960) im Sinne der 4 Ps zu einem Dienstleistungsmarketing-Mix mit 7 Ps (Booms, Bittner 1981, Magrath 1986). Die ergänzenden Ps (Prozesspolitik, Ausstattungspolitik und Personalpolitik) lassen sich den oben erwähnten Eigenschaften von Dienstleistungen zuordnen[18]:

Zu a) Wenn Dienstleistungen nicht-stofflich sind oder umgangssprachlich unsichtbar, dann neigen Interessenten dazu, die Qualität der Dienstleistung an anderen, sichtbaren, materiellen Gegebenheiten festzumachen: Wer die Leistung eines Friseurs nicht einschätzen kann, der bedient sich entweder verschiedener Maßnahmen der Kommunikation (z. B. Word-of-Mouth, Internetauftritten oder Werbekampagnen) zur ersten Orientierung, wird aber spätestens am Point-of-Sale auf seine Wahrnehmung des äußeren Erscheinungsbildes des Dienstleisters zurückgreifen und sich am Außenauftritt und der Inneneinrichtung des Friseurs orientieren. Dieses Erscheinungsbild wird im operativen Dienstleistungsmarketing über die Ausstattungspolitik erfasst (Kürble 2015, S. 156), die in Kapitel 5.4 näher erläutert wird.

Zu b) Da es die Erstellung der Dienstleistung immer erforderlich macht, dass die Produktion an einem externen Faktor erbracht wird, dieser mithin in den Erstellungsprozess der Dienstleistung zu integrieren ist, muss sichergestellt sein, dass ein entsprechendes Ausmaß an Flexibilität während des Produktionsprozesses gegeben ist. Diese Flexibilität wird in erster Linie vom die Dienstleistung erbringenden Personal erbracht, weswegen die Personalpolitik im Marketing eine weitere operative Maßnahme ist. Hierbei ist es allerdings wichtig zu differenzieren zwischen der Personalpolitik in einem eher marketingtechnischen Verständnis und der Personalpolitik wie sie originär im Rahmen der Human-Resource-Disziplin, als einem eigenen betriebswirtschaftlichen Bereich, diskutiert wird. Da Marketing in seiner grundsätzlichen Ausrichtung kundenorientiert ist, spielen in der vorliegenden Betrachtung nur solche Aspekte eine Rolle, die sich im Zusammenhang mit der Wahrnehmung durch den Kunden zeigen. Aspekte wie die Personalbeschaffung, der Personaleinsatz, die Entgeltzahlungen oder die Personalführung (Bröckermann 2016), können hier, wenn überhaupt, nur Beachtung finden hinsichtlich der Frage der Qualität und Quantität des Personals, welches im Kundenkontakt steht (anders Meffert et al. 2018, S. 405 ff.). Die beiden zuletzt genannten Aspekte sind insbesondere vor dem Hintergrund der zufriedenen Mitarbeiter zu interpretieren, da der Zusammenhang zu zufriedeneren Kunden nachweisbar vorliegt (Stührenberg 2004, S. 40).

Das Marketing muss nun eine Balance finden zwischen den Kundenbedürfnissen, die vorrangig zu beachten sind und den Bedürfnissen des Personals, welches im Kundenkontakt steht: Beide unterliegen der Notwendigkeit von Effektivität und Effizienz, um einen Kundenvorteil ökonomisch sinnvoll erzielen zu können (Backhaus, Schneider 2020). Dies bedeutet hinsichtlich der Qualität, dass das Personal danach ausgewählt

---

18 Es sei angemerkt, dass bei Dienstleistungen die Produktpolitik als Leistungspolitik bezeichnet wird und eine saubere Trennung zu den drei zusätzlichen Ps, insbesondere zur Prozesspolitik, nur aus wissenschaftlich-didaktischen Gründen sinnvoll erscheint.

werden muss, ob es in der Beziehung zum Kunden beispielsweise entsprechendes Knowhow und die notwendige Empathie besitzt, um sich in den verschiedenen Situationen kundenorientiert verhalten zu können. Gerade in der aktuellen Situation der z. T. komplementären und z. T. substitutiven Anwendung digitaler Dienste im Vertrieb, kann eine mögliche Differenzierungsleistung nach außen durch das Personal von entscheidender Bedeutung für den Erfolg des Unternehmens sein. Dies gilt genauso für die simple Frage der Quantität des Personals. Hier findet sich die Schnittstelle zum Uno-actu-Prinzip, weil Personal immer dann verfügbar sein muss, wenn die Dienstleistung zu erbringen ist. Da Personalkosten tendenziell fixe Kosten darstellen, die Kundennachfrage hinsichtlich des zeitlichen Aspektes aber variabel ist, entstehen sog. Leerkosten: Das Personal muss auch dann bezahlt werden, wenn keine Kunden kommen. In der Corona-Situation (2020/21) zeigte sich diese Problematik sehr deutlich, weswegen viele Dienstleister ihr Personal in Kurzarbeit beschäftigten oder entließen. Die Integration des externen Faktors kann in Bezug auf drei Ausprägungen charakterisiert werden (Meffert et al. 2018, S. 29):

- Die Integrationswirkung. Der Kunde kann die Integration in den Produktionsprozess positiv, neutral oder negativ interpretieren. So wird bei vielen Dienstleistungen, z. B. der Arztdienstleistung, der Prozess eher positiv vom Kunden wahrgenommen, wenn es dem Dienstleister gelingt, aktiv zuzuhören und auf die Belange des Kunden einzugehen, beispielsweise dadurch, dass der Kunde über einzelne Schritte vorab informiert wird und damit Unsicherheit abgebaut werden kann. Darüber hinaus interpretiert der Kunde die Integrationswirkung natürlich immer dann positiv, wenn das gewünschte Ergebnis mindestens erreicht oder sogar übertroffen wurde. Interessanterweise erzeugt aber beispielsweise die Genesung von einer Krankheit durch eine Behandlung keine zwingend positive Wahrnehmung. Dies wird eher als Ergebnis vorausgesetzt und erzielt damit in den meisten Fällen eher eine neutrale Interpretation. Eine negative Integrationswirkung liegt entsprechend vor, wenn der Kunde mit der Integration nicht zufrieden ist, sei es, weil das von ihm angestrebte Ziel nicht erreicht wurde oder weil Erwartungen, die durch externe oder interne Kommunikation geschürt worden sind, nicht erfüllt wurden. Diese Diskrepanz und andere Formen einer qualitativen Differenz zwischen Unternehmensleistung und Kundenerwartung werden u. a. in der sog. Gap-Analyse diskutiert (auch PZB-Modell nach Parasuraman, Zeithaml, Berry 1985, S. 41 ff.).
- Die Integrationsintensität. Je nach Dienstleistung ist eine mehr oder weniger intensive Integration notwendig, um die Erstellung der Dienstleistung abschließen zu können – hier wird entsprechend zwischen stark, mittel und schwach unterschieden. Bei einer Versicherungsdienstleistung ist die Integrationsintensität des Kunden beispielsweise schwach: Der Kunde informiert im Schadensfall und wartet eine mögliche Leistungserbringung ab. Etwas anders verhält es sich immer dann, wenn der Kunde aufgrund der Dienstleistung eine Steigerung beispielsweise seiner intellektuellen oder physischen Fähigkeiten erwartet, wie dies u. a. in der Bildungsbranche oder der Fitnessbranche der Fall ist. Know-how lässt sich nur vermehren, wenn der Kunde aktiv beteiligt ist. Ähnlich verhält es sich mit

sportlichen Fertigkeiten, dem Abbau von Körperfett oder dem Aufbau von Muskeln. Die Integrationsintensität kann schließlich auch dafür genutzt werden, die Dienstleistung aus- oder abzubauen. Im klassischen Verständnis des Out- oder Insourcings kann der Kunde einen mehr oder weniger großen Beitrag zur Erstellung der Dienstleistung bringen. Beim Pizza-Taxi ist die Integrationsintensität auf einem sehr niedrigen Niveau, bei einem All-you-can-eat-Buffet bei einem möglichst hohen. Hier finden sich folglich eine Reihe von strategischen Differenzierungsmöglichkeiten, je nachdem, ob der Kunde ein Rundum-Sorglos-Paket bekommt oder eine Grundversorgung.

- Schließlich kann die Integrationsform unterschieden werden, die sich in physische, intellektuelle oder emotionale Integration unterscheiden lässt, wobei darauf hinzuweisen ist, dass in der Regel alle drei Ausprägungen vorliegen und nur das Ausmaß variiert. Es handelt sich hier also eher um ein Kontinuum, welches, je nach Dienstleistung, entweder eine stärkere physische, intellektuelle oder emotionale Ausprägung besitzt: Da jedes Handeln einer biologischen Entität ein physisches Niveau größer null bedingt, weißt jede Dienstleistung physische Ausprägungen auf, die sind aber bei einer OP deutlich geringer als bei der Teilnahme an einem Zumba-Kurs zeigt. Gleichzeitig darf davon ausgegangen werden, dass die emotionale Ausprägung in den genannten Fällen zwar unterschiedlich gelagert sein kann, aber als relativ hoch vermutet wird, während die intellektuelle Ausprägung in beiden Fällen eher niedrig ist.

Zu c) Abschließend folgt die Dienstleistung dem bereits erläuterten Uno-actu-Prinzip. Der aus der Dienstleistung generierte (Mehr-)Wert findet hier somit in Zusammenarbeit mit dem Kunden oder an seiner Sache statt: Dies bedeutet, dass dem Dienstleistungsprozess einer besonderen Aufmerksamkeit zukommen muss (▶ Dar. 5.58), dies geschieht durch die Prozesspolitik.

Dar. 5.58: Prozess der Erbringung von Dienstleistungen (Quelle: Eigene Darstellung in Anlehnung an Altobelli et al. 1998, S. 289)

Die oben dargestellte Wertschöpfungskette zeigt im oberen Abschnitt waagerecht verlaufend die sog. Sekundäraktivitäten, die eine unterstützende Funktion bei der Erstellung der Dienstleistung haben. Im unteren Abschnitt sind, senkrecht verlaufend, die Primäraktivitäten zu finden, die sich dadurch auszeichnen, dass sie unmittelbar am Produktionsprozess beteiligt sind und eine Besonderheit im Vergleich zu den Abfolgen in der Produktion von Sachgütern aufweisen: Während bei Sachgütern das Marketing im weitesten Sinne erst nach der eigentlichen Produktion stattfindet, damit der Kunde, wenn er eine entsprechende Werbung sieht, das Produkt auch am POS vorfinden kann, verlangt das Uno-actu-Prinzip, dass die Kommunikation, hier im Begriff der Akquisition inkludiert, vor der eigentlichen Produktion liegen muss: Da die Dienstleistung zwingend den externen Faktor zur Produktion braucht, muss vorab die Akquise erfolgen. Kunden können erst integriert werden und damit im Rahmen der Erstellung der Dienstleistung dieselbe auch konsumieren, wenn sie davon wissen – also finden Kommunikation und Vertrieb vorab statt. Die verschiedenen Kombinationsmöglichkeiten zwischen den externen und internen Produktionsfaktoren ist weiter oben bereits angesprochen und diskutiert worden. Neben der Flexibilität des Personals bzw. der unternehmensinternen Maschinen ist auch eine Flexibilität des Produktionsprozesses an sich elementar. Während bei manchen Dienstleistungen der Prozess relativ flexibel ablaufen kann, wie dies beispielsweise im Einzelhandel der Fall ist, sind die Prozesse im Bildungssektor zumindest zeitlich relativ starr: Zum einen bezüglich der Anfangszeit, zum anderen bezüglich des Umfangs – da hier, neben der entsprechenden Qualität, eine fest vorgegebene Quantität erreicht werden muss. Der Bildungssektor hat, ähnlich dem Fitnesssektor, die zusätzliche Herausforderung der Eigenmotivation, die mitunter einen sozialen Verbund erfordert, um erfolgreich Leistungsabschnitte zu absolvieren. Dies macht den völlig individuellen und damit zeitlich völlig unabhängigen Prozess eher zur Ausnahme. Dennoch ist zu beobachten, dass der eigentliche Ablauf flexibler gestaltet werden kann, indem beispielsweise andere Lehr- und Lernmethoden integriert werden können, so wie dies erzwungenermaßen in den Corona-Jahren 2020 und 2021 der Fall war: Aufgrund der Schließung der Vorlesungssäle fungierte Online-Unterricht als Ersatzform. Die Erfahrung scheint zu zeigen, dass hybride Formen in der Zukunft verstärkt Relevanz haben werden. Darstellung 5.59 zeigt den Produktionsprozess in seiner grundlegenden Form.

Der Produktionsprozess von Dienstleistungen folgt immer dem hier aufgezeigten Schema: Unternehmensinterne Produktionsfaktoren werden kombiniert und stellen somit die Leistungsbereitschaft dar, mithin das Potenzial der Dienstleistung. Hierbei kann es sich beim Beispiel eines Friseurs um die Räumlichkeiten handeln, das Personal, die für die Produktion notwendigen Werkzeuge etc. Dieser Aspekt wird im Rahmen der später zu betrachtenden Ausstattungspolitik noch bedeutsam sein. Zu den für die Kerndienstleistung notwendigen Produktionsfaktoren können optional weitere interne Produktionsfaktoren hinzukommen, die ähnliche wie bei Sachgütern einen ergänzenden Charakter haben und entweder vom Kunden, aufgrund seiner Erfahrungen erwartet werden oder seine Erwartungen übertreffen (sog. augmentiertes Produkt, Kotler et al. 2007, S. 493). Beim Beispiel des Friseurs wird von den Kunden inzwischen erwartet, dass es eine Wartezone gibt, in der Zeitungen ausliegen oder auch ein Kaffee angeboten wird. Eine augmentierte Leistung läge beispielsweise dann vor, wenn der Kunde zusätzlich über ein WLAN persönlichen Zugriff auf Internetangebote hätte oder zur Unterhaltung einen Film anschauen könnte (wie dies insbesondere für Kinder bei manchen Friseuren schon zu beobachten ist). Der Vorteil solcher augmentierter Leistungen liegt in der Möglichkeit der Differenzierung von anderen Anbietern, der Nachteil im Gewöhnungseffekt: Der Kunde wird die zusätzliche Leistung auch in Zukunft erwarten, womit sie ihren Überraschungseffekt verliert und von einer augmentierten Leistung zu einer erwarteten Leistung wird (Kotler et al. 2007, S. 494). Dieser Effekt wird beschleunigt, wenn Wettbewerber die augmentierte Leistung übernehmen können und sie damit auch ihren Differenzierungscharakter verliert.

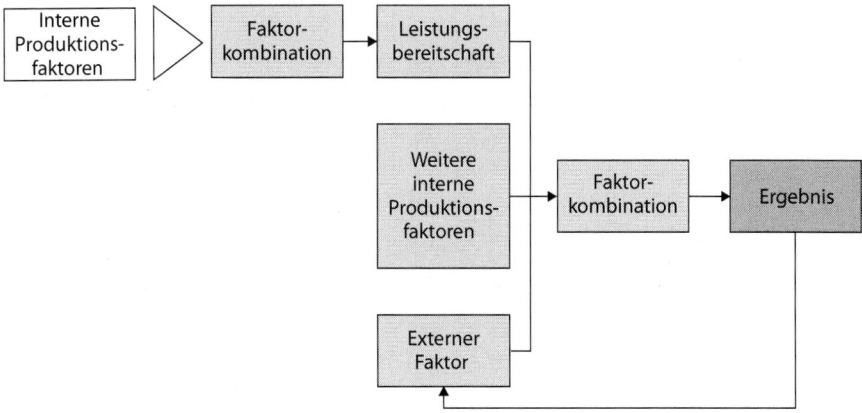

Dar. 5.59: Grundmodell zur Erfassung der Dienstleistungsproduktion (Quelle: Meffert et al. 2018, S. 28)

Zusätzlich lassen sich verschiedene Situationen der Beziehung zwischen den unternehmensinternen Produktionsfaktoren (Personal, Sachen) und den externen Produktionsfaktoren (Kunden, Sachen) unterscheiden:

- Objekt-Objekt-Beziehung,
- Objekt-Subjekt-Beziehung,
- Subjekt-Objekt-Beziehung und
- Subjekt-Subjekt-Beziehung.

Eine Objekt-Objekt-Beziehung meint die Erbringung der Dienstleistung durch eine Maschine an einer Maschine. Ein klassisches Beispiel hierfür wäre die Autowaschstraße. In diesem Fall ist die Notwendigkeit der Flexibilität eher gering einzustufen und der Prozess läuft in hohem Maße standardisiert und in fest vorgegebenen automatisierten Grenzen ab. So sind die zu wählenden Waschprogramme vorgegeben und auch die Variationsmöglichkeiten des Autos unterliegen engen Grenzen.

Mit Objekt-Subjekt-Beziehung wird eine Situation beschrieben, in der eine Maschine an einer Person eine Dienstleistung erbringt – dies liegt beispielsweise vor, wenn an einem Geldautomaten von einer Person Geld vom Konto abgehoben wird. Auch hier ist die Flexibilität in hohem Maße eingeschränkt und die Maschine leistet in dem ihr vorgegebenen Rahmen eine bestimmte Anzahl von Prozessen ab. Flexible Prozesse wie beispielsweise die individuelle Beratung sind hier zurzeit, noch nicht möglich. In einem geringen Umfang erhöht sich die Variationsmöglichkeit im Rahmen des Online-Bankings z. B. durch den Einsatz von Chatbots.

Eine Subjekt-Objekt-Beziehung liegt dann vor, wenn eine Person an einer Maschine eine Dienstleistung erbringt. Hier wäre die Autoreparatur ein mögliches Beispiel. Der Mechatroniker identifiziert den Schaden und beseitigt ihn. Die Flexibilität ist hier schon etwas höher, da die Reparatur, solange sie wirtschaftlich sinnvoll ist, in jeder Form erfolgen kann und sich über unterschiedliche Probleme erstrecken kann: vom Ölwechsel bis zum Austausch des Motors.

Die höchste Form einer möglichen Flexibilität wird im Rahmen einer Subjekt-Subjekt-Beziehung erreicht, in der eine Person an einer Person eine Dienstleistung erbringt. Die oben bereits angesprochene Friseur-Dienstleistung wäre eine solche Situation. Hier kann der Dienstleister individuell auf die Bedürfnisse des Kunden eingehen (solange dies wirtschaftlich sinnvoll ist) und sich den persönlichen Gegebenheiten anpassen. In allen aufgelisteten Beziehungsformen spielt die Frage der Koordination der Prozesse eine wichtige Rolle: Kundenströme müssen gelenkt werden, so dass sie koordiniert werden können, ohne dass der Kunde an der Qualität der Dienstleistung, z. B. aufgrund langer Wartezeiten, zweifelt. Dies wurde insbesondere in der Phase der Corona-Krise noch einmal deutlich, als der Einzelhandel gezwungen war, die Anzahl der Kunden pro Zeitabschnitt zu begrenzen und verschiedene Formen des Warteschlangenmanagements ausprobieren musste, um die Nachfrage befriedigen zu können. Ähnliche Probleme zeigen sich bei den Ferienhochburgen in Deutschland, die in den Sommerferien 2020 versucht haben, die Strandbesuche u. a. durch Strandampeln zu lenken.[19]

Schließlich hat der Prozess auch noch einen Einfluss auf den möglichen Ort der Dienstleistungserbringung: Manche Prozesse lassen sich, insbesondere dann, wenn sie in erster Linie von Personen zu erbringen sind, an verschiedenen Orten leisten (beispielsweise Pflegedienste), andere Prozesse, die die Nutzung von Maschinen erfordern, sind nicht in gleichem Maße flexibel (beispielsweise eine MRT-Untersuchung). Es lassen sich drei verschiedene Varianten unterscheiden:

- die Erbringung der Dienstleistung beim Anbieter,
- die Erbringung der Dienstleistung beim Kunden oder
- die Erbringung der Dienstleistung an einem dritten Ort.

---

[19] Vgl. https://www.ndr.de/nachrichten/schleswig-holstein/coronavirus/Corona-Strand-Ampeln-an-Ost-und-Nordsee,strandapp108.html, **02.07.2020.**

Je nach Dienstleistungen lassen sich Beispiele für alle vier weiter oben angesprochenen Subjekt-Objekt-Beziehungen finden, wenn dies organisatorisch sinnvoll und gesetzlich möglich ist: Die Autowäsche ist heutzutage in Deutschland außerhalb der offiziellen Waschstraßen nicht mehr erlaubt, insofern wäre der Ort des Anbieters der Ort der Leistungserbringung, mit den entsprechenden Kosten, die damit für den Kunden verbunden sind. Das Online-Banking erlaubt die Erbringung der Dienstleistung an jedem beliebigen Ort und ist lediglich von der Ausstattung mit Endgeräten abhängig. Die Autoreparatur kann, je nach Ausmaß, ebenfalls an allen drei Orten der Leistungserbringung stattfinden und gleiches gilt für die Friseurleistung.

Nach dieser kurzen Darstellung der Eigenschaften von Dienstleistungen erfolgt im Weiteren die Beschreibung der Wertstrategien als zweitem Schwerpunkt des Aufsatzes und die Darstellungen der für die Entscheidungsfindung relevanten grundlegenden Prozesse beim Konsumenten. Es zeigt sich, dass die Ergebnisse dieser Prozesse im Sinne eines (Kauf-)Verhaltens entweder Berücksichtigung finden können in dem Sinne, dass sie die Grundlage für das unternehmerische Angebot darstellen oder der Versuch unternommen werden kann, die Prozesse im Sinne des Unternehmens zu lenken.

5.3 Wertstrategien

5.3.1 Definition und Abgrenzung

Wertstrategien (▶ Kap. 4) zeichnen sich dadurch aus, dass sie sich in einem strategischen Sinne an den Werten der Zielgruppe orientieren und auf dieser Basis einen Wert für die Zielgruppe generieren. Strategien sind im einfachsten Verständnis definiert als der Weg zum Ziel (Mintzberg 2013) und grenzen sich durch verschiedene Eigenschaften von operativen Maßnahmen ab, die für ein besseres Verständnis ihrer Wirkungsweise elementar sind:
Echte strategische Entscheidungen sind

- strukturbestimmend. Dies bezieht sich wenigstens auf die Unternehmensstruktur. Die Entscheidung beispielsweise eine Kostenführerschaft im Sinne Porters zu etablieren, kann zu deutlichen Änderungen in der Organisationsstruktur führen, da fast alle Bereiche eines Unternehmens davon betroffen wären: Die Reduzierung von Kosten führt in den kostenintensiven Abteilungen naturgemäß zu Einsparungen, beispielsweise durch Personalabbau, günstigere Beschaffungs- oder Vertriebswege, Outsourcing der Fertigungsprozesse.
- echte Wahlentscheidungen. Während operative Entscheidungen häufig habitualisiert stattfinden, müssen strategische Entscheidungen mitunter unabhängig von bisherigen Entscheidungen sein. Aufgrund ihrer Auswirkungen sind strategische Veränderungen nur dann sinnvoll, wenn fundamentale ökonomische Kennzahlen darauf hindeuten, dass ein Weiter so nicht angebracht ist.

- mittel-langfristig orientiert. Aufgrund ihrer Auswirkungen u. a. auf das Unternehmen, muss strategischen Entscheidungen zugestanden werden, dass sie eine zeitliche Frist der Wirksamkeit und des Sichtbarwerdens benötigen. Insbesondere strukturelle Veränderungen in Unternehmensabläufen benötigen auch nach der Implementierung eine Zeit der Wirksamkeit, erst recht, wenn Personal davon betroffen ist und nicht nur die Akzeptanz der Neuerungen einen zeitlichen Aspekt darstellen, sondern auch die Anpassung der Prozessabläufe wenigstens im Sinne eines Lernkurveneffektes.
- verzögert bzw. nur in Stufen wirksam. Aus dem vorab genannten Gründen ist die Wirksamkeit unternehmensintern verzögert festzustellen, aber auch unternehmensextern sind zeitliche Anpassungsprozesse notwendig, die einen Erfolg strategischer Entscheidungen verzögern können: Bis der Kunde die Veränderung verstanden und vor allem, bis er sie, wenn überhaupt, akzeptiert hat, kann ebenfalls Zeit vergehen.
- schwer korrigierbar. Aufgrund ihrer vorab beschriebenen Elemente, sind strategische Entscheidungen vergleichsweise schwer zu korrigieren. Sie bedürfen dann einer strukturellen und kommunikativen Umorientierung, die sowohl unternehmensintern als auch -extern zu den beschriebenen Problemen führen kann (Becker 2019, S. 143).

Die beschriebenen Eigenschaften hängen eng mit der Entscheidungssituation zusammen. Während bei operativen, kurzfristigen Entscheidungen die Komplexität eher gering ist, handelt es sich bei strategischen Entscheidungen um Grundsatzentscheidungen, deren Komplexität tendenziell hoch ist und die, wegen ihrer Zukunftsorientierung, in ihrem Ergebnis eher unsicher sind. Entsprechend ist eine ganzheitliche und eher qualitative Betrachtungsweise notwendig, die sich in ihrer Grundorientierung deswegen auch am Effektivitäts- und nicht am Effizienzkriterium messen lassen muss.

Die beschriebene Orientierung an den Werten der Zielgruppe bzw. der darauf aufbauenden Schaffung von Werten für die Zielgruppe kann im Rahmen der Wertstrategien auf jede erdenkliche Art, außer dem Preis, erfolgen: Kunden, die wertorientiert kaufen, haben den Preis nicht als vorrangiges Kaufentscheidungskriterium, er kann für die Kunden aber eine Symbolik haben, die im Rahmen des Zusatznutzens nach Vershofen sowohl Erbauungsnutzen als auch Geltungsnutzen generieren kann (Veblen- bzw. Snob-Effekt). Insbesondere dann, wenn die Kunden die wahren Eigenschaften der Dienstleistung nicht abschätzen können, wie dies aufgrund des hohen Anteils an Vertrauensguteigenschaften, der Fall sein kann. Angelehnt an die grundsätzliche Idee der Nutzenorientierung, die letztlich aus der Wertorientierung folgt, lassen sich für die Elemente von Grund- und Zusatznutzen bzw. Erbauungs- und Geltungsnutzen bei Unternehmen eine Vielzahl von produkt- oder dienstleistungsbezogenen Aspekten finden, die differenzierungstauglich sind. Dies kann u. a. im Design des Produktes zu finden sein (▶ Kap. 6), in der Corporate Identity, im Kundendienst, im Vertrieb oder in der Beschaffung von Inputfaktoren.

So wird beispielsweise der Zielgruppe der LOHAS (Lifestyles of Health and Sustainability) eine Orientierung an Werten wie Nachhaltigkeit zugeschrieben, ohne dabei »reine Nachhaltigkeitsprediger« (Helmke et al. 2016, S. 6) zu sein. Sofern eine strategische Entscheidung gefällt werden würde, sich dieser Zielgruppe zu widmen, wäre z. B. eine Umsetzung entlang der sachlichen Struktur von Produkten bzw. Dienstleistungen (Kürble 2015, S. 58) darin zu sehen, den Produktkern nachhaltig zu produzieren und/oder die Verpackung nachhaltig zu gestalten.[20]

Darstellung 5.60 zeigt die grundsätzlichen Zusammenhänge der Wertstrategien. Die Darstellung wird im weiteren Verlauf (▶ Kap. 4) weiter geöffnet und die notwendigen Einzelaspekte entsprechend diskutiert.

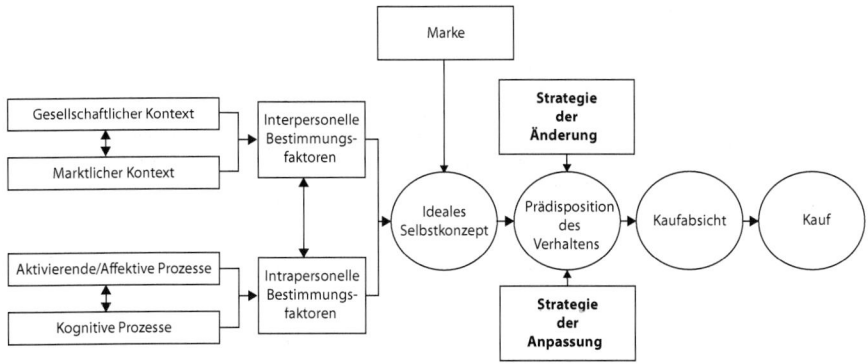

Dar. 5.60: Wertstrategien und der Kaufentscheidungsprozess

Das ideale Selbstkonzept wird geprägt von den inter- und intrapersonellen Bestimmungsfaktoren, also vom gesellschaftlichen und marktlichen Kontext und von den aktivierenden bzw. kognitiven Prozessen. Darüber hinaus muss dann die Marke, die im Wesentlichen als eine Grundvoraussetzung für die Wertstrategien angenommen werden kann, zu diesem idealen Selbstkonzept passen: In ihr spiegelt sich letztlich die Wunschvorstellung des eigenen Selbst wieder und sie soll dies nach außen auch kommunizieren. Das ideale Selbstkonzept bestimmt die Voreinstellungen des Verhaltens, die wiederum die Kaufabsicht und damit auch den Kauf beeinflussen.[21] Die beiden Wertstrategien können dann entweder als Akzeptanz (Strategie der Anpassung) oder Änderung (Strategie der Änderung) auf diese Prädispositionen reagieren.

Da die Wertstrategien Teil der Präferenzstrategien sind, soll im Folgenden kurz der Begriff der Präferenzen geklärt werden, bevor danach auf die oben angesprochenen Aspekte eingegangen werden wird.

---

20 Es sei angemerkt, dass sich gerade diese Zielgruppe bei den Basiseigenschaften aber eher an Compound-Attributen orientiert anstatt an Einzeleigenschaften, vgl. Helmke et al. 2016, S. 156.
21 Weitere Ausführungen insbesondere auch zu psychologischen Aspekten des Kaufverhaltens finden sich in den Kapiteln 3 und 4 dieses Buches.

5.3.2 Präferenzen

Im Rahmen von kostenorientierten Wertstrategien als Teil der Präferenzstrategien muss die Begrifflichkeit der Präferenz noch geklärt werden, um eine abschließende Definition folgen zu lassen. In einer ersten Formulierung sind Präferenzen in der deutschen Übersetzung nichts anderes als die Vorziehenswürdigkeit einer Produktalternative gegenüber einer anderen zu einem bestimmten Zeitpunkt (Helm, Steiner 2008, S. 27). Damit setzen Präferenzen voraus, dass sich unterscheidende Alternativen überhaupt existieren und Konsumenten Vorlieben ausbilden können, also unterschiedliche Einstellungen zu Produktalternativen haben können. Präferenzen sind dann nichts anders als Einstellungsdifferenzen.

Präferenzen sind zum einen individuell und zum anderen dynamisch, d. h. sie sind über die Zeit veränderlich. Damit sind sie das Ergebnis ständiger Präferenzbildungsprozesse und letztlich kontextabhängig: Der Verzicht auf Plastiktüten rückt dann in den Vordergrund, wenn die Thematik in der relevanten sozialen Gruppe verstärkt problematisiert wird. Darüber hinaus spielen restriktive Kauffaktoren eine Rolle für das Wirksamwerden von Präferenzen: Unter Umständen werden Präferenzen deswegen beim Kauf nicht berücksichtigt, weil das vorhandene Budget nicht ausreicht (constrained preferences). Insofern scheint es geboten, den Preis bzw. die Kosten als ein Produktmerkmal in die Betrachtungen mitaufzunehmen – zumal eine solche Betrachtung reale Kaufentscheidungen am ehesten abbildet. Dieser Argumentation folgend kann eine sinnvolle Betrachtung hinsichtlich einer Kaufentscheidung nur erfolgen, wenn zielgruppenspezifische Präferenzen betrachtet werden, mithin eine Segmentierung der Zielgruppe hinsichtlich der »Gesamtheit sämtlicher Anforderungen eines Entscheiders« (Helm, Steiner 2008, S. 28) erfolgt (▶ Kap. 2.5). Welche Präferenzen beim Konsumenten letztlich ausgebildet werden, hängt also vom Entscheidungskontext ab: Neben den Eigenschaften und deren Ausprägungen einerseits ist andererseits die Verfügbarkeit von Informationen darüber relevant. Die zur Verfügung stehende Zeit zur Informationsbeschaffung und -verarbeitung kann aufgrund eines möglichen Zeitdrucks und der Dringlichkeit des Kaufs entscheidend dafür sein, ob eine Präferenz im Kauf ausreichend Berücksichtigung findet. Muss beispielsweise ein defektes Auto ersetzt werden, so kann Zeitdruck durch ein zeitlich befristetes Finanzierungsangebot bestehen und gleichzeitig der Kauf eines Ersatzfahrzeugs aufgrund einer kurzfristigen anstehend größeren Reise notwendig sein.

Darüber hinaus spielen die kognitiven Fähigkeiten eine wichtige Rolle: Überfordert die Informationsbeschaffung den Kunden, so wird er auf vereinfachte Entscheidungsheuristiken zurückgreifen und entweder eine limitierte oder eine habitualisierte Kaufentscheidung treffen, je nachdem, ob er noch keine Erfahrung mit dem Produkt hatte oder er einfach auf bewährte Entscheidungsmuster zurückgreift.

In den Fällen der subjektiv gefühlten Überlastung kann u. a. die Art und Reihenfolge der Präsentation von Merkmalen und Ausprägungen die Bewertung der Produkte beeinflussen. So beschreibt beispielsweise der Halo-Effekt die Beurteilung des gesamten Produktes aufgrund einer herausragenden Eigenschaft wie dies bei Marken genutzt wird. Darüber hinaus kann auch der Kontext, in dem das Produkt präsentiert wird, dazu führen, dass die mit dem Kontext verbundenen Attribute auf das Produkt übertragen werden (Assimilationseffekt). Dies gilt so lange, so lange Kontext und Produkt als zusammenhörig empfunden werden. Ist dies nicht mehr der Fall, wird vom sog. Kontrasteffekt gesprochen. In diesem Zusammenhang ist u. a. die Reihenfolge der präsentierten Produkte wichtig, da ein Produkt, welches eher mittelmäßig beurteilt wird, dann eine positive Beurteilung erhält, wenn ihm ein negativ beurteiltes Produkt voran geht (positiver Kontrasteffekt). Entsprechend wird von einem negativen Kontrasteffekt gesprochen, wenn die Bewertung des vorangegangenen Produktes positiver wäre.

Da Präferenzen kontextabhängig sind, dieser Kontext u. a. auch die Werte des Kunden beinhaltet und im Rahmen von Wertstrategien Werte eine entscheidende Rolle spielen, soll im Folgenden eine nähere Betrachtung von Werten stattfinden.

5.3.3 Werte

Darstellung 5.61 zeigt die Einordnung der Werte in den oben beschriebenen Prozess. Sie lassen sich in den gesellschaftlichen Kontext einordnen, der Einfluss auf die interpersonelle Bestimmungsfaktoren nimmt. Im Rahmen des gesellschaftlichen Kontextes sind die Werte Teil des kulturellen Rahmens, die die soziale Schicht beeinflussen bzw. davon beeinflusst werden und diese wiederum verknüpft sind mit den Bezugsgruppen des Konsumenten.

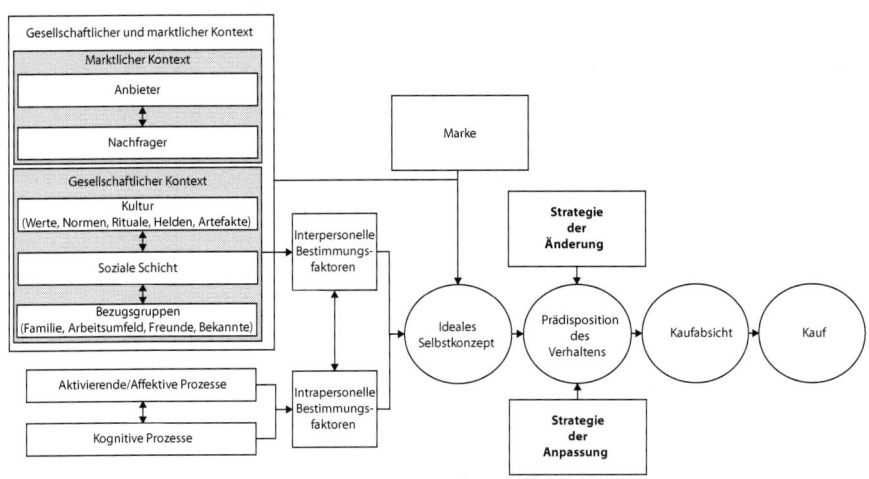

Dar. 5.61: Werte und Wertstrategien

Werte lassen sich definieren »as desirable transsituational goals, varying in importance, that serve as guiding principles in the life of a person or other social entity« (Schwartz 1994, S. 21), die der »selection or evaluation of behavior, people, and events« (Schwartz 1994, S. 20) dienen. Werte sind also übergeordnete Ziele von Einzelpersonen oder sozialen Entitäten (wie beispielsweise der Familie oder einer anderen Bezugsgruppe) und werden zur Bewertung von Personen und ihrem Verhalten herangezogen. Sie sind somit, bei aller Individualität in der letztendlichen Ausprägung, basierend auf (teil-)gesellschaftlich akzeptierten Wertvorstellung im kulturellen Sinne und sie dienen der einzelnen Person zur Einordnung ihrer selbst in eine bestimmte Gruppe, Werte generieren Zugehörigkeit. Damit sind Werte der Kern einer jeden (Sub-)Kultur.

Einigung innerhalb einer Kultur bezüglich der Werte und ihrer Reihenfolge besteht in den meisten Fällen bei sog. globalen Werten, von denen es eher wenige gibt (z.B. Frieden oder Umweltschutz). Daraus abgeleitet lassen sich einige hundert bereichsspezifische Werte unterscheiden, die sich etwa auf den Konsum beziehen können (z.B. der Konsum von biologisch einwandfreien Konsumgütern) und auf der kleinteiligsten Ebene der Bewertung von Produkteigenschaften dienen (z.B. vegane Schuhe). Insbesondere in den nachgelagerten Ebenen lassen sich dann Unterschiede zwischen Subgruppen einer Kultur feststellen. Aber auch innerhalb einer Kultur als Einheit kann es im Lauf der Zeit zu Veränderungen kommen. Hierbei handelt es sich allerdings meistens eher um Verschiebungen in der Reihenfolge als um einen vollständigen Austausch von Werten (▶ Dar. 5.62).

Werte-Index-Ranking

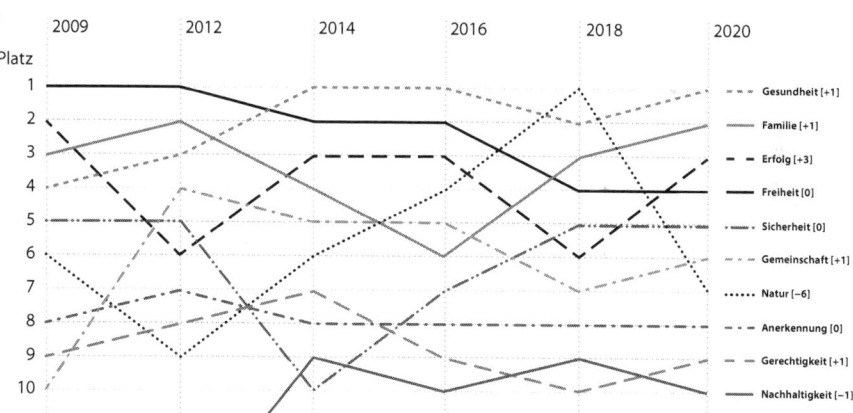

Dar. 5.62: Werte unterliegen einer Konjunktur (Quelle: https://www.n-tv.de/panorama/Gesundheit-und-Erfolg-wichtiger-als-Natur-article21581797.html, 07.09.2021)

Auch wenn Werte der Zuordnung zu Gruppen dienen und damit soziale Bedürfnisse erfüllen, so zeigt sich heute, dass die Individualbedürfnisse und die sozialen Bedürfnisse in ihrer Bedeutung für den Menschen nahezu gleich gewichtet werden, denn neben dem Wunsch nach Wertschätzung und Achtung eben durch soziale Gruppen, besteht das Bedürfnis nach Abgrenzung im Sinne von Freiheit und Unabhängigkeit auch innerhalb der Gruppe. Das Zukunftsinstitut formuliert dies so: »Die neue Individualität etabliert eine Kultur der Wahl, die manche überfordert. Individualismus hat viele Spielarten: Er kann rebellisch, hedonistisch, extremistisch, sensibel oder empfindsam sein. In Zukunft ist Individualität nicht egoistisch, sondern immer mehr achtsam. Der Megatrend geht in die Rekursion, macht also eine Schleife – Individualisten suchen Gemeinschaft und schaffen sie sich neu. Das entwickelte Ich und das neue Wir sind in Zukunft zwei Seiten derselben Medaille« (Zukunftsinstitut 2019).

Piller (2006) beschreibt diese gruppenkonforme Individualität als eine Änderung in der kognitiven Orientierung. Die kognitive Orientierung in Richtung einer gruppenkonformen Individualisierung in westlichen Industrienationen beruht u. a. auf einem Wertewandel, der grundlegend durch die sog. Modernization Theory (Przeworski, Limongi 1997) erklärt werden kann, wonach das Individuum wichtiger wird und Familie oder Gemeinschaft als fundamentale Einheit der Gesellschaft ersetzt. Dabei beschreibt Individualisierung die Entwicklung hin zur Fokussierung persönlicher Interessen und Lebensentscheidungen der einzelnen Person.

Ursächlich für den Wertewandel sind u. a. soziodemographische Änderungen: Höhere Einkommen, mehr Freizeit und ein höheres Bildungsniveau erlauben den Wunsch nach teureren (und individualisierten) Produkten. Dadurch, dass die Generation der Babyboomer in einer Phase des Lebens angekommen ist, die oft mit einem höheren Einkommen verbunden ist, die Kinder aus dem Haus sind und damit finanzielle Mittel frei werden, besteht insbesondere bei dieser Generation der Wunsch, die eigene Persönlichkeit durch die Produktwahl noch deutlicher werden zu lassen. Die beispielsweise seit etwa der Jahrtausendwende in Deutschland zu beobachtenden Preissteigerungen bei Oldtimern (Autos wie Motorräder, ▶ Dar. 5.63) zeigt dieses Bedürfnis sehr deutlich: Die Nachfrage generiert sich aus einer sentimentalen Interpretationen vergangener Jahrzehnte, der finanziellen Möglichkeit, sich ein Stück der Kindheitserinnerungen im Sinne dieser heilen Welt wiederholen zu können und bei aller Konformität von massenproduzierten, mit fossilen Brennstoffen betriebenen Fortbewegungsmitteln, sich doch ein Stück Individualität zu bewahren.

Die hier angesprochene Wertigkeit ist also eher eine soziologische als eine streng ökonomische. Aus diesem Grund ist die von Vershofen getroffene Unterscheidung in einen Grundnutzen, der eher einer ökonomischen Effizienzidee entspricht, und einen Zusatznutzen, der eher psychologische bzw. soziologische Komponenten erfasst, sinnvoll anzuwenden.

Die beschriebenen Werte werden in Bezug auf den Konsum und die Diskussion um die psychischen Determinanten des Konsumentenverhaltens den Einstellungen zugeordnet und als stark verfestigt sowie für das persönliche Leben relevant beschrieben (Kroeber-Riel, Gröppel-Klein 2019, S. 296).

Werte sind somit im Zeitablauf relativ stabile Einstellungen und beeinflussen im Zusammenspiel mit anderen Faktoren die Verhaltensabsicht bzw. das Verhalten des Kunden (Fishbein, Ajzen 1975; Ajzen 1991; Sichtmann 2011).

Für Unternehmen, die eine Wertstrategie anwenden wollen, müssen zum ersten diese Werte je nach Ziel auf nationaler, gruppenbezogener oder individueller Ebene identifizieren und dann zum zweiten ermitteln, inwieweit die Werte für sie relevant sein können. Daran anschließend gilt es, die kaufrelevanten Eigenschaften eines Produktes zu ermitteln: Es wurde bisher implizit davon ausgegangen, dass Produkte regelmäßig mehr als eine Eigenschaft haben. Damit lassen sich Produkte als Eigenschaftenbündel definieren und Produkte sind dann heterogen, wenn sie sich in ihren Eigenschaften unterscheiden – sei es, dass sie die gleichen Eigenschaften in unterschiedlichen Ausprägungen oder Verhältnissen zueinander haben, oder sei es, weil sie unterschiedliche Eigenschaften aufweisen. So kann die Kuhmilch als Kuhmilch einen unterschiedlichen Fettgehalt aufweisen oder es besteht eine Alternative beispielsweise in Form von Mandelmilch. Grundsätzlich eignet sich die Unterschiedlichkeit von Produkten hinsichtlich ihrer Eigenschaften zur Segmentierung von Märkten oder sogar zur Definition von einander unabhängiger Märkte (▶ Kap. 2.4.2). Die Frage, ob Mandelmilch zum gleichen relevanten Markt gehört wie Kuhmilch, wird von Personen mit Laktoseintoleranz oder Veganern anders beantwortet als von Vegetariern.[22] Damit wird abermals deutlich, dass Präferenzen kontextabhängig sind, sich somit wandeln können: Solange eine Person nicht laktoseintolerant ist, mag Kuhmilch eine bevorzugte Alternative zu Mandelmilch darstellen, in dem Moment, in dem die Laktoseintoleranz eintritt, verschieben sich die Präferenzen.

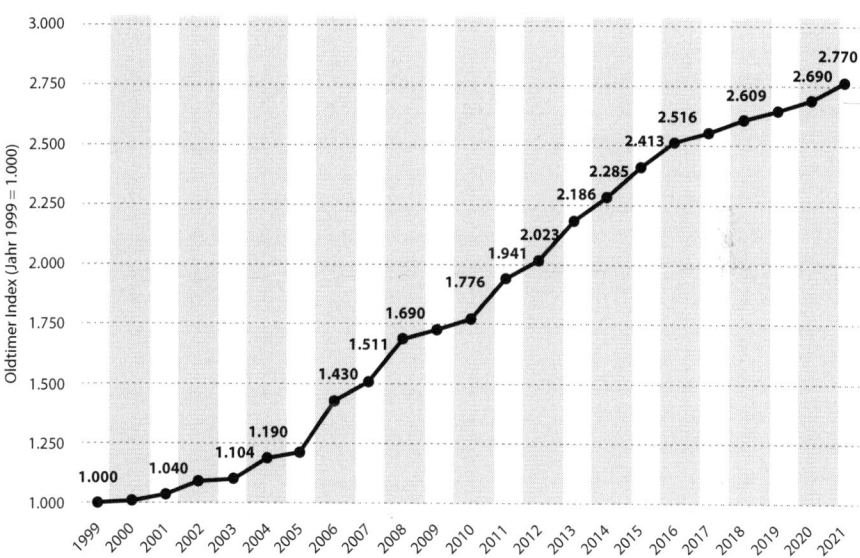

Dar. 5.63: Deutscher Oldtimer Index (Quelle: https://de.statista.com/statistik/daten/studie/736288/umfrage/entwicklung-der-oldtimerpreise-oldtimer-index-in-deutschland/, 09.05.2022)

---

22 An dieser Stelle soll eine vollständige Diskussion um relevante Märkte und die unterschiedlichen Konzepte der Abgrenzung nicht erfolgen. Siehe hierzu u. a. Meffert, Burmann, Kirchgeorg 2008, S. 185 ff.

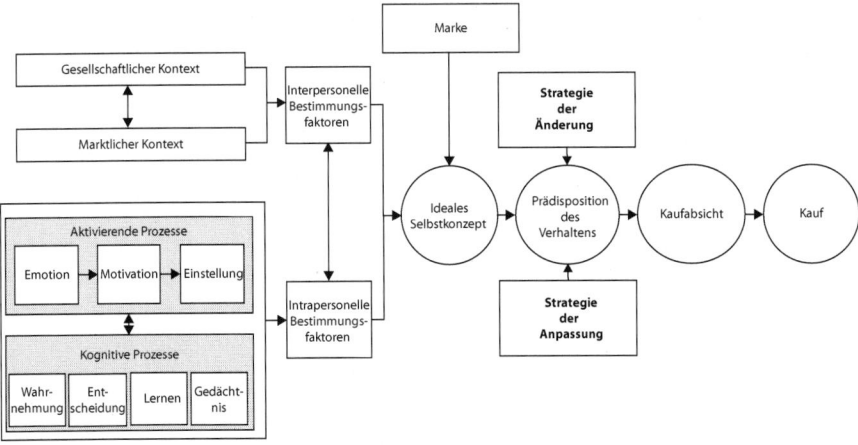

Dar. 5.64: Intrapersonelle Bestimmungsfaktoren und Wertstrategien

Die Eigenschaften von Produkten lassen sich nach unterschiedlichen Methoden identifizieren und abgrenzen. Eine der gängigsten Methoden ist die Abgrenzung der Eigenschaften von Produkten im Rahmen der Informationsökonomie: Hier lassen sich Such-, Erfahrungs- und Vertrauenseigenschaften (Darby, Karni 1973 und Akerloff 1970) unterscheiden. Sucheigenschaften sind solche Eigenschaften, die vor dem Kauf mit einem entsprechenden Suchaufwand durch den Kunden herausgefunden werden können, wie der Fettgehalt von Lebensmitteln. Erfahrungseigenschaften sind Eigenschaften, die der Kunde in der Nutzung (z. B. im Rahmen einer Probe) erfahren kann, wie dies bei einem Restaurant der Fall ist oder bei einem Auto. Vertrauenseigenschaften sind schließlich Eigenschaften, die der Kunde weder vor noch während des Kaufs und auch in den meisten Fällen nicht nach dem Kauf herausfinden kann, weswegen er auf diese Eigenschaften vertrauen muss. Dies ist häufig bei Dienstleistungen der Fall wie einer ärztlichen Beratung: Ob die Operation wirklich notwendig war, lässt sich im Nachhinein nicht mehr abschließend klären, da eine alternative Daseinsform nicht möglich ist. In Abhängigkeit von der Möglichkeit, Eigenschaften zu erfahren, entstehen dem Kunden Kosten (z. B. der Informationsbeschaffung) und er hat ein subjektiv empfundenes Risiko in Höhe der nicht eindeutig festzustellenden Eigenschaftsausprägungen. Gerade bei Dienstleistungen muss eine wesentliche Aufgabe der Kommunikationspolitik deswegen darin bestehen, dem (potenziellen) Kunden die Eigenschaften möglichst nahe zu bringen und sie ihm mit möglichst wenig Aufwand auf seiner Seite zur Verfügung zu stellen.

Eine zweite Möglichkeit der Abgrenzung von Produkteigenschaften besteht in der Unterscheidung zwischen objektiven und subjektiven Eigenschaften (Myers, Shocker 1981, S. 214). Objektiv sind solche Eigenschaften, die als physikalisch-technische Eigenschaften (characteristics) bezeichnet werden können (diese Begrifflichkeit entspricht damit dem Grundnutzen Vershofens). Hierzu zählt beispielsweise der Benzinverbrauch eines Autos. Subjektive Eigenschaften sind die subjektiven Interpretationen der objektiven Merkmale Benefits bzw. Imagery). Als Benefits werden die subjektiven funktionalen Nutzenerwartungen (Erbauungsnutzen) bezeichnet, die u. a. darin bestehen können, dass der Autobesitzer ein gutes Gefühl hat, wenn er ein E-Auto fährt. Imagery meint hingegen den symbolischen Nutzen (Geltungsnutzen), der im Falle eines E-Autos darin bestehen kann, dass die Zugehörigkeit zu einer Gruppe ökologisch bewusster Menschen demonstriert wird.

Einen Ansatz für die Verknüpfung zwischen den Leistungen eines Unternehmens im Sinne der Eigenschaftskombination von Produkten und relevanten Werten bietet das sog. Means-End-Chain-Model von Gutman (1982). Dieses Modell basiert auf Ideen von Vinson et al. (1977), die herausgefunden haben, dass das Wissen um grundlegende Werte der Konsumenten »provides an efficient measurable set of variables closely related to needs which expand the marketer's knowledge beyond demographic and psychographic differences« (Vinson et al. 1977, S. 48).

Das Means-End-Chain-Model kann in Form einer Value Structure Map (Olson, Reynolds 1983) dargestellt werden. Die Verknüpfung wird mit Hilfe der Laddering-Methode ermittelt, bei der Probanden in einem Interview immer wieder gefragt werden, warum ihnen bestimmte Eigenschaften besonders wichtig sind. Durch die Wiederholung der Frage (Fragekette) wird eine sog. kognitive Leiter entwickelt, die bestimmte Begrifflichkeiten beinhaltet, die entweder als Werte oder als Nutzen oder als Eigenschaften identifiziert werden können. Aus den Zusammenhängen zwischen den Begrifflichkeiten entwickelt sich die Value Structure Map als ein Aggregat aus den Antworten aller Probanden. Wichtig ist hier, dass eine wesentliche Annahme für die Nutzung des Means-End-Chain-Model und die Value Structure Map darin besteht, dass der Mensch ein Interesse an Komplexitätsreduzierung hat (Gutman 1982, S. 60) und Produkte auch nach den Funktionen sortiert und nicht nach klassischen Produktkategorien wie Zahnpasta, Kaugummi und Mundspülung. Vielmehr können diese Produkte als Substitute dann verstanden werden, wenn sie aufgrund ihrer Eigenschaften den gleichen Nutzen stiften, der etwa darin bestehen könnte, die Zähne zu reinigen oder einen frischen Atem zu geben. Saubere Zähne und ein frischer Atem können ihrerseits für die Werte Gesundheit oder Sicherheit stehen. Darstellung 5.65 zeigt einen solchen Zusammenhang beispielhaft.

5.3.4 Marken

Wertstrategien sind üblicherweise mit der Etablierung einer Marke verknüpft. Dies wird unmitttelbar deutlich, wenn die Definition von Berekoven (1992) für die Beschreibung des Markenbegriffs genutzt wird. Diese Definition umfasst zwei Aspekte: Zum einen weisen Markenprodukte im Gegensatz zu nicht-markierten Produkten einen gewissen Bekanntheitsgrad auf, der quasi als notwendige Bedingung interpretiert werden kann. Zum anderen und dies wäre dann die hinreichende Bedingung erzielen Marken bei (potenziellen) Kunden immer eine bestimmte Wertschätzung. Der Bekanntheitsgrad ist in diesem Fall die Voraussetzung für die Wertschätzung, da sich die Wertschätzung ihrerseits an den zwei Konstrukten Erbauungsnutzen und Geltungsnutzen orientiert, die eine Kenntnis der Eigenschaftenkombination des Produktes voraussetzen. So kann das Tragen einer Smart-Watch zum Ziel haben, eine bessere Kontrolle über das eigene

5 Wertstrategien bei Dienstleistungen

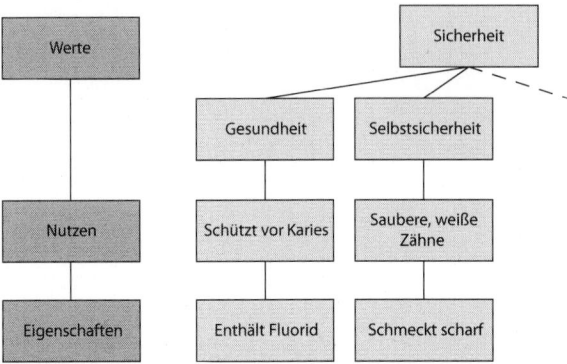

Dar. 5.65: Value Structure Map am Beispiel einer Zahnpasta (Quelle: Eigene Darstellung in Anlehnung an Mooij 2011, S. 300).

Wohlbefinden zu bekommen, weil damit der Puls gemessen werden kann (Erbauungsnutzen). Gleichzeitig kann das Tragen einer Smartwatch einer bestimmten Marke eine Außenwirkung haben, auf die der Kunde Wert legt (Geltungsnutzen). Apple verkörpert(e) beispielsweise einen gewissen Snobismus, Kreativität, Innovation und Design, hatte als Slogan Think different und stand immer für den Kampf David (Apple) gegen Goliath (Microsoft). Apple revolutionierte den Musik-, den Smartphone-, den PC- und den Uhrenmarkt. Kunden, die sich in dieser Tradition sehen, kaufen ein Produkt von Apple (ausführlich ▶ Kap. 6.4). Ganz allgemein besteht eine der Eigenschaften von Marken darin, eine symbolische oder (Prestige-)Funktion zu übernehmen. Darstellung 5.66 fokussiert auf den Einfluss von Marken auf das ideale Selbstkonzept.

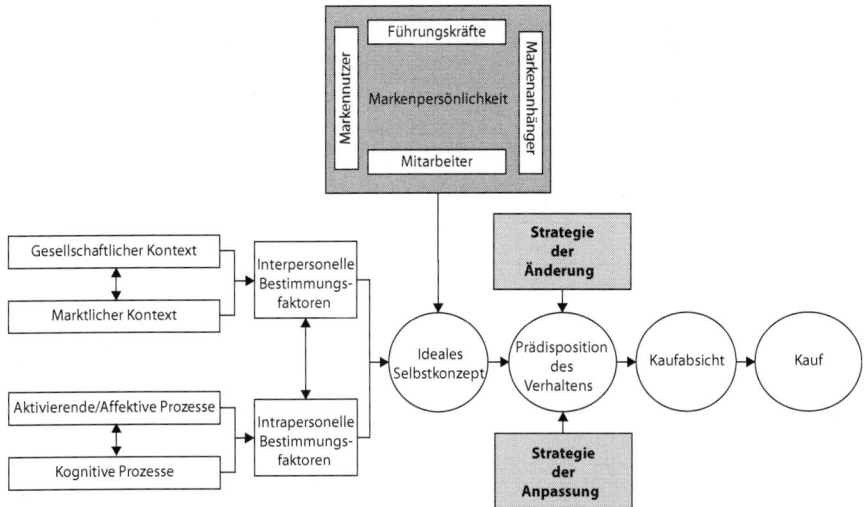

Dar. 5.66: Markenpersönlichkeit und ideales Selbstkonzept

Darüber hinaus liefert eine Marke auch eine Vertrauensfunktion insofern, als der Kunde die Marke als ein bestimmtes Qualitätsversprechen interpretiert (Statista 2019a), welches umso wichtiger wird, je weniger der Kunde die Eigenschaften des Produktes vor dem Kauf abschätzen kann. Unternehmen müssen in diesem Fall dafür Sorge tragen, dass das empfundene Risiko gesenkt wird. Hierzu dient die Kommunikationspolitik, die dem Kunden die für ihn relevanten Eigenschaften darstellt und damit die Informationsasymmetrie beseitigt. Wenn der potenzielle Kunde die Werbung verinnerlicht hat und damit die Marke für ihn vertraut wird, reduzieren sich seine Transaktionskosten und der Kauf des Markenproduktes wird wahrscheinlicher. Marken erhöhen die Markttransparenz und kommen damit dem Bequemlichkeitsstreben der Menschen entgegen (Meffert, Burmann, Koers 2005, S. 10). Es findet eine sog. kognitive Entlastung statt, die bereits weiter oben als eine der Rahmenbedingungen für die Means-End-Theorie angesprochen wurde.

Je mehr es dem Unternehmen gelingt, hier eine Unique Advertising Proposition (UAP) aufzubauen, umso mehr entsteht eine Situation, die als monopolistische Konkurrenz bezeichnet werden kann und die das Produkt aus Sicht des Kunden einzigartig erscheinen lässt, was die Wechselwahrscheinlichkeit zu anderen Produkten reduziert (▶ Dar. 5.67): Der Kunde wird preisunempfindlicher und das Unternehmen kann Preissteigerungen realisieren, ohne befürchten zu müssen, dass der Kunde abwandert (Statista 2019b). Der monopolistische Spielraum wird dabei begrenzt von einer Preisobergrenze, bis zu der es sich aus Kundensicht nicht lohnt, das Unternehmen bzw. das Produkt zu wechseln. Ab einem bestimmten Preis übersteigen die monetären Kosten dann aber doch den vom Kunden empfundenen Bruttonutzen und der Nettonutzen würde negativ werden, so dass ein Wechsel Sinn ergibt. Nach unten hin begrenzt die Preisuntergrenze den monopolistischen Spielraum: Wird ein Markenprodukt zu günstig, wird es aus Kundensicht unwahrscheinlich, dass es seine Qualitätsansprüche aufrechterhalten kann. In diesem Fall steigt die Wechselbereitschaft ebenfalls. Gleichzeitig stellt das Unternehmen fest, dass es ab der Preisuntergrenze den Preis fast beliebig nach oben verändern kann, ohne dass es große Abwanderungstendenzen der Kunden befürchten muss. Die Bandbreite des monopolistischen Spielraums kann durch verschiedene Methoden ermittelt werden – so werden im Rahmen des Open-Line-Pricing (Frohmann 2018, S. 159) beispielsweise Probanden zu dem von ihnen erwarteten Preisband befragt, beim Price-Sensitivity-Meter (Van Westendorp 1976) findet eine Abfrage der Einschätzungen durch den Probanden hinsichtlich der Kriterien zu günstig, günstig, teuer, zu teuer statt und bei der Gabor-Granger-Methode (Gabor, Granger 1961, S. 170 ff.) findet eine Abfrage verschiedener Preispunkte und die Beobachtung der Reaktion der Probanden darauf statt.

Preisober- und -untergrenze werden in der Realität von einer Vielzahl von Faktoren beeinflusst und verändern sich insbesondere im Zeitablauf. So kann sich die Preisobergrenze mit der Zeit fast beliebig verschieben, wie dies beispielsweise bei Smartphones deutlich wird: Da der Kunde aufgrund vorangegangener Modelle bereits an bestimmte Preise gewöhnt ist und er auch daran gewöhnt ist, dass sich im

Zeitablauf innovative Produkte eher teurer als günstiger präsentieren, akzeptiert er steigende Preisobergrenzen: Während das erste iPhone 2007 noch 399 € kostete, liegt der Preis für die aktuelle Version iPhone 13 Pro Max (2022) bei 1.249 €. Der Absatz von iPhones ist dabei seit 2007 von 1,39 Mio. Stück auf 190 Mio. Stück im Jahr 2020 gestiegen (Statista 2021a).

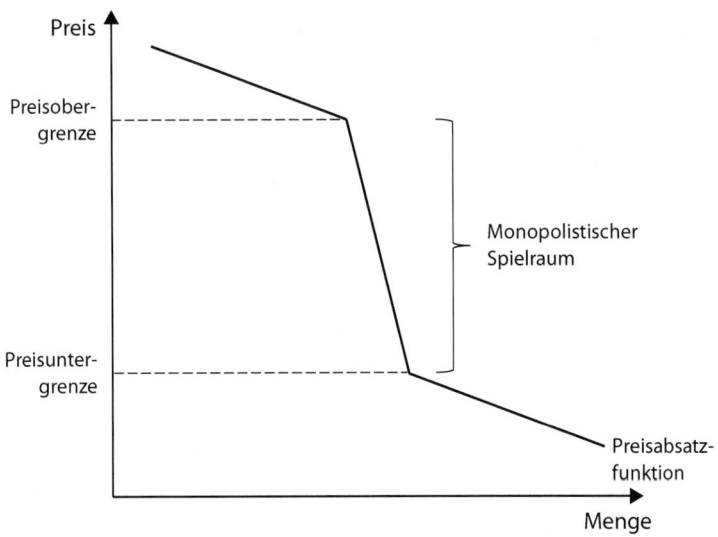

Dar. 5.67: Monopolistische Konkurrenz

Neben einer reinen monetär orientierten Begründung für die Nutzung von Marken lässt sich auch eine eher wertorientierte Argumentation finden, die innerhalb des identitätsbasierten Markenmanagements diskutiert wird. Deren Grundidee besteht darin, eine Outside-in-Perspektive oder Imageorientierung durch eine Inside-out-Perspektive (Identitätsorientierung) zu ergänzen. Dabei wird die Identität beschrieben als »die Ganzheit derjenigen raum-zeitliche gleichartigen Merkmale der Marke, die aus Sicht der internen Zielgruppe in nachhaltiger Weise den Charakter der Marke prägen« (Meffert, Burmann, Koers 2005, S. 53) und kann, wie bereits vorab geschehen, auch als Selbstbild bezeichnet werden. Das Image oder Fremdbild wird als ein »in der Psyche relevanter externer Zielgruppen festverankertes, verdichtetes, wertendes Vorstellungsbild von einer Marke« (Meffert, Burmann, Koers 2005, S. 53) aufgefasst. Die Berücksichtigung dieser Wechselseitigkeit von Image und Identität entspricht der Idee einer ganzheitlichen Markenführung. Letztlich muss konstatiert werden, dass Unternehmen nur dann glaubhaft eine Marke verkaufen können, wenn sie ihrer Identität weitgehend entspricht, die vom Kunden interpretierte Wertschätzung also eine glaubhafte Unterstützung durch die Wahrnehmung des Unternehmens erhält. Die konstitutiven Merkmale der Identität von Marken sind Wechselseitigkeit, Kontinuität, Konsistenz und Individualität.

Wechselseitigkeit meint, dass Markenidentität erst durch die Abgrenzung von konkurrierenden Leistungsangeboten entsteht. Die sich bildenden Markenmerkmale müssen im Zeitablauf möglichst beibehalten werden und möglichst eindeutig vermittelt werden. Widersprüche zwischen der zu vermittelnden Markenidentität und dem tatsächlichen Verhalten in Unternehmen führen immer wieder zu Problemen, wie der weltweite VW-Skandal 2015 gezeigt hat. Der Zusammenhang zwischen dem Markenimage auf Seiten der externen Zielgruppe und der Markenidentität auf Seiten der internen Zielgruppe wird in Darstellung 5.68 dargestellt.

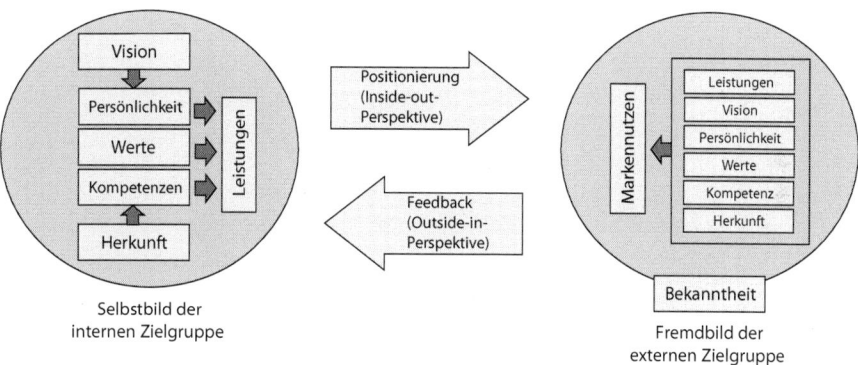

Dar. 5.68: Zusammenhang zwischen Identität und Image einer Marke (Quelle: In Anlehnung an Burmann et al. 2018, S. 58)

Darstellung 5.68 zeigt auf der rechten Seite, dass die notwendige Bedingung die Markenbekanntheit ist und dass die hinreichende im Markennutzen besteht, also in der Interpretation der Markeneigenschaften hinsichtlich des Ausmaßes an Bedürfnisbefriedigung. Auf der linken Seite sind die Markeneigenschaften als Faktoren für die Markenidentität angesprochen. Ohne auf die einzelnen Aspekte im Detail einzugehen, seien an dieser Stelle noch einmal die Begriffe Markenwerte und Markenpersönlichkeit hervorgehoben. Die Markenwerte repräsentieren die Grundüberzeugungen des Unternehmens und spielen für die Authentizität der Marke ein wichtige Rolle: Die im Unternehmen gelebten Werte müssen mit den zu vermittelnden Markenwerten übereinstimmen und wirken dann insbesondere auf den symbolischen Nutzen der Marke für den Kunden (▸ Kap. 2.5). Die Markenpersönlichkeit kann definiert werden als »the set of human personality traits that are both applicable and relevant for brands« (Azoulay, Kapfer 2003, S. 151). Nun können Marken bzw. deren Produkte eigentlich keine Persönlichkeit haben, da sie nicht menschlich sind. Tatsächlich ist der Mensch aber bemüht, auch Gegenstände mit menschlichen Eigenschaften zu beschreiben, da dies die Zuordnung und Kommunikation über sie vereinfacht. Als Resultat erhalten Marken menschliche Eigenschaften und insofern auch eine eigene Persönlichkeit

(Levy 1999, S. 530 ff.). Diese Persönlichkeit wird letztlich interpretiert über die Marketingaktivitäten des Unternehmens in Bezug auf die Marke und die Personen, die mit der Marke in Verbindung gebracht werden: die Markennutzer, die Mitarbeiter und Führungskräfte eines Unternehmens und die Markenanhänger. Eine der bekanntesten Untersuchungen zur Markenpersönlichkeit stammt von Jennifer Aaker (1997): Sie ermittelte 5 Persönlichkeitsdimensionen, mit denen Verbraucher Marken beschreiben. Hierzu gehören Aufrichtigkeit, Erregung/ Spannung, Kompetenz, Kultiviertheit und Robustheit. Den jeweiligen Begrifflichkeiten konnten noch einmal zur genaueren Beschreibung Merkmale zugeordnet werden (Aaker 1997, S. 351):

- Aufrichtigkeit: bodenständig, ehrlich, aufrichtig, heiter.
- Erregung/ Spannung: wagemutig, temperamentvoll, phantasievoll, modern.
- Kompetenz: zuverlässig, verantwortungsvoll, vertrauensvoll, effizient.
- Kultiviertheit: glamourös, anspruchsvoll, charmant, romantisch.
- Robustheit: zäh, stark, naturverbunden, robust.

Nach Aaker (2010) stellt die Markenpersönlichkeit die wichtigste Dimension des Images dar. Insbesondere in Zeiten, in denen sich der Kontext für den Menschen relativ oft oder sehr intensiv ändert, die Rahmenbedingungen also variieren, versucht der Mensch, sich in diesem Kontext mit seiner eigenen Persönlichkeit anzupassen (Festinger 1954). So führt beispielsweise der Fitnesstrend der letzten Jahre dazu, dass sich Kunden mit sog. Wearables ausstatten, ihre gelaufenen Kilometer messen und gleichzeitig im Internet posten können oder ihren Kalorienverbrauch abrufen. Dabei ist wichtig, dass die Markenpersönlichkeit auf das ideale Selbstkonzept einzahlt, nicht zwingend auf das tatsächliche. Als beschreibt Rogers (2016) die Erwartungen der Gesellschaft an die Person sowie die Eigenschaften und Fähigkeiten, auf die die Person selbst größten Wert legt. Markenpersönlichkeiten bieten dem Kunden die Möglichkeit, vorgefertigte Persönlichkeiten zur Verfügung gestellt zu bekommen und einen Persönlichkeitstransfer in die gewünschte Richtung vorzunehmen; dies in Abhängigkeit von der jeweiligen angestrebten Rolle und den dahinterstehenden Werten in dem jeweiligen Kontext: Für Arbeitnehmer spielen eventuell andere Werte eine Rolle als für Familienväter (sog. Selbstkomplexität; Linville 1985). Diese Verknüpfung zwischen dem eigenen Selbst und der Markenpersönlichkeit führt zu einer Markenbeziehung, deren Qualität u. a. auch von weiteren Faktoren wie etwa Verbundenheit und Qualität als Partner abhängt (Fournier 2005, S. 230).

Wird nun die Erkenntnis aus der Value Structure Map mit der Markenpersönlichkeit kombiniert, so kann die Abfolge Eigenschaften-Nutzen-Wert in der subjektiv wahrgenommenen Markenpersönlichkeit beim Kunden wiedergefunden werden: Die Marke hat bestimmte Merkmale, die dem Kunden einen Nutzen stiften, weil sie eine Wertvorstellung verkörpern. Da Werte die Basis des idealen Selbstkonzeptes in einer bestimmten situativen Rolle darstellen, treffen auf der Wertebene die produktbezogenen und die selbstbezogenen Ziele des Konsumenten aufeinander. Je stärker nun die

Marke Eigenschaften aufweist, die »mit diesen Werten zu verknüpfen sind, umso stärker entspricht die Markenpersönlichkeit dem avisierten Selbstkonzept und desto eher präferiert der Nachfrager die Marke« (Herrmann, Huber, Braunstein 2003, S. 193).

Wie beschrieben erfüllen Marken aus Kundensicht insbesondere die Funktion der Orientierung und Information sowie des Vertrauens und der Symbolik. Aus Unternehmenssicht handelt es sich im Wesentlichen um die Möglichkeiten der segmentspezifischen Bearbeitung, der Präferenzbildung, dem daraus resultierenden preispolitischen Spielraum, der Kundenbindung, der effizienten Erschließung von Wachstumspotenzialen und der Wertsteigerung des Unternehmens, da Marken den Wert eines Unternehmens über den materiellen Wert hinaus deutlich steigern können. 2019 ist Amazon nach Kantar Millward Brown mit 315,51 Mrd. US-Dollar das wertvollste Unternehmen vor Apple mit 309,53 Mrd. US-Dollar (Statista 2019c). Diesen Erfolgen auf der Einnahmenseite stehen Kosten auf der Ausgabenseite gegenüber. Die Marketingausgaben von Amazon beliefen sich beispielsweise allein im dritten Quartal 2019 weltweit auf 4,75 Mrd. US-Dollar (Statista 2019d).

Werbung, die im Rahmen der Kommunikationspolitik insbesondere psychologische Ziele erfüllen muss, würde im hier vorliegenden Verständnis versuchen, die aus Kundensicht ideale Verknüpfung zwischen Produkteigenschaften, dem Nutzen und den jeweiligen Werten herzustellen, um beim Kunden eine Kaufabsicht zu erzeugen, denn »a brand name adds value fort he manufacturer [...] only because it adds value for the consumer« (Crimmins 1992, S. 11). Nun ist, wie bereits oben angedeutet, das Verhältnis zwischen Kaufabsicht und tatsächlichem Kauf nicht eindeutig. Vielmehr können eine Reihe von Faktoren dafür sorgen, dass der Kunde zwar eine Kaufabsicht hat, aber der Kauf doch nicht zustande kommt. Dabei kann es sich sowohl um kundenspezifische, interne Gründe handeln als auch um umfeldbezogene Gründe. Für die folgenden Betrachtungen soll der Fokus auf zwei Faktoren liegen, die einen starken Einfluss auf die Funktionsfähigkeit einer Marke aufweisen, nämlich die Markenbereitschaft und die Markentreue.

Mit Markenbereitschaft ist gemeint, dass der Kunde in bestimmten Branchen eher als in anderen bereit ist, eine Marke zu akzeptieren und dies in einer höheren Zahlungsbereitschaft für ein Markenprodukt deutlich macht. Zu dieser Thematik existieren eine Reihe von Untersuchungen, die zum einen darlegen, dass die Markenbereitschaft für bestimmte Branchen im deutschsprachigen Raum unterschiedlich ausgeprägt ist (Franke 1994; GfK Panel Services 1998 und Marketagent.com 2009). Es zeigt sich, dass die Markenbereitschaft beispielsweise für Computer, Mobiltelefone, Autos und Kaffee relativ hoch ist, so gaben über 60 % der Befragten an, dass die Marke eine mindestens große Rolle für die Kaufentscheidung spielt (Franke 1994, S. 78; Marketagent.com 2009), bei Damenslips, Toilettenpapier (Franke 1994, S. 78) und Treibstoff ist sie eher niedrig (Maketagent.com, 2009). Der in Deutschland erfolglose Versuch von Charmin, eine Toilettenpapiermarke zu etablieren, mag hier als Nachweis genügen.

Es zeigt sich im Zeitablauf aber auch, dass die Markenbereitschaft durchaus schwanken kann (Franke 1994). Dies hängt zum einen mit dem sog. hybriden

Konsumenten zusammen, auf den im weiteren Verlauf noch eingegangen wird, zum anderen bietet dieses hybride Verhalten durchaus die Möglichkeit für Unternehmen, die oben angesprochenen Strategie der Änderung durchzuführen und Marken in einem Markt zu etablieren, in dem dies aufgrund fehlender Markenbereitschaft eher schwierig zu sein scheint. Die Bereitschaft, Marken zu akzeptieren, hängt laut einer GfK-Studie von folgenden drei Einflussfaktoren ab:

- Gewöhnung,
- Vertrautheit mit der Warengruppe und der
- Bedeutung für die Kaufentscheidung (GfK Panel Services 1998).

Die Gewöhnung bezieht sich dabei auf die Verwendung der Produkte im näheren Umfeld des Kunden oder durch den Kunden selbst. Dies beeinflusst gleichzeitig die Vertrautheit mit der Warengruppe positiv, die allerdings auch durch Mund-zu-Mund-Propaganda (virales Marketing, Empfehlungsmarketing etc.) und durch andere Instrumente der Kommunikationspolitik entstehen kann: Das Bekannte wird dem Unbekannten immer vorgezogen. Mit der Vertrautheit der Warengruppe und mit der Gewöhnung nimmt auch das Markenbewusstsein zu. Hinzu kommt die Bedeutung der Kaufentscheidung für den Kunden. Wenn es sich um Güter des täglichen Bedarfs handelt, die in ihrer Bedeutung für den Kunden eher gering sind, sein Involvement also niedrig ist, dann ist die Wahrscheinlichkeit, dass der Kunde für ein Markenprodukt bereit ist, einen höheren Preis zu zahlen, relativ gering. Wenn das Involvement aber hoch ist, weil z. B. Lactoseintoleranz vorliegt, dann wird auch die Entscheidung für einen Liter Milch zu einer Entscheidung mit einem höheren Involvement und damit auch mit einem höheren Bedarf an einer konstant hohen Qualität. Die konstante Qualität wird, wie oben beschrieben und die angesprochenen Lerneffekte vorausgesetzt, am Markennamen festgemacht und führt zu einer höheren Zahlungsbereitschaft. Hier zeigt sich wieder der oben schon angesprochene Nutzen für den Kunden: Marken liefern Vertrauen, Orientierung, Information und Symbolik.

Neben der Markenbereitschaft wird der Prozess von der Kaufabsicht zum eigentlichen Kauf, damit zur möglichen Kundenbindung und zu einer für das Unternehmen möglichst rentablen Investition in eine Marke, dadurch erschwert, dass das Niveau der Markentreue einen Einfluss auf diesen Ablauf nimmt. Treue bzw. loyale Kunden sind Kunden, die sich freiwillig an ein Unternehmen oder Produkte des Unternehmens binden. Das Bedürfnis nach Bindung an ein Unternehmen, sofern es eine freiwillige Bindung ist, beruht auf psychologischen Wirkungen, die in transaktions- und beziehungsbezogene Konstrukte unterteilt werden können. Zu den transaktionsbezogenen zählen die wahrgenommene Leistungsqualität und der wahrgenommene Wert, zu den beziehungsbezogenen die Kundenzufriedenheit, die Beziehungsqualität und das Commitment (Bruhn 2013, S. 74). Die Markentreue wird ihrerseits durch die wahrgenommene Markenähnlichkeit beeinflusst: Umso ähnlicher die Marken aus Sicht des Kunden wahrgenommen werden, umso geringer sind mögliche Wechselkosten und damit das wahrgenommene Risiko eines möglichen

Wechsels. Immerhin gaben in einer Umfrage 2020 über 42 % der Befragten an, dass sie häufiger mal die Marke wechseln (Statista 2021b).

Unter Leistungsqualität wird die Fähigkeit des Unternehmens verstanden, mit seinen Leistungen die Kundenerwartungen zu erfüllen (Meffert, Bruhn 2009). Aus Kundensicht handelt es sich dabei um die subjektive Wahrnehmung von Qualitätsausprägungen. Mit dem wahrgenommenen Wert wird die Beurteilung einzelner Transaktionen und der Beziehung zum Anbieter aus Kundensicht angesprochen. Hierbei werden der wahrgenommene Nutzen und der wahrgenommene Aufwand aus Kundensicht gegenübergestellt. Dabei kann berücksichtigt werden, dass sich der wahrgenommene Wert nicht nur aus der eher kognitiven Einschätzung vor dem Kauf ergibt, sondern auch aus der Berücksichtigung der emotionalen Komponente nach dem Kauf.

Kundenzufriedenheit beschreibt das Ergebnis aus dem Vergleich zwischen der Erfahrung aus der Nutzung des Produktes mit den Erwartungen vor der Nutzung. Während die Leistungsqualität die Fähigkeit des Unternehmens beschreibt, die Kundenerwartungen zu erfüllen, beschreibt die Kundenzufriedenheit das Ausmaß der Erfüllung (Bruhn 2013, S. 86). Wie wichtig die Kundenzufriedenheit für die Kundenbindung ist, zeigt Darstellung 5.69. Immerhin geben gut 56 % der Befragten an, dass sie einer Marke meistens treu bleiben, wenn sie mit ihr zufrieden.

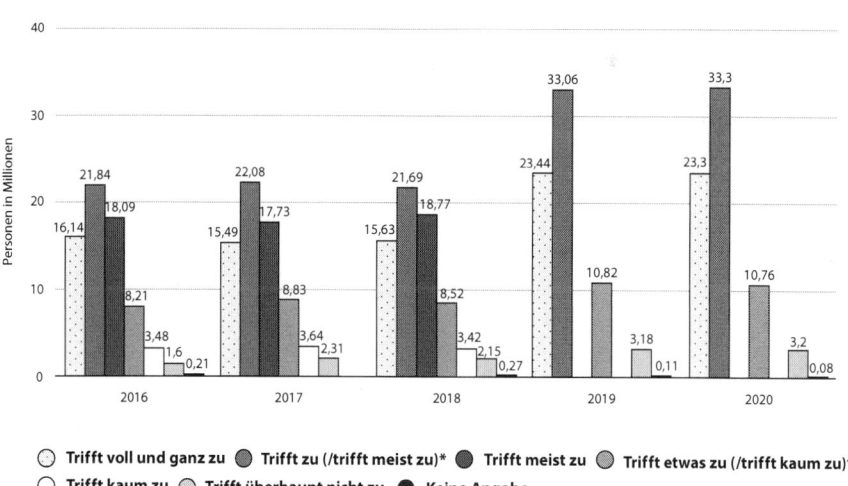

Dar. 5.69: Bevölkerung in Deutschland nach Einstellung zur Aussage »Wenn ich mit einer Marke zufrieden bin, bleibe ich auch bei ihr« von 2013 bis 2016 in Mio. (Quelle: Statista 2021c).

Das Commitment kann »as an exchange partner believing that an ongoing relationship with another is so important as to warrant maximum efforts at maintaining it«

(Morgan, Hunt 1994, S. 23) beschrieben werden. An dieser Definition wird deutlich, dass sich das Commitment direkt auf die Beziehung zum Unternehmen bezieht und eine emotionale Wechselbarriere darstellt: Je höher das Commitment, desto höher wird die (freiwillige) Kundenbindung sein. Die Beziehungsqualität meint die Fähigkeiten des Unternehmens, die Beziehung zum Kunden so zu gestalten, dass sie den Anforderungen des Kunden entspricht. Damit sorgt das Ausmaß der Beziehungsqualität für eine Reduktion der Transaktionskosten, weil Komplexität und Unsicherheit abnehmen (Bruhn 2013, S. 92).

Da Markentreue bzw. Kundenbindung einen zeitlichen Aspekt beinhaltet, stellt sich die Frage, wodurch diese Markentreue im Zeitablauf beeinflusst werden kann. Unter anderem zeigt sich, dass soziodemografische Daten eine wichtige Rolle spielen: Ältere Menschen sind tendenziell Marken gegenüber treuer als junge Menschen (Horizont 2019; WiWo 2019). Andererseits ist auch das Phänomen des Variety Seeking Behavior ein Argument für die Markenwechselbereitschaft (Meffert, Burmann 2005, S. 359). Hier zeigt sich für Deutschland, dass die Idee des Markenwechsels unter den Konsumenten sehr ambivalent zu sehen ist. So würden 2018 etwa 10 % der Deutschen über 14 Jahre die Frage nach einem häufigeren Wechsel der Marke uneingeschränkt zustimmen, knapp 89 % schließen den Wechsel nicht grundsätzlich aus und für etwas über 11 % trifft ein häufigerer Wechsel überhaupt nicht zu (Statista 2019g).

Schließlich unterliegen Markenprodukte wie alle Produkte einem Lebenszyklus, der in den meisten Fällen die Dauer von 6 Jahren nicht überschreitet (Meffert, Burmann, Koers 2005, S. 354). Diese relativ kurz erscheinende Lebensdauer von Marken wird verständlicher, wenn zum einen berücksichtigt wird, dass sich die subjektive Markenwahrnehmung auf die wenigen langlebigen Marken konzentriert und zum anderen die Erinnerungsleistung von Konsumenten an Marken und Markenkampagnen nur wenige Wochen nach einer Kampagne deutlich nachlässt und sich somit auch die Interpretation der Marke ändern kann (Meffert, Burmann 2005, S. 351). Kirchgeorg und Klante (2002, S. 34) beschreiben diesen Prozess als Markenerosion und definieren: »Eine Markenerosion ist eine durch Stimuli ausgelöste langsame Destruktion des in der Psyche des Konsumenten und sonstiger Bezugsgruppen der Marke verankerten, unverwechselbaren Vorstellungsbildes von einem Produkt oder eine Dienstleistung. Dabei kommt es zu einer von der Markenführung ungewollten Veränderung des verankerten Vorstellungsbildes beim Konsumenten«. In der von den Autoren durchgeführten Studie zeigte sich, dass als eine der wesentlichen Ursachen für die Markenerosion die fehlende Einzigartigkeit oder anders ausgedrückt die fehlende Differenzierung der Markenprodukte identifiziert werden konnte und diese fehlende Einzigartigkeit mittel- bis langfristig zu erheblichen Rückgängen bei den psychografischen Faktoren Markenimage und Markenvertrauen führt (Kirchgeorg, Klante 2005, S. 346). Zu einem ähnlichen Ergebnis kommt auch eine Studie von Sander, Friedrichs und Hunfeld (2009): 64 % aller Befragten über alle Branchen hinweg nehmen Marken als austauschbar wahr, weil sie diese als ähnlich wahrnehmen (sog. Brand parity). Dabei liegt diese Austauschbarkeit bei Benzin (84 %), Vollwaschmitteln (81 %) und Molkereiprodukten (76 %) am höchsten und bei Parfüm (44 %), Bekleidung (43 %) und Autos (34 %) am niedrigsten. Bei Autos zeigt die Markentreue eine relativ große Konstanz. So gaben 2019 noch über 40 % der Befragten über 14 Jahre an, ihrer Automarke treu zu bleiben (Statista 2019h), während sie bei Bekleidung zumindest für die Aussage trifft voll und ganz zu bei den 14- bis 69-Jährigen bei 16,9 % liegt, aber immerhin der Aussage trifft eher zu 53,8 % der Befragten zustimmen (Statista 2019i).

5.3.5 Wertstrategien

Innerhalb der Wertstrategien lassen sich zwei Unterstrategien beschreiben, die sich dadurch kennzeichnen, dass sie auf die Prädispositionen des Verhaltens unterschiedlich reagieren (▶ Kap. 4).

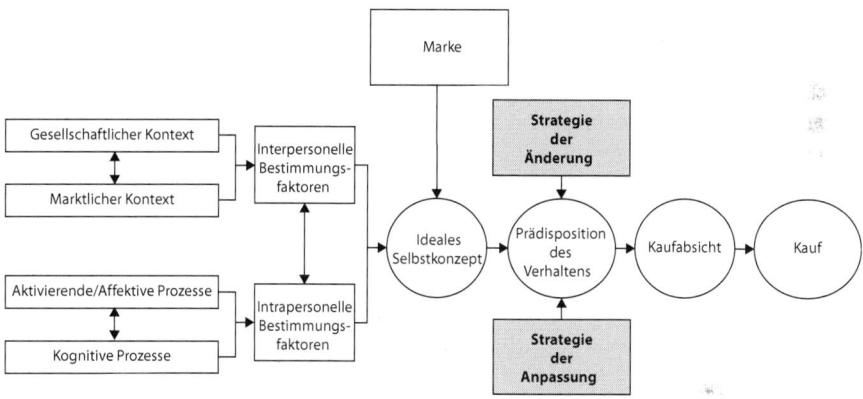

Dar. 5.70: Wertstrategien

Strategie der Anpassung

Zum einen kann ein Unternehmen die Voreinstellungen des Verhaltens des (potenziellen) Kunden als gegeben hinnehmen und darauf aufbauend die Produkteigenschaften festlegen. Diese Strategie folgt der Einstellungs-Verhaltens-Hypothese und wird als Strategie der Anpassung bezeichnet und läge beispielsweise dann vor, wenn ein Unternehmen roten Tomatenketchup anbietet, weil es weiß, dass Kunden die Farbe des Tomatenketchup aus ihren Kenntnissen um den Reifegrad von Tomaten ableiten. Unternehmen, welche diese Strategie bevorzugen, werden als Follower bezeichnet, ihre Produkte als Me-too-Produkte, da sie die etablierten Unternehmen in den kaufrelevanten Eigenschaften des Produktes nachahmen. Diese Strategie hat den Vorteil, dass das Risiko mit dem Produkt zu scheitern tendenziell gering ist, weil die Kunden das Produkt an sich bereits kennen und seine relevanten Eigenschaften akzeptieren und nicht in Frage stellen: Tomatenketchup muss rot sein, weil reife, schmackhafte Tomaten rot sind. Die Möglichkeit der Differenzierung besteht nun ggf. in einer Variation der Gewürzmischung, die den unterschiedlichen Verwendungsmöglichkeiten des Ketchups gerecht werden kann (Barbeque, Currywurst, Pommes

Frites). Dass Kunden immer dieselbe Marke wiederholt und/oder homogene Güter bevorzugt einkaufen, lässt sich u. a. durch die sog. Rekognitionsheuristik (Goldstein und Gigerenzer 1999) erklären: Das Bekannte wird dem Unbekannten vorgezogen. Sei es, weil der Kauf als Low-Involvement-Kauf zum habitualisierten Kauf geworden ist oder weil bei der ersten Kaufentscheidung die (Werbe-)Bekanntheit eines Produktes am POS dafür sorgt, dass die Entscheidung entsprechend ausfällt. Der Nachteil dieser Strategie besteht darin, dass mögliche Gewinnmargen relativ gering ausfallen und u. a. von der Anzahl der Wettbewerber und deren Angebotsverhalten abhängt. Sofern von rechtswidrigen Preisabsprachen abgesehen wird, ergibt sich dann ein Marktpreis bei homogenen Gütern, der die Marge soweit reduziert, dass zumindest theoretisch ein Gleichgewicht von Angebot und Nachfrage existiert und der Markt geräumt ist.

Strategie der Änderung

Die zweite strategische Möglichkeit besteht darin, die Prädispositionen des Verhaltens zu ändern. Diese Strategie wird entsprechend als Strategie der Änderung bezeichnet. Unternehmen können Innovationen in den Markt bringen, die entweder als radikale Innovationen bezeichnet werden, wenn es sich um Produkte handelt, die eine von bisherigen Angeboten völlig losgelöste Problemlösung anbieten oder um weiche Innovationen, die eher als Produktmodifikationen oder Produktdifferenzierungen zu interpretieren wären und die auf ein bisheriges Produkt aufbauen und leichte Veränderungen mit sich bringen. Radikale Innovationen sind in ihrer extremen Interpretation kaum noch zu finden und die Einschätzung unterliegt sicherlich einer gewissen subjektiven Willkürlichkeit. Das Internet mag als eine solche radikale Innovation angesehen werden, weil es einen gesellschaftlichen Umbruch ausgelöst hat, den vorher vielleicht das Fernsehen oder das Telefon ausgelöst haben. Aus Sicht eines Nachfragers ist die radikale Innovation nicht zwingend die beste: Der Rekognitionsheuristik folgend stoßen radikale Änderungen bei den meisten Menschen eher auf Ablehnung. Die oben angesprochenen Produktvariationen stoßen meist auf deutlich geringeren Widerstand und ein Beispiel wäre in der Nutzung des Mobiltelefons zu sehen: Telefone waren bekannt, aber ursprünglich war die Einstellung, dass die persönliche Erreichbarkeit per (Festnetz-)Telefon auf bestimmte Zeiten beschränkt und das Verhalten danach ausgerichtet war, sich für ein Treffen dann zu verabreden, wenn man sich persönlich sieht oder in der Nähe eines Festnetztelefons ist. Heutzutage führt die Nutzung eines Smartphones dazu, dass dauernde Verfügbarkeit möglich ist und von vielen Konsumenten praktiziert und erwartet wird. Interessanterweise hat sich nicht nur die Einstellung zur Erreichbarkeit verändert, sondern auch die Art der Kommunikation: Die beliebteste Form der Kommunikation mit dem Smartphone ist nicht die zeitgleiche Kommunikation im Sinne des klassischen Telefonierens, sondern die zeitversetzte über die verschiedenen Messenger-Services. An diesem Beispiel wird deutlich, dass eine Veränderung der Werte nicht zwingend mit einer Aufgabe oder Verschiebung von Werten innerhalb des Wertegefüges zu tun haben muss. Vielmehr kann der Wert, in diesem Fall der Teilhabe am sozialen Umfeld, auf eine andere Art bedient werden. Diese Strategie der Änderung ist risikoreicher als die Strategie der Anpassung, da sie darauf aufbaut, dass

Kunden aufgrund einer Verhaltensänderung ihre Einstellung und damit ggf. auch ihre Werte ändern; Werte sind aber, wie oben beschrieben, im Zeitablauf relativ konstant: Es gab in den 1990er Jahren den Versuch, grünen Tomatenketchup anzubieten. Eine Idee, die auf der Basis eines relativ beliebten amerikanischen Spielfilms aus dem Jahre 1991 mit dem Titel Grüne Tomaten basierte. Tatsächlich hatte diese Ketchup-Variante auch kurz nach ihrer Einführung 2000 in den USA einen großen Erfolg, wurde aber 2006 wieder aus dem Programm genommen, weil die Verkaufszahlen deutlich nachgelassen hatten (mentalfloss.com 2019). Hier war der anfängliche Neuheitseffekt nicht tragfähig genug, um das Produkt langfristig im Markt zu etablieren und die Kunden sind dann wieder zu ihren gewohnten Verhaltensweisen zurückgekehrt.

Hier wie da gilt etwas, das u. a. im Rahmen der sog. Value based adoption model of technology beschrieben wird (Kim 2007, S. 111 ff.): Die Bereitschaft zur Annahme einer Innovation hängt vom wahrgenommenen Wert ab, der seinerseits vom Nutzen (Benefit) und vom Opfer (Sacrifice) beeinflusst wird. Während der Nutzen durch die Freude an der Nutzung (Enjoyment) und die Nützlichkeit (Usefulness) bestimmt wird, hängt das empfundene Opfer von der durch die Technik bestimmten Einfachheit der Nutzung und den wahrgenommenen Kosten (Perceived fee) der Nutzung ab.

In der Realität sind die Strategieoptionen keinesfalls statisch: Zum einen sind die Prädispositionen nicht über alle Zeiten stabil und es kann im Zeitablauf zu Änderungen kommen, auf die das Unternehmen reagieren muss. Wie schon oben beschrieben, gilt nicht nur die Einstellungs-Verhaltens-Hypothese und auch schon Festinger (1957, S. 19) hat, im Rahmen seiner Theorie der kognitiven Dissonanz, festgestellt, dass aus dem Verhalten eine Einstellungsänderung folgen kann. Verspürt ein Konsument nach einem Kauf eine kognitive Dissonanz, so kann eine der Reduzierungsstrategien von Kunden darin bestehen, seine Einstellung zum Produkt zu ändern. Zum anderen kann bei entsprechender Etablierung des Unternehmens und der Marke versucht werden, die Einstellungen des Kunden entsprechend anzupassen und über stetige Produktmodifikationen oder auf Produktdifferenzierungen eine für das Unternehmen vielversprechendere Position zu erreichen.

Unabhängig davon, ob ein Unternehmen mit einem Produkt eine Strategie der Anpassung oder der Änderung verfolgt und damit entweder eine Orientierung an den Werten vornimmt oder den Versuch unternimmt, diese Werte zu ändern, wird deutlich, wie wichtig die Orientierung an Werten für den Erfolg von Produkten ist. Beide Strategien sind aber nicht als diskrete Alternativen zu verstehen, sondern bedienen vielmehr ein Kontinuum, an dessen einem Extrem der Wert in stabiler, unveränderter Form erhalten bleibt und an dessen anderem Extrem die völlige Änderung eines Wertes stehen mag.

Im Folgenden soll nun die Ausstattungspolitik als Umsetzung der Wertstrategie vorgestellt werden. Dabei wird sie zuerst definiert und von den Terminologien des Handelsmarketings abgegrenzt und anschließend in Verknüpfung zur grundlegenden Wertstrategie am Beispiel der Käufergruppe der LOHAS dargestellt.

5.4 Ausstattungspolitik

Es wurde bereits in Kapitel 5.2 deutlich, dass es die eine Form der Dienstleistung nicht gibt, sondern dass die Bandbreite der Aktivitäten, die unter diesen Begriff fallen, sehr hoch ist. Dies bedeutet für die Ausstattungspolitik, dass sie in den verschiedenen Ausprägungen des Dienstleistungsbegriffs eine für das Kundenerlebnis, hier konkret das Konsum- oder Shopping-Erlebnis, unterschiedliche Rolle spielt. Es kann zwischen solchen Dienstleistungen unterschieden werden, die eine Selbstbedienung darstellen und damit die Nutzung alleine durch den Kunden stattfindet (beispielsweise im e-commerce), solche, die eine direkte zwischenmenschliche Dienstleistung erfordern (beispielsweise im stationären Einzelhandel) und solche, bei denen die Nutzung alleine durch die Mitarbeiter erfolgt (beispielsweise bei den Telefondienstleistungen von Telekommunikationsunternehmen oder Versicherungsunternehmen) (Zeithaml, et al. 2006, S. 321).

5.4.1 Definition und Abgrenzung

Die Ausstattungspolitik kann nach Zeithaml et al. (2006, S. 317) als »tangible cues«, also die »Gestaltung der sichtbaren Faktoren« (Homburg 2015, S. 1002) oder das Erscheinungsbild des Unternehmens verstanden werden. Hierzu zählen

- das äußere Erscheinungsbild, also beispielsweise die Architektur des Gebäudes, die zum Unternehmen gehörenden Parkplätze oder Außenanlagen aber auch das Umfeld des Unternehmens (Wohnhäuser, Geschäftshäuser, ...)
- das innere Erscheinungsbild, also beispielsweise die Innenarchitektur mit der Gestaltung der Räumlichkeiten hinsichtlich Beleuchtung, Klimatisierung, Bepflanzung, Wandgestaltung, Bodengestaltung, Möblierung,
- das unternehmenseinheitliche Erscheinungsbild der Visitenkarten, des Büromaterials, der Beschilderung, der Broschüren, das Auftreten der Mitarbeiter aber auch der Internetseiten (Zeithaml et al. 2006, S. 319).[23] Dieser Aspekt des unternehmenseinheitlichen Erscheinungsbilds wird auf einer strategische Ebene im Rahmen des Corporate Designs, der Coporate Behavior und der Corporate Communication diskutiert, so dass er hier keine vertiefende Betrachtung erfährt. Insgesamt kann festgestellt werden, dass Überschneidungen mit der Corporate Identity existieren, die als übergeordnetes Konzept zu sehen ist. Dies umso mehr, wenn auch noch wie in manchen Quellen die Corporate Architecture dem Corporate Design (Herbst 2016, S. 3) zugeordnet wird.

Im Handel haben sich im Laufe der Zeit verschiedene Ansätze gebildet, die Elemente des Marketing-Mix neu zu ordnen: U. a. bei Barth et al. (2015) in Sortiment, Preis,

---

23 Zur Warenpräsentation in Online-Shops und deren Wirkungen auf Konsumenten Gröppel-Klein 2016, S. 179 ff.

Werbung, Präsentation oder bei Ahlert et al. (2018) in Betriebstypenpolitik, Markenpolitik, Standortpolitik, Sortimentspolitik, Personalpolitik, Preispolitik, Präsentationspolitik und Kommunikationspolitik. Gegen die erste Unterteilung spricht, dass es für die vorliegende Betrachtung nicht sinnvoll erscheint, die Kommunikationspolitik auf die Werbung zu reduzieren und gegen die zweite Variante spricht zum einen, dass es sich im vorliegenden Fall um eine eher grundlegende Darstellung der Ausstattungspolitik im Rahmen der Wertstrategie handelt, zum anderen die gestalterischen Aspekte der Standortpolitik (Standortgestaltung) und die Präsentationspolitik unter dem Begriff der Ausstattungspolitik ohne Informationsverlust zusammengefasst werden können, die Marken- und Sortimentspolitik nach herkömmlichem Verständnis der Produktpolitik respektive Leistungspolitik zugeordnet werden können (Homburg 2015, S. 549-656; Kürble 2015, S. 56-90) und die Betriebstypenpolitik sowie die verbleibenden Aspekte der Standortpolitik im Rahmen der Distributionspolitik (Winkelmann 2012) diskutiert werden.

5.4.2 Ziel

Das Ziel der Ausstattungspolitik als dem tangiblen Ersatz für die Wahrnehmung der intangiblen Dienstleistung besteht in der Beeinflussung durch die psychologischen Komponenten im Rahmen des Wahrnehmungsprozesses, also beispielsweise der Farbe einer Einrichtung, der Lautstärke der Musik oder der Intensität des Dufts in den Verkaufsräumen (Hehn 2007). Insbesondere die Wahrnehmung immer identischer Ausstattung eines bestimmten Anbieters (im Rahmen des Corporate Designs auf einer strategischen Ebene festgelegt) trägt zum einen zur Differenzierung von anderen Anbietern aber auch zu Orientierung für den Kunden bei. Gerade Franchise-Unternehmen profitieren genau von diesem Wiedererkennungswert des Unternehmens, der Marke, der Einrichtung, der Anordnung der Ware, des immer gleichen Prozesses, so dass der Kunde habitualisiert konsumieren kann: Wer bei einem deutschen Hard-Discounter einkaufen geht, der erkennt die Verkaufsstelle (Point-of-Purchase) schon von Weitem an ihrem immer gleichen äußeren Erscheinungsbild (und dies gilt in vielen Fällen auch international) und der weiß auch, sobald er das Ladenlokal betritt (Point-of-Sale), wo er was findet, weil auch das innere Erscheinungsbild immer nahezu identisch ist. Das schafft Sicherheit und reduziert die benötigte Zeit des Einkaufs genauso, wie es das begrenzte Sortiment macht. Tatsächlich kann festgestellt werden, dass die Zufriedenheit des Kunden mit der Sortimentsgröße eher ab- statt zunimmt (Diehl und Poynor 2010; sog. Tyrannei der Auswahl, Schwartz 2004 oder Choice Overload, Lyengar, Lepper 2000).

5.4.3 Dimensionen

Wird die Umfeld-Nutzer-Beziehung bei Dienstleistungen betrachtet, so lässt sich feststellen, dass das Umfeld als äußeres und inneres Erscheinungsbild des Unternehmens sowohl auf den Mitarbeiter als auch auf den Kunden und damit letztendlich auch auf den Umgang miteinander Einfluss ausübt. Sowohl für die Mitarbeiter als auch für die Kunden lassen sich kognitive, emotionale und physiologische Auswirkungen insofern identifizieren, als

- auf kognitiver Ebene die Ausstattung Auswirkungen hat auf die Einschätzung der grundsätzlichen Leistungsfähigkeit des Unternehmens (beispielsweise des Erfolgs aufgrund der Ausstattung der Verkaufsräume) und der Einordnung der Leistungsfähigkeit in gelernte Kategorien (beispielsweise der Einrichtung von McDonald's als Fast-Food-Anbieter). Darüber hinaus kann die Ausstattung im Sinne der Regalgestaltung und der Sortimentsbreite und -tiefe kognitive Auswirkungen im Sinne einer Überforderung des Kunden bewirken (sog. Too-much-Choice-Effekt; Lyengar, Lepper 2000),
- auf emotionaler Ebene die Ausstattung Auswirkungen hat auf die Stimmung und die Emotionen, der eine bestimmte (positive oder negative) Wahrnehmung der Umwelt zugrunde liegt (Felser 2015, S. 90; Sherman et al. 1997).
- auf physiologischer Ebene die Ausstattung Auswirkungen hat aufgrund der Temperatur, des Umgebungslärms, des Geruchs, der Farbgestaltung (Zeithaml et al. 2006, S. 332). Ein außergewöhnliches Beispiel stellt hier Abercrombie & Fitch dar, die in den 2000er Jahren durch ein sehr extremes, düsteres, als nightclub vibe[24] bezeichnetes Ladendesign aufgefallen sind und inzwischen die Ladenlokale neugestaltet haben, um den aktuellen Verkaufsrückgang aufzufangen.[25]

Alle Ebenen wirken sich auf die Kunden und die Mitarbeiter aus. Darüber hinaus wirken sich die genannten Faktoren auch auf den Umgang der Mitarbeiter und Kunden mit- bzw. untereinander aus. Da die Architektur in diesem Verständnis alle Wahrnehmungssinne anspricht, eignet sie sich aufgrund des multisensory enhancement (Scheier, Held 2006) für die Herausbildung innerer Gedächtnisbilder besonders gut, die umso verhaltenswirksamer sind, je klarer und attraktiver sie sind (Cui et al. 2007).

5.4.3.1 Das äußere Erscheinungsbild

Wie bereits angesprochen, gehören zum äußeren Erscheinungsbild die Architektur des Gebäudes, die zum Unternehmen gehörigen Parkplätze oder Außenanlagen aber auch das unmittelbare Umfeld des Unternehmens (Wohnhäuser, Geschäftshäuser, ...). Die Bedeutung der Architektur des Gebäudes als Teil des Corporate Designs und damit der Corporate Identity wurde insbesondere durch die Arbeiten von Peter Behrens begründet, der als Pionier des Industriedesigns gilt und u. a. im Rahmen seiner Ar-

---

24 Vgl. https://www.businessinsider.com/abercrombie-changing-store-design-2014-5?r=DE&IR=T, 02.08.2020.
25 Vgl. https://de.reuters.com/article/us-abercrombie-results/abercrombie-expects-redesigned-stores-to-boost-2019-sales-shares-surge-idUSKCN1QN1IK, 02.08.2020.

beiten für die AEG neben den Briefbögen und Produkten auch die AEG-Turbinenhalle in Berlin entwarf und sogar Ausstellungsräume und Wohnungen für Mitarbeiter.[26] Die Bedeutung der Ausstattungspolitik liegt insbesondere in der Möglichkeit der Differenzierung einerseits und der Schaffung eines Wiedererkennungseffekts andererseits: Das BMW-Gebäude in München erlaubt durch seine Form des Verwaltungsgebäudes als Darstellung eines Vierzylinders eine deutliche Differenzierung von den Wettbewerbern, einen hohen Wiedererkennungswert und knüpft mit seiner Einweihung 1973 an den damaligen Erfolg der Vierzylinder-Fahrzeuge von BMW an.[27] Damit liefert die Architektur Hinweisreize oder cues, die je nach Ausprägung als sensorische, semantische oder episodische Eindrücke abgespeichert werden können (Herbst 2016, S. 331). Die angesprochenen Effekte der Differenzierung und des Wiedererkennens spielen auch und gerade bei Events eine wichtige Rolle. So veranstaltet Red Bull seine Events immer an möglichst außergewöhnlichen Orten: Eishockey auf der Zugspitze oder Freerunning am Flughafen.[28] Nach Herbst (2016, S. 328) umfasst die Corporate Architecture die szenografisch gestalteten Gebäude und Räume (also das äußere und innere Erscheinungsbild) aber auch die Ausstellungen, Messeauftritte und Erlebniswelten und ist damit umfassender zu interpretieren als die Ausstattungspolitik im hier vorliegenden Sinne. Wie bereits angesprochen gibt es zwischen der Begrifflichkeit der Ausstattungspolitik im Sinne des äußeren Erscheinungsbildes und der Standortpolitik im Verständnis des Handelsmarketings eine Reihe von Überschneidungen (Ahlert et al. 2018, S. 195 ff.). Dabei wird die Standortpolitik verstanden als »sämtliche Entscheidungen und Maßnahmen des Handelsmanagement, die hinsichtlich des Standorts eines Handelsunternehmens getroffen werden« (Ahlert et al. 2018, S. 195). Für die Ausstattungspolitik erhalten in diesem Zusammenhang die Aspekte der Infrastruktur und insbesondere der Objektbewertung als Standortfaktoren eine wichtige Rolle. Mit der Infrastruktur wird der Städtebau und der Verkehr angesprochen, die u. a. die Entwicklung von City und Agglomerationen bzw. die Anzahl vorhandener Parkplätze nach Entfernungszonen beinhalten und damit einen Einfluss auf das weitere Umfeld des Gebäudes geben können (Müller-Hagedorn 2001, S. 11-46). Darüber hinaus spielt schließlich die Standortgestaltung eine herausragende Rolle für die Ausstattungspolitik. Hierzu zählen die Schaffung von Parkplätzen, das Hinzuziehen anderer Einzelhandelsbetriebe (ggf. in Form eines Shop-in-Shop-Systems) und der Einfluss auf die Gebietskörperschaften zum Ausbau oder zur Änderung des Verkehrssystems (Ahlert et al. 2018, S. 213).

5.4.3.2 Das innere Erscheinungsbild

Die Bedeutung des inneren Erscheinungsbildes auf das Kaufverhalten wird schon sehr lange akademisch begleitet; bereits 1982 stellten Donovan und Rossiter (1982, S. 34 ff.)

---

26 Vgl. http://www.behrens-peter.de/, 01.08.2021.
27 Vgl. http://www.7-forum.com/modelle/bmw_hochhaus.php, 01.08.2021.
28 Vgl. https://www.redbull.com/de-de/abgefahrene-red-bull-deutschland-events, 02.08.2020.

fest, dass die Ladenatmosphäre über die Faktoren Emotion und Aktivierung Einfluss auf das Kaufverhalten nimmt und eine GfK-Studie von 2011 zeigte, dass etwa 70 % der Kaufentscheidungen vor Ort getroffen werden (Horstmann, Lingenfelder 2015, S. 541) und der weitaus größte Teil sog. Spontankäufe sind (etwa 40 %). Die Wahrnehmung der Ladenatmosphäre, also der Ladengestaltung und Warenpräsentation, durch den Kunden hängt mit der Orientierungsmöglichkeit, dem Einkaufskomfort und dem Einkaufserlebnis zusammen (Gröppel-Klein 2016, S. 166).

Dabei liefert die Orientierungsmöglichkeit kognitive Entlastung und führt im negativen Fall zur Enttäuschung und damit eventuell auch zu einer Veränderung der Einstellung des Kunden zum Unternehmen. Deswegen ist es wichtig, dass sich der Kunde den Laden intuitiv erschließen und sog. Mental maps aufbauen kann, also mentale Landkarten (Kitchin 1994). Entscheidend ist hier die Ladengestaltung bzw. das sog. Ladenlayout. Dessen Aufgabe liegt in der Aufteilung und Anordnung der Funktionszonen, also der Warenfläche, der Kundenfläche und der übrigen Verkaufsfläche (Gröppel-Klein 2016, S. 169). Die Orientierung kann beispielsweise durch Displays, Regalfahnen und Regalstopper unterstützt werden. Darüber hinaus muss überlegt werden, welche Warengruppen wo und wieviel Platz bekommen – eventuell spielen hier auch Verbundeffekte eine Rolle, da es für den Kunden vorteilhaft sein kann, wenn er Produkte, die aus seiner Sicht in einem Bedarfszusammenhang stehen, möglichst nah beieinander finden kann.

Entsprechend ist eng mit der Ladengestaltung auch der Einkaufskomfort und damit die Anzahl der Produkte und Dienstleistungen, also das Sortiment, verbunden. Dabei meint die Sortimentsbreite die Anzahl der Warengruppen im Sortiment und die Sortimentstiefe die Anzahl der Artikel und Sorten innerhalb einer Warengruppe (Ahlert et al. 2018, S. 219). Eine Sortimentsdehnung läge dann vor, wenn entweder in der Breite oder in der Tiefe neue Warengruppen, Artikel oder Sorten hinzugefügt werden würden. Es wurde bereits darauf hingewiesen, dass eine zu große Anzahl von Produkten der Kundenzufriedenheit eher abträglich sein kann (anders: Scheibehenne et al. 2010 und Aydinli et al. 2017).

Das Einkaufserlebnis findet sein Äquivalent im Erlebnismarketing, in dem hedonistischen und erlebnisorientierten Motiven des Kunden Rechnung getragen wird und welches über die Befriedigung des reinen Versorgungsbedürfnisses hinausgeht. Dies kann, muss aber nicht mit Luxus einhergehen, sondern kann sich auch an Werten wie Natur oder Tradition orientieren – wichtig ist die kundenorientierte Umsetzung (Groepel-Klein 2016, S. 168). Hier spielen somit die Dekoration, die Farbgestaltung, der Duft und die Musik eine herausragende Rolle.

Die Dekoration beschreibt die Elemente, die lediglich schmückenden Charakter haben und nicht zwingend in einem inhaltlichen Zusammenhang mit dem Sortiment stehen müssen. Gerade saisonal können für bestimmte Anlässe, beispielsweise das Weihnachtsfest, die Dekorationen thematischen Bezug haben oder auch, wie oft in der Sportabteilung eines Warenhauses, Erlebnisdimensionen visualisieren. Insgesamt kann die Gestaltung der Wände, Böden oder Decken mit den verschiedensten Materialien oder Farben eine entsprechende Anmutungsqualität liefern. Die Zuordnung von Farben kann kontext- oder kulturspezifisch erfolgen, so kann die Farbe Rot sowohl ein Verbot anzeigen als auch für Zuneigung stehen. Darüber hinaus ist bekannt, dass langwellige Farben (beispielsweise Rot) aktivierender wirkt als kurzwellige Farben (beispielsweise Blau) (Jakobs und Hustmyer 1974). Welche Farbe sinnvoll eingesetzt werden sollte, hängt aber u. a. von den Produkten ab: Während Kunden grundsätzlich zwar warme Töne präferieren, ziehen sie bei High-Involvement-Situationen Ladengestaltungen mit kälteren Farben vor (Bellizzi et al. 1983). Musikalische Untermalung kann den Kunden unbewusst in eine angenehme Stimmung versetzen, so dass die Einkaufsstätte verstärkt positiv wahrgenommen werden kann. Dabei muss die Musik aber zur Einkaufssituation passen (Areni, Kim 1993). Insgesamt kann die Ladenatmosphäre sogar Auswirkung auf die Glaubwürdigkeit des Personals haben (Sharma, Stafford 2000). Die Wirkung von Duft wurde ebenfalls in zahlreichen Untersuchungen überprüft (Teller, Dennis 2012) und es zeigt sich, dass auch hier ein wesentliches Erfolgselement die Passung bzw. der Fit mit dem Produkt ist und die Düfte nicht aufdringlich wahrgenommen werden dürfen (Kroeber-Riel, Gröppel-Klein 2019, S. 435).

5.4.4 Anwendung auf die Zielgruppe der LOHAS

5.4.4.1 Definition und Abgrenzung

Es wurde bereits beschrieben, dass LOHAS als Akronym für Life of Health and Sustainability steht und einen Lebensstil beschreibt, der sich eher über die Werteorientierung beschreiben lässt. Dabei wird die Werteorientierung als Sowohl-als-auch beschrieben und meint dabei einerseits eine ökologische und nachhaltige Orientierung, die alle Lebensbereiche umfasst (Wenzel et al. 2008), andererseits in ihren Wertevorstellungen auch hybride Haltungen vereint (Helmke et al. 2016, S. 8): »Nachhaltigkeit und Genuss, Umweltorientierung und Design, Ethik und Luxus« (Helmke et al. 2016, S. 6), so dass es bei dieser Zielgruppe gerade nicht um eine Ökologieorientierung geht, die auf Konsumverzicht aus ist. Vielmehr steht die Selbstverwirklichung im Vordergrund und soll als ganzheitlicher Lebensstil die persönliche Lebensqualität steigern und dabei gleichzeitig im Gleichklang mit Gesellschaft und Natur stattfinden (Ray, Anderson 2000, S. 34). So zeigt sich, dass Themen wie soziale Gerechtigkeit, Freundschaft, Naturerfahrung, Familie und Unabhängigkeit zu den wichtigsten Werten gehören, genauso wie Spaß haben, das Leben genießen und andere Länder und Kulturen kennen lernen sowie ein abwechslungsreiches Leben führen (IfD Allensbach 2019). Die LOHAS-Zielgruppe kann in die intensiven LOHAS und die gemäßigten LOHAS unterteilt werden, wobei die intensiven LOHAS konsequenter Auftreten als die gemäßigten; »sie konzentrieren sich auf ihr inneres Gleichgewicht sowie auf ihre persönliche Entwicklung und setzen sich aktiv für soziale Gerechtigkeit und Nachhaltigkeit ein« (Glöckner et al. 2010, S. 37).

Wird eine Einordnung der LOHAS(-Zielgruppe) nach den Kriterien der Sinus-Milieus vorgenommen, was aufgrund der starken Verbreitung dieser Studien sinnvoll erscheint, so zeigt sich, dass die Eigenschaften der dort verorteten Zielgruppen in einigen Bereichen mit denen der LOHAS-Zielgruppe übereinstimmen und sich Aspekte des LOHAS-Lebensstils insbesondere in den (früheren) Sinus-Typen des Postmaterialisten (Sinus B12) und Experimentalisten (Sinus C2) wiederfinden lassen (Glöckner et al. 2010, S. 39). Eine aktuelle Zuordnung würde eher zu den Performern (Sinus C1), den Adaptiv-Pragmatischen (Sinus C2), den Sozialökologischen (Sinus B12) und den Liberal-Intellektuellen (Sinus AB12) erfolgen (Köhn-Ladenburger 2013, S. 14) – was noch einmal mehr deutlich macht, dass es sich hier um einen weitverbreiteten Lebensstil handelt. Insgesamt lässt sich feststellen, dass LOHAS tendenziell eher ältere Konsumenten sind, verstärkt Frauen, eine höhere Schulbildung und überdurchschnittlich oft studiert haben. Entsprechend arbeiten sie häufig in gehobenen Berufspositionen und verdienen überdurchschnittlich (IfD Allensbach 2017, S. 203). Je nach Abgrenzung zählen zur Gruppe der LOHAS zwischen knapp 13 % (IfD Allensbach 2017, S. 203) und 26 % der deutschen Bevölkerung[29].[30]

5.4.4.2 Kaufverhalten

Wird die Bedeutung der Werteorientierung des Lebensstils der LOHAS für das Kaufverhalten untersucht, so zeigt sich, dass Nachhaltigkeit, Qualität der Produkte, artgerechte Tierhaltung und ökologischer Anbau nach eigenem Bekunden wichtiger sind als im Durchschnitt der deutschen Bevölkerung. Entsprechend ist die Ausgabebereitschaft dieser Zielgruppe, insbesondere für Ernährung und Gesundheit, auch deutlich höher (IfD Allensbach 2019). Dies hält sie aber nicht davon ab, auch den Hard-Discounter beim Einkauf von Lebensmitteln aufzusuchen – allerdings besteht eine häufigere Nennung von Supermarktketten wie Edeka und Rewe. Insbesondere bei den Bio- und Hofläden liegen die LOHAS deutlich vor dem Durchschnitt der deutschen Bevölkerung (IfD Allensbach 2019) und geben auch mit deutlichem Abstand zum Durchschnitt an, dass sie nach Möglichkeit Produkte aus der Region kaufen und Wert darauf legen, dass die Tiere artgerecht gehalten werden und die Unternehmen sozial und ökologisch verantwortlich handeln (AS&S 2020, S. 14). Interessanterweise liegt der Pro-Kopf-Umsatz für Bio-Lebensmittel in Deutschland 2018 aber nur bei 132 €/Jahr oder 5,3 % an den Gesamtausgaben für Lebensmittel (BÖLW 2020, S. 29). Hier darf also eine Tendenz zu sozial gewünschten Antworten, im Sinne einer Kaufverhaltensabsicht, eher vermutet werden als der tatsächliche Kauf (Calmbach et al. 2008, S. 40).

---

29 Vgl. https://www.ard-werbung.de/fileadmin/user_upload/Wissen_und_Forschung/Zielgruppen/LoHaS_2020.pdf, 10.03.2021.

30 Der Unterschied ist hier dadurch zu erklären, dass IfD Allensbach noch die sog. LOVOS (Lifestyle of voluntary simplicity) extra ausweist, die mit 14,8 % Anteil an der Bevölkerung angegeben werden (IfD Allensbach 2017, S. 204). In der Studie von VuMA Touchpoints (2020) wird diese Gruppe als Kern-LOHAS integriert, so dass sich die Zahlen unter Berücksichtigung der Vorgehensweisen deutlich annähern

Die grundsätzlich wachsende Bedeutung von Nachhaltigkeit (Lischka 2018, S. 85 ff.), die Zunahme an Car-Sharing-Nutzern, Leasing- und Contracting-Modellen in der Auto- und Energiebranche wird dem LOHAS-Trend zugeschrieben – getreu dem Motto: schnell und intensiv nutzen, aber nicht besitzen (Helmke et al. 2016, S. 17). Diese Abgabe von Besitz und damit ein Stück weit Verantwortung findet sich darüber hinaus in der Forderung nach einem CSR-Management bei den Unternehmen, deren Verantwortung aus Sicht der LOHAS zu 74 % bei den Unternehmen liegt. Tatsächlich kann die Kommunikation von CSR-Projekten das Konsumentenverhalten beeinflussen (Lischka 2020, S. 82), denn nicht das tatsächliche CSR-Engagement von Unternehmen wird bewertet, sondern die Qualität der Markenkommunikation (Häusler, Kerns 2008). Da LOHAS zusätzlich verstärkt markenaffin sind (IfD Allensbach 2019) und insgesamt hohe Anforderungen an den Konsum stellen (Helmke et al. 2016, S. 166), spielt die Markengestaltung im Rahmen von Qualitäts- und Premiummarken eine entscheidende Rolle. Dabei kann über das Co-Branding, also das Herausstellen von Inhaltsstoffen oder (Marken-)Bestandteilen das Produktes, eine Steigerung der Wertigkeit erzeugt werden, die zu einer positiven Markenaufladung führt (hier sei beispielsweise an die Hinweise auf Milchverpackungen zu denken, die ihre Milch als Weidemilch deklarieren und damit deutlich machen, dass die Kühe, die diese Milch produzieren, mindestens 120 Tage im Jahr für mindestens sechs Stunden auf die Weide dürfen.[31] Darüber hinaus ist im Zusammenhang mit den Ansprüchen der LOHAS über ein Supply Chain Branding nachzudenken, so dass nicht nur die Inhaltsstoffe, sondern auch Herstellungsprozesse Berücksichtigung finden und im Rahmen der CSR-Kommunikation genutzt werden können. Gleiches gilt für die stärkere Einbindung der LOHAS über die verschiedenen Möglichkeiten der sozialen Medien in die Kommunikation, um dem Wunsch nach Mitsprache und Information Rechnung zu tragen (IfD Allensbach 2017, S. 203) und hierüber die Kundenbeziehung aufzubauen und zu pflegen.

5.4.4.3 Ausstattungselemente

Die in Kapitel 5.4.3 angesprochenen Ausstattungselemente des inneren und äußeren Erscheinungsbildes sollen in Bezug auf die Zielgruppe der LOHAS diskutiert werden, hierzu sind nochmals kurz die relevanten Eigenschaften der Zielgruppe vorzustellen:

- Soziale und ökologische Verantwortung bei sich selbst und den Unternehmen,
- Qualität vor Preis,

---

31 Vgl. https://www.landwirtschaft.de/landwirtschaftliche-produkte/worauf-kann-ich-beim-einkauf-achten/kennzeichnung/weidemilch#:~:text=Die%20sogenannte%20%22Weidemilch%22%20stammt%20von,auf%20der%20Weide%20grasen%20d%C3%BCrfen.&text=Auf%20Milchverpackungen%20sind%20grasende%20K%C3%BChe,der%20Weide%20in%20den%20Stall, 02.08.2021.

- hedonistisches Konsumverhalten unter Berücksichtigung von Gesundheit und Wellness,
- im Einklang mit Natur und Umwelt (IfD Allensbach 2017, S. 203).

Da das äußere Erscheinungsbild insbesondere die nähere und weitere Umwelt des Unternehmens beschreibt, werden die zielgruppenspezifischen Anforderungen am besten in Form eines Hofladens erzielt, der durch einen entsprechenden Auftritt in den sozialen Netzwerken der Kommunikationsfreudigkeit dieser Zielgruppe entgegenkommt. Nun ist nicht für jedes Produkt und für jedes Unternehmen der Hofladen die geeignete Vertriebsform, unabhängig davon ist aber die Orientierung an der Symbolik in dieser Richtung entscheidend: Eine ökologische Orientierung kann auch dadurch symbolisiert und faktisch demonstriert werden, indem das Gebäude eine insgesamt umweltfreundliche Gestaltung erfährt. Selbst ein Hard-Discounter wie Aldi-Süd fühlt sich der ökologischen Orientierung schon verpflichtet und stattete einen Großteil seine Filialen mit einer Photovoltaikanlage und Elektroladesäulen aus. Auf der Internetseite finden sich zahlreiche Themen rund um den Umweltschutz, die Möglichkeiten des Kunden ökologisch und nachhaltig einzukaufen und die Corporate Social Responsibility des Unternehmens.[32] So sparte Aldi-Süd nach eigenem Bekenntnis 2018 über 10 Mio. Kilowattstunden Energie und bietet den Kunden die Möglichkeit an, über Aldi-Süd Grünstrom zu beziehen, der aus Wasserkraft gewonnen ist oder auch Ökogas für nachhaltiges Heizen.[33]

Das innere Erscheinungsbild wird insbesondere durch die Ladenatmosphäre geprägt, also die Ladengestaltung und Warenpräsentation und damit durch die Orientierungsmöglichkeit, den Einkaufskomfort und das Einkaufserlebnis. Einen wichtigen Trend bilden hier die sog. Unverpacktläden, in denen das Sortiment lose angeboten wird und damit Verpackungsmüll vermieden werden soll. Die Ware kann in mitgebrachte Behälter gefüllt werden oder mitunter auch in biologisch abbaubare Verpackung oder Mehrwegbehälter, die von den Läden zur Verfügung gestellt werden. Hier dienen sog. Gravity-Bins der notwendigen Portionierung. Entsprechend der Grundidee des nachhaltigen Einkaufens handelt es sich bei den angebotenen Produkten um Bio-Ware in regionaler oder saisonaler Form. Die grundsätzliche Idee der verpackungsfreien Artikel ist inzwischen auch von den Lebensmittelketten und Hard-Discountern aufgegriffen worden. Zusätzlich bieten die Unternehmen auch Produkte im sog. Indoor Farming unter dem Begriff *infarm* an: Hier werden Kräuter in der Filiale gezüchtet, so dass Wasser gespart wird, auf Pestizide verzichtet werden kann und Transportwege unnötig sind.[34] Darüber hinaus wollen auch die Hard-Discounter ein wenig Wohlgefühl erzeugen und moderner wirken, wie bei Aldi-Süd zum einen über die Nutzung eines digitalen Bildschirms statt des ursprünglichen Schaukastens, durch ein dezentes Grau als Farbton im Ladenlokal, die Verbannung der

---

32 Vgl. https://nachhaltigkeit.aldi-sued.de/, 10.03.2021.
33 Vgl. https://nachhaltigkeit.aldi-sued.de/klimaneutralitaet/, 10.03.2021.
34 Vgl. https://www.youtube.com/watch?v=bzwquLh3anE&feature=youtu.be, 10.03.2021.

Paletten, den Verzicht auf Deckenhänger und die Nutzung von Kopfgondeln beispielsweise für die Bio-Produkte oder den größeren Glasflächen, den Regalen in Holzoptik und den breiteren Laufwegen.[35]

5.5 Fazit

Für eine strategische Entscheidung in Richtung einer Wertstrategie ist die Frage, ob es sich bei dem anzubietenden Produkt um ein Sachgut oder eine Dienstleistung handelt, erst einmal nicht von Relevanz. Die strategische Abwägung erfolgt eher im Hinblick auf Umfeldfaktoren und einen möglichen Fit mit diesem Umfeld: Eine Wertstrategie ergibt grundlegend nur dann Sinn, wenn es aus Kundensicht einen Wert für das Produkt gibt, der auf einem Zusatznutzen begründet ist und deswegen über den eigentlichen Produktionswert plus Margenaufschlag für das Unternehmen hinausgeht. Dieser Wert kann durch einen Erbauungsnutzen oder einen Geltungsnutzen begründet sein, eine höhere Zahlungsbereitschaft erklären und aus einer leichten Bedienbarkeit, einem gesteigerten Selbstwertgefühl oder einer höheren Akzeptanz durch das gesellschaftliche Umfeld resultieren.

Ob es sich dann um eine Strategie der Änderung von oder eine Strategie der Anpassung an vorhandene Dispositionen handelt, hängt letztlich von der Risikobereitschaft des Unternehmens ab. Eine Strategie der Änderung, mithin der Änderung der Prädispositionen, ergibt nur Sinn, wenn die zu verändernden Prädispositionen voraussichtlich nicht stabil und dauerhaft änderbar sind. Die Ungewissheit über die Veränderungsbereitschaft und -stabilität führt zu einem höheren Misserfolgsrisiko als eine Strategie der Anpassung, die vorhandene Prädispositionen berücksichtigt und das Produkt entsprechend anbietet. Mit einem geringeren Risiko ist aber auch eine geringere Gewinnmöglichkeit verbunden, da sich das Unternehmen als Folger einreiht in die Anzahl anderer Anbieter mit alternativen Angeboten. Im Gegensatz dazu führt eine erfolgreiche Strategie der Änderung zumindest kurzfristig zu einer Monopolstellung und damit zu Monopolgewinnen. Bei Dienstleistungen und deren Besonderheiten muss, neben der Berücksichtigung der Markenbereitschaft als Ausdruck des beschriebenen Mehrwerts, klar sein, dass die Kenntnis um den besonderen Wert dem Kunden nicht nur durch die Dienstleistung an sich deutlich gemacht werden kann, sondern der Begriff des Marketing-Mixes hier eine noch intensivere Bedeutung erfährt: Die Immaterialität der Dienstleistung selber macht ein enges Zusammenspiel der ergänzenden 3 Ps (in diesem Aufsatz am Beispiel der Ausstattungspolitik erläutert) und des Produkts selbst notwendig. Die Ausstattungspolitik materialisiert die immaterielle Leistung und liefert dem (potenziellen) Kunden eine Orientierungsmöglichkeit hinsichtlich der zu erwartenden Dienstleistung. Es ist deswegen von entscheidender Bedeutung die eingeschlagene strategische Ausrich-

---

35 Vgl. https://lebensmittelpraxis.de/zentrale-management/15938-discounter-kampf-der-giganten.html, 10.03.2021.

tung durch eine intensive Berücksichtigung der Dienstleistungsinstrumente zu unterstützen.

Literatur

Ahlert, D., Kenning, P., Brock, C.: Handelsmarketing. Grundlagen der marktorientierten Führung von Handelsbetrieben, 2. Aufl., Springer Gabler, Wiesbaden 2018.

Ajzen, I.: The theory of planned behavior. In: Organizational Behavior and Human Decision Processes, 50(2), 1991, S. 179-211.

Ajzen, I, Fishbein, M.: Attitudes and the attitude-behavior relation: Reasoned and automatic processes. In: European review of social psychology, 11, 2000, S. 1-33.

Altobelli, C. F., Bouncken, R. B.: Wertkettenanalyse von Dienstleistungs-Anbietern, in: Meyer, A. (Hrsg.): Handbuch Dienstleistungsmarketing, Band 1, Schäffer-Poeschel, Stuttgart 1998, S. 282-296.

Areni, C.S., Kim, D.: The influence of background music on shopping behavior: Classical versus top-forty music in a wine store. In: Advances in Consumer Research, 20(2), 1993, S. 336-340.

AS&S (ARD-Werbung Sales & Services GmbH Hrsg.): In Kontakt mit den LOHAS. Wie man die Zukunfts-Zielgruppe via Audio erreicht, https://www.ard-werbung.de/fileadmin/user_upload/Wissen_und_Forschung/Zielgruppen/LoHaS_2020.pdf, 01.08.2020.

Aydinli, A., Gu, Y., Pham, M. T.: An experience-utility explanation 110outes preference for larger assortments. In: International Journal of Research in Marketing, 34(3), 2017, S. 746-760.

Backhaus, K., Schneider, H.: Strategisches Marketing, 3. Aufl., Schäffer-Poeschel, Stuttgart 2020.

Barth, K., Hartmann, M., Schröder, H.: Betriebswirtschaftslehre des Handels, 7. Aufl., Gabler, Wiesbaden 2015.

Becker, J.: Marketing-Konzeption, Vahlen, München 2019.

Bellizzi, J.A., Crwoley, A.E., Hasty, R.W.: The effects of color in store design. In: Journal of Retailing, 59(1), 1983, S. 21-45.

Bloch, P.H., Commuri, S., Arnold, T.J.: Exploring the origins of enduring product development, in: Qualitative Market Research. In: An International Journal, 12(1), 2009, S. 49-69.

Bund Ökologische Lebensmittelwirtschaft e.V. (Hrsg.): Branchenreport 2020. Ökologische Lebensmittelwirtschaft, Berlin 2020.

Booms, B.H., Bitner, M.J.: Marketing Strategies and Organization Structures for Service Firms. In: Donnelly, J.; George W. R. (Hrsg.): Marketing of Services, AMA Proceedings, Chicago 1981, S. 47-51.

Bröckermann, R.: Personalwirtschaft: Lehr- und Übungsbuch für Human Resource Management, 7. Aufl., Schäffer-Poeschel Verlag, Stuttgart 2016.

Bruhn, M., Hadwich, K.: Customer Experience – Eine Einführung in die theoretischen und praktischen Problemstellungen, in: Bruhn, M., Hadwich, K.: Customer Experience, Gabler Verlag, Wiesbaden 2012, S. 3-36.

Calmbach, M., Wippermann, C., Kleinhückelkotten, S.: Umweltbewusstsein in Deutschland 2008. Ergebnisse einer repräsentativen Bevölkerungsumfrage. Reihe Umweltpolitik. Bundesministerium für Umwelt, Naturschutz und Reaktorsicherheit (BMU), Referat Öffentlichkeitsarbeit. Berlin 2008.

Chaiken, S.: Heuristic versus systematic information processing and the use of source versus message cues in persuasion. In: Journal of Personality and Social Psychology, 39(5), 1980, S. 752-766.

Cui, X., Jeter, C. B., Yang, D., Montague, P. R., Eagleman, D. M.: Vividness of mental imagery: Individual variability can be measured objectively. In: Vision Research, 47(4), 2007, S. 474-478.

Damasio, A. R.: Descartes' Irrtum, 9. Aufl., List, München 2018.
De Veirman, M., Cauberghe, V., Hudders, L.: Marketing through Instagram influencers: the impact of number of followers and product divergence on brand attitude. In: International Journal of Advertising, 36(5), 2017, S. 798-828.
Diehl, K., Poynor, C.: Great Expectations?! Assortment Size, Expectations, and Satisfaction. In: Journal of Marketing Research, 47(2), 2010, S. 312-322.
Donovan, R. J., Rossiter, J.R.: Store Atmosphere: An Environmental Psychology Approach. In: Journal of Retailing, 58(1), 1982, S. 34-57.
Felser, G.: Werbe- und Konsumentenpsychologie, 4. Aufl., Springer, Berlin Heidelberg 2015.
Foscht, T., Swoboda, B., Schramm-Klein, H.: Käuferverhalten. Grundlagen – Perspektiven – Anwendungen, 6. Aufl., Springer Gabler, Wiesbaden 2017.
Freter, H.: Markt- und Kundensegmentierung, 2. Aufl., Kohlhammer, Stuttgart, 2008.
Friedman, R., Elliot, A. J.: Exploring the influence of sport drink exposure on physical endurance. In: Psychology of Sport and Exercise, 9(6), 2008, S. 749-759.
Gigerenzer, G., Todd, P. M., ABC Research Group: Simple Heuristics that make us smart, Oxford University Press, New York 1999.
Glöckner, A., Balderjahn, I., Peyer, M.: Die LOHAS im Kontext der Sinus-Milieus. In: Marketing Review St. Gallen, 27(5), 2010, S. 36-41.
Goldstein, D. C., Gigerenzer, G.: The recognition heuristic. How ignorance makes us smart. In: Gigerenzer, G., Todd, P. M., ABC Research Group (Hrsg.): Simple Heuristics that make us smart, Oxford University Press, New York 1999, S. 37-58.
Goldstein, D. G., Gigerenzer, G.: Models of Ecological Rationality: The Recognition Heuristic. In: Psychological Review, 109(1), 2002, S. 75-90.
Gröppel-Klein, A.: Bedeutung der Ladengestaltung für die Marketingkommunikation. In: Bruhn, M., Esch, F.-R., Langner, T. (Hrsg.): Handbuch Instrumente der Kommunikation. Grundlagen – Innovative Ansätze – Praktische Umsetzungen, 2. Aufl., Springer Gabler, Wiesbaden 2016, S. 165-183.
Häusler, R., Kerns, C. (2008). LOHAS – Mythos und Wirklichkeit, https://www.stratum-consult.de, 01.08.2020.
Hansen, K. P.: Kultur und Kulturwissenschaft. Eine Einführung. Francke, Tübingen 2011.
Hehn, P.: Emotionale Markenführung mit Duft, Books on Demand, Göttingen 2007.
Hein, G., Henning, C.: Wahrnehmung im Gehirn. Limits, Optimierungen und ihre Implikationen für die Neuroökonomie. In: Priddat, B. P. (Hrsg.): Neuroökonomie. Neue Theorien zu Konsum, Marketing und emotionalem Verhalten in der Ökonomie. Metropolis, Marburg 2007, S. 109-124.
Helmke, S., Scherberich, J. U., Uebel, M.: LOHAS-Marketing. Strategien – Instrumente – Praxisbeispiele, Springer Gabler, Wiesbaden, 2016.
Herbst, D.G.: Bedeutung der Architektur für die Unternehmenskommunikation. In: Bruhn, M., Esch, F.-R., Langner, T. (Hrsg.): Handbuch Instrumente der Kommunikation, 2. Aufl., Springer Gabler, Wiesbaden 2016, S. 325-344.
Hofstede, G., Hofstede, G.J., Minkov, M.: Cultures and Organization: Software 111outes mind – intercultural cooperation and ist importance for survival, 3. Aufl., McGraw-Hill Education Ltd. New York 2010.
Homburg, C.: Marketingmanagement, 5. Aufl., Springer Gabler, Wiesbaden 2015.
Horstmann, F., Lingenfelder, M.: POS-Marketing-Verbesserung durch die Integration von Dienstleistern in die Hersteller-Handels-Zusammenarbeit am Beispiel von Display-Promotions. In: Bruhn, M., Hadwich, K. (Hrsg.): Interaktive Wertschöpfung durch Dienstleistungen, Springer Gabler, Wiesbaden 2015, S. 541-566.
https://de.statista.com/statistik/daten/studie/736288/umfrage/entwicklung-der-oldtimerpreise-oldtimer-index-in-deutschland/, 05.05.2022.

https://lebensmittelpraxis.de/zentrale-management/15938-discounter-kampf-der-giganten.html, 03.08.2020.

https://www.ard-werbung.de/fileadmin/user_upload/Wissen_und_Forschung/Zielgruppen/LoHaS_2020.pdf, 02.08.2020.

https://www.landwirtschaft.de/landwirtschaftliche-produkte/worauf-kann-ich-beim-einkauf-achten/kennzeichnung/weidemilch#:~:text=Die%20sogenannte%20%22Weidemilch%22%20stammt%20von,auf%20der%20Weide%20grasen%20d%C3%BCrfen.&text=Auf%20Milchverpackungen%20sind%20grasende%20K%C3%BChe,der%20Weide%20in%20den%20Stall, 02.08.2020.

https://www.youtube.com/watch?v=bzwquLh3anE&feature=youtu.be, 03.08.2020.

IfD Allensbach (Hrsg.): Allensbacher Marktanalyse Werbeträgeranalyse – AWA 2017, Codebuch. Allensbach 2017.

IfD Allensbach (Hrsg.): Allensbacher Markt- und Werbeträger-Analyse – AWA 2019. Allensbach 2019.

Jakobs, K.W., Hustmeyer, F.E.: Effects of four psychological primary colors on gsr, heart rate and respiration rate. In: Perceptual and Motor Skills, 38, 1974, S. 763-766.

Kahneman, D., Tversky, A.: Subjective probability: A judgement of representativeness. In: Cognitive Psychology, 3, 1972, S. 430–454.

Karremans, J. C., Stroebe, W., Claus, J.: Beyond Vicary´s fantasies: The impact of subliminal priming and brand choice. In: Journal of Experimental Social Psychology, 42(6), 2006, S. 792-798.

Kim, B.: Understanding Antecedents of Continuance Intention in Social-Networking Services. In: Cyperpsychology, Behavior and Social Networking, 14(4), 2011, S. 199-205.

Kim, H.W.: Value-based Adoption of Mobile Internet: An empirical investigation. In: Decision Support Systems, 43, 2007, S. 111-126.

Kitchin, R. M.: Cognitive maps: What are they and why study them? In: Journal of Environmental Psychology, 14(1), 1994, S. 1-19.

Köhn-Ladenburger, C.: Marketing für LOHAS, Springer, Wiesbaden 2013.

Kotler, P., Keller, K. L., Bliemel, F.: Marketing-Management. Strategien für wertschaffendes Handeln, 12. Aufl., Pearson Education, München 2007.

Kroeber-Riel, W.: Bildkommunikation. Imagerystrategien für die Werbung, Vahlen, München, 1993.

Kroeber-Riel, W., Göppel-Klein, A.: Konsumentenverhalten, 11. Aufl., Verlag Franz Vahlen, München 2019.

Kroeber-Riel, W., Meyer-Hentschel, G.: Werbung. Steuerung des Konsumentenverhaltens, Physica, Würzburg 1982.

Krugman, H. E.: The impact of Television Advertising: Learning without Involvement. In: Public Opinion Quarterly, 29(3), 1995, S. 349-356.

Lazarus, R. S.: Emotion and adaption, New York, Oxford University Press, 1991.

Lischka, H. M.: Sustainable-Marketing. In: Kürble, P., Lischka, H. M. (Hrsg.): Trends und Forschung im Marketing-Management, De Gruyter, Berlin, 2018, S. 85-114.

Lischka, H. M.: Marktorientierte Unternehmensführung und gesellschaftliche Verantwortung, Springer Gabler, Wiesbaden 2020.

Lyngar, S.S., Lepper, M.R.: When choice is demotivating; Can one desire too much of a good thing? In: Journal of personality and social psychology, 79(6), 2000, S. 995-1006.

Magrath, A. J.: When Marketing Services, 4 Ps are not enough. In: Business Horizons, 1960, S. 44-50.

Markowitsch, H. J.: Neuroökonomie – wie unser Gehirn unsere Kaufentscheidungen bestimmt. In: Priddat, B. P. (Hrsg.): Neuroökonomie. Neue Theorien zu Konsum, Marketing und emotionalem Verhalten in der Ökonomie. Metropolis, Marburg 2007, S. 11-68.

Maslow, A. H.: The farther reaches of human nature, 4. Aufl., The Viking Press, New York 1973.

McCarthy, E. J.: Basic Marketing: A Managerial Approach, Irwin Professional Publishing, Homewood 1960.

Meffert, H., Bruhn, M., Hadwich, K.: Dienstleistungsmarketing, 9. Aufl., Springer Gabler, Wiesbaden 2018.

Meyer, A. (Hrsg.): Handbuch Dienstleistungsmarketing, Band 1, Schäffer-Poeschel, Stuttgart 1998.

Mintzberg, H.: Rise and Fall of Strategic Planning, Free Press, New York 2013.

Montano, D. E., Kasprzyk, D.: Theory of reasoned action, theory of planned behavior, and the integrated behavioral model. In: Glanz, K, Rimer, B. K.; Viswanath, K. (Hrsg.): Health Behavior: Theory, Research and Practice, 2015, S. 95-124.

Müller-Hagedorn, L.: Kundenbindung mit System. In: Müller-Hagedorn, L. (Hrsg.): Kundenbindung im Handel, 2. Aufl., Deutscher Fachverlag, Frankfurt a. M., 2001, S. 11-46.

Nerdinger, F. W.: Die Psychologie des persönlichen Verkaufes. In: Frey, D., von Rosenstiel, L., Hoyos, K. (Hrsg.): Wirtschaftspsychologie, Beltz, Weinheim 2001, S. 41-49.

Nier, H.: Das Für und Wider von Sprachnachrichten. Statista GmbH 2019, https://de.statista.com/infografik/16534/das-fuer-und-wider-von-sprachnachrichten/, 24.08.2020.

O'Shaughnessy, J.: Why people buy, Oxford University Press, New York 1987.

Packard, V.: Die geheimen Verführer: Der Griff nach dem Unbewussten in Jedermann, Econ, Düsseldorf 1958.

Parasuraman, A., Zeithaml, V., Berry, L.: A Conceptual Model of Service Quality aistIts Implications for Service Quality Research. In: Journal of Marketing, 49, 1985, S. 41-50.

Paul, J., Modi, A., Patel, J.: Predicting green product consumption using theory of planned behavior and reasoned action. In: Journal of Retailing and Consumer Services, 29, 2016, S. 123-134.

Petty, R. E.; Cacioppo, J. T.: Communication and persuasion. Central and perip 112outest otes to attitude change, Springer, New York 1986.

Ray, P. H., Anderson, S. R.: The cultural creatives: how 50 million people are changing the world, Broadway Books, New York 2000.

Roth, G.: Das Gehirn und seine Wirklichkeit. Kognitive Neurobiologie und ihre philosophischen Konsequenzen. Suhrkamp, Frankfurt a. M. 1997

Rusnjak, A., Schallmo, D. R. A.: Gestaltung und Digitalisierung von Kundenerlebnissen im Zeitalter des Kunden. In: Rusnjak, A., Schallmo, D. R. A. (Hrsg.): Customer Experience im Zeitalter des Kunden, Springer Gabler, Wiesbaden 2018, S. 1-40.

Salehi, B., Cordero, M. I., Sandi, C.: Learning under stress: The inverted-U-shape function revisited. In: Learning & Memory, 17(10), 2010, S. 522-530.

Scheibehenne, B, Freifeneder, R., Todd, P.M.: Can There Ever be Too Many Options? A Meta-Analytic Review of Choice Overload. In: Journal of Consumer Research, 37(3), 2010, S. 409-425.

Scheier, C., Held, D.: Wie Werbung wirkt: Erkenntnisse des Neuromarketings, Haufe-Mediengruppe, München 2006.

Schwartz, B.: The paradox of choice: why more is less, Harper Collins, New York 2004.

Sharma, A., Stafford, T.-F.: The effect of retail atmospherics on consumers' perceptions of salespeople and customer persuasion: An empirical investigation. In: Journal of Business Research, 49(2), 2000, S. 183-191.

Sherman, E., Mathur, A., Smith, R. B.: Store Environment and Consumer Purchase Behavior: Mediating Role of Consumer Emotions. In: Psychology & Marketing, 14(4), 1997, S. 361-378.

Smith, K. H., Rogers, M.: Effectiveness of Subliminal Messages in Television Commercials: Two Experiments. In: Journal of Applied Psychology, 1994, 79(6), S. 866-874.

Solomon, M. R., Bamossy, G. J., Askegaard, S. T.: Konsumentenverhalten. Der europäische Markt, Pearson Studium, München 2001.

Solomon, M. R., Bamossy, G. J., Askegaard, S. T., Hogg, M. K.: Consumer behaviour – A European perspective, 6. Aufl., Pearson, Harlow 2016.

Statista (Hrsg.): Dossier Instant Messenger, Hamburg 2020.

Statistisches Bundesamt (Hrsg.): Volkswirtschaftliche Gesamtrechnungen. Wichtige Zusammenhänge im Überblick 2021, Wiesbaden, 2022.

Stührenberg, L.: Ökonomische Bedeutung des Personalbindungsmanagements für Unternehmen. In: Bröckermann, R., Pepels, W. (Hrsg.): Personalbindung, Berlin 2004, S. 33-50.

Teller, C., Dennis, C.: The effect of ambient scent on consumers' perception, emotions and behaviour – A critical review. In: Journal of Marketing Management, 28(1/2), 2012, S. 14-36.

Trevisan, E.: The Irrational Consumer: Applying Behavioural Economic to Your Strategy, Routledge, London 2016.

Verhoef, P. C., Lemon, K. N., Parasuraman, A., Roggeveen, A., Tsiros, M., Schlesinger, L. A.: Customer Experience Creation: Determinants, Dynamics and Management Strategies. In: Journal of Retailing, 85(1), 2009, S. 31-41.

VuMA Arbeitsgemeinschaft (Hrsg.): Touchpoints 2020, Hamburg, URL: https://touchpoints.vuma.de/, 01.08.2020.

Wenzel, E., Kirig, A., Rauch, C.: Greenomics. Wie der grüne Lifestyle Märkte und Konsumenten verändert. Redline, München 2008.

Winkelmann, P.: Vertriebskonzeption und Vertriebssteuerung, 5. Aufl., Vahlen, München 2012.

Yerkes, R. M., Dodson, J. D.: The relation of strength of stimulus to rapidity of habit-formation. In: Journal of Comparative Neurology and Psychology, 18(5), 1908, S. 459-482.

Zaichkowsky, J. L.: Measuring the Involvement Construct. In: Journal of Consumer Research, 12 (3), 1985, S. 341-352.

Zajonc, R. B.: Feeling and Thinking, Preferences Need no Inferences. In: American Psychologist, 35(2), 1980, S. 151-175.

Zeithaml, V.A.; Bitner, M.J.; Gremler, D.D.: Service Marketing. Integrating Customer Focus Across the Firm, 4. Aufl., Mc Graw Hill, Boston 2006.

6 Designorientierte Wertstrategien

Julia Römhild

6.1 Hintergrund

Der Begriff Design wird in vielen Kontexten verwendet und ist daher vieldeutig. So wird Design oftmals spontan mit Kunst, Mode, Architektur sowie dem Ingenieurwesen in Verbindung gebracht. Der Designbegriff wird aber auch im Kontext von Produktion, Prozessgestaltung und Management verwendet. Laut Duden (2022) kann Design definiert werden als »formgerechte und funktionale Gestaltgebung und daraus sich ergebende Form eines Gebrauchsgegenstandes o. Ä.; Entwurf«. Dabei geht der Begriff Design über äußerliche Aspekte der Form- und Farbgestaltung sowie der Ästhetik hinaus, denn er umfasst ebenso die Auseinandersetzung mit der Funktion und Handhabbarkeit durch den Benutzer sowie Aspekte der Planung und Prozessgestaltung. Dies zeigt sich auch an der etymologischen Herkunft des Designbegriffs, welcher im 20. Jahrhundert aus dem Englischen übernommen wurde. Der englische Begriff geht wohl einerseits auf den im 16. Jahrhundert geprägten italienischen Begriff disegno zurück und bedeutet im engeren Sinne *Zeichnung*. Giorgio Vasari (1511-1574) definierte disegno in einer weiten Begriffsauslegung als »anschauliche Gestaltung und Klarlegung jenes Bildes, das man im Sinn hat und das man im Geist sich vorstellt und in der Idee hervorbringt« (zit. n. Berents 2011, S. 9). Dies steht im Einklang mit der ebenfalls im 16. Jahrhundert entstandenen französischen Begriffsfassung, demnach wird dessin synonym zu den Begriffen Plan, Absicht, Entwurf, Muster, Anlage, Anordnung verstanden (DWDS 2022). Im Laufe der Zeit ist der Designbegriff immer weiter gefasst worden: »From a trade activity to a segmented profession to a field for technical research and to what now should be recognized as a new liberal art of technological culture« (Buchanan 1992, S. 5). Diese sehr weite Fassung unter Integration des Kulturbegriffs erschwert ein einheitliches Verständnis zusätzlich. Denn Design kann ebenso anhand seiner spezifischen Funktionen beschrieben werden (Schneider 2005, S. 140 f.):

- Technisch-praktische Funktionen beziehen sich auf die physischen Eigenschaften und Merkmale eines Objekts.
- Ästhetische Funktionen beziehen sich auf die äußerliche Gestaltung und ästhetische Ordnung eines Objekts, aber auch kommunikative und informative Aspekte.
- Symbolische Funktionen beschreiben die Position und Bedeutung eines Objekts innerhalb sozialer Szenarien.

Während die technisch-praktische Funktion damit primär auf den funktionalen Objektnutzen ausgerichtet ist, beziehen sich letztere beiden Funktionen insbesondere auf die Erfüllung psychisch-emotionaler und sozialer Bedürfnisse (▶ Kap. 6.2.2).

Im Marketingkontext wird Design insbesondere dazu genutzt, um Produkte und Dienstleistungen zu entwickeln, welche den Konkurrenzangeboten gegenüber differenzierbar und dauerhaft überlegen sind, also kurzum: Design wird im Rahmen einer qualitätsorientierten Strategie genutzt, um Wettbewerbsvorteile zu erzielen (Sisodia 1992). Der Ansatzpunkt einer designorientierten Wettbewerbsstrategie muss also heißen: Design als Wettbewerbsvorteil entwickeln und den Kundennutzen dauerhaft primär über das Produkt- bzw. Dienstleistungsdesign zu erzielen anstatt klassischerweise die funktionale Produktqualität oder Preis in den Fokus zu stellen.

Designstrategien von Unternehmen können hierbei von der ganzheitlichen Gestaltung des Corporate Designs über die Gestaltung der Kommunikationsmaßnahmen bis hin zur eigentlichen Produktgestaltung im Rahmen der Produktpolitik reichen. In Orientierung an der Marketingkonzeption als ganzheitlichem Handlungsplan (Becker 2019, S. 976, Meffert et al. 2019, S. 18) im Sinne einer marktorientierten Unternehmensführung werden Ansatzpunkte des Handlungsfelds *Design* auf unterschiedlichen Ebenen deutlich (▶ Dar. 6.71).

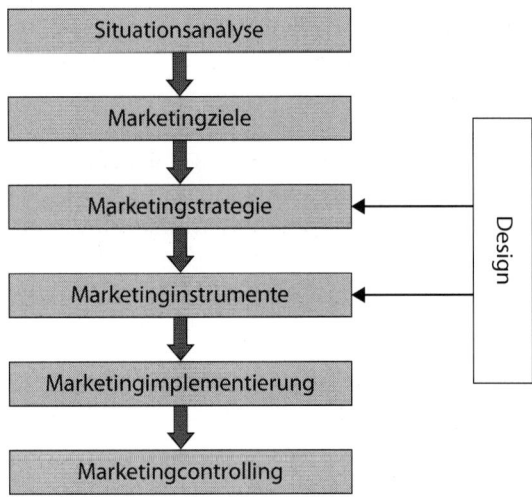

Dar. 6.71: Marketingkonzeption (Quelle: In Anlehnung an Meffert et al. 2019, S. 18, Kürble 2015, S. 18, Becker 2019, S. 976)

Die Situationsanalyse bildet zunächst den Ausgangspunkt für die Entscheidungsaufgaben im Rahmen der Marketingkonzeption. Zunächst ist die Analyse der unternehmensinternen und externen Ausgangssituation maßgeblich. Mittels Theorien, Modellen und Methoden der Käuferverhaltens- und Marketingforschung werden Informationen über Nachfrager- und Konkurrenzverhalten gewonnen und Prognosen von Markt- und Absatzentwicklungen erstellt. Diese auf das Marktumfeld bezogenen Informationen werden der Analyse der Unternehmensressourcen gegenübergestellt, um Stärken und Schwächen zu identifizieren und daraus Marktchancen und -risiken abzuleiten.

Auf Basis der gewonnenen Erkenntnisse sind die langfristigen Marketingziele abzuleiten, die sich an den Unternehmenszielen orientieren. Unter Bezugnahme auf die Unternehmens- und Marketingziele wird schließlich die Marketingstrategie entwickelt. Dabei ist unter einer Marketingstrategie ein ganzheitlicher, langfristig ausgerichteter Verhaltensplan zur Erreichung der Unternehmens- und Marketingziele zur verstehen (Meffert et al. 2019, S. 325). Diese Marketingstrategie wird schließlich operationalisiert und im Rahmen der Marketinginstrumente der Produkt-, Preis-, Vertriebs- und Kommunikationspolitik in Maßnahmen übersetzt. Die Maßnahmen werden schließlich am Markt umgesetzt. Ein wesentlicher Schritt ist außerdem das Marketingcontrolling, welches die Umsetzung der Marketingmaßnahmen erneut zu den Zielen in Bezug setzt und über verschiedene Kennzahlen den Marketingerfolg aufzeigt.

Während Design klassischerweise im Rahmen der Marketinginstrumente zur Produkt- und Kommunikationsgestaltung eher operative Bedeutung zugesprochen werden kann, ist ebenso eine Berücksichtigung auf strategischer Ebene denkbar – eben dann, wenn Design beispielsweise als Teil der Markenstrategie aufgefasst wird. Darüber hinaus ist auch eine Berücksichtigung im Rahmen einer Wertstrategie denkbar (Sisodia 1992). Design wird hier nicht lediglich als gestalterisches Element oder Baustein einer Strategie erfasst, sondern als ganzheitliche Kernkompetenz (► Kap. 2.3.1.1.1) entwickelt. Zentral ist hierbei die Fokussierung auf Design als Kundennutzen zur nachhaltigen Differenzierung vom Wettbewerb und zur Erzielung von Wettbewerbsvorteilen.

6.2 Konzeptionelle Grundlagen designorientierter Wertstrategien

6.2.1 Strategische Einordnung

Um nachhaltig am Markt erfolgreich zu sein und gegenüber den Konkurrenzanbietern Wettbewerbsvorteile zu entwickeln, ist es nötig, sich erneut das Grundmodell des Marktes vor Augen zu führen. So können Nachfrager bzw. Kunde, Anbieter und Marktkonkurrenz als strategisches Dreieck aufgefasst werden (► Dar. 6.72). Zwischen dem Kunden und den Anbietern findet zunächst jeweils ein Austausch an Informationen statt, bevor sich der Kunde für einen Anbieter entscheidet. Dabei wird sich der Nachfrager für denjenigen Anbieter (A) entscheiden, der gegenüber den anderen Anbietern (B) einen Nettonutzen-Vorteil verspricht – also aus Sicht des Nachfragers gemäß seinen Präferenzen einen höheren Nutzen aufweist (Meffert et al. 2019, S. 58) (► Kap. 2.5).

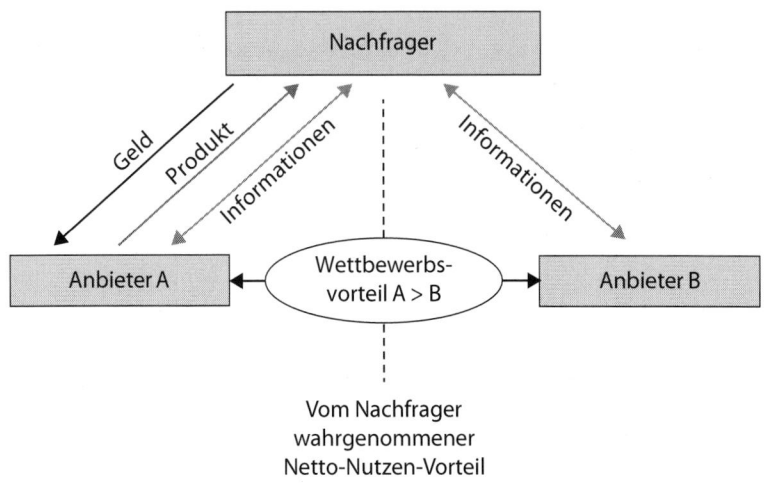

Dar. 6.72: Grundmodell des Marktes (Quelle: Meffert et al. 2019, S. 58)

Aus diesem Nettonutzen-Vorteil lässt sich dann ein Wettbewerbsvorteil generieren, wenn die Wahl des Kunden auch tatsächlich auf Anbieter A fällt. Entscheidend ist also, dass Anbieter A vorziehenswürdig ist und diese Vorziehenswürdigkeit auch in Form der Markttransaktion durch den Kunden realisiert wird und sich somit schließlich in einem Wettbewerbsvorteil manifestiert. Damit sind Wettbewerbsvorteile stets aus Kundensicht zu interpretieren. Generell kann von Wettbewerbsvorteilen immer nur dann gesprochen werden, wenn es sich dabei um Produkte oder Leistungseigenschaften eines Anbieters handelt, welche aus Kundensicht gegenüber der Konkurrenz einen (Nettonutzen-)Vorteil aufweisen, dieser Vorteil für den Kunden wichtig und wahrnehmbar sowie gegenüber der Konkurrenz dauerhaft und effizient zu verteidigen ist (Simon 1988, S. 4; Meffert et al. 2019, S. 59).

Zur Bestimmung einer Marketingstrategie ist somit die Beantwortung der Frage sinnvoll, welchen Wert ein Unternehmen für seine Kunden schaffen möchte, also welcher Kundennutzen adressiert werden soll. Hier kann erneut die Unterteilung in die Nutzenarten des Grundnutzens und des Zusatznutzens nach Vershofen (1940) herangezogen werden. Der Grundnutzen beschreibt die technisch-funktionalen Eigenschaften eines Gutes. Hier geht es also um die Erfüllung der absoluten Basisanforderungen. Erfüllt ein Produkt diese nicht, wird es nicht für den Kauf in Erwägung gezogen. Der Zusatznutzen resultiert dabei aus psychologischen Nutzenbestandteilen, die über die ursprünglichen Bedürfnisse bzw. Anforderungen der Kunden hinausgehen und damit nicht unbedingt erwartet werden. Hilfreich ist hier außerdem die weitere Unterteilung des Zusatznutzens in die Bestandteile des Erbauungsnutzens und des Geltungsnutzens. Der Erbauungsnutzen beschreibt dabei die Wirkung eines Produktes oder einer Leistung auf persönlicher Ebene für den Kunden selbst. Der Geltungsnutzen bezieht sich auf die soziale Ebene und beschreibt die Wirkung, den die Nutzung eines Produkts oder einer Leistung auf andere hat.

In der Regel verfügt ein Unternehmen im Rahmen der Marketingstrategie bei der Gestaltung des Zusatznutzens über größeren Gestaltungsspielraum. Zudem ist die Differenzierung im Wettbewerb oftmals fast ausschließlich über den Zusatznutzen möglich (Homburg 2020, S. 548). Neben der Einteilung in Grund- und Zusatznutzen können die Leistungen eines Unternehmens nach Basisfaktoren, Leistungsfaktoren und Begeisterungsfaktoren unterschieden werden. Dabei werden die Leistungsbestandteile jeweils mit dem Konzept der Kundenzufriedenheit in Verbindung gebracht (▶ Dar. 6.73), welche wiederum die Voraussetzung für Kundenbindung darstellt und damit erfolgskritisch ist. Ein niedriges Leistungsniveau führt so beispielsweise im Bereich der Basisfaktoren zu Unzufriedenheit, während ein hohes Leistungsniveau vom Kunden vorausgesetzt wird und nicht im starken Maße zu Zufriedenheit führt. Im Bereich der Begeisterungsanforderungen jedoch führt ein niedriges Leistungsniveau (aufgrund fehlender Leistungserwartungen) nicht zu Unzufriedenheit, kann bei einem hohen Leistungsniveau aber zu einem hohen Grad an Kundenzufriedenheit oder gar Begeisterung führen. Bei den Leistungsanforderungen, welche zwischen Grund- und Zusatznutzen angesiedelt sind, kann von einem mehr oder weniger linearem Zusammenhang zwischen Leistungsniveau und Kundenzufriedenheit ausgegangen werden. Entscheidend ist bei dieser Betrachtung aus Marketingsicht die Frage, welche Zusatzleistungen aus Kundensicht Begeisterung hervorrufen können.

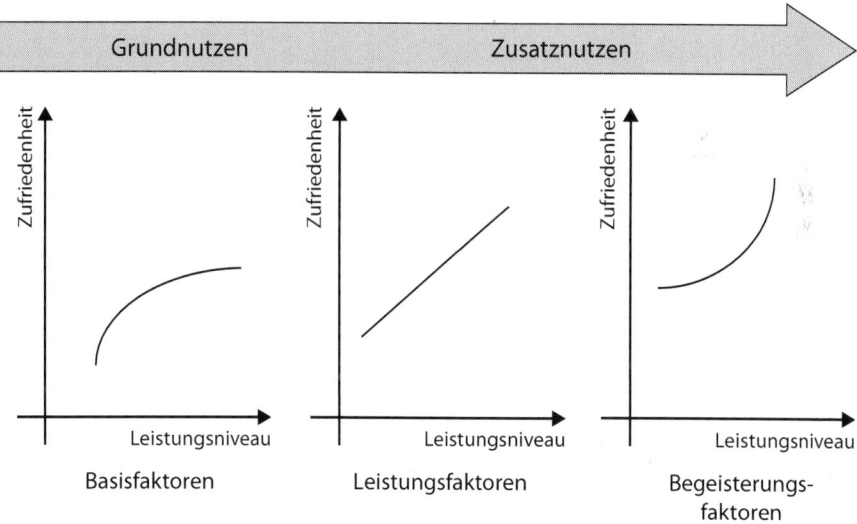

Dar. 6.73: Wechselwirkung zwischen Nutzenarten, Leistungsfaktoren und Kundenzufriedenheit (Quelle: In Anlehnung an Oliver 1997, S. 152, Homburg 2020, S. 549)

Während eine rein an der Funktionalität orientierte Qualitätsstrategie meist vordergründig auf die Erfüllung des funktional-technischen Grundnutzens (Basis- und Leistungsfaktoren) – und damit auf die Erfüllung elementarer Kundenbedürfnisse nach dem

Motto »quality is fitness for use« – ausgerichtet ist, wird die gezielte Gestaltung des Designs meist vielmehr der Erfüllung des Zusatznutzens zugeordnet (Leistungs- und Begeisterungsfaktoren). Das Design eines Produkts bezieht sich in diesem Kontext einerseits auf die ästhetischen Bedürfnisse eines Kunden sowie auf den Produktumgang und ist somit als Teil des Erbauungsnutzens zu sehen. Andererseits kann über das Produktdesign auch eine gewisse Symbolwirkung erzielt werden, welche sich auf die soziale Dimension und somit auf die Erfüllung des Geltungsnutzens bezieht (Kürble 2015, S. 60 f.; zur designorientierten Produktgestaltung ▸ Kap. 6.3.1).

Klassischerweise wird das Design eines Produkts also dem Zusatznutzen zugeordnet – auch wenn Design im hohen Maße mit dem Leistungskern und damit dem Grundnutzen – zusammenhängen kann (Kürble 2015, S. 60). Als Beispiel kann hier ein Bürostuhl dienen: Dieser erfüllt vordergründig den Nutzen, das man auf ihm sitzen kann (= Basisanforderung). Jedoch ist die Ergonomie ein wesentlicher Teil des Sitzens und kann dieses erleichtern oder erschweren (= Leistungsanforderung). Dabei wird die Ergonomie wiederum wesentlich durch das Design beeinflusst, welches darüber hinaus einen zusätzlichen ästhetischen Nutzen darstellt (= Begeisterungsanforderung). Design und Ergonomie sind jedoch hierbei untrennbar verbunden. Es kann argumentiert werden, dass Ergonomie als Teil des Grundnutzens eines Bürostuhls zu verstehen ist und demnach auch das Design in den Grundnutzen des Produkts hineinwirkt. Die Übergänge von Grundnutzen und Zusatznutzen können damit fließend sein und eine Unterscheidung erschweren oder gar überflüssig machen.

Designorientierte Wertstrategien haben zum Ziel, Kundennutzen über die funktionale Gestaltung und gleichermaßen über die Ästhetik und Symbolik zu erzielen. Wird Design als Bestandteil von Qualität verstanden, handelt es sich hierbei also um eine Ausprägung der Qualitätsstrategie – zur Erfüllung der kundenseitigen Grundbedürfnisse im Sinne des Mottos »design is fitness for use«. Diesem Verständnis folgt auch der Managementansatz des Design Thinking (Plattner et al. 2011, Erbeldinger, Ramge 2015, S. 13, zur Übersicht Schallmo, Lang 2020, S. 19 f.). Im Wesentlichen handelt es sich bei Design Thinking um eine Methode aus dem Innovationsmanagement. Die Idee des Design Thinking ist es, ausgehend von den Kundenbedürfnissen (Produkt-)Innovationen zu schaffen, die konsequent vom Design her gedacht werden. Design-, Innovations- und Kundenorientierung gehen hierbei Hand in Hand und sind auf die Erzielung eines überlegenen Kundennutzens ausgerichtet, welcher sich als Wettbewerbsvorteil realisieren lässt.

Um einen Wettbewerbsvorteil im Rahmen einer ganzheitlich designorientierten Wertstrategie zu generieren, ist es entscheidend, das Design von Produkten, Prozessen, Kommunikation etc. als Kernkompetenz zu entwickeln. Dabei stellen Kernkompetenzen, wie Kap. 2.3.1.1.1 aufzeigte, einzigartige erfolgskritische Kompetenzen dar, die den jeweiligen Anbieter von anderen differenzieren (Prahalad, Hamel 1990, Backhaus, Schneider 2020, S. 280). In diesem Zusammenhang wird oftmals auf das VRIO-Framework nach Barney (1991) verwiesen, nachdem Kompetenzen erst dann zu den Kernkompetenzen gezählt werden können, wenn sie wertvoll, knapp, nicht substituierbar und nicht imitierbar sind (ausführlich ▸ Kap. 2.3.1.2.1).

Zudem können Einzigartigkeit, die Fähigkeit zur Generierung eines Kundennutzens und die Transferierbarkeit auf neue Produkte als Merkmale einer Kernkompetenz angeführt werden (Hamel, Prahalad 1997). Ob die Designorientierung eines Anbieters als Kernkompetenz dazu genutzt werden kann, einen einzigartigen Kundennutzen zu schaffen und sich so dauerhaft gegenüber dem Wettbewerb zu differenzieren, hängt vom jeweiligen Marktfeld und den dort existierenden Kundenbedürfnissen und Wettbewerbern ab (Backhaus, Schneider 2020, S. 280). Es klingt jedoch plausibel, dass gerade in Marktfeldern, in denen Differenzierung über den Preis oder die Qualitätsbestandteile aufgrund der Homogenität oder der Heterogenität der Produkte nicht mehr gelingt, das Produktdesign als geeignetes Differenzierungskriterium gelten kann und präferenzbildend wirkt (Meffert et al. 2019, S. 421; Noble, Kumar 2008; Bloch 1995, S. 16 ff.). Als Beispiel können Haushaltsgeräte der Marke Dyson angeführt werden. Während der Markt an Staubsaugern mit einigen Ausnahmen weitgehend homogen ist, hat Dyson für seine Geräte ein – mittlerweile imitiertes, aber zunächst – völlig anderes Aussehen gewählt, welches durch eine patentierte Zyklon-Technologie bestimmt wird, die Staubbeutel-freies Staubsaugen ermöglicht. Auch im Bereich der Haarpflege und Luftfilter verfügt Dyson über patentierte Technologien, die das Design der Produkte bewusst von Wettbewerbsprodukten unterscheiden (Dyson 2022).

Hierbei ist jedoch auf die begriffliche Unterscheidung von Kernkompetenzen und Wettbewerbsvorteilen hinzuweisen. Während Kernkompetenzen in gewisser Weise Anbietervorteile darstellen – als Fähigkeiten, die den Anbieter gegenüber der Konkurrenz *besser* machen – sind Wettbewerbsvorteile daraus nur dann abzuleiten, wenn diese Fähigkeiten vom Kunden auch wahrgenommen werden, für diesen wichtig sind und sich im (Kauf-)Verhalten des Kunden zeigen (= Kundenvorteil). Vor diesem Hintergrund kann eine designorientierte Wertstrategie schließlich wie folgt beschrieben werden:

> Eine designorientierte Wertstrategie ist auf die Erzielung von Wettbewerbsvorteilen über das Design als Qualitätsbestandteil ausgerichtet. Dabei wird der zugrundeliegende Wert für den Kunden, also der Kundennutzen, dauerhaft primär über das Produkt- und Leistungsdesign erzielt statt klassischerweise Funktionalität oder Preis in den alleinigen Fokus zu stellen. Das Design eines Produkts, das funktionale, ästhetische und symbolische Funktionen einschließt, wird hierbei nicht lediglich als Element der Produkt- oder Markengestaltung verstanden, sondern als Kernkompetenz eines Anbieters entwickelt.

Folgt man Meffert et al. (2019, S. 327) in seiner Einteilung der Marketingstrategien nach Marktwahl- und Marktteilnehmerstrategien, handelt es sich bei einer designorientierten Wertstrategie um eine Marktteilnehmerstrategie. Marktteilnehmerstrategien stellen dabei Verhaltenspläne gegenüber den verschiedenen Anspruchsgruppen eines Unternehmens (Kunden, Handel, Wettbewerber) in den Vordergrund, mit dem Ziel einen komparativen Konkurrenzvorteil sicherzustellen. Demgegenüber werden Marktwahlstrategien abgegrenzt, welche auf die Festlegung von Produkt-Markt-Kombinationen auf Basis der Marktabgrenzung und Geschäftsfeldstrategie fokussieren. Bei den Marktteilnehmerstrategien kann weiterhin zwischen Abnehmer-gerichteten, Absatzmittler-gerichteten, Konkurrenz-gerichteten und Anspruchsgruppen-gerichteten Strategien unterschieden werden. Da durch die Gestaltung des Designs insbesondere auf einen überlegenen Kundennutzen gezielt wird – welcher unmittelbar an der Produktqualität ansetzt – kann eine designorientierte Wertstrategie als Ausprägung einer Abnehmer-gerichteten Qualitätsstrategie eingeordnet werden.

Werden als Dimensionen der Marketingstrategie nicht übergeordnet Marktfeld und -teilnehmer, sondern vielmehr Kosten und Nutzen aus Kundensicht betrachtet, kann erneut auf folgendes Schaubild zur Einordnung einer designorientierten Wertstrategie verwiesen werden (▶ Dar. 6.74). Die Kategorisierung der Marketing- bzw. Präferenzstrategien anhand des Kundennutzens sowie der Kundenkosten beruht im Wesentlichen auf der Einteilung von Becker (2019, S. 181).

Dimension Nutzen \ Dimension Kosten	Niedrig	Mittel	Hoch
Niedrig	Eindimensionale Präferenzstrategie: Discounting	Übervorteilungsstrategie	
Mittel		Hybride Strategie	
Hoch	Vorteilsstrategie		Mehrdimensionale Präferenzstrategie: **Design als Wert-Strategie**

Dar. 6.74: Präferenzstrategien (Quelle: In Anlehnung an Becker 2019, S. 181)

Dabei lässt sich eine wertorientierte Designstrategie als zweidimensionale Präferenzstrategie einordnen, da sie zum einen die Leistungsdimension in Form überlegener Qualitätseigenschafteneigenschaften adressiert. Zum anderen ist jedoch auch die passende Preisgestaltung auf Kundenseite als präferenzbildend anzunehmen. So wird der Preis bei überlegenem Produktdesign nicht etwa »hingenommen«, sondern wirkt zusätzlich – beispielsweise aufgrund seiner Symbolwirkung – nutzbringend. Diese Überlegung ist auch im Kategorisierungsansatz der Wettbewerbsstrategien von Homburg (2020, S. 550 ff.) zu finden, welcher Marketingstrategien ebenfalls anhand der Dimension Kosten und Nutzen unterscheidet (▶ Dar. 6.75).

Die Strategie der Kostenführerschaft bezieht sich dabei auf die Erreichung einer überlegenen Kostenposition gegenüber dem Wettbewerb, die es dem Anbieter ermöglicht, eine aggressive Niedrigpreispolitik zu verfolgen. Vorziehenswürdigkeit wird damit primär über die Preisgestaltung in Form des Discounting erreicht (▶ Kap. 3).

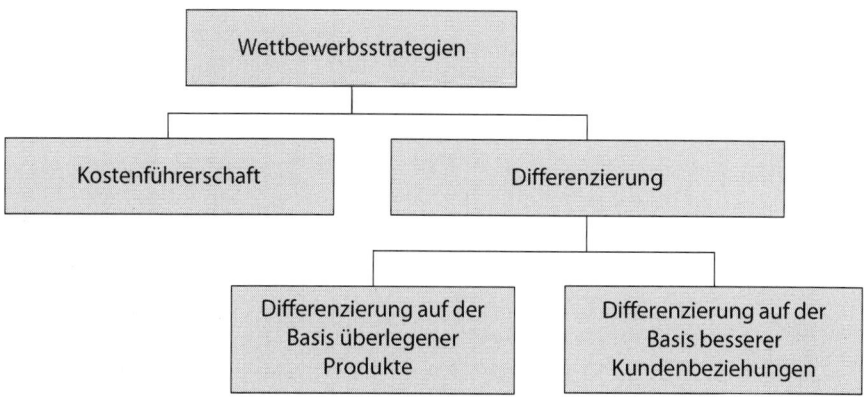

Dar. 6.75: Wettbewerbsstrategien (Quelle: Homburg 2020, S. 550)

Die Differenzierungsstrategie zielt demgegenüber auf ein überlegenes Leistungsangebot des Unternehmens ab. Dabei kann die Differenzierung auf Basis überlegener Produkte oder auf Basis besserer Kundenbeziehungen erfolgen. Letztlich sind beide Strategieoptionen unmittelbar oder mittelbar auf die Erhöhung des Kundennutzens ausgerichtet. Denn der Aufbau langfristiger und stabiler Kundenbeziehungen lässt sich nur dann umsetzen, wenn die Kundenbedürfnisse durch das Angebot und durch die (individuelle) Ansprache des Anbieters befriedigt werden.

Eine designorientierte Wertstrategie lässt sich hier als Variante einer Differenzierungsstrategie auf Basis überlegener Produkte einordnen (»product leadership«; Hagel, Singer 1999). Dabei beschreibt Homburg (2020, S. 553) die Merkmale einer solchen Strategie wie folgt:

- ständige Optimierung der Leistungsfähigkeit der Produkte,
- aufwändige Produktdesigns und produktbegleitende Dienstleistungen,
- intensive Markenpflege,
- umfassende Innovationsaktivitäten,
- gehobenes Preisniveau,
- auf Produkte fokussierte Kommunikationspolitik.

Dieser Auffassung wird im vorliegenden Beitrag gefolgt, weshalb als Bestandteile einer designorientierten Wertstrategie folgende Bausteine betrachtet werden: Produkt (▶ Kap. 6.3.1), Marke (▶ Kap. 6.3.2), Innovation (▶ Kap. 6.3.3), Preis (▶ Kap. 6.3.4) und Kommunikation (▶ Kap. 6.3.5).

6.2.2 Käuferverhalten

Um die Bedeutung des Designs für die präferenzorientierte Ausgestaltung wertorientierter Marketingstrategien nachzuvollziehen, bietet sich erneut der Rückgriff auf das Stimulus-Organism-Response-Modell (SOR-Modell) zur Erklärung des Käuferverhaltens an (▶ Dar. 6.76). Zu den intervenierenden Variablen innerhalb des Modells zählen aktivierende Prozesse (Emotionen, Motive, Einstellungen) sowie kognitive Prozesse (Wahrnehmung, Lernen, Gedächtnis), welche wiederum durch persönlichkeitsbezogene Prädispositionen beeinflusst werden (Involvement, Selbstkonzept, Bezugsgruppen, Werte, Lebensstil etc.). Dabei können Persönlichkeitsmerkmale zur Marktsegmentierung herangezogen werden, um Kundengruppen zu unterteilen (z. B. anhand des Konzepts »Lebensstil«) und gezielt zu adressieren (▶ Kap. 2.5). Eine Beeinflussung der Persönlichkeit selbst durch Marketing-Stimuli ist dabei jedoch kaum möglich (Trommsdorff, Teichert 2011, S. 33).

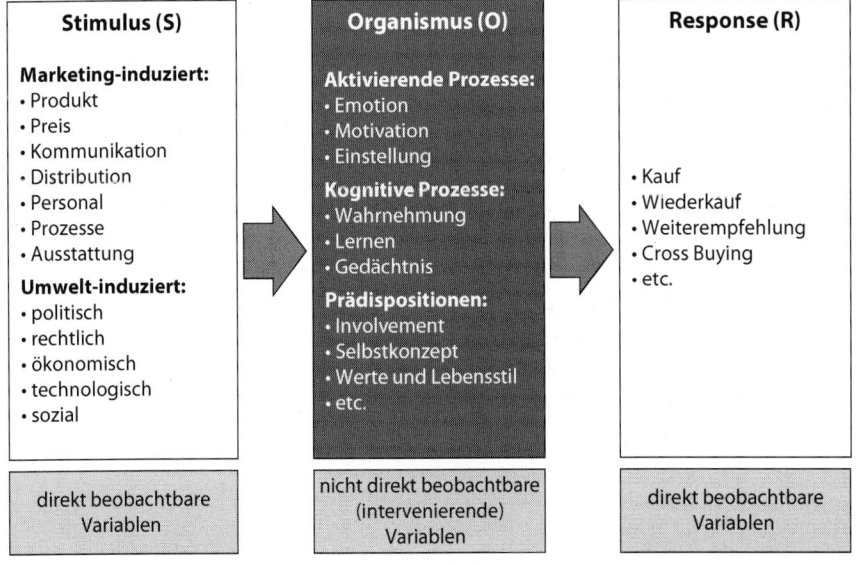

Dar. 6.76: SOR-Modell (Quelle: In Anlehnung an Römhild 2017, S. 12 und Foscht et al. 2017, S. 30)

Designorientierte Wertstrategien lassen sich vor dem Hintergrund des Kaufverhaltens begründen und analysieren (Crilly et al. 2004). Wie bereits in Kapitel 6.2.1 thematisiert kann durch das Produktdesign ein psychologischer Zusatznutzen im Sinne des Erbauungsnutzens generiert werden. Dieser psychologische Zusatznutzen ist insbesondere emotionaler Natur.

Emotionen können als Zustände innerer Erregung verstanden werden, welche durch einen konkreten Stimulus ausgelöst, als angenehm oder unangenehm empfunden und bewusst oder unbewusst erlebt werden können (Foscht et al. 2017, S. 37).

Dabei können Emotionen beispielsweise innerhalb der Vorkaufphase in der Werbung als Stimuli genutzt werden und gezielt durch bildliche, auditive und sonstige äußere Reize vermittelt werden (Kroeber-Riel, Gröppel-Klein 2019, S. 93 f.). Ziel ist hierbei die emotionale Aktivierung des Kunden, um emotionale Reaktionen bezüglich der Werbung selbst oder des beworbenen Produktes hervorzurufen. Als Auslöser von Emotionen nehmen vor allem nicht sprachliche Reize (Farbe, Duft, Musik) besondere Bedeutung ein. Dabei wird der Erlebniswirkung von Bildern – zu denen auch Produkt- und Verpackungsdesign zählen – im Marketing die größte Bedeutung zugesprochen. Angenehme Bilder – oder ein angenehmes Produkt- und Verpackungsdesign – können als Reize für die Konditionierung der Konsumenten eingesetzt werden, um dauerhaft positive emotionale Einstellungen gegenüber einem Produkt zu erzeugen (Kroeber-Riel, Gröppel-Klein 2019, S. 141). Zudem kann eine gezielte Beeinflussung von und mit Emotionen in der Kaufphase selbst – beispielsweise durch den gezielten Einsatz der Geschäftsatmosphäre, des Personals, der Designelemente und Produktplatzierung – ein Handlungsfeld des Marketingmanagements darstellen (Yoo et al. 1998, S. 259). Über die Kaufphase hinaus ist die Betrachtung von Emotionen in der Nachkaufphase ebenfalls marketingrelevant. So können sich auch durch Produktbesitz und -nutzung ausgelöste Emotionen auf die Zufriedenheitsbeurteilung, das Beschwerdeverhalten sowie das Weiterempfehlungsverhalten auswirken (Westbrook 1987, S. 266).

Über die emotionale Aktivierung innerhalb der verschiedenen Phasen des Kaufverhaltens kann das Produktdesign somit seine Funktion im Rahmen des emotionalen Zusatznutzens eines Produkts wirksam werden lassen. Überhaupt erfassen Khalid und Helander (2006, S. 204 f.) Emotionen als wichtigste Zielgröße designorientierter Strategien, da Emotion als die stärksten Treiber des bewussten und unbewussten Kundenverhaltens wirken. Unter den Emotionen, welche mit Produktdesign in Verbindung gebracht werden können, sind Interesse (Zeitlin, Westwood 1986, Bosch et al. 2006, Schnurr 2017), Spannung (brand excitement, Schnurr 2017), Freude (Demirbilek, Sener 2003), Liebe (Batra et al. 2012, S. 3, Bloch 1995, S. 20) und Stolz (Römhild 2017) zu nennen. Hieran anknüpfend zeigt sich außerdem die Bedeutung der emotionalen Reaktion auf das Produktdesign für das Nachkaufverhalten. Nach dem Kauf eines schönen und ästhetischen Produkts werden Kunden dieses regelmäßig auch in ihrem sozialen Umfeld zeigen (Belk 1988, Römhild 2017). Damit kann erneut der Bezug zur sozialen Komponente des Zusatznutzens, dem Geltungsnutzen, hergestellt werden.

Motive können definiert werden als zielgerichtete innere Antriebskräfte, die durch Einkaufsaktivitäten befriedigt werden. Auf Basis von Kaufmotiven wurden verschiedene Typologien von Kundengruppen (z. B. Variety Seeker, Cherry Picker, Schnäppchenjäger) entwickelt, welche in verschiedenem Maße durch hedonistische oder nutzenorientierte Kaufmotive bestimmt werden. Bedürfnisse wiederum liegen als subjektiv empfundene Mangelzustände diesen Kaufmotiven zugrunde (Foscht et al. 2017, S. 55 f., Kroeber-Riel, Gröppel-Klein 2019, S. 158 f.). Die Bedürfnispyramide nach Maslow ist dabei wohl der bekannteste Versuch, Bedürfnisse zu klassifizieren (▶ Dar. 6.67). Dabei handelt es sich bei den unteren drei Bedürfniskategorien um sog. Defizitärbedürfnisse, welche durch entsprechende Güter (z. B. Essen, Versicherungen,

6 Designorientierte Wertstrategien

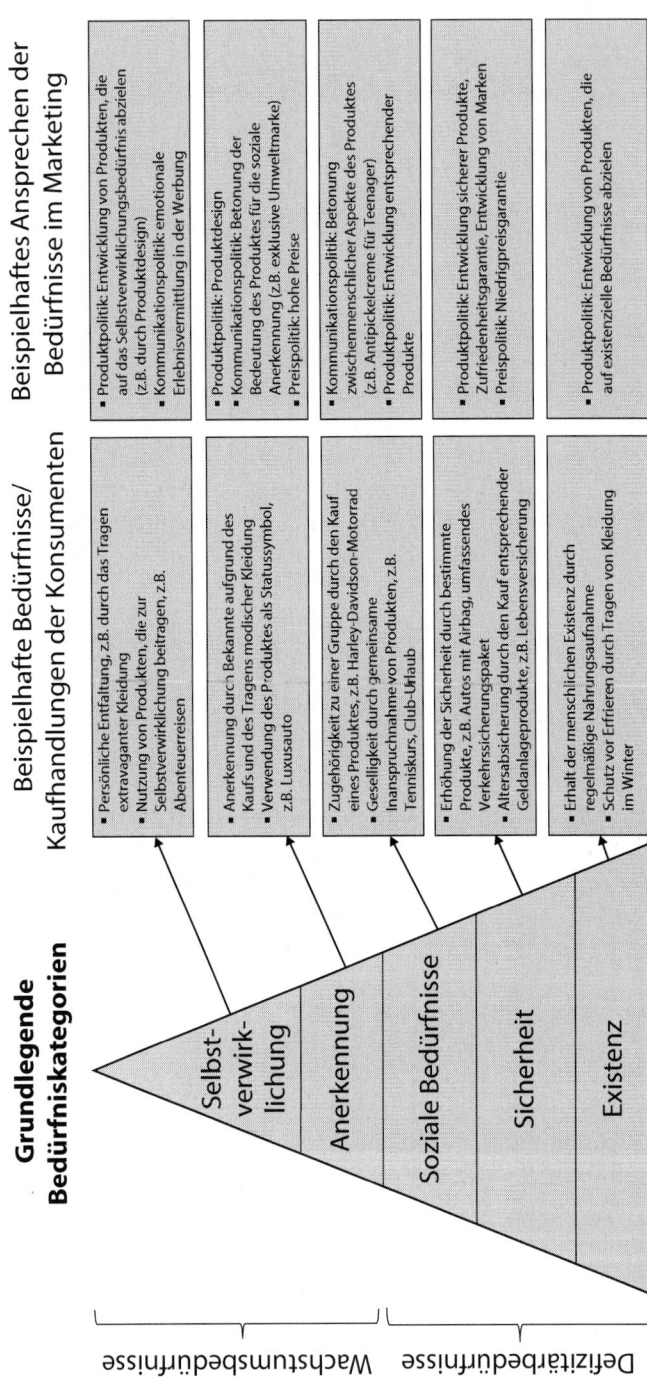

Dar. 6.77: Bedürfniskategorien nach Maslow (Quelle: In Anlehnung an Homburg 2020, S. 32)

Vereinsmitgliedschaft) befriedigt werden können und in ihrer motivationalen Wirkung nachlassen. Bei den oberen beiden Kategorien handelt es sich um Wachstumsbedürfnisse oder »unstillbare Bedürfnisse«, die nach ständiger Verbesserung rufen und in ihrer motivationalen Wirkung nicht abnehmen. Zwar sei angemerkt, dass es sich bei der Bedürfnispyramide nach Maslow um eine idealtypische Sichtweise handelt, welche so nicht uneingeschränkt gültig ist (hierzu Kroeber-Riel, Gröppel-Klein 2019, S. 159). Dennoch können die Bedürfniskategorien Anhaltspunkte für die Ansprache durch die Marketinginstrumente aufzeigen (Homburg 2020, S. 31 f.). Im Rahmen der Kaufmotive wird diesen Ausführungen folgend deutlich, dass das Produktdesign insbesondere die Bedürfnisse der Anerkennung und Selbstverwirklichung anspricht.

Eine weitere Theorie, welche motivationale Orientierung aufzeigt und Ansatzpunkte für die Gestaltung der Marketingstrategien offenlegt, ist die Theorie des regulatorischen Fokus (Higgins 1997). Die Theorie geht davon aus, dass Individuen entweder über einen Vermeidungsfokus (prevention focus) oder einen Promotionsfokus (promotion focus) verfügen, also entweder primär danach streben Schmerz (pain) zu vermeiden oder Lust (pleasure) zu empfinden. Überwiegt bei Individuen das Bedürfnis nach Sicherheit, Schutz und Pflichterfüllung und gilt die Aufmerksamkeit der Vermeidung von Verlusten, liegt ein Vermeidungsfokus vor. Überwiegt das Bedürfnis nach Selbstverwirklichung, Wachstum und ist die Aufmerksamkeit auf das Erreichen positiver Erlebnisse gerichtet, liegt ein Promotionsfokus vor (Homburg 2020, S. 33 f.). Ähnlich wie bei Betrachtung der Bedürfnispyramide nach Maslow erklärt diese Theorie, warum es einerseits Konsumenten gibt, die sich in erster Linie für zuverlässige statt ästhetisch ansprechende Produkte entscheiden (Vermeidungsfokus) sowie anderseits Konsumenten, die dem Design mehr Wert als der Verlässlichkeit zusprechen (Promotionsfokus; Kroeber-Riel, Gröppel-Klein 2019, S. 196 f.). Das Wissen um solche grundlegenden (unbewussten) Motivstrukturen kann vom Marketing genutzt werden, um gezielt bestimmte Bedürfnisse bzw. Motive des Konsumenten beispielsweise durch Produktdesign, Kommunikations- und Verpackungsgestaltung anzusprechen (Solomon et al. 2015, S. 276).

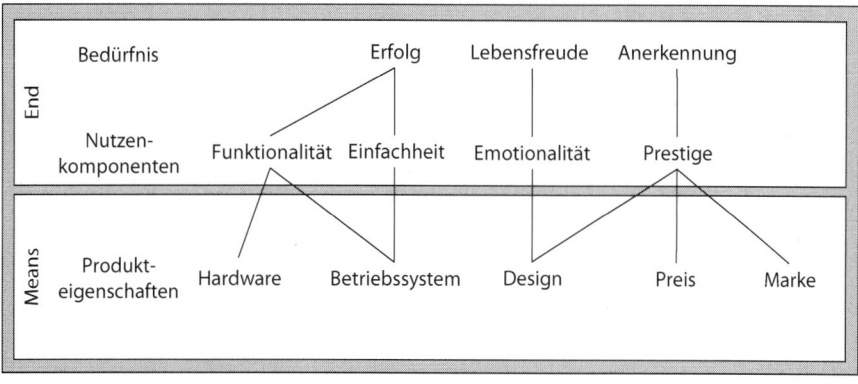

Dar. 6.78: Beispiel für eine Means-End-Analyse für ein Apple MacBook (Quelle: Eigene Darstellung in Anlehnung an Homburg 2020, S. 35)

Einstellungen können definiert werden als die wahrgenommene Eignung eines Objekts (z. B. Produkt) zur Bedürfnisbefriedigung, die mit einem bestimmten Handlungsmotiv (z. B. Kauf) einhergeht. Dabei sind Einstellungen im Zeitablauf relativ stabil und können das (Kauf-)Verhalten langfristig prägen (Foscht et al. 2017, S. 69; Trommsdorff, Teichert 2011, S. 126; Kroeber-Riel, Gröppel-Klein 2019, S. 232 f.). Diese Merkmale machen Einstellungen zu bedeutsamen Zielkonstrukten im Marketing. Auf Basis der Means-End-Analyse (▶ Kap. 5.3.3) wird an die Bedürfnisse der Kunden appelliert und schließlich das Mittel zur Bedürfnisbefriedigung angeboten (▶ Dar. 6.78). Als Beispiel kann hier eine fiktive Means-End-Kette dienen, so wie sie aus Sicht des Anbieters Apple für ein MacBook erstellt worden sein könnte. Im Beispiel stellt das Produktdesign das Mittel dar – über die Nutzenkomponenten der Emotionalität und des Prestiges (= Erbauungs- und Geltungsnutzen) – die grundlegenden Bedürfnisse Freude und Anerkennung zur erfüllen. Ziel ist dabei aus Marketingsicht die Einstellungs*beeinflussung* (Foscht et al. 2017, S. 69). Aber auch die Einstellungs*bildung* kann Ziel der Marketingbemühungen sein. Hierfür kann – wie schon in Kapitel 4.2.1.2 – das ABC-Modell von Solomon et al. (2015, S. 325) herangezogen, welches die Einstellungsbildung auf Basis der Komponenten Emotion (A = affect), Kognition (C = cognition) und Verhalten (B = behavior) anhand einer hierarchischen Einteilung erklärt (▶ Dar. 4.52). Wie zuvor beschrieben berücksichtigt das Modell drei mögliche Wirkungsreihenfolgen der Einstellungsbildung:

- In der Standard-Lernhierarchie (CAB) ist die Einstellungsbildung geprägt durch intensive Informationssuche, auf Basis derer es zur einer emotionalen Haltung gegenüber dem Produkt kommt, welche sich dann im Verhalten (Kauf oder Nichtkauf) zeigt.
- In der Hierarchie bei niedrigem Involvement (CBA) kauft der Kunde auf Basis von Vorerfahrungen mit dem Produkt – ohne zuvor affektive Präferenzen gebildet zu haben.
- In der erfahrungsbasierten Hierarchie (ABC) kauft der Kunde auf Basis emotionaler Erfahrungen mit dem Produkt, wenn eine Differenzierung auf Basis funktioneller Eigenschaften nicht möglich ist. Es handelt sich hierbei um hedonistischen Konsum.

Eine designorientierte Strategie, welche stark auf die Emotionsbildung abzielt und damit hedonistisches Konsumverhalten betrifft, lässt sich in die erfahrungsbasierte Hierarchie einordnen. Ein überlegenes Produktdesign kann aber möglicherweise auch dazu führen, Produkte, die klassischerweise der Standardhierarchie zugeordnet werden – also mit extensiver Informationssuche verbunden sind – in die erfahrungsbasierte Hierarchie zu überführen. Das ist dann der Fall, wenn vom Design (oder der Marke) eines Produktes derart starke Signale über die Produktqualität ausgehen, dass eine extensive Informationssuche sowie der Vergleich verschiedener Anbieter überflüssig gemacht werden.

Daher kann dem Produktdesign auch ein Einfluss auf kognitive Prozesse, namentlich der Wahrnehmung, zugesprochen werden. Produktdesign kann als Mittel der Kommunikation eingesetzt werden (Crilly et al. 2004). Die Form eines Produkts kann dem Kunden einen ersten Eindruck vom Produkt verschaffen und als Signal für die funktionalen Produkteigenschaften – beispielsweise hinsichtlich der Robustheit, der Einfachheit der Nutzung, technischer Finesse, Prestige etc. – gelten (Bloch 1995, S. 16). In derselben Weise in der Preise als Qualitätssignale gelten können, kann auch das Design in einer Art »designabhängigen Qualitätsvermutung« wirksam werden und damit kognitive Entlastung schaffen.

Mit der Informationsverarbeitung eng verbunden ist auch das Konzept des Involvements. Der Kern des Konzepts findet sich im Definitionsansatz von Zaichkowsky (1985, S. 342), nach dem Involvement als die wahrgenommene Relevanz eines Objekts bezüglich der eigenen Bedürfnisse, Werte und Interessen aufgefasst wird. Demzufolge kann das Involvement als inneres Engagement oder Motivation zur Informationsverarbeitung bezüglich eines bestimmten (Kauf-)Objekts verstanden werden (Foscht et al. 2017, 136). Kaufentscheidungen werden typischerweise in High-Involvement- und Low-Involvement-Käufe eingeteilt. Zudem lassen sich – ähnlich der Einstellungsbildung – je nach dominierender Komponente (Emotion, Kognition, Verhalten) verschiedene Kaufentscheidungstypen ableiten: extensive, limitierte, habitualisierte und impulsive Kaufentscheidungen (▶ Kap. 4.2.1.3). Während limitierte und habitualisierte Kaufentscheidungen eher kognitiv bzw. verhaltensbasiert getroffen werden, sind extensive und impulsive Kaufentscheidungen eher emotional geprägt. Extensive Kaufentscheidungen sind dabei den High-Involvement-Käufen zuzuordnen, da sie von intensiver Informationssuche und -verarbeitung sowie emotionaler Verarbeitungsprozessen gekennzeichnet sind. Impulsive Kaufentscheidungen sind eher den Low-Involvement-Entscheidungen zuzuordnen und kommen als Reaktion auf emotionale Reize zustande. Es klingt plausibel, dass designorientierte Wertstrategien in beiden Fällen dazu beitragen können, Produkte (emotional) zu differenzieren: Ist ein Produkt komplex, hochpreisig und der Markt heterogen (z. B. Automobile) kann das Design und dessen emotionale Wirkung einen entscheidenden (Nutzen-)Beitrag liefern, der zur Differenzierung gegenüber den anderen Produkten und somit zum Kauf führt. Auch bei weniger komplexen und preislich weniger risikobehafteten Produkten (z. B. Kleidung) kann das Produktdesign eine Art ›emotionalen Auslöser‹ darstellen, der zum Impulsiv-Kauf führt.

Unter den persönlichkeitsbezogenen Prädispositionen sind insbesondere die Begrifflichkeiten Selbstkonzept, Werte und Lebensstil zu nennen. Die Persönlichkeit kann dabei definiert werden als konsistentes, stabiles Verhaltensmuster (Assael 1995, S. 375) und setzt sich zusammen aus einem komplexen System von Motiven, Emotionen, Einstellungen, Werten, Wissen und Zielen, die ein Individuum besitzt (Trommsdorff, Teichert 2011, S. 180 f.). Das Selbstkonzept – als Teil der Persönlichkeit – kann schließlich erfasst werden als ein System an Einstellungen gegenüber dem eigenen Selbst (self) als Einstellungsobjekt (Rosenberg 1979, S. 7). Dabei ist die Selbstkonzept-Theorie von zwei grundlegenden Prinzipien geprägt: dem Wunsch nach einem konsistenten Selbstbild (self-consistency) und dem Wunsch nach der Verbesserung des Selbstbilds (self-esteem). Beide Ziele können auch innerhalb des

Kaufverhaltens Relevanz besitzen, da Produkte als Mittel zur Erfüllung dieser Bedürfnisse dienen können. Auch Belk (1988, S. 139) geht davon aus, dass »our possessions are a major contributor to and reflection of our identities«.

Darüber lässt sich erneut der Bezug zu den Wachstumsbedürfnissen nach Maslow sowie zur Realisierung des Erbauungs- und Geltungsnutzens unter Anwendung einer designorientierten Wertstrategie herstellen: Produkte können von Konsumenten genutzt werden, um das *tatsächliche* Selbstbild (actual self) zu bestätigen, dieses zu zeigen sowie um das *ideale* Selbstbild (ideal self) zu erreichen. Sie fungieren daher in gewisser Weise als Symbole für das Selbstkonzept und dem darauf aufbauenden gewünschten Lebensstil eines Individuums. Im Lebensstil kommen die Wert- und Zielorientierung der Konsumenten zum Ausdruck, welche nicht zuletzt auch im kulturellen und subkulturellen Kontext zu sehen ist (Foscht et al. 2017, S. 139). Nicht jeder Konsument ist jedoch gleichermaßen *anfällig* für Produkte mit besonderem Produktdesign, vielmehr variiert die Centrality of Visual Aesthetics (CVPA) auf individueller Ebene und kommt damit einer Persönlichkeitsprädisposition gleich (Bloch et al. 2003, S. 552).

Aus Marketingsicht kann mittels Lebensstilforschung eine Marktsegmentierung aufbauend auf Lebensstiltypen – die unterschiedliche demografische Merkmale, Interessen, Einstellungen, Werte, Persönlichkeitsmerkmale etc. aufweisen – vorgenommen werden. Diese dient der Identifikation möglicher Marktlücken und Marktpotenziale sowie der gezielten Anpassung der Marketingstrategien und -instrumente. Die wohl bekannteste Lebensstiltypologie besteht in dem Ansatz des Sinus Instituts, den Sinus Milieus©. Die Sinus Milieus© werden länderspezifisch auf Basis der Dimensionen soziale Schicht (Unter-, Mittel-, Oberschicht) und Grundorientierung (Tradition, Individualisierung, Neuorientierung) gebildet (▶ Dar. 6.79).

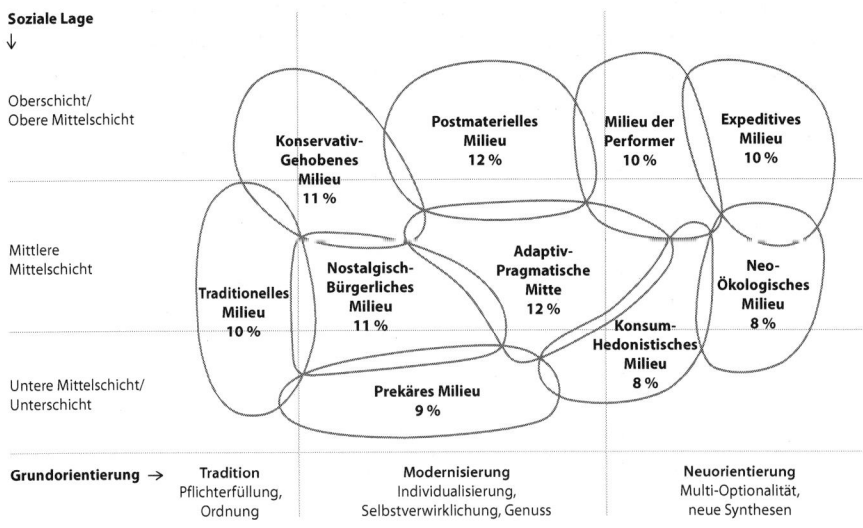

Dar. 6.79: Sinus Milieus© in Deutschland 2021 (Quelle: Sinus Institut 2022)

Da Produkte je nach angestrebtem Lebensstil unterschiedliche (soziale) Bedürfnisse erfüllen, kann eine auf Lebensstilen basierende Marktsegmentierung auch sinnvoll für die Anwendung einer designorientierten Wertstrategie sein. In Kapitel 6.2.1 wurde bereits herausgestellt, dass bei einer solchen Strategie typischerweise auch der Preis als hoch einzustufen ist. Da insbesondere das (extravagante) Design in Verbindung mit einem hohen Preis als Merkmal von Premium- und Luxusprodukten gelten kann und auch diese Produktkategorien vornehmlich auf die Erfüllung der Wachstumsbedürfnisse ausgerichtet sind, ist anzunehmen, dass eine designaffine Käuferschaft meist gleichbedeutend mit der Käuferschaft von Premium- und Luxusprodukten ist. Daher sollen im Folgenden insbesondere die Merkmale dieser beiden Produktkategorien betrachtet und mit der Ausgestaltung einer designorientierten Wertstrategie in Bezug gesetzt werden.

6.2.3 Luxus- und Premiumprodukte

Auch statistisch zeigt sich, dass luxusorientierte Konsumenten im Vergleich mit der Gesamtbevölkerung Deutschlands bezüglich ihrer Wertvorstellungen, den Wachstumsbedürfnissen der Anerkennung und der Selbstverwirklichung höheren Stellenwert beimessen (▶ Dar. 6.80). Während soziale Bedürfnisse nach Freundschaften, Partnerschaften, Familiengründung und sozialer Gerechtigkeit noch weitgehend gleich bewertet werden, erfahren hedonistische Werte wie Unabhängigkeit, Erlebnisorientierung, Spaß, Erfolg, hohes Einkommen und materieller Wohlstand unter den Luxuskonsumenten im Vergleich höhere Bedeutung.

Wie in Kapitel 6.2.2 beschrieben ist es möglich, über das Produktdesign solche Werte bzw. Bedürfnisse zu adressieren und auf diese Weise Kundennutzen in Form von Erbauungs- oder Geltungsnutzen zu generieren. Daher lohnt eine Betrachtung der Käuferschaft von Luxus- und Premiumkäufern als Zielgruppe designorientierter Wertstrategien. Obwohl Luxus- und Premiumprodukte einige ähnliche Merkmale aufweisen ist doch auf eine Unterscheidung hinzuweisen.

Luxus kann im wissenschaftlichen Kontext als Aufwand bezeichnet werden, der über das Notwendige – bezogen auf ein allgemeines, anerkanntes Maß der Bedürfnisbefriedigung unter Berücksichtigung des durchschnittlichen Lebensstandards – hinausgeht. Dabei ist der Begriff Luxus jedoch durch Subjektivität und Relativität geprägt. Die Beurteilung, was über den sozialen Standard hinausgeht, kann nur subjektiv vorgenommen werden. Damit ist Luxus immer auch in Relation zu Zeit und Ort zu sehen. Die Einbeziehung des kulturellen Hintergrunds und auch des Zeitgeschehens determinieren, was aus Sicht des Einzelnen als Luxus empfunden wird. So können Produktkategorien im Zeitverlauf ihren Luxusstatus verlieren (z. B. das Auto) oder aufgrund des Wertewandels andere Produktkategorien oder -eigenschaften als Luxus empfunden werden (Thieme 2017, S. 4 f.; Prüne 2013, S. 164 ff.; Lasslop 2002, S. 331). Luxus wird also immer auch definiert durch den Zeitgeist, die jeweilige Kultur sowie die technologischen Möglichkeiten. Dabei entwickelt sich der zeitgenössische Luxusbegriff immer

6 Designorientierte Wertstrategien

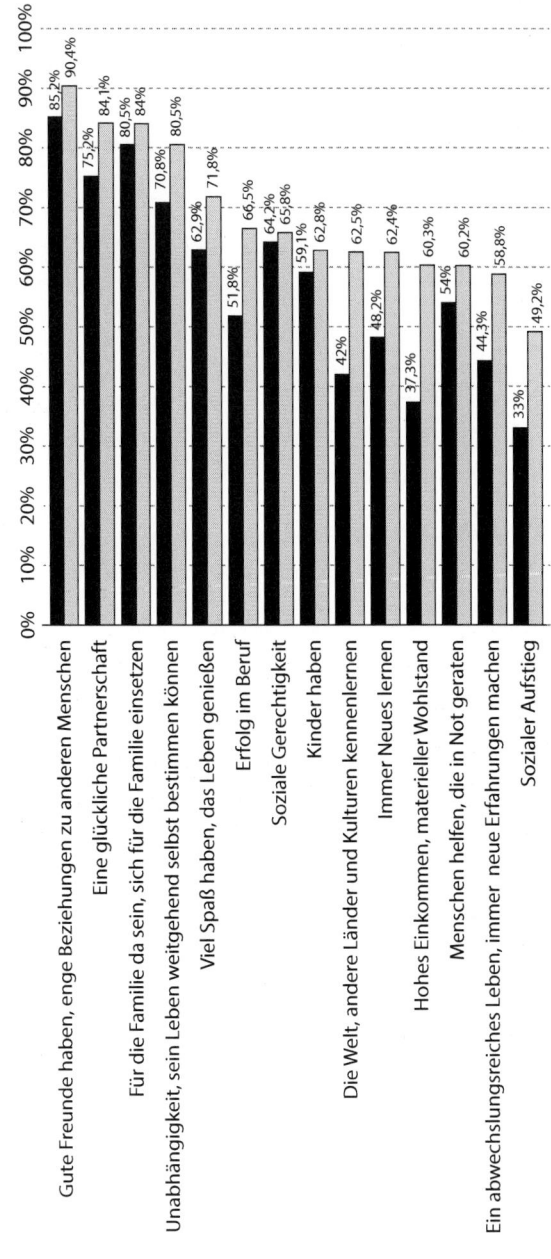

Dar. 6.80: Werteorientierung im Vergleich deutsche Bevölkerung und Luxusorientierte Konsumenten (Quelle: Statista 2021, S. 12)

weiter weg vom materiellen Verständnis hin zu immateriellen Werten. Damit ist nicht mehr lediglich der handwerkliche Aspekt – wie die Verwendung wertvoller Materialien – entscheidend, sondern zunehmend auch ethische und moralische Aspekte bei der Produktherstellung – also die *Geschichte* hinter dem Produkt (Cappelieri et al. 2017, S. 255). Besondere Beachtung kommt hierbei in jüngerer Forschung insbesondere dem Aspekt der Nachhaltigkeit zu (Prüne 2013).

Luxusprodukte verfügen primär über ideellen Nutzen und besitzen persönliche und soziale Relevanz für das Selbstkonzept (Prüne 2013, S, 170 ff.). Der Kauf von Luxusprodukten kann erfolgen, um Bedürfnisse nach Selbstverwirklichung zu erfüllen, sich zu belohnen oder sich etwas zu gönnen (= Erbauungsnutzen). Neben dieser Motivation, Luxus für sich selbst zu kaufen, kann allerdings auch die Motivation bestehen, Luxus *für andere* zu erwerben. Hierbei dienen Luxusprodukte der indirekten Kommunikation mit dem sozialen Umfeld, erzeugen soziale Aufmerksamkeit und sind insbesondere auf das Bedürfnis nach Anerkennung ausgerichtet (= Geltungsnutzen). Betrachtet man den Konsum von Luxusprodukten insbesondere im Zusammenhang mit Prestige- und Geltungsmotiven, können drei wesentliche Effekte unterschieden werden (Thieme 2017, S. 37 ff.):

- Veblen-Effekt (= Demonstrationsfunktion von Luxusprodukten): Gemäß Veblens »Theorie der feinen Leute« ist der Konsum von Luxusprodukten vornehmlich sozial orientiert und dient der Demonstration von Prestige, Macht und Status. Der demonstrative Konsum (»conspicious consumption«) preisauffälliger Produkte zielt insbesondere auf die Sicherung und Verbesserung des sozialen Status ab. Der Veblen-Effekt bezeichnet dabei das Phänomen, dass bei einer Preiserhöhung die Nachfrage nicht etwa sinkt, sondern steigt.
- Snob-Effekt (= Abgrenzungsfunktion von Luxusprodukten): Der Snob-Effekt Leibensteins (1950) bezeichnet das Phänomen, dass die Nachfrage an Luxusprodukten sinkt, je weniger exklusiv diese sind. Ein geringer Verbreitungsgrad sozial auffälliger Produkte wird damit als vorteilhaft wahrgenommen, um sich von der Bezugsgruppe abzuheben. Damit können Luxusprodukte das Bedürfnis nach Einzigartigkeit (need for uniqueness) erfüllen und eine Abgrenzungsfunktion einnehmen.
- Bandwagon-Effekt (= Gruppenzugehörigkeitsfunktion von Luxusprodukten): Hierbei ist nicht die soziale Distinktion grundlegendes Motiv des Luxuskonsums, sondern die Angleichung an die Bezugsgruppe oder sozial höhere Schichten. Luxusmarken verhelfen den Konsumenten zu sozialer Akzeptanz.

Der Begriff des Luxusprodukts ist so gut wie untrennbar mit dem der Luxusmarke verbunden. So ist die Ausschöpfung des Luxuspotenzials erst möglich, wenn die Kraft und Faszination der Marke hinzutritt und das Luxusprodukt (und seinen) Käufer in gewissem Sinne adelt (Thieme 2017, S. 13 f., Lasslop 2002, S. 328). Den Kern von Luxusmarken beschreiben Dubois et al. (2001) anhand von sechs Faktoren:

- Exzellente Produktqualität: Luxus wird gleichbedeutend mit herausragender Qualität verstanden und bezieht sich sowohl auf die eingesetzten Materialien als

auch auf die Verarbeitungsqualität und die Handwerksleistung. Dabei gehen mit der Produktqualität von Luxusprodukten hohe Erwartungen an Produktleistung, Verlässlichkeit und Haltbarkeit einher.
- Sehr hoher Preis: Der sehr hohe Preis wird dabei als logische Konsequenz der überlegenden Qualität betrachtet und legitimiert. Die Beurteilung des Preises wird dabei entweder am Preis per se oder am Vergleich mit dem Preis einer Nicht-Luxus-Alternative festgemacht. Zum monetären Preis an sich treten hierbei nicht-monetäre Kosten, etwa durch die eingeschränkte Erhältlichkeit entstehende Transaktionskosten.
- Knappheit und Einzigartigkeit: Ausgehend von der exzellenten Produktqualität und dem hohen Preis soll der Eindruck von begrenzter Verfügbarkeit erweckt werden, welcher Exklusivität suggeriert. Aus Markensicht kann dies über Limitierung (künstliche Verknappung) erreicht werden.
- Ästhetik und Multisensualität: Luxusprodukte rufen starke ästhetische Reize hervor und werden im Extremfall als Kunst wahrgenommen. Luxuskonsum kann dabei als hedonistische Erfahrung beschrieben werden, welche bestenfalls alle Sinne anspricht. Über diese Vermittlung traumähnlicher Welten sowie der Werte Schönheit, Stärke, Macht kann Luxus dazu dienen, das Selbstkonzept zu verbessern.
- Historie: Eine Besonderheit von Luxusmarken bezieht sich auf die Aura von Tradition und Historie. Durch die zurückliegende Gründungsgeschichte und Markentradition wird der Exklusivitäts- und Knappheitsfaktor noch verstärkt und durch die zeitliche Dimension erweitert.
- Nicht-Notwendigkeit: Der Wert von Luxusprodukten liegt nicht im Grundnutzen eines Produktes, also im funktionellen Kern, sondern vielmehr im emotionalen und sozialen Nutzenbestandteilen. Luxusprodukte sind demnach nicht *überlebenswichtig*.

Die Rolle des Produktdesigns setzt an den Merkmalen von Luxusprodukten an. »The task of design is to guarantee the coexistence of the highest level of aesthetic, functional and technical innovation in a product, whether it be a table, a lamp, a car, an item of clothing or a jewel.« (Cappelieri et al. 2017, S. 256) Sowohl funktionale Aspekte der Produktqualität als auch ästhetische Aspekte und die Berücksichtigung multisensualer Eindrücke können im Design Berücksichtigung finden. Das Design kann zudem die symbolische Bedeutung, das Konzept und auch die Geschichte einer Luxusmarke versinnbildlichen und verschafft diesen Aspekten einen visuellen Ausdruck durch die Form. Dabei muss allerdings beachtet werden, dass sich darüber hinaus in der Formgebung auch gesellschaftliche und ökologische Bedürfnisse widerspiegeln und nicht nur das Markensymbol sowie -konzept abzuleiten ist. Design kann also auch Veränderungen bzw. veränderte Wertevorstellungen zum Ausdruck bringen. Darüber hinaus führt ein lange Zeit unverändertes Design dazu, dass durch seine Erscheinungsform ein Produkt auf lange Sicht automatisch mit einer bestimmten Marke assoziiert werden kann. Design kann somit den Wiedererkennungswert einer Marke erhöhen (Cappelieri et al. 2017, S. 255 ff.). Als Beispiel kann die seit über 60 Jahren konstant gehaltene Formensprache des Porsche angeführt werden.

Ein Porsche ist seit jeher erkennbar »an der Dachlinie, an den Kotflügeln, die höher sind als die Fronthaube, an den kraftvollen Schultern. Merkmale, die jeder Porsche aufgreift und für seine eigene Zeit, seinen eigenen Charakter interpretiert« (Porsche 2022).

Ähnliche Funktionen kann das Design auch für Premiummarken einnehmen. Auch bei Premiummarken handelt es sich um Produkte, welche mit einer überlegenen Qualität und einem relativ hohen Preis einhergehen. In Abgrenzung zu Luxusprodukten sind Premiumprodukte jedoch durch ständige Verfügbarkeit gekennzeichnet und lassen sich als Produkte des Massenbedarfs erfassen. Premiumprodukte werden dementsprechend auch in Serie produziert, sind aber »herkömmlichen« Marken im Hinblick auf das Preis-Leistungs-Verhältnis überlegen (König 2017, S. 15 f.). Zudem bedienen Premiumprodukte ebenfalls den Geltungskonsum und somit soziale Bedürfnisse nach Selbstverwirklichung und Anerkennung. Allerdings wird in Bezug auf letzteres eher die Konformität mit relevanten Bezugsgruppen angestrebt als die Abgrenzung von diesen. Daher erfüllen Premiumprodukte eher eine Gruppenzugehörigkeitsfunktion als eine Abgrenzungsfunktion. Im Rahmen des Premiumgütermarketing kommt sowohl dem Qualitätsmanagement als auch dem Innovationsmanagement eine besondere Rolle zu (König 2017, S. 17; Thieme 2017, S. 19)

Basierend auf den grundlegenden konzeptionellen Überlegungen zur möglichen Ausrichtung, Positionierung und kaufverhaltensrelevanten Auswirkungen einer designorientierten Wertstrategie sollen im Folgenden die möglichen »Bausteine« einer solchen Strategie betrachtet werden.

6.3 Bausteine designorientierter Wertstrategien

6.3.1 Produkt

Das Produktdesign als Möglichkeit zur strategischen Differenzierung im Wettbewerb wurde bereits vielfach durch Marketingliteratur und -forschung aufgegriffen (Sisodia 1992; Bloch 1995; Noble, Kumar 2008). In verschiedenen Studien konnte gezeigt werden, dass das Produktdesign positiven Einfluss auf Konsumentenemotionen (Bloch 1995; Khalid, Helander 2006; Schnurr 2017; Batra et al. 2012; Römhild 2017, S. 135) sowie die Zahlungsbereitschaft ausübt (Landwehr et al. 2011; Bloch et al. 2003). Gleiches gilt für das Verpackungsdesign; auch hier konnte ein positiver Einfluss auf die Kaufentscheidung festgestellt werden (Rundh 2009; Langner, Esch 2004). Daher sollen im Folgenden die Möglichkeiten zur Gestaltung von Produkten und produktbegleitenden Leistungen (Verpackung, Dienstleistungen etc.) dargestellt werden. Hierzu ist zunächst eine Annäherung an den Produktbegriff notwendig.

Eine auf die Nutzenarten nach Vershofen (1940) aufbauende Perspektive des Produktbegriffs – hier verstanden als Bündel von materiellen und immateriellen Eigenschaften, das auf die Schaffung von Kundennutzen abzielt – findet sich bei Homburg (2020, S. 601 ff.). Neben Kern- und Zusatzeigenschaften werden vier weitere Eigenschaften explizit erfasst, die sich nach der Einteilung von Vershofen (1940) dem

Zusatznutzen zuordnen lassen: Verpackung und Gestaltung des tangiblen Umfelds, Basisdienstleistungen, Zusatzdienstleistungen (Value Added Services) und die Marke (▶ Dar. 6.81).

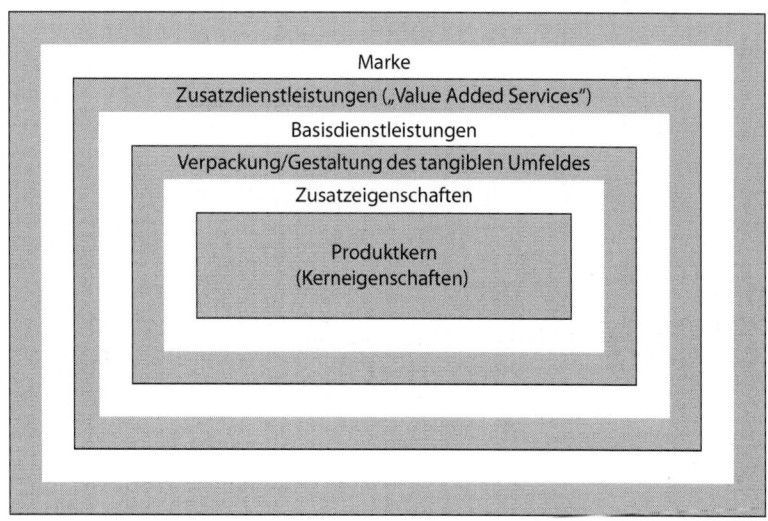

Dar. 6.81: Komponenten eines Produkts (Quelle: Homburg 2020, S. 600)

Als Kerneigenschaften bezeichnet Homburg solche, die unmittelbar an der Funktionalität eines Produkts ansetzen und somit den Produktkern formieren. Zusatzeigenschaften dienen demgegenüber der Schaffung von Nutzen, welcher nicht unmittelbar in der Kernfunktion des Produkts begründet liegt.

Neben Kern- und Zusatzeigenschaften spielt die Produktverpackung bzw. die Gestaltung des tangiblen Umfelds bei Produkten und Dienstleistungen eine wichtige Rolle. Die Verpackung eines Produkts kann dabei technische, ökologische und absatzwirtschaftliche Funktionen einnehmen (Kürble 2015, S. 63; Homburg 2020, S. 601). So dienen Verpackungen einerseits dem Schutz des Produkts, der Handhabbarkeit und der Sicherstellung des Produkttranssports. Andererseits können sie in Form von Mehrwegverpackungen und Recyclingfähigkeit auch ökologische Funktionen erfüllen. Zudem können Verpackungen – je nach Gestaltung – verkaufsfördernden Einfluss ausüben. Gleiches gilt für die Gestaltung des tangiblen Umfelds, welches gewissermaßen als die »Verpackung« der Dienstleistung verstanden werden kann (Homburg 2020, S. 601); z. B. die Gestaltung des Wartebereichs einer Privatklinik oder die Gestaltung der Räumlichkeiten beim Friseur.

Neben den mehr oder weniger physischen Eigenschaften eines Produkts stellen Dienstleistungen weitere Produktkomponenten dar. Während Basisdienstleistungen jedoch durch den Kunden beim Kauf vorausgesetzt werden, stellen Zusatzdienstleistungen Leistungen dar, die über den Grundnutzen eines Produktes hinausgehen und dem Anbieter so zur Differenzierung vom Wettbewerb und zur Erzielung von Kundenloyalität dienen können (Homburg 2020, S. 601).

Zudem kann durch die Etablierung einer Marke (▶ Kap. 6.3.2) zusätzlicher (psychologischer) Nutzen beim Kunden geschaffen werden, denn Marken bieten den Kunden Orientierung und ermöglichen außerdem die Erfüllung psychologischer und sozialer Ziele – im Sinne des Erbauungs- und Geltungsnutzens nach Vershofen (Kürble 2015, S. 66; Homburg 2020, S. 675).

So wird dem Design insbesondere innerhalb der Zusatzeigenschaften eines Produkts ein besonderer Stellenwert eingeräumt (Homburg 2020, S. 601). Aus marketingtechnischer Sicht ist letztlich die Einschätzung von Bedeutung, welcher Nutzenbestandteil bzw. welche Eigenschaft aus Sicht der Kunden kaufrelevant ist. Nicht immer ist eine kommunikative Konzentration auf Aspekte des Kernnutzens sinnvoll (Kürble 2015, S. 57). So kann bei gleicher Produktfunktionalität bei homogenen Produkten die Kommunikation der Zusatzeigenschaften – hier: des Designs – die überlegene Strategie sein. Das Design kann sich dabei auf (primär materielle) Produkte, deren Verpackungen sowie auf (primär immaterielle) Dienstleistungen und deren tangibles Umfeld beziehen (▶ Dar. 6.82).

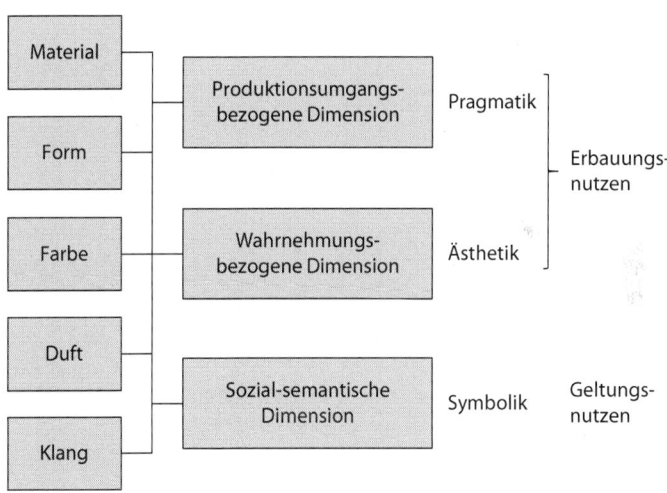

Dar. 6.82: Zusammenhänge im Produktdesign (Quelle: Kürble 2015, S. 61)

Hinsichtlich der materiellen Produktgestaltung sind folgende Gestaltungsmittel zu unterscheiden (Kürble 2015, S. 60 ff.):

- Das eingesetzte Material (hart, weich, kalt, warm etc.) entscheidet über die Haptik und die wahrgenommene Wertigkeit eines Produkts.
- Die Form nimmt unmittelbaren Einfluss auf Produktergonomie und -funktion. In den meisten Fällen beeinflussen Form und Funktion sich gegenseitig, denkt man

etwa an das ergonomische Design von Computertastaturen und -mäusen der Marke Logitech.
- Die Farbe eines Produkts kann ebenfalls dessen Wertigkeit symbolisieren, stellt aber ebenfalls über Lernvorgänge einen Identifizierungsaspekt dar. So steht die Farbe Lila eindeutig für Produkte der Marke Milka, während Magenta als Farbe der Marke Telekom zuzuordnen ist.
- Zunehmend kann auch der Duft als Gestaltungsmittel zur Differenzierung eines Produkts oder einer Marke verwendet werden. Interessant ist hierbei aus Marketingsicht insbesondere der Aspekt, dass Düfte zwangsläufig aufgenommen werden – der Konsument sich im Gegensatz zu Bildern und Klängen gar nicht entziehen kann. Als Beispiel kann das Duftmarketing der Marke Abercrombie & Fitch angeführt werden: Alle Filialen der Marke werden mit einem Signature-Parfüm *beduftet*, welches auch im Geschäft zu erstehen ist.
- Zudem kann der Klang eines Produktes als Gestaltungsmittel aufgefasst werden. So werden bei Automobilen beispielsweise sogar die Schließgeräusche der Türen wie auch die Signalgeräusche beim Blinken gezielt einem Designprozess unterzogen.

Die Kombination der Gestaltungsmittel bezieht sich dabei auf verschiedene Dimensionen des Produktnutzens: den Umgang mit dem Produkt, die multisensuale Wahrnehmung des Produkts sowie soziale Symbolik, die ein Produkt einnehmen kann. Dabei hängen diese drei Designdimensionen – wie in Darstellung 6.82 abgebildet – wiederum mit der Erfüllung des Erbauungs- und Geltungsnutzen zusammen. Hierbei sind Produktpragmatik und -ästhetik dem Erbauungsnutzen und die Produktsymbolik dem Geltungsnutzen zuzuordnen.

Bei der Gestaltung der Produktverpackungen sind die dargestellten Gestaltungsmittel insbesondere auf die Erfüllung der ökologischen, absatzwirtschaftlichen und informatorischen Funktion der Verpackung hin einzusetzen. Bestenfalls sind Verpackungen somit nachhaltig hergestellt, liefern oder signalisieren Informationen zum eigentlichen Produkt und sprechen den Kunden emotional an. Dabei bewegen sich die gestalterischen Möglichkeiten jedoch im jeweiligen rechtlichen Rahmen. Auf Produktverpackungen sind stets die Verkehrsbezeichnung des Produkts, die Füllmenge und zugehörigen Herstellerangaben zu verzeichnen. Bei Lebensmitteln sind außerdem Zutatenverzeichnisse, die Erwähnung von Inhaltsstoffen mit allergenem Potenzial und das Mindesthaltbarkeitsdatum abzudrucken.

Auch im Design des tangiblen Umfelds als Verpackung einer Dienstleistung wird auf Material, Form, Farbe, Duft und Klang zurückgegriffen. Hierbei kommen insbesondere die Begriffe Storedesign und Architektur ins Spiel. Sowohl die Innen- als auch die Gebäudearchitektur können ein emotionales Kundenerlebnis schaffen und somit einen Zusatznutzen darstellen. Corporate Architecture bietet dabei die Möglichkeit zur Visualisierung von Unternehmenswerten innerhalb einer dreidimensionalen und erlebbaren Form (Ober-Heilig 2015, S. 91 ff.). Bei der Vermarktung von Dienstleistungen ist der äußere Eindruck nicht unwesentlich, sondern prägt den ersten Eindruck und stellt ein Signal für Inhalt und Dienstleistungsqualität dar. Dies zeigt sich auch insbesondere im Kulturbereich, wo der Architektur eines Hauses besondere Bedeutung bei der Vermittlung eines Erlebnischarakters zugesprochen werden kann. Es finden sich hier vielfältige Beispiele wie bereits das Äußere des Museumsgebäudes einen Ausblick auf die inhaltlichen Sammlungsschwerpunkte gibt: So ist das Guggenheim Museum in New York, entworfen durch den Architekten Frank Lloyd Wright, durch seine ungewöhnliche runde Form weltbekannt und beherbergt größtenteils abstrakte Kunst. Ähnlich verhält es sich beim spanischen Ableger, dem Guggenheim Bilbao, welches auf moderne Kunst spezialisiert ist und seinen Sitz in einem von Frank O. Gehry entworfenen, dekonstruktivistisch anmutenden Gebäudekomplex hat.

Neben dem Design der Dienstleistungsverpackung kann auch die Dienstleistung selbst – unabhängig davon, ob es sich um die Kernleistung selbst, Basisdienstleistungen oder Zusatzdienstleistungen handelt – Objekt des Designprozesses sein. Verhoef et al. (2009) überschreiben die gezielte Gestaltung von Dienstleistungen – hier aus der Perspektive des Einzelhandels – mit dem Begriff der Customer Experience Creation. Zu den Determinanten des Kundenerlebnisses (Customer Experience) zählen sie das soziale Umfeld eines Kunden, die Service-Schnittstelle zum Kunden, die (Laden-)Atmosphäre, das Sortiment, den Preis und die Kommunikation. Damit erweitern die Autoren das vielfach zitierte ServQual-Konzept zur Messung der Dienstleistungsqualität von Parasuraman et al. (1998), welches die Dienstleistungsqualität als Funktion der Service-Schnittstelle zum Kunden erfasst. Dabei basiert die Beurteilung der Dienstleistungsqualität auf Basis der folgenden Dimensionen:

- Die Annehmlichkeit des tangiblen Umfelds (tangibles) kann z. B. die äußere Erscheinung des Geschäfts, die Präsentationsform des Sortiments oder die Kleidung der Mitarbeiter betreffen.
- Die Zuverlässigkeit (reliability) einer Dienstleistung beschreibt die korrekte und verlässliche Ausführung.
- Mit der Reaktionsfähigkeit (responsiveness) werden schnelle und proaktive Reaktionen auf Kundenbedürfnisse und -anfragen verstanden, welche auch als Kundenfreundlichkeit zu interpretieren sind.
- Die Leistungskompetenz (assurance) meint insbesondere die Höflichkeit, Kompetenz und das sichere Auftreten der Mitarbeiter.
- Das Einfühlungsvermögen (empathy) beschreibt das Verständnis für und die Berücksichtigung der Kundenbedürfnisse durch den Anbieter im Allgemeinen und dessen Mitarbeiter im Besonderen.

Hierbei wird deutlich, dass sich das Design von Dienstleistungen zwar auf die Leistung selbst, die Prozesse und Phasen der Dienstleistungserstellung sowie insbesondere auf die Gestaltung des tangiblen Umfelds beziehen kann, sich aber eine Größe der gezielten Gestaltung entzieht: das Personal. Dem Know-how sowie der Empathie des Personals kommt bei Dienstleistungen eine bedeutende Rolle zu (Kürble 2015, S. 75). Daher ist der Personalauswahl aus Sicht des Anbieters besonderes Augenmerk zu schenken.

Zusammenfassend ist festzuhalten, dass sowohl beim Design von Produkten als auch von Dienstleistungen die Customer Experience im Vordergrund stehen sollte.

Im Kundenerlebnis sind wiederum Emotionen die stärksten Differenzierungsfaktoren, da sie bewusste und auch unbewusste Verhaltensweisen beim Kunden auslösen: »As such, designers and manufacturers should consider making emotional design a bottom line in product [and service] design« (Khalid, Helander 2006, S. 204 f.).

6.3.2 Marke

Der Markenbegriff lässt sich auf zweierlei Weisen definieren. Die formale Perspektive der Definition findet sich im § 3 Absatz 1 des Markengesetzes, nach dem unter einer Marke

> »alle Zeichen, insbesondere Wörter einschließlich Personennamen, Abbildungen, Buchstaben, Zahlen, Klänge, dreidimensionale Gestaltungen einschließlich der Form einer Ware oder ihrer Verpackung sowie sonstige Aufmachungen einschließlich Farben und Farbzusammenstellungen geschützt werden, die geeignet sind, Waren oder Dienstleistungen eines Unternehmens von denjenigen anderer Unternehmen zu unterscheiden.«

Die wirkungsbezogene Markendefinition erfasst dementgegen die Perspektive, dass Marken nicht allein aufgrund ihrer formalen Bestandteile zu erfassen sind, sondern auch oder besonders aufgrund der psychologischen Wirkungen, welche sie in den Köpfen der Konsumenten entfalten. Demnach kann eine Marke definiert werden als im Bewusstsein der Kunden verankertes Vorstellungsbild, welches das Angebot eines Anbieters vom Wettbewerb differenzierbar macht und das Wahlverhalten prägt (Homburg 2020, S. 675). Für das Marketing ist freilich letztere Sichtweise auf den Markenbegriff entscheidend, da allein die physischen Kennzeichen noch keine Marke bzw. keinen Markenwert ausmachen. Vielmehr ist die Aufladung mit Emotionen, Assoziationen und Sinnzusammenhängen aus Kundensicht sowie die darauf basierende Wertschätzung das, was eine Marke ausmacht und differenziert (Kürble 2015, S. 68).

Aus Kundensicht erfüllen Marken in erster Linie eine Orientierungsfunktion. Bekannte Marken entlasten den Kunden kognitiv, da Marken auch als Qualitätssignal fungieren und eine extensive Informationssuche damit womöglich überflüssig machen. Zudem erfüllen Marken psychologischen Zusatznutzen im Sinne des Erbauungs- und Geltungsnutzens nach Vershofen (1940). Marken vermitteln Emotionen, die im Sinne des Erbauungsnutzens, positive Erlebnisse versprechen. Zudem spielt insbesondere der Geltungsnutzen eine große Rolle für die Wertschätzung einer Marke. Die Symbolkraft einer Marke wird genutzt, um durch die Übertragung des Markenimage eine Stabilisierung oder Verbesserung des Selbstkonzepts zu erreichen und daraus die Anerkennung des sozialen Umfelds zu erzielen. Aus Sicht des Anbieters wiederum werden diese Mechanismen zur

Differenzierung gegenüber dem Wettbewerb genutzt. Auch die Qualitätsverdeutlichungsfunktion ist eine wichtige Eigenschaft, die eine Marke aus Anbietersicht einnehmen kann. Zudem sind Marken meist auch mit einem entsprechenden Preisspielraum (▶ Kap. 6.3.4) verbunden – ein weiterer ökonomisch interessanter Aspekt aus Anbietersicht.

Im Markenmanagement hat sich das Konzept der identitätsorientierten Markenführung nach Meffert und Burmann (2002) etablieren können (▶ Dar. 6.83). Hierbei wird davon ausgegangen, dass das Markenimage – als das Vorstellungsbild in den Köpfen der Kunden – nicht direkt beim Kunden aufgebaut werden kann, sondern aus der Markenidentität – definiert als das Bild der Marke aus interner Sicht – resultiert (Meffert, Burmann 2002, S. 52). Die Markenidentität als kollektives Selbstbild der Marke basiert wiederum auf der Markenpositionierung. Allein bei der Markenpositionierung handelt es sich um bewusste Managemententscheidungen, die eine Sollposition für die Marke auf den relevanten Märkten festlegt (Baumgarth 2014, S. 62 ff.).

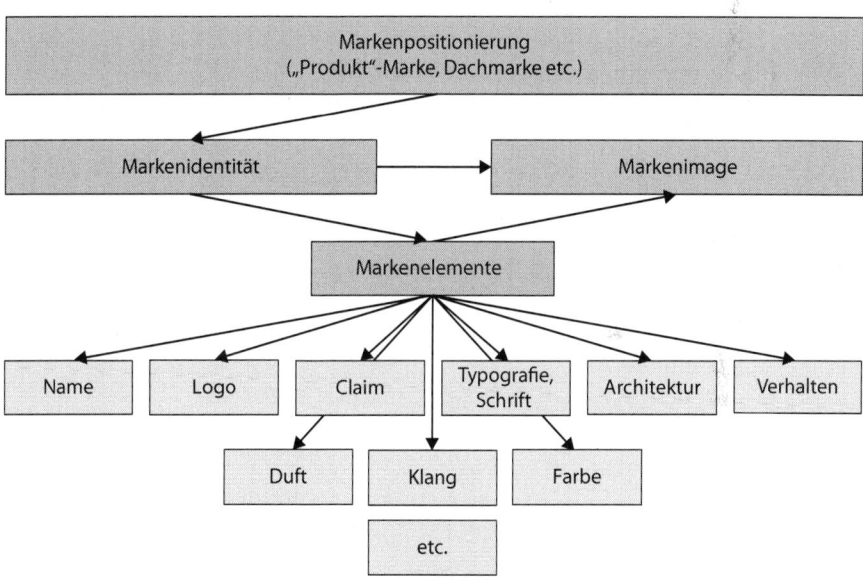

Dar. 6.83: Markenaufbau (Quelle: In Anlehnung an Günter 2020)

Ausdruck findet die Marke schließlich anhand der Markenelemente und des dadurch entstehenden Markendesigns. Dabei basieren die Markenelemente auf den in Kapitel 6.3.1 gezeigten Gestaltungsmitteln und fungieren als *Designobjekte*. Sie definieren die äußere Form einer Marke und bilden damit die Basis für das Markenimage. Ziel bei der Gestaltung von Markenelementen ist der Aufbau eines Schlüsselbildes, das mit der Marke assoziiert wird und die (nonverbalen) Eindrücke in unverwechselbarer Form wiedergibt (Schmidt, Vest 2010, S. 71). Das Design macht eine Marke damit nicht nur wahrnehmbar, sondern auch wiedererkennbar und unverwechselbar.

Der Markenname ist Bestandteil des primären Markeneindrucks und leistet einen wesentlichen Beitrag zur Markenpositionierung. Markennamen dienen aber nicht nur der Abgrenzung, sondern können auch in Form von Dachmarken Zugehörigkeit symbolisieren (Esch 2018, S. 361 f.). Das Markenlogo ist als visuelles Aushängeschild der Marke zu verstehen und vereint oftmals die Elemente des Markennamens mit entsprechender Typografie (z. B. das Logo der Marke Nivea), kann aber auch losgelöst vom Markennamen ein Symbol darstellen, welches idealerweise den Markennamen aufgreift (z. B. der angebissene Apfel der Marke Apple). Zudem kann das Markenlogo durch einen Claim (auch Slogan) ergänzt werden (z. B. BMW – Freude am Fahren), welcher ebenfalls innerhalb einer kurzen, knappen Botschaft verbal die Markenidentität aufgreifen soll. Markenwerte umfassen »die angestrebten Charakteristika einer Marke mit dem Anliegen der Bildung einer Markenidentität« (Landwehr et al. 2011a, S. 189).

Für eine Marke kann auch die Architektur als maßgebliches visuelles Markenelement prägend sein. Brand Buildings knüpfen dabei ebenfalls an den Markenwerten an und greifen diese durch ihre Symbolik, Formensprache und Materialien auf (Ober-Heilig 2015, S. 97). Museumsbauten von Architekten, wie Frank O. Gehry (Guggenheim Museum Bilbao) oder Daniel Libeskind (Jüdisches Museum Berlin) können hier erneut als Paradebeispiele für Corporate Architecture im Kulturbereich angeführt werden.

Daneben kann auch das Markenverhalten – verstanden als das aktive und reaktive Verhalten des Personals sowie deren Bekleidung und Auftreten – als Gestaltungselement aufgefasst werden. Das Auftreten der Mitarbeiter, die Art und Weise der Reaktion auf den Kunden, der aktiven Ansprache des Kunden sowie der Mitarbeitenden untereinander verschaffen der Markenidentität Ausdruck. So werden Kunden wie auch potenzielle Bewerber bei IKEA grundsätzlich mit Du angesprochen und begrüßt, um eine junge, sympathische und willkommen-heißende Atmosphäre zu erschaffen. Als weitere – eher physische – Elemente des Markenauftritts sind die Gestaltung von Duft (Abercrombie & Fitch), Klang (Telekom) und Farbe (Milka) zu nennen (Baumgarth 2014, S. 260).

All diese und weitere Designelemente können genutzt werden, um Markenwerte zu kommunizieren und erlebbar zu machen. Markenwerte können ihren Ausdruck wiederum in den Persönlichkeitseigenschaften einer Marke finden. In diesem Kontext wird von der Markenpersönlichkeit gesprochen: Konsumenten tendieren dazu, menschliche Eigenschaften auf Marken zu übertragen. Dieser Zusammenhang wird oftmals auch für das Produktdesign aufgegriffen. Eine an der Markenpersönlichkeit orientierte Produktgestaltung kann beispielsweise mittels Bildmittelung (Morphing) und Bildverzerrung (Warping) vorgenommen werden und wird bereits in der Automobilindustrie eingesetzt. Insbesondere dem Gesicht eines Autos werden in Form der Frontscheinwerfer und des Kühlergrills menschliche Züge verliehen, welche je nach Ausprägung eher als sportlich oder elegant wahrgenommen werden und unterschiedliches Attraktivitätspotenzial besitzen (Landwehr et al. 2011a).

Über die Markenpersönlichkeit wie auch eine erlebnisorientierte Markenpositionierung kann eine emotionale Bindung zum Kunden geschaffen werden. Die Vermittlung der Markenpersönlichkeit und der Erlebnisorientierung erfolgt erneut konsequent über das Design als Gestaltungsfeld über alle Markenelemente und alle Marketing-Mix-Instrumente hinweg: vom Produktdesign, der Verpackung, über die Werbegestaltung bis hin zu den Distributionskanälen (Schmidt, Vest 2010, S. 58). Einige Studien legen daher den Schluss nahe, dass das Produktdesign aufgrund seiner Bedeutung für die Produktdifferenzierung als zentraler Treiber der Markenbindung zu verstehen ist (Landwehr et al. 2011a, S. 193; Herrmann et al. 2003; Yoo et al. 2000; Schnurr 2017). Dabei ist jedoch weder im Produktdesign noch im Markendesign eine kurzfristige Anpassung möglich, insofern bedarf die Veränderung oder Erstellung eines Marken- oder Produktdesigns einer genauen Vorstellung der zu vermittelnden Markenwerte und sollte über alle Ebenen der Markenarchitektur (Dach- bzw. Firmenmarke, Gruppen- bzw. Familienmarke, Einzel- bzw. Produktmarke etc.) hinweg einheitlich vorgenommen werden.

6.3.3 Innovation

Die Innovationsorientierung stellt einen weiteren Baustein einer designorientierten Wertstrategie dar. Dabei müssen Unternehmen zunächst entscheiden, welches Ausmaß an Innovationsorientierung angestrebt wird und wie stark die Produktneuentwicklung bzw. die Entwicklung neuer Märkte gewichtet werden soll. Dabei werden von Miles und Snow (2003) vier Strategietypen in Bezug auf die Innovationsorientierung unterschieden (zur Übersicht Homburg 2020, S. 555 f.):

- Reactor: Hier liegt im eigentlichen Sinne keine Innovationsstrategie vor. Vielmehr reagieren die Unternehmen auf Umweltveränderungen erst dann, wenn diese unabwendbar und dringlich erscheinen.
- Defender: Hier besteht eine geringe Innovationsorientierung. Solche Unternehmen agieren wenig risikofreudig und richten ihre Aktivitäten auf die Verteidigung der erreichten Marktposition aus.
- Analyzer: Diese Unternehmen sind Innovationen gegenüber aufgeschlossen, sind aber lediglich in einem mittleren Maße innovationsorientiert und risikofreudig. Die Analyse der Erfolgschancen erfolgt systematisch.
- Prospector: Unternehmen dieser Kategorie befinden sich aktiv und kontinuierlich auf der Suche nach Marktchancen. Sie zeichnen sich durch Risikofreudigkeit aus und investieren stark in Forschung und Entwicklung. Als Beispiele sind hier die typischen Silicon Valley-Unternehmen anzuführen wie Adobe, Western Digital, HewlettPackard, Google, Ebay etc.

In Anknüpfung an die Ausführungen in Kapitel 6.2.1 ist davon auszugehen, dass Unternehmen, welche eine Wettbewerbsdifferenzierung aufgrund überlegener Produkte im Sinne einer Product Leadership – oder hier einer Design Leadership – anstreben, der Kategorie der Prospector zuzuordnen sind.

Als Produktinnovation kann jedes Produkt oder jede Produktidee verstanden werden, die für den Kunden neu ist oder als neu wahrgenommen wird. Dabei kann zwischen Innovationen unterschieden werden, die vom Markt und damit von den zu erfüllenden Kundenbedürfnissen ausgehen (Demand Pull) und Innovationen, die auf naturwissenschaftlich-technologische Entwicklungen zurückgehen und häufig anbietergetrieben sind (Technology Push). Für den Markterfolg ist auch im zweiten Fall entscheidend, inwieweit die Kundenbedürfnisse erfüllt werden (Homburg 2020, S. 606 f.).

Vor dem Hintergrund sich stetig verkürzender Produktlebenszyklen sowie hoher Flopraten bei Neuproduktentwicklungen gewinnt ein systematisches Innovationsmanagement zur Entwicklung von Produktinnovationen zunehmend an Bedeutung. Das Innovationsmanagement umfasst dabei die Phasen der Ideenentwicklung und -konkretisierung, der Konzeptdefinition, der Konzeptbewertung und -selektion sowie der Markteinführung. Instrumente, die im Rahmen der Ideenentwicklung eingesetzt werden, sind typischerweise Kreativitätstechniken wie Brainstorming und Brainwriting, aber auch Open Innovation-Tools wie die Lead User Methode, Innovationswettbewerbe oder der Rückgriff auf (Online-)Communities.

Zudem gibt es neuere Ansätze, welche das Design in den Mittelpunkt der Innovationsentwicklung stellen: das Design Thinking (exemplarisch Bayazit 2004; Brown 2008; Buchanan 1992; Demirbilek, Sener 2003; Schallmo, Lang 2020, Wylant 2008). Design Thinking beschreibt einen Ansatz, welcher durch konsequente Kundenorientierung geprägt ist und auf Interdisziplinarität beruht. Der Prozess des Design Thinking ist dabei dadurch gekennzeichnet, dass er strukturiert, kollaborativ und iterativ verläuft (Plattner et al. 2011; Erbeldinger, Ramge 2015, S. 13). Schallmo und Lang (2020, S. 32) definieren Design Thinking wie folgt:

> »Die Innovationsobjekte im Rahmen des Design Thinking sind primär Leistungs-Innovationen (Produkte/Dienstleistungen). Sie können aber auch Prozess-, Geschäftsmodell-, Markt- und Sozial-Innovationen betreffen. Der Innovationsgrad betrifft die radikale (fundamentale) Entwicklung von Innovationsobjekten. Die Bezugseinheit zur Feststellung des Neuigkeitsgrades ist primär der Kunde; sie kann allerdings auch den Wettbewerb, die Industrie und das eigene Unternehmen betreffen. Design Thinking erfolgt anhand eines strukturierten Vorgehens mit einer Abfolge von Aufgaben und Entscheidungen, die in logischem und zeitlichem Zusammenhang zueinander stehen. Die Aufgaben dienen der Entwicklung von nutzerorientierten Lösungen.«

Zentral sind im Design Thinking die *menschlichen Faktoren* und damit die Orientierung am Menschen und dessen Bedürfnissen – ohne dabei jedoch die Faktoren der technischen Machbarkeit oder der Wirtschaftlichkeit außer Acht zu lassen (Grots, Pratschke 2009, S. 18). Der Prozess des Design Thinkings stellt die interdisziplinäre Kollaboration und die Visualisierung von Problemen (wicked problems) in den Vordergrund. Dabei gibt es im design-getriebenen Innovationsmanagement (design driven innovation) klare Prozessschritte, welche jedoch in Schleifen verlaufen und sich dem Ergebnis iterativ nähern.

Zusammenfassend macht sich der Ansatz allgemeine Designprozesse zu eigen und überträgt diese auf das Innovationsmanagement. Dies hat zur Folge, dass Innovationsprozesse – auch wenn diese technologisch getrieben sind – stets auf Kundenbedürfnisse bzw. »Kundenprobleme« ausgerichtet sind, die es zu lösen gilt. Es klingt damit plausibel, dass designorientierte Wertstrategien im Rahmen des Innovationsmanagement sinnvollerweise auf die Ansätze des Design Thinking zurückgreifen sollten.

6.3.4 Preis

Davon ausgehend, dass es sich bei einer designorientierten Wertstrategie um eine zweidimensionale Strategie handelt, welche Kundennutzen und Preis ins Verhältnis setzt, ist der Preisstrategie ebenfalls eine hohe Bedeutung zuzuweisen. Die Festlegung und Veränderung von Preisen ist im Marketingkanon wohl das *sensibelste* Instrument und geht meist unmittelbar mit Nachfragereaktionen einher (Homburg 2020, S. 724).

Wichtigste Aufgaben im Rahmen der Preispolitik bestehen in der Festlegung der optimalen Preisforderung, der Preispositionierung und der Preisstruktur. Um die optimale Preisforderung für neue Produkte oder das bestehende Sortiment festzulegen, sind stets die Marktsituation und die eigenen unternehmerischen Ziele ins Verhältnis zu setzen. Die Festlegung der Preispositionierung bzw. Preislage befasst sich mit der Frage, ob die Produkte preislich im Premium-, Mittelklasse- oder im Economy-Bereich angesiedelt sein sollen. Diese Wahl wird maßgeblich durch die vorhandenen Konkurrenzprodukte, die Zahlungsbereitschaft der Kunden sowie die eigene Produktqualität bestimmt. Zuletzt ist festzulegen, inwiefern Preisdifferenzierung erfolgt und ob und in welcher Höhe Rabatte möglich sind, ohne dabei negative Imagewirkungen hervorzurufen. Neben dem ökonomischen Ziel der Gewinnerwirtschaftung und handelsbezogenen Zielen wie der Regalpräsenz, verfolgt die Preisstrategie kundenbezogene Ziele (Kürble 2015, S. 94, Homburg 2015, 724 ff.). Im Falle der designorientierten Wertstrategie kann die Preisfestlegung darauf ausgerichtet sein, insbesondere Preiswürdigkeit als die wahrgenommene Ausgewogenheit von Preis und Qualität zu vermitteln sowie die Preiswahrnehmung und Preiserwartung so zu beeinflussen, dass ein hoher Preis als Qualitätsindikator und im Zeitverlauf als stabil angenommen wird. Die Preisgünstigkeit in Relation zu Konkurrenzprodukten anzusprechen, läge damit nicht im primären Fokus einer solchen Strategie.

Im Bereich der Luxus- und Premiummarken – welche sich im besonderen Maße für das Verfolgen einer designorientierten Wertstrategie eignen (▶ Kap. 6.2.3) – besteht seitens des Anbieters ein gewisser preispolitischer Spielraum. Der preispolitische Spielraum ergibt sich dabei im Dreiklang der Produktionskosten, der Konkurrenzangebote und der Zahlungsbereitschaft der Kunden. Die Zahlungsbereitschaft der Kunden für Markenprodukte bewegt sich dabei innerhalb einer bestimmten Spannbreite, die durch eine Preisuntergrenze und eine Preisobergrenze beschränkt wird. Wie bereits in Kapitel 5.3.4 beschrieben wird diese Preisspanne als »monopolistische

Konkurrenz« bezeichnet, welche auf die wettbewerbliche Differenzierung des jeweiligen Produkts aufgrund der Marke zurückgeht. Es ist davon ausgehen, dass ein monopolistischer Preisspielraum jedoch nicht nur durch die Etablierung einer Marke entstehen kann, sondern auch durch überlegenes Produktdesign. Das Anstreben einer Design Leadership in Kombination mit der Etablierung einer Marke ist also womöglich geeignet, den Preisspielraum zu erweitern bzw. die Preisunter- und Preisobergrenze nach oben zu verschieben (▶ Dar. 6.84).

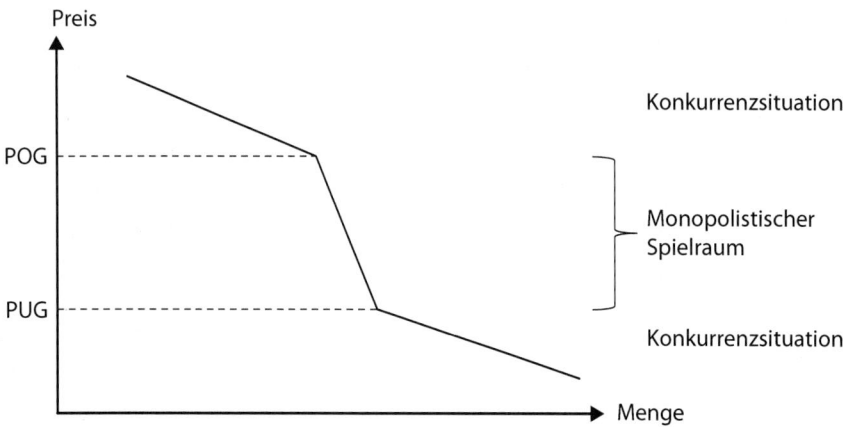

Dar. 6.84: Monopolistische Konkurrenz (Quelle: In Anlehnung an Kürble 2015, S. 67)

Oberhalb der Preisobergrenze (POG) und unterhalb der Preisuntergrenze (PUG) ist die Nachfrage elastisch. Übersteigt der Preis die Preisobergrenze ist das Preis-Leistungsverhältnis nicht mehr optimal und die Bereitschaft der Kunden zum Markenwechsel steigt. Bereits bei einer geringen Preissteigerung sinkt die Nachfrage deutlich. Unterschreitet der Preis die Preisuntergrenze, besteht jedoch ebenfalls die Gefahr den Kundenstamm zu verlieren, da der Preis seine Funktion als Indikator für die Produktqualität verliert (Kürble 2015, S. 67 f.). Das Produkt wird zwar für den Massenmarkt erschwinglich und die Nachfrage steigt insgesamt, jedoch riskiert der Anbieter mitunter seine treuen Kunden sowie das aufgebaute Markenimage.

Zudem ist zu erwägen, dass der Preis bei Unterschreitung der PUG für die Kunden seinen Nutzen verliert: Der Produktzusatznutzen in Form des Erbauungs- und Geltungsnutzens nimmt ab. Während beim Geltungsnutzen der Nutzen aus der Anerkennung des sozialen Umfelds gezogen wird (welcher bei einem niedrigen Preisniveau nicht aufkommt), erfüllt der Preis auch emotionale Bedürfnisse in Form des Erbauungsnutzens. Zum einen dient ein hoher Preis der Orientierung und der kognitiven Entlastung: Ein hoher Preis bestätigt den Kunden darin, ein qualitativ hochwertiges Produkt gekauft zu haben und sorgt so für positive Nachkaufemotionen. Zum anderen ist ein hoher Preis jedoch auch geeignet, das Selbstbild des Kunden zu bestätigen: Die Zahlung eines hohen Preises wird als Indikator für die eigene Leistungsfähigkeit interpretiert und kann aus dem Gefühl heraus, *sich etwas leisten zu können*, zur positiven Emotion Kundenstolz führen – zunächst unabhängig von der Anerkennung des sozialen Umfelds (Römhild 2017, S. 131 f. sowie S. 216).

Bezieht man sich hierbei erneut auf die Kaufverhaltenseffekte von Luxus- und Premiumprodukten wird deutlich, dass Luxusprodukte zwar nicht ausschließlich, aber doch auch eher zur Abgrenzung verwendet werden (Snob-Effekt) und dem demonstrativen Konsum dienen (Veblen-Effekt). Premiumprodukte dagegen erfüllen eher eine Gruppenzugehörigkeitsfunktion (Bandwagon-Effekt). Während bei Premiumprodukten demnach sowohl Preisober- als auch Preisuntergrenze sorgfältig abgewogen werden sollten, ist bei Luxusprodukten insbesondere die Preisuntergrenze ausschlaggebend, um die jeweiligen Effekte wirksam werden zu lassen.

Es empfiehlt sich bei einer designorientierten Wertstrategie konsequenterweise das Value Pricing (Römhild 2017, S. 237 f.). Value Pricing bezeichnet eine wertorientierte Preispolitik, welche eine tendenziell höherpreisige Vermarktung von Produkten einschließt, die sich an den Qualitäts- und Nutzenaspekten eines Produkts orientiert und diese bepreist (Ailawadi et al. 2001; Bliemel, Adolphs 2003, S. 143). Dabei ist jedoch darüber zu entscheiden, wie hochpreisig die Produkte positioniert werden und welchen Nutzen diese ansprechen sollen, sprich, ob eine Preispositionierung im Premiumsegment oder im Luxussegment erfolgen soll.

6.3.5 Kommunikation

Als letzter Baustein der designorientierten Wertstrategie soll im Folgenden die Kommunikation betrachtet werden. Dabei ist die Kommunikationspolitik typischerweise auf operativer Ebene als Teil des Marketing-Mix einzuordnen, sie soll hier aber weniger unter operativen und funktionalen Gesichtspunkten, sondern vielmehr in ihrer strategischen Ausrichtung betrachtet werden.

Die Kommunikationspolitik kann als Sprachrohr des Marketings angesehen werden und beinhaltet diejenigen Instrumente, die sich als Träger von Informationen an die Anspruchsgruppen des Unternehmens richten. Dabei ist sie vornehmlich auf die Erfüllung psychografischer Ziele – insbesondere auf die Bildung einer positiven Einstellung gegenüber dem Unternehmen oder der Marke – ausgerichtet und damit lediglich mittelbar auf ökonomische Ziele. Die ökonomische Effizienz lässt sich jedoch daran festmachen, ob die Kommunikationsbemühungen planvoll strukturiert und in Ableitung der strategischen Ziele erfolgen oder eher beliebig und unstrukturiert. Die Frage, ob kommuniziert werden soll, stellt sich dabei nicht, sondern eher wie und was kommuniziert werden soll (Kürble 2015, S. 166). Dementsprechend kann die Aufgabe der Kommunikationspolitik in der planmäßigen Gestaltung und Übermittlung von Informationen gesehen werden, deren Ziel es ist, die Zielgruppen hinsichtlich ihres Wissens, ihrer Einstellungen, ihrer Erwartungen und Verhaltensweisen im Sinne der Unternehmensziele zu beeinflussen (Homburg 2020, S. 827).

Bei der operativen Planung der Kommunikationspolitik kann auf das Paradigma der Kommunikation zurückgegriffen werden (Lasswell 1967, S. 178 zit. n. Meffert 2019, S. 633):

- Wer (= Unternehmen)
- sagt was (= Kommunikationsbotschaft)
- unter welchen Bedingungen (= Umwelt-, Wettbewerbssituation)
- über welche Kanäle (= Kommunikationsinstrumente)
- auf welche Art und Weise (= Gestaltung der Kommunikationsbotschaft)
- zu wem (= Zielgruppen)
- mit welcher Wirkung (= Kommunikationserfolg)?

Neben der Verdeutlichung der Entscheidungsfelder im Kommunikationsprozess, auf die im Folgenden noch Bezug genommen wird, ist zudem die Unterscheidung zwischen einstufiger und mehrstufiger Kommunikation sinnvoll. Während bei einstufiger Kommunikation lediglich die Übertragung der Kommunikationsbotschaft von Sender an Empfänger betrachtet wird, berücksichtigt die zweistufige Kommunikation, dass die Empfänger von Kommunikationsbotschaften gleichzeitig Sender sein können. Empfänger verarbeiten die Botschaft, verändern und verbreiten diese weiter und werden so zu Multiplikatoren. Dieses sog. Zwei-Stufen-Modell der Kommunikation (▶ Dar. 6.85) wird der Komplexität der ablaufenden Kommunikationsvorgänge eher gerecht als klassische einstufige Kommunikationsmodelle und sollte daher bei der Planung der Kommunikationspolitik – auch und gerade angesichts eher interaktiv ausgerichteter Kommunikationsinstrumente wie Social Media – Berücksichtigung finden. Neuere Ansätze legen hierbei ganz und gar ein netzwerkorientiertes Kommunikationsmodell zugrunde (Meffert et al. 2019, S. 702).

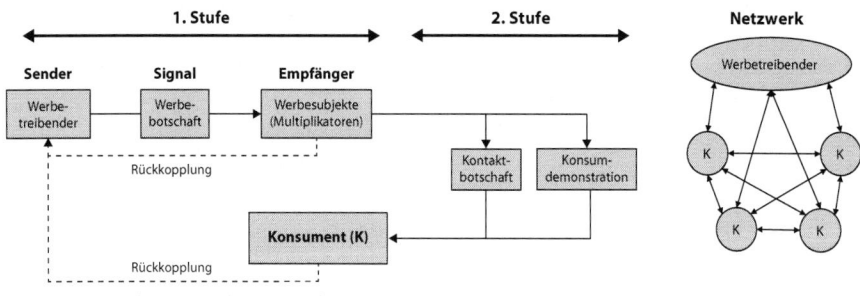

Dar. 6.85: Zwei-Stufen-Modell der Kommunikation und Netzwerkorientiertes Interaktionsmodell im Vergleich (Quelle: In Anlehnung an Meffert 2000, S. 687 und Meffert et al. 2019, S. 702)

Unter Berücksichtigung der Mehrstufigkeit der Kommunikation bzw. ihres Netzwerkcharakters und vor dem Hintergrund des Kommunikationsparadigmas kann die mögliche Ausrichtung der Kommunikationspolitik innerhalb einer designorientierten

Wertstrategie im Folgenden insbesondere für die Entscheidungsfelder der Kommunikationsbotschaft sowie für die Gestaltung der Kommunikationsbotschaft erläutert werden.

Davon ausgehend, dass sich eine designorientierte Wertstrategie als Teil einer Differenzierungsstrategie auf Basis überlegener Produkte einordnen lässt, sollte die Kommunikationsbotschaft insbesondere auf die Produkte fokussieren (Homburg 2020, S. 553). Dabei sind die Designbemühungen des Unternehmens hinsichtlich der Produkte entsprechend positiv darzustellen und auch die Hochwertigkeit bzw. der Luxus- oder Premiumcharakter der Produkte sollte sich in den Kommunikationsbotschaften und der Gestaltung derselben widerspiegeln (Kürble 2015, S. 238 ff.). Die Auswahl der Kommunikationskanäle, die Botschaft sowie die Gestaltung sollten dementsprechend passend gewählt sein, um den Kundennutzen, den das Design bietet, zu vermitteln. Dabei kommen insbesondere visuelle Elemente (Hauptbildkomponenten, ergänzende Bildelemente, Typografien, Farben, Schriftarten, Anordnungen, Größen etc.) als emotionale Aktivierungsreize zum Tragen, die geeignet sind, den Kunden emotional anzusprechen und in günstiger Weise einstellungsbildend zu wirken (ausführlich dazu Homburg 2020, S. 855, 860 ff.). Darüber hinaus sind auch Frequenz und Häufigkeit, mit der Kunden der Kommunikationsbotschaft ausgesetzt sind, entscheidend; je häufiger der Kunde einer Botschaft ausgesetzt wird, desto besser kann er die Botschaft verstehen, aufnehmen und erinnern. Bedeutsam ist in diesem Kontext auch der Mere Exposure Effect, welcher beschreibt, dass je häufiger ein Individuum einem bestimmten Stimulus-Objekt ausgesetzt wird, sich die Einstellung des Individuums gegenüber diesem Objekt mit zunehmender Wiederholung positiv entwickelt (Zajonc 1968). Allein der Kontakt mit einem Produkt über Werbebotschaften, im Geschäft, im sozialen Umfeld, kann also dazu führen, dass sich die Einstellung gegenüber diesem Produkt positiv entwickelt und sogar zu emotionaler Verbundenheit führt – Voraussetzung dafür ist eine neutrale, nicht negative Grundeinstellung.

Zu erreichen ist eine hohe Frequenz an Werbebotschaften sicherlich einerseits über klassische Kommunikationskanäle wie Fernsehen, Tageszeitungen, Fachzeitschriften, Publikumszeitschriften, Online-Werbung, Hörfunk, Kino, Out-of-Home- bzw. Außenwerbung sowie andererseits über die Methode des Produktplacement (in Serien, Filmen etc.) und nicht zuletzt aufgrund des partizipativen, viralen Charakters über Social Media. Der Einsatz und die Auswahl der Kommunikationsinstrumente ist schließlich an die zu vermittelnde Botschaft, die Zielgruppe sowie die übergeordnete Zielsetzung der Kommunikationspolitik anzupassen. Dabei sollte dem Erfordernis einer integrierten Kommunikation Rechnung getragen werden. Über alle Kanäle bis hin zur persönlichen Kommunikation sollte eine identische Botschaft vermittelt werden. Unabhängig von der konkreten Auswahl auf operativer Ebene sollte über alle Kommunikationskanäle hinweg eine formale, inhaltliche und zeitliche Abstimmung der jeweiligen Kommunikationsbotschaft erfolgen, um ein möglichst konsistentes Markenimage zu erzeugen (Homburg 2020, S. 856).

Während die Auswahl der Kanäle hier nicht weiter ausgeführt wird, soll jedoch ein Instrument aufgrund seiner möglichen Bedeutung für eine designorientierte Wertstrategie gesondert herausgegriffen werden: die Rolle von Design-Preisen.

Design-Preise oder Design Awards wie der Red Dot Design Award oder der German Design Award sind jährlich stattfindende Wettbewerbe zu denen Unternehmen in den unterschiedlichsten Kategorien Produkte oder Konzepte gegen eine Teilnahmegebühr einreichen können und die anschließend von einer Fachjury bezüglich bestimmter Kriterien (z. B. Ergonomie, Funktionalität und Bedienbarkeit, Gebrauchswert, Gesamtkonzept, Gestaltungsqualität, Innovationsgrad, Langlebigkeit, Symbolischer und emotionaler Gehalt; German Design Award 2022) beurteilt und prämiert werden. Die Ziele der Teilnahme an Designwettbewerben können im psychografischen aber auch im ökonomischen Bereich gesehen werden. So klingt es plausibel, dass erhaltene Auszeichnungen für bestimmte Produkte, die auf Basis der Bewertung einer Fachjury aus Experten unterschiedlicher Fachbereiche vergeben werden, als glaubwürdiges Qualitätssignal dienen können und somit positiv auf die Einstellungsbildung wirken. Zudem kann die Teilnahme an Wettbewerben die Sichtbarkeit und den Bekanntheitsgrad durch eine branchenübergreifende Reichweite nachhaltig erhöhen. Auch unmittelbare ökonomische Effekte konnten bereits für Gewinner von Designpreisen gezeigt werden. So ergab eine Untersuchung für börsennotierte Unternehmen, dass erhaltene Designpreise den Börsenwert eines Unternehmens zumindest kurzfristig um ca. ein Prozent ansteigen lassen, wobei die Effekte bei relativ kleinen Unternehmen und für Unternehmen, deren Produkte zu den Konsumgütern zählen, umso größer sind (Xia et al. 2015, S. 1053 f.). Diese Ergebnisse unterstreichen schließlich die strategische Relevanz des Designs sowie die Eignung designorientierter Wertstrategien Kundennutzen zu schaffen und nachhaltig Wettbewerbsvorteile zu realisieren.

6.4 Fallbeispiel

»Apple hat persönliche Technologie mit der Einführung des Macintosh 1984 revolutioniert. Heute führt Apple die Welt der Innovation mit iPhone, iPad, dem Mac, Apple Watch und Apple TV an. Apples fünf Softwareplattformen – iOS, iPadOS, macOS, watchOS und tvOS – bieten eine reibungslose Anwendererfahrung über alle Apple-Geräte hinweg und unterstützen die Menschen mit bahnbrechenden Services inklusive dem App Store, Apple Music, Apple Pay und iCloud. Die mehr als 100.000 Mitarbeiter von Apple widmen sich ganz der Entwicklung der besten Produkte der Welt und dem Ziel, die Welt besser zu hinterlassen, als wir sie vorgefunden haben.« (Apple Inc. 2022a)

Ein Beispiel par excellence im Bereich designorientierter Wertstrategien bildet wohl unbestritten ein amerikanisches Technologie-Unternehmens aus dem kalifornischen Cupertino: Apple. Dies zeigt sich nicht zuletzt daran, dass die Marke Apple über die letzten Jahrzehnte hinweg immer wieder im Kontext der Marketingforschung als Beispiel aufgegriffen und mit überlegener Produktgestaltung und Designführerschaft in Zusammenhang gebracht wurde (Thomke, Feinberg 2012; Noble, Kumar 2008;

Sisodia 1992; Bloch 1995): »Apple has been a design leader throughout its [...] history; the company is rightly renowned for its ability to confer a degree of wit and humor to its products« (Sisodia 1992, S. 36). Die Marke Apple hat sich das Produktdesign und Innovativität wie kein anderes Unternehmen als Kernkompetenz zu eigen gemacht und Produkte erschaffen, welche von den meist treuen, fan-ähnlichen Kunden geliebt werden (Batra et al. 2012, S. 4) und sie stolz machen (Römhild 2017, S. 131 f.).

Die Überlegenheit der Design- und Innovationsführerschaft Apples zeigt sich auch im ökonomischen Bereich: Apple wurde im Jahr 2022 mit 355 Mrd. US-Dollar erneut als wertvollste Marke gerankt (Brand Finance 2022, S. 12). Auch die Entwicklung der Quartalsgewinne zeigt, dass Apple sich im letzten Jahrzehnt zu einem der profitabelsten und größten Unternehmen weltweit entwickelt hat. Im ersten Quartal des Jahres 2022 machte Apple einen Nettogewinn von ca. 34,6 Mrd. US-Dollar, der aus dem Quartalsumsatz von 123,9 Mrd. US-Dollar resultierte – eine Steigerung von 11 Prozent im Jahresvergleich und damit ein Allzeitrekord (Apple Inc. 2022a). Einen maßgeblichen Anteil an dieser Entwicklung hat insbesondere die Produktlinie des iPhone, wobei Apple zunehmend eine Diversifikationsstrategie verfolgt und somit auch andere Produkte wie Wearables, Home and Accessories und vor allem digitale Dienstleistungen wie iCloud, Apple Store, Apple Podcasts, Apple Music, Apple TV und Apple Arcade zu Gesamtentwicklung beitragen.

Doch was macht die Erfolgsstory von Apple in Sachen Design Leadership aus? Um diese Frage in Ansätzen beantworten zu können, lohnt erneut der Blick auf die zuvor dargestellten Bausteine einer designorientierten Wertstrategie.

Die besonderen Merkmale der Apple-Produkte und ihres Produktdesigns werden seit Einführung des ersten Macintosh Personalcomputers 1984 immer wieder beschrieben mit der Schlichtheit der Gestaltung sowie der Einfachheit und Intuitivität der Bedienung: »The Apple Macintosch possessed a compact, simple form to communicate ease of use and an almost anthropomorphic friendliness« (Bloch 1995, S. 16). Bis heute bleibt Apple diesen Gestaltungsgrundsätzen über alle Produktlinien hinweg treu: Klare und einfache Formen und eine einfache Benutzerführung sind seit Firmengründung im Jahr 1976 bis heute die oberste Maxime der Gestaltung (▶ Dar. 6.86).

Dabei liegt der Reiz und die Attraktivität der Apple-Produkte nicht vordergründig in der technischen Komplexität, sondern gerade in der schlichten Anmutung, der Einfachheit der Bedienung, der Verwendung hochwertiger Materialien und dem Weglassen aller nicht benötigten technischen Eigenschaften begründet: »simplicity is the ultimate sophistication« (Thomke, Feinberg 2012, S. 3). Apple hat beispielsweise beim Mac-Computer als erster Hersteller zunächst das Diskettenlaufwerk weggelassen, später das CD-Rom-Laufwerk und schließlich USB2.0-Slots. »We make progress by eliminating things. It`s a much more courageous approach, much harder than living with all this [cheaper] stuff.« (Steve Jobs 1998, zit. n. Thomke, Feinberg 2012, S. 4) Obwohl Apple zunächst für das Weglassen dieser Features kritisiert wurde, griffen schließlich andere Hersteller diese Vorgehensweise auf – auch darin begründet, dass Größe und Gewicht der Produkte reduziert werden konnten. Zudem wurden externe Laufwerke und Adapter-Lösungen entwickelt, mit denen Apple-Produkte bei Bedarf erweitert werden konnten. Diese Gestaltungsphilosophie lässt sich nicht lediglich bei den Produkten, sondern auch bei den Verpackungen, in den Apple Stores und bei allen digitalen Diensten feststellen: schlicht, einfach, effizient und haptisch ansprechend.

Dar. 6.86: Einfaches Design über alle Produktlinien hinweg: iPhone, iPad, iMac und MacBook

Insbesondere die digitalen Dienste nehmen als produktbegleitendende und dennoch selbstständig vermarktungsfähige Dienstleistungen neben den Produkten Mac, iPad, iPhone, AppleWatch und AppleTV im Rahmen der Diversifikationsstrategie von Apple eine immer höhere Bedeutung ein. Zunehmend entwickelt sich Apple vom Hardware-Hersteller zum ganzheitlichen Technologieanbieter mit ausgeprägtem Hang zur Softwareentwicklung. Dies wird auch durch das Zitat vom Abschnittsanfang deutlich, welches explizit auf die Dienste App Store, Apple Music, Apple Pay und iCloud verweist. Ebenso deutlich wird die zugrundeliegende Plattform-Strategie: das OS-Betriebssystem in seinen unterschiedlichen Ausprägungen ist allen Produktlinien gemein und sorgt mit einheitlichem Design und einwandfrei funktionierenden Synchronisierungslösungen zwischen den Produkten für zusätzlichen Kundennutzen (Thomke, Feinberg 2012, S. 7).

Zuletzt lässt sich die Gestaltung des Apple Stores unter dem Aspekt der Produktgestaltung betrachten, denn »indeed they are Apple products, not simply outlets for purchasing them« (Thomke, Feinberg 2012, S. 10). Wie alle anderen Produkte der Marke Apple werden Apple Stores mit höchster Konzentration auf Design, Detail, hochwertige Materialien, die besten Standorte und die schönsten Architekturen geschaffen. Das führt dazu, dass Apple Stores von Konsumenten nicht lediglich als Vertriebsstätten wahrgenommen werden, sondern auch als touristische Attraktionen. Insbesondere dem Apple Store auf der 5th Avenue in New York kommt hier ein gewisser Kultstatus zu, der sich daran zeigt, dass Apple-Kunden aus aller Welt regelrecht dorthin pilgern und der Apple Store als eine der meistfotografierten und meistbesuchten Sehenswürdigkeiten New Yorks gelten kann (Isaacson 2011, S. 444).

Apple ist nicht nur finanziell eine der wertvollsten Marken weltweit, sondern auch nach Markenstärke. Mit rund 408 Mrd. US-Dollar war das kalifornische Unternehmen im Jahr 2021 laut Best Global Brands-Ranking die weltweit stärkste Marke (Interbrand 2021, S. 17). Die Marke Apple ist geprägt durch das Markenimage der Innovativität und Kreativität, welches durchaus der angestrebten Positionierung entspricht. Wie stark das Image der Marke Apple auf Konsumenten wirkt und diese gar beeinflusst, zeigt auch eine Untersuchung von Fitzsimons et al. (2008), die zeigen konnten, dass Personen, die mit der Marke Apple in Kontakt kamen, zu mehr Kreativität bei der Aufgabenbewältigung neigen.

Dabei stehen Logo und Name als Aushängeschild für die Marke. Der angebissene Apple-Apfel ist weltweit zum Symbol für hochwertige Hard- und Software-Lösungen geworden. Die Geschichte hinter den auffälligsten Markenelementen ist dabei relativ profan: »Ich praktizierte mal wieder eine meiner Obstdiäten. [...] Ich war gerade von der Apfelplantage zurückgekehrt. Der Name klang freundlich, schwungvoll und nicht einschüchternd. Apple nahm dem Begriff Computer die Schärfe. Zudem würden wir künftig vor Atari im Telefonbuch stehen.« (Steve Jobs zit. n. Isaacson 2011, S. 86 f.) Weitere Markenelemente, die das *Äußere* der Marke Apple prägen, sind wohl in der schlichten, unternehmenseigenen Typografie ohne Serifen, der ebenso simplen Form und Farbsprache sowie der ausgefallenen, modernen Architektur im Hinblick auf die Stores und die Firmenzentrale zu finden. Zudem bedient sich Apple in der Kommunikation mit seinen Kunden der zweiten Person im Singular: Durch die Ansprache mit dem *Du* wird immer wieder der Kunde in den Fokus der Produktkommunikation gerückt. Zudem ist das Duzen grammatikalisch direkt und damit die einfachste Form der Anrede, so dass sich die Schlichtheit nicht nur im Physischen und der Optik, sondern auch im Sprachlichen wiederfindet.

Im Rahmen der Innovationsstrategie verfolgt Apple als typisches Silicon Valley-Unternehmen eine klare Prospector-Strategie. Würde man Apples Innovationsstrategie in wenigen Sätzen zusammenfassen wollen, könnte man the ›Apple Way‹ nach Thomke und Feinberg (2012, S. 2) definieren als »set of principles with a deep commitment to great products and services at its core: design thinking, clear development strategy and execution, its CEO as chief innovator, and the rational courage to conduct bold business experiments.« Die Firma Apple kann mit seinem Motto des Think Different! als Fallstudie für Design Thinking betrachtet werden. Bereits seit der Anfangszeit lassen sich Bezüge zwischen Apple und dem Design Thinking feststellen: 1982 war das Unternehmen im Zuge der Entwicklung der ersten Apple Mouse mit Vorgängern der Firma Ideo in Kontakt, welche später mit der Erfindung des Konzepts Design Thinking in Verbindung gebracht wurden (Brown, Wyatt 2010, S. 29). Dabei zeigt sich Design Thinking bei Apple konkret daran, dass

- die Kundenbedürfnisse und der Kundennutzen bei Entwicklung und Vermarktung der Apple Produkte stets im Vordergrund stehen,
- Apple-Produkte vordergründig durch funktionales Design, weniger durch technische Spielereien überzeugen,
- Apple-Produkte bedienungsfreundlich und einfach zu lieben sind (Elmansy 2016).

Dabei ist die Firma Apple und deren Markenidentität untrennbar mit seiner Entstehungsgeschichte und damit der Person von Steve Jobs verbunden, der das Unternehmen 1976 zusammen mit Steve Wozniak und Ronald Wayne gründetet und auch nach seinem Tod 2011 bis zuletzt den Innovationsgeist des Unternehmens prägt: »Steve Jobs' legacy continues to flow through Apple, with innovation built into the brand's DNA. [...] we are witnessing it Think Different once again. From Mac to iPod, to iPhone, to iPad, to Apple Watch, to subscription services, to infinity and beyond.« (David Haigh CEO in Brand Finance 2021, S. 12)

Die Marke Apple ist unter Gesichtspunkten der Positionierung und des Preises als Premiummarke einzuordnen. Die Produkte sind relativ preisintensiv aber noch für die breite Masse erschwinglich, sie zählen damit – abgesehen von ausgewählten Produktvarianten wie der Apple Watch Hermès – nicht zu den Luxusgütern. Die Vermarktung zu Premiumpreisen ist insofern vorteilhaft, da der Preis als Qualitätssignal wahrgenommen wird und darüber hinaus sogar zu vorteilhaften Konsumentenreaktionen wie Kundenstolz führen kann (Römhild 2017, S. 131 f.). Apple setzt jedoch nicht (länger) auf Snob-Effekte, also auf die preisliche Abgrenzung von der Konkurrenz, sondern will aus seinen Produkten vielmehr Alltagsbegleiter für jeden machen. Dies wird in jüngerer Vergangenheit auch durch »Niedrigpreis-Linien« wie das iPhone SE oder die Apple Watch SE deutlich. Beim iPhone existieren im Frühjahr 2022 vier verschiedene Produktvarianten, die sich nach technischer Ausstattung und Größe unterscheiden: das iPhone 13 Pro ab 1.149 €, das größere iPhone 13 Pro Max ab 1.249 €, die Basisproduktlinie des iPhone 13 ab 899 € sowie das kleinere iPhone 13 mini ab 799 €. Neben den Vorgängermodellen iPhone 12 und 11 existiert außerdem begleitend eine Produktlinie, die auf einige Funktionalitäten beispielsweise im Hinblick auf Kamera, Chip und Akku-Leistung verzichtet und dadurch im Vergleich zum Basisprodukt (iPhone 13) um mehr als 50 Prozent günstiger ist: das iPhone SE ab 479 €. Das iPhone SE ist bereits in dritter Generation erhältlich und wird beworben mit den Worten: »Ein großartiges iPhone. Angefangen beim Preis.« (Apple 2022b). Die Kommunikation über den Preis ist für Apple neu und spricht für eine Outpacing-Strategie: Bei gleichbleibend hoher Qualität kann (z. B. durch Produktionsvorteile oder durch den Verzicht auf bestimmte Features) ein geringerer Preis angeboten werden, der vergleichbar mit Konkurrenzprodukten ausfällt und so zu Wettbewerbsvorteilen führen kann (Gilbert, Strebel 1987, S. 28). Dies führt zu einer höheren Marktabdeckung, etwa durch die die Ansprache von Zielgruppen, die zuvor nicht zahlungskräftig genug waren, um sich Apple-Produkte leisten zu können. Ausschlaggebend für den Erfolg einer Outpacing-Strategie eines Premiumanbieters ist jedoch, dass trotz der Kostenreduktion auf Seiten des Anbieters sowie des Kunden keine Kompromisse zu Lasten der Qualität eingegangen werden: Ein iPhone bleibt ein iPhone.

Die Kommunikation der Marke Apple ist stets produkt- und leistungsbezogen, stellt aber konsequent den Kundennutzen in den Fokus. Hier lässt sich erneut der Bezug zur Sprache als Markenelement darstellen: Die persönlich und emotional gestaltete Kommunikation mit dem Kunden über die Produkte erfolgt stets in direkter Ansprache: »Es ist genau das, worauf du gewartet hast« (Apple Inc. 2022b). Dabei setzt Apple sowohl sprachlich auf Emotionen, durch die Verwendung von Adjektiven in

Superlativen wie *großartig, gigantisch, unglaublich, fantastisch* und *ultraschnell* als auch audiovisuell durch emotionale Bilder und den Einsatz von Popmusik für die Werbekommunikation. Zudem scheint die Marke Apple durch gezieltes Product Placement und die ausgeprägte mediale Präsenz überall zu sein. Damit macht sich Apple nicht zuletzt auch den Mere Exposure Effect zunutze: Durch die vielfältigen Berührungspunkte mit der Marke in allen Lebensbereichen bleibt die Marke nicht nur präsent, sondern wird auch mit einer positiven Einstellung verbunden. Neben der Nutzung klassischer Kommunikationsinstrumente und Social Media in einem integrativen Ansatz wird beispielsweise auch das kommunikationspolitische Instrument des Design-Awards wird durch Apple genutzt: Allerdings nicht durch die Teilnahme an Design-Wettbewerben, sondern vielmehr durch die Auslobung eines eigenen Apple Design Awards, welcher seit 1998 im Bereich der Softwareentwicklung für App-Lösungen auf den verschiedenen Plattformen hinsichtlich der Kriterien Design, Innovation und Technologie vergeben wird (Apple 2022c).

Insgesamt zeigt das hier lediglich in Grundzügen dargestellte Fallbeispiel (ausführlich dazu Thomke, Feinberg 2012), dass Apple mit seiner einzigartigen Historie sowie zukunftsweisenden Produktentwicklungen als Vertreter einer überaus erfolgreichen designorientierten Wertstrategie gelten kann. Das Design ist hier nicht lediglich ein Gestaltungselement, vielmehr ist es im Fall Apple eine Unternehmensphilosophie, nach der konsequent alle Unternehmensaktivitäten ausgerichtet werden und die es zum Ziel hat, »die besten Produkte der Welt« zu erschaffen (Apple 2022a).

6.5 Fazit

Durch die Ausführungen im vorliegenden Beitrag sowie die Betrachtung des Fallbeispiels Apple hat sich gezeigt, dass designorientierte Wertstrategien durchaus nachhaltig zu Wettbewerbsvorteilen führen können. Dabei wird der zugrundeliegende Wert für den Kunden, also der Kundennutzen, dauerhaft primär über das Produkt- und Leistungsdesign erzielt. Das Design eines Produkts wird hierbei nicht lediglich als Element der Produkt- oder Markengestaltung verstanden, sondern als Kernkompetenz entwickelt und bezieht sich schließlich auf alle Aktivitäten und Wertschöpfungsprozesse eines Anbieters. Eine designorientierte Strategie basiert dabei insbesondere auf den Bausteinen der Produkt- und Servicegestaltung, intensiver Markenpflege, einer umfassenden Innovationsstrategie, einem gehobenen Preisniveau im Premiumbereich sowie einer auf die Produkte ausgerichteten, emotionalen Kommunikationspolitik.

Literatur

Ailawadi, K. L., Lehmann, D. R., Neslin, S. A.: Market response to a major policy change in the marketing mix: Learning from Procter & Gamble's value pricing strategy. In: Journal of Marketing, 65(1), 2001, S. 44-61.

Apple Inc.: Apple meldet Ergebnisse für das erste Quartal, Pressemeldung vom 27.01.2022 (2022a), https://www.apple.com/de/newsroom/2022/01/apple-reports-first-quarter-results/, Abruf am 07.02.2022.

Apple Inc.: iPhone SE (2022b), https://www.apple.com/de/iphone-se/, Abruf am 07.02.2022.

Apple Inc.: Meet the 2021 Apple Design Award Winners (2022c), https://developer.apple.com/design/awards/, Abruf am 07.02.2022.

Assael, H.: Consumer Behavior and Marketing Action. Californian/Tennessee, South-Western 1995.

Backhaus, K., Schneider, H.: Strategisches Marketing, 3. Aufl., Schäffer-Poeschel, Stuttgart 2020.

Batra, R., Ahuvia, A., Bagozzi R. P.: Brand Love. In: Journal of Marketing, 76(2), 2012, S. 1-16.

Barney, J., Firm Resources and Sustained Competitive Advantage. In: Journal of Management, 17 (1), 1991, S. 99-120.

Baumgarth, C.: Markenpolitik. Markentheorien, Markenwirkungen, Markenführung, Markencontrolling, Markenkontexte. Springer Gabler, Wiesbaden 2014.

Bayazit, N.: Investigating design: A review of forty years of design research. In: Design issues, 20 (1), 2004, S. 16-29.

Becker, J.: Marketing-Konzeption. Grundlagen des zielstrategischen und operativen Marketing-Managements, 11. Aufl., Vahlen, München 2019.

Belk, R. W.: Possessions and the extended self. In: Journal of Consumer Research, 15(2), 1988, S. 139-168.

Berents, K.: Kleine Geschichte des Design. Von Gottfried Semper bis Philippe Starck. Beck, München 2011.

Bliemel, F., Adolphs, K.: Wertorientierte Preisstrategien. In: Diller, H., Herrmann, A. (Hrsg.), Handbuch Preispolitik, Gabler, Wiesbaden 2003, S. 137-154

Bloch, Peter H.: Seeking the ideal form: Product design and consumer response. In: Journal of Marketing, 59(3), 1995, S. 16-29.

Bloch, P. H., Brunel, F. F., Arnold, T. J.: Individual differences in the centrality of visual product aesthetics: Concept and measurement. In: Journal of consumer research, 29(4), 2003, S. 551-565.

Bosch, C., Schiel, S., Winder, T.: Emotionen im Marketing: Verstehen, Messen, Nutzen. DUV, Wiesbaden 2006.

Brand Finance: Global 500 2021 – The annual report on the most valuable and strongest gobal brands, https://brandirectory.com/download-report/brand-finance-global-500-2021-preview.pdf, Abruf am 16.03.2021)

Brand Finance: Global 500 2022 – The annual report on the most valuable and strongest gobal brands, https://brandirectory.com/download-report/brand-finance-global-500-2022-preview.pdf, Abruf am 07.02.2022)

Brown, T.: Design thinking. Dn: Harvard Business Review, 86(6), 2008, S. 84.

Buchanan, R.: Wicked problems in design thinking. In: Design issues, 8(2), 1992, S. 5-21.

Cappellieri, A., Tenuta, L., Yavuz, S.: The Role of Design for the Brand Identity of Jewellery. In: Thieme, W. M. (Hrsg.): Luxusmarkenmanagement. Grundlagen, Strategien und praktische Umsetzung. Springer Gabler, Wiesbaden, 2017, S. 253-260.

Crilly, N., Moultrie, J., Clarkson, P. J.: Seeing things: Consumer response to the visual domain in product design. In: Design Studies, 25(6), 2004, S. 547-577.

Demirbilek, O., Sener, B.: Product design, semantics and emotional response. In: Ergonomics, 46 (13/14), 2003, S. 1346-1360.

Digitales Wörterbuch der deutschen Sprache (DWDS), hrsg. v. d. Berlin-Brandenburgischen Akademie der Wissenschaften: »Design«, https://www.dwds.de/wb/Design, Abruf am 07.02.2022.

Dubois, B., Laurent, G., Czellar, S.: Consumer Rapport to Luxury: Analyzing Complex and Ambivalent Attitudes. Chambre de Commerce et d'Industrie de Paris, Paris [u. a.] 2001

Dudenredaktion: »Design« auf Duden online, https://www.duden.de/rechtschreibung/Design, Abruf am 07.02.2022.

Dyson (2022): Produkte, https://www.dyson.de/de, 07.02.2022.

Elmansy, R.: Design Thinking Case Study: Innovation at Apple, https://www.designorate.com/design-thinking-case-study-innovation-at-apple/, 2016, Abruf am 15.03.2021.

Erbeldinger, J., Ramge, T.: Durch die Decke denken. Redline Verlag, München 2015.

Esch, F. R.: Strategie und Technik der Markenführung. Vahlen, München 2018.

Fitzsimons, G., Chartrand, T. L., Fitzsimons, G. J.: Automatic Effects of Brand Exposure on Motivated Behavior: How Apple Makes You »Think Different«. In: Journal of Consumer Research, 35(1), 2008, S. 21-35.

Foscht, T., Swoboda, B., Schramm-Klein, H.: Käuferverhalten. Grundlagen – Perspektiven – Anwendungen. Springer Gabler, Wiesbaden 2017.

Gilbert, X., Strebel, P.: Strategies to Outpace the Competition. In: Journal of Business Strategy, 8 (1), 1987, S. 28-36.

German Design Award 2022: Teilnehmen, https://www.german-design-award.com/teilnehmen.html, Abruf am 07.02.2022.

Grots, A., Pratschke, M.: Design Thinking – Kreativität als Methode. In: Marketing Review St. Gallen, 26(2), 2009, S. 18-23.

Günter, Bernd: Kunst- und Kulturmarketing. Unveröff. Manuskript Sommersemester 2020, Heinrich-Heine-Universität Düsseldorf.

Hagel, J., Singer, M.: Unbundling the Corporation. In: Harvard Business Review, 77(2), 1999, S. 133-141.

Herrmann, A., Huber, F., Peter, S.: Ein Ansatz zur Steuerung der Markenstärke-Grundidee, Methodik und Implikationen. In: Zeitschrift für Betriebswirtschaft (ZfB), 73(4), 2003, S. 345-370.

Higgins, E.T.: Beyond Pleasure and Pain. In: American Psychologist, 52(12), 1997, S. 1280-1300.

Homburg, C.: Marketingmanagement. Strategie – Instrumente – Umsetzung – Unternehmensführung. 7. Aufl., Springer Gabler, Wiesbaden 2020.

Khalid, H. M., Helander M. G.: Customer Emotional Needs in Product Design, in: SAGE Journals, 14(3), 2006, S. 197-206.

Isaacson, Walter: Steve Jobs: Die autorisierte Biografie des Apple-Gründers, Bertelsmann, München 2011.

Interbrand: Best Global Brands 2021: A New Decade of Possibility, Report 2021, https://interbrand.com/thinking/best-global-brands-2021-download/, Abruf am 04.04.2022.

Kroeber-Riel, W., Gröppel-Klein, A.: Konsumentenverhalten. 11. Aufl., Vahlen, München 2019.

König, Verena: Grundlagen der Luxus- und Premiummarkenführung. Strategie – Instrumente – Umsetzung. Springer Gabler, Wiesbaden 2017.

Kürble, P.: Operatives Marketing. Kohlhammer, Stuttgart 2015.

Landwehr, J. R., McGill, A. L., Herrmann, A.: It's Got the Look: The Effect of Friendly and Aggressive »Facial« Expressions on Product Liking and Sales. In: Journal of Marketing, 75(1), 2011, S. 132-146.

Landwehr, J. R., Stadler, R., Herrmann, A., Wentzel, D., Labonte, C.: Verankerung von Markenwerten im Produktdesign. In: Zeitschrift für betriebswirtschaftliche Forschung (ZfbF), 63. Jg., März 2011a, S. 189-212.

Langner, T., Esch, F.-R.: Soziotechnische Gestaltung der Ästhetik von Produktverpackungen. In: Gröppel-Klein, A. (Hrsg.): Konsumentenverhaltensforschung im 21. Jahrhundert, Wiesbaden 2004, S. 413-440.

Lasslop, I.: Identitätsorientierte Führung von Luxusmarken. In: Meffert, H., Burmann, C., Koers, M. (Hrsg.): Markenmanagement. Gabler, Wiesbaden 2002, S. 327-351.

Lasswell, H. D.: The structure and function of communication in society. In: Reader in public opinion communication. Free Press, New York 1967, S. 178-192.

Meffert, H.: Marketing: Grundlagen marktorientierter Unternehmensführung. 9. Aufl., Gabler, Wiesbaden 2000.

Meffert H., Burmann C.: Theoretisches Grundkonzept der identitätsorientierten Markenführung. In: Meffert H., Burmann C., Koers M. (Hrsg.): Markenmanagement, Gabler, Wiesbaden 2002, S. 35-72.

Meffert, H., Burmann, C., Kirchgeorg, M., Eisenbeiß, M.: Marketing: Grundlagen marktorientierter Unternehmensführung. Konzepte – Instrumente – Praxisbeispiele, 13. Aufl., Springer, Wiesbaden 2019.

Miles, R. E., Snow, C.: Organizational Strategy, Structure, and Process (Stanford Business Classics). Business Books, Stanford 2003.

Noble, C. H., Kumar, M.: Using product design strategically to create deeper consumer connections. In: Business Horizons, 51(5), 2008, S. 441-450.

Ober-Heilig, N.: Das gebaute Museumserlebnis. Erlebniswirksame Architektur als strategische Schnittstelle für Museumsmarken. Springer Gabler, Wiesbaden 2015.

Oliver, R. L.: Satisfaction: A Behavioral Perspective on the Consumer. McGraw Hill, New York 1997.

Parasuraman, A., Zeithaml, V., Berry, L.: SERVQUAL: A Multiple-Item Scale for Measuring Consumer Perception of Service Quality. In: Journal of Retailing, 64(1), 1988, S. 12-40.

Plattner, H., Meinel, C., Weinberg, U.: Design Thinking. Understand, Improve, Apply. Springer, Wiesbaden 2011.

Porsche: Design, https://www.porsche.com/germany/aboutporsche/overview/principle porsche/design/, Abruf am 07.02.2022.

Prahalad C. K., Hamel G.: The Core Competence of the Corporation. Springer, Berlin, Heidelberg 1990.

Prüne, G.: Luxus und Nachhaltigkeit: Entwicklung strategischer Handlungsempfehlungen für das Luxusgütermarketing. Verlag für Sozialwissenschaften, Wiesbaden 2013.

Rosenberg, M.: Conceiving the self. Basic Books, New York 1979.

Rundh, B.: Packaging design: creating competitive advantage with product packaging, In: British Food Journal, 111(9), 2009, S. 988-1002.

Römhild, J.: Kundenstolz im B2C-Bereich. Eine empirische Analyse der Ursachen und Konsequenzen. Springer Gabler, Wiesbaden 2017.

Schallmo, D. R., Lang, K.: Design Thinking erfolgreich anwenden. So entwickeln Sie in 7 Phasen kundenorientierte Produkte und Dienstleistungen, 2. Aufl., Springer Gabler, Wiesbaden 2020.

Schmidt, D., Vest, P.: Die Energie der Marke. Ein konsequentes und paradigmatisches Markenführungskonzept. Gabler, Wiesbaden 2010.

Schneider, B.: Design – eine Einführung. Birkhäuser, Basel 2005.

Schnurr, B.: The impact of atypical product design on consumer product and brand perception. In: Journal of Brand Management, 24(6), 2017, S. 609-621.

Simon, H. : Wettbewerbsvorteile und Wettbewerbsfähigkeit. Schäfer Verlag, Herne 1988.

Sinus Institut: Sinus Milieus® Deutschland 2021, URL: https://www.sinus-institut.de/mediacenter/presse/sinus-milieus-2021, Abruf am 07.03.2022.

Sisodia, R. S.: Competitive Advantage Through Design. In: Journal of Business Strategy, 13(6), 1992, S. 33-40.

Solomon, M. R.: Consumer Behaviour: A European Perspective. Pearson Education, London 2015.

Statista: Statista-Dossier zum Markt für Luxusgüter: Luxusorientierte Konsumenten in Deutschland 2021.

Thieme, W. M.: Luxusmarkenmanagement: Grundlagen, Strategien und praktische Umsetzung. Springer Gabler, Wiesbaden 2017.

Thomke, S. H., Feinberg, B.: Design thinking and innovation at Apple. Havard Business School Case, Nr. 9-609-066, MA: President and Fellows of Harvard College, Boston 2012.

Trommsdorff, V., Teichert, T.: Konsumentenverhalten, 8. Aufl., Kohlhammer, Stuttgart 2011.

Verhoef, P. C., Lemon, K. N., Parasuraman, A., Roggeveen, A., Tsiros, M., Schlesinger, L. A.: Customer experience creation: Determinants, dynamics and management strategies. In: Journal of Retailing, 85(1), 2009, S. 31-41.

Vershofen, W.: Handbuch der Verbrauchsforschung. Erster Band: Grundlegung. Heymanns Verlag, Berlin 1940.

Westbrook, R. A.: Product/consumption-based affective responses and postpurchase processes. In: Journal of Marketing Research, 24(3), 1987, S. 258-270.

Wylant, B.: Design thinking and the experience of innovation. In: Design issues, 24(2), 2008, S. 3-14.

Yoo, B., Donthu, N., Lee, S.: An examination of selected marketing mix elements and brand equity. In: Journal of the Academy of Marketing Science, 28(2), 2000, S. 195-211.

Yoo, C., Park, J., MacInnis, D. J.: Effects of store characteristics and in-store emotional experiences on store attitude. In: Journal of Business Research, 42(3), 1998, S. 253-263.

Zaichkowsky, J. L.: Measuring the involvement construct. In: Journal of Consumer Research, 12, 1985, S. 341-352.

Zajonc, R. B.: Attitudinal effects of mere exposure. In: Journal of personality and social psychology, 9(2), 1968, S. 1-27.

Zeitlin, D. M. & Westwood, R. A.: Measuring emotional response. In: Journal of Advertising Research, 26(5), 1986, S. 34-44.

Xia, Y., Singhal, V. R., Peter Zhang, G.: Product design awards and the market value of the firm. In: Production and Operations Management, 25(6), 2016, S. 1038-1055.